RE 融媒体版

高等院校小学教育专业融媒体教材
GAODENG YUANXIAO XIAOXUE JIAOYU ZHUANYE RONGMEITI JIAOCAI

教育学

修订版

赵明录/主 编
王永利 刘国学 张 燕/副主编

JIAOYUXUE

北京师范大学出版集团
BEIJING NORMAL UNIVERSITY PUBLISHING GROUP
北京师范大学出版社

图书在版编目(CIP)数据

教育学 / 赵明录主编 .—修订本. —北京：北京师范大学出版社，2023.12

高等院校小学教育专业融媒体教材

ISBN 978-7-303-29399-5

Ⅰ.①教… Ⅱ.①赵… Ⅲ.①教育学—高等学校—教材 Ⅳ.①G40

中国国家版本馆 CIP 数据核字(2023)第 175122 号

教材意见反馈 **gaozhifk@bnupg.com 010-58805079**

营销中心电话 010-58802135 58802786

北师大出版社教师教育分社微信公众号 京师教师教育

JIAOYUXUE

出版发行：北京师范大学出版社 www.bnup.com

北京市西城区新街口外大街 12-3 号

邮政编码：100088

印 刷：三河市兴国印务有限公司

经 销：全国新华书店

开 本：787 mm×1092 mm 1/16

印 张：22

字 数：457 千字

版 次：2023 年 12 月第 1 版

印 次：2023 年 12 月第 1 次印刷

定 价：46.00 元

策划编辑：王剑虹 责任编辑：安 健

美术编辑：李向昕 装帧设计：李向昕

责任校对：陈 民 责任印制：赵 龙

再版总序

PREFACE

20 世纪 90 年代以来，随着社会发展水平的提高，社会对高质量教育的需求越来越强烈，为顺应社会需求，我国对教师培养体系进行了重大变革——小学教师的培养由原来的中等师范学校改由专科学校和本科院校培养。1998 年南京师范大学晓庄学院首次尝试开设小学教育(本科)专业，开创小学教师本科化培养的先河。1998 年教育部颁布的《普通高等学校本科专业目录》中，小学教育专业以“经教育部批准同意设置的目录外专业”出现，标志着小学教育专业开始纳入高等教育体系中。2012 年，小学教育专业以教育学二级学科的身份，正式纳入教育部颁布的《普通高等学校本科专业目录》。经济发达的地区把小学教师的学历提升到专科或本科水平，并在全国范围内扩招教育硕士。

自小学教育纳入高等教育体系以来，小学教育专业取得了一定的成效，为我国输送了大批本专科学历的小学优秀教师。

为了保证教师的培养质量，教育部于 2011 年 10 月 8 日颁布了《教育部关于大力推进教师教育课程改革的意见》，其附件《教师教育课程标准(试行)》是国家对教师教育课程改革提出的建议和要求，也是认定教师资格的重要依据。这对我国小学教师教育类课程结构调整和优化提出了新的要求；对深化教师教育改革，规范和引导教师教育课程与教学，培养和造就高素质专业化教师队伍具有纲领性的作用。

小学教育专业被纳入高等教育体系的时间短，在专业建设的过程中需要解决的问题很多，尤需亟待解决的是小学教育专业的课程及教材建设问题。河北省教育学教学指导委员会组织全省教育学、心理学相关领域专家进行了充分的调研，分析了小学教育专业人才培养存在的问题，针对权威教材匮乏的现状，组织专家编写了河北省小学教育专业的系列教材，并于 2016 年正式出版。经过近 7 年的使用，河北省教育学教学指导委员会审时度势，根据《深化新时代教育评价改革总体方案》要求，坚持以习近平新时代中国特色社会主义思想为指导，坚持社会主义办学方向，全面落实立德树人根本任务，牢记为党育人、为国育才的使命，并根据《义务教育课程方案和课程标准(2022 年版)》对小学教育专业系列教材进行修订。

此次教材编写既维持理论的系统性与前沿性，也注重解决教育实践问题的应用性与操作性；既注重编写过程的学术性，也注重教材形式上的趣味性等特点，又强调了新时期对教师专业成长的要求及对学生全面发展的评价观。希望成为小学教育专业学生喜读、乐读的基本学习素材。

本套小学教育专业系列教材共包括十几种，分别是《教育学》《教育政策与法规》《教育测量与评价》《教育科研方法》《现代教育技术应用》《课程与教学论》《小学教育管理》《小学语文课程与教学论》《小学数学课程与教学论》《小学英语课程与教学论》《小学科学课程与教学论》《教育心理学》《儿童心理学》《小学生心理健康教育》《小学综合实践活动》《小学班主任工作原理与实践》和《小学教师专业技能训练》。

本套教材编写参与人员较多，涉及学科较广，是一项艰巨的工程，能顺利付梓得益于所有参编人员的辛勤工作、密切配合；也得益于北京师范大学出版社王剑虹女士的积极协调与沟通。在此向所有参与此次编写活动的作者及编辑人员表达我们的敬意。

教材编写过程中由于编者的学术视野及学术能力的限制难免会出现不足之处，我们将在教材使用中进一步总结反思，不断修订和完善。同时，也欢迎广大学界同人及读者予以批评指正。

郭健

2023 年 5 月

前　言

FOREWORD

2011年10月颁布的《教育部关于大力推进教师教育课程改革的意见》明确提出“深化教师教育改革，全面提高教师培养质量，建设高素质专业化教师队伍”。为规范和引导教师教育课程和教学改革，文件以附件的形式发布《教师教育课程标准(试行)》。同年11月，我国教师资格考试制度发生重大改革，这项改革首先在浙江、湖北两省进行试点，之后在全国推广，逐步实现教师资格国家统考的常态化。2018年1月教育部发布《普通高等学校本科专业类教学质量国家标准》，这是我国第一个高等教育教学质量国家标准，该标准明确了各个本科专业包括教师教育专业的培养目标、培养规格。国家高等教育教学质量、教师教育课程标准的制定以及教师资格考试制度的建立，目的都是提高教师教育质量，建设胜任新时代教育改革与发展需求的教师队伍，为落实教育优先发展战略、加快教育现代化、建设教育强国提供人力资源保障。

公共教育学课程是高等师范院校教师教育专业的基础课程，在促进学生掌握系统教育理论知识、形成从教信念、坚持立德树人理念、树立依法治教意识、初步形成教育教学基本技能和能力等方面具有重要的作用。由此，公共教育学课程在课程内容、课程实施和评价等方面的改革是高等师范院校各个教师教育专业课程改革和教学改革的重要内容之一，推进教材建设则是突破口和重要的着力点，是提高教师教育专业学生素质、适应教师专业发展的根本措施之一。随着现代信息技术的发展，学生获得信息的途径日益多样化、便捷化，学习方式的个性化也逐渐成为现实，但是教材仍然是教学的主要材料，是系统理论知识的重要载体，课堂教学则是学生获得系统理论的基本途径。

有鉴于此，我们编写了本教材，并力求在体系、内容和编写体例上反映国家教育政策、信息技术发展对公共教育学课程进行教学变革的要求。在知识体系选取上面，本教材既保持教育学课程知识体系的独立与完整，又对标教师资格考试标准、教师专业标准、普通高等学校师范类专业认证标准。在具体内容上，本教材立足于中小学对未来教师的基本要求，确定了教育基本理论、课程论、德育论、教学论、教育组织管理、教育研究方法等知识框架，同时，立足于基础教育改革与发展的全面深入，以及教育理论研究的最新成果，更新了一些观点，补充了新的内容，增强了教材的理论性。在教材编写体例上，本教材力图兼顾课堂系统教学与课外阅读、教师讲授与学生自学。具体而言，“学习目标”旨在说明学生通过本章学习要达到的基本目标。“问题导入”以本章的某一核心问题选编材料，目的在于激发学生学习兴趣，明确主要学习内容，教师也可以据此引出教学内容。正文注重内容的科学性，对于学科知识进行较为详尽的解释、说明和论证，增强教材的说服力和解释力，在教学过程中，教师可以结合实际灵活处理教材，做到系统讲授和自学的有机结合。“本章小结”旨在概括本章的基本内容，明确本章学习的重点内容。“关键术语”旨在提炼本章的重要术语，学生通过学术期刊网查阅相关文献，扩展知识视野，了解有关理论研究的最新进展，为在教育实践和教育理论上进一步开展研究提供引领。“思考题”旨在引导学生理解本章主要内容。“案例分析”旨在引导学生形成和发展运用所学理论分析、解决实际问题的意识和能力。

本教材不仅可以作为高等师范院校教师教育专业的教材，也可以作为各级各类教育学院、教师进修学校开展中小学教师、各级各类教育管理人员培训的教材，还可以作为教育硕士专业学位研究生的参考书。对于非教师教育专业的学生，本教材也可以作为其参加教师资格考试的参考书。

本教材是各位编写者共同努力的结果。赵明录提出编写提纲初稿，各位参编者充分研讨后形成定稿。具体的编写分工是：河北师范大学教育学院赵明录负责绪论、第一章、第三章、第五章、第六章，周保利负责第二章，王荣珍负责第四章，王永利负责第七章、第十章，刘国学负责第八章，左海云负责第十一章；石家庄学院张燕负责第九章；河北轨道运输职业技术学院康悦负责第十二章。赵明录负责统稿和定稿。河北师范大学教育学院的于川老师在书稿修改过程中也提出了许多宝贵意见。

在写作过程中，我们借鉴了许多学者的研究成果，在此表示感谢。本教材得以出版，也要感谢河北师范大学教育学院薛彦华教授、北京师范大学出版社编辑王剑虹女士，正是她们不断督促、投注极大的耐心，书稿才得以完成。

由于编写者学识和能力所限，本教材中的错误与不妥之处在所难免，我们真诚地欢迎所有使用本教材的老师、学生提出宝贵意见，以便我们不断改进。

编　者

目　录
CONTENTS

绪 论

学习目标▶

1. 识记国内外著名教育家的代表著作及其主要教育思想。
2. 了解教育学发展的主要阶段，理解各发展阶段的特点。
3. 养成正确的教育态度，培养教育信念。

问题导入

小新的困惑

小新从某师范大学毕业，受聘于一所中学。学校为了帮助年轻教师成长，建立了导师制，为每一位刚入职的教师选派在教学、管理工作上有丰富经验的教师做指导教师。小新的指导教师是从教近30年的钱老师，有着丰富的教学经验，也曾多次代表学校参加市和区组织的教学技能竞赛，并获得优异成绩。小新虚心好学，在备课、班级管理上遇到疑惑经常向钱老师请教，并追问钱老师给出的具体建议的理论依据。钱老师的回答基本上是："我从教那么长时间，不知写过多少教案，上过多少节课，同一节课上过多少遍，都快成祥林嫂了，多念叨几遍就熟悉了，不是熟能生巧吗？不断总结经验就可以了，不是实践出真知吗？""理论依据？理论是丰满的，现实是骨感的。你说的那些理论都是闭门造车硬造出来的，写书写文章的那些人根本不了解中小学实际。""当老师真的需要那么多理论吗？过去，我们的民办教师也没有上过师范学校，不也是为咱们国家的基础教育作出了巨大贡献？"面对钱老师的回答，小新更困惑了。

任何一门学科存在的价值就在于其拥有自己特定的研究对象、相对独立完整的知识体系，并能满足实践的变革与发展对理论的需求。本部分具有引论的性质，主要介绍教育学的研究对象、教育学学科的发展历程、各阶段具有影响力的教育家及其思想，以及学习教育学的意义和对教育实践的指导作用。

一、教育学的研究对象

关于教育学的研究对象，学界有诸多观点，如教育现象、教育事实、教育情境、教育存在、人的教育活动、教育规律及其价值和艺术等。教育现象、教育事实、教育活动等是客观存在的，人们可以观察、描述、解释，甚至参与其中并切身体验。但是，这些客观存在只是观察者、参与者感知、观察、体验的对象，是潜在的研究对象。在观察、描述、体验这些客观存在的基础上，人们产生探究的意识，成为研究主体，并把这些客观存在"问题化"，研究才得以开始并有了现实对象。① 不同于观察、解释、描述、体验等认识活动，研究的起点是研究者在研究客观存在的现象、

① 关于科学研究的对象，陈桂生教授区分了"实质对象"和"形式对象"，前者指某种客观存在的现象，后者是关于这种客观存在的现象"是什么"的专门考虑。克拉耶夫斯基认为，任何一门科学的对象都是研究主体和客体之间的中介，提出了"现实客体""科学客体""科学对象"之差异。这些概念的辨析对于我们理解教育学的研究对象是颇有启发意义的。分别参见陈桂生：《"教育学"辨："元教育学"的探索》，37～38页，福州，福建教育出版社，1998。[俄]克拉耶夫斯基：《教育学原理》，张男星、曲程等译，3～4页，北京，教育科学出版社，2007。

实践、事实等之后提出的问题，研究的过程是运用科学方法得出某种结论或者验证某种假设，研究的结果是问题的解决或者提出新的问题。从教育理论的发展来看，其发展过程不是原有知识、经验的量的积累，而是一个不断解决教育问题的过程。“教育问题在本质上是主观的，所以教育问题从内容到形式是随着不同的研究主体的改变而变化的。”①在教育学发展史上，教育理论流派纷呈、观点各异，面对相同的教育事实、现象，不同的研究者提出了不同的教育问题，即使是相同的教育问题，他们的回答也不尽相同。从人类教育实践的发展来看，随着社会的发展，社会政治、经济、文化、科学技术的改革与发展必然要求教育实践作出改革的应答。教育理论研究者不得不时常面临“教育是什么”“教育应该是什么”“教什么及如何教”“通过教育培养什么质量规格的人”等问题。正是通过对这些教育问题的思考和解决，人类不断加深对教育的认识，推动教育理论的发展，促进教育实践的发展。基于对研究的认识，本教材认为教育学的研究对象是教育问题。

所谓教育问题(educational question)，是研究者基于兴趣或某种需要，研究客观存在的教育实践、教育理论之后反映到头脑中的疑难、矛盾或困惑。教育问题是多种多样的：既可以是一般性的教育问题，如“教育是什么”“教育是如何产生并发展演变的”“教育具有哪些形态及各自的特点是什么”“教育构成要素及其相互关系是什么”“何谓教育功能及如何实现”，也可以是具体的教育问题，如“如何设计一节课的教学目标”“教师如何通过教学使学生理解某一个数学概念”“某学生学业不良的原因有哪些”“如何确定一所学校的发展目标及如何实现”，还可以是关于教育理论的问题，如“教育理论是怎样产生的”“如何辨别教育理论的真伪”“与自然科学的理论相比，教育理论的特点是什么”等。教育学把教育问题作为研究对象，目的在于通过对各种教育问题的研究，揭示复杂繁多的教育现象、教育事实的本质和规律，阐明有关的教育理论，进而指导教育实践。

教育规律是指教育活动内部要素之间，以及教育和社会各种活动之间内在的、本质的、必然的联系或关系。教育规律主要包括：①构成教育活动的要素，如教育者、受教育者、教育内容、教育手段之间的关系，主要是教育的主体性要素之间的关系，也就是教育者与受教育者之间的关系。②社会政治、经济、文化等因素与教育之间作用与反作用的关系，教育与社会政治、经济、文化等因素之间总是处于适应、不适应、适应这种动态发展变化过程之中的。

基于以上分析，教育学是研究教育问题、揭示教育规律的一门学科。

教育学作为一门学科，拥有相对独立完整的理论知识体系，不是教育经验的简单积累，也不是教育政策的汇编。教育理论、教育经验、教育政策都能影响人们的教育实践。教育理论是由概念、命题等构成的知识体系，是对各种教育问题的回答和系统性表述；与教育实践相比，具有较强的普遍性和共性。教育经验是教育工作

---

① 石中英：《略论教育问题的主观性》，载《教育研究》，1996(11)。

者在教育实践中获得的感性认识、活动方式和情绪情感体验，具有个体的局限性、作用的有限性、产生的偶然性，是对教育实践的较低层次的反映。教育经验既是教育理论的重要来源，也是学习教育理论的基础。教育政策是一个政党和国家为实现一定历史时期的教育发展目标和任务，依据党和国家在一定历史时期的基本任务、基本方针而制定的关于教育的行动准则。教育理论是确定教育政策的基础和依据，教育政策要反映教育理论；教育理论对教育实践的指导作用也会通过教育政策的执行得以实现。

二、教育学的产生与发展

教育学的产生与发展经历了一个漫长的历史过程，这既反映了教育实践从简单到复杂的演变，也反映了人们对教育实践认识的不断深化。在教育学的发展过程中，东西方都出现了许多教育思想家，他们对教育的研究和认识，丰富了教育思想和教育理论，代表了当时人们在教育认识方面所达到的高度，也为教育理论的发展奠定了坚实的基础。

(一)教育学的萌芽

以教育问题作为研究对象的教育学，是在近代自然科学蓬勃发展、科学研究方法普遍确立的 17 世纪以后才出现的。在近代之前，人们对教育的认识多为对教育活动的记述和描绘，教育思想或观点主要停留在经验和习俗水平上，且这些教育思想散见于当时的思想家、教育家的一些政治、哲学、伦理及文学著作之中，没有形成系统的理性认识，教育学没有成为独立学科。

在这一漫长的历史时期，尽管人们对教育的认识还没有形成系统的理论体系，也没有形成教育学的话语体系，但是不少思想家总结概括教育经验，积累了丰富的教育思想遗产。孔子(前 551—前 479)是中国古代最伟大的教育家和思想家，儒家学派的创始人，其教育思想在《论语》中有充分的体现：在中国历史上最早提出人的天赋素质相近，个性差异主要是因为后天教育与社会环境影响(“性相近也，习相远也”)的观点；人人都可以受教育，人人都应该受教育(“有教无类”)；教育目的是培养从政的君子(“学而优则仕”)；重视道德教育，道德教育的主要内容是“礼”和“仁”；“学而知之”是其主导教学思想，他还提倡学习与思考的结合(“学而不思则罔，思而不学则殆”)；提出启发式教学思想(“不愤不启，不悱不发”)。孔子是我国最早提出因材施教原则的教育家。苏格拉底(Socrates，前 469—前 399)是古希腊著名的哲学家、教育家，他提出“知识即美德”的观点，认为人有天赋的差异，但是都应接受教育而获取知识、完善美德并拥有健康的身体。苏格拉底是西方最早提出启发式教学思想的教育家，自称是“精神上的助产士”，发明和使用了以师生谈话、共同探讨问题而使学生获得知识为特征的问答式教学法，即所谓“苏格拉底法”(产婆术)。后人将这种方法概括为四个部分：讥讽、“助产术”、归纳、下定义。

在教育思想发展史上，我国最早出现的专门论述教育问题的著作是《学记》。《学记》大约出现在战国后期，由儒家思孟学派撰写，以类比、比喻等方式，对教育的作用、古代学校教育制度、教育教学原则和方法、师生关系等，作了精辟的论述。西方最早系统阐述教学理论的著作是古罗马教育家昆体良(Quintilianus，约35—95)所撰写的《雄辩术原理》。

(二)教育学的独立

随着科学技术的发展、生产方式的改变，以及资本主义的产生和发展，教育领域出现了巨大变化，如教育规模的扩张、新型实科学校的出现、教育内容的丰富和教育方法的革新等。同时，资产阶级教育家为了阐明其教育主张，总结教育经验，陆续出版了一些专门的、系统的教育学著作，教育学逐渐成为一门独立的学科。

英国哲学家培根(F. Bacon，1561—1626)为独立形态教育学的出现作出了重要贡献，他于1623年首次把“教育学”作为独立学科提出来，与其他学科并列于他提出的科学体系之中。

1632年，捷克教育家夸美纽斯(Comenius，1592—1670)出版了《大教学论》一书，这是近代第一本教育学著作。在这部著作中，夸美纽斯提出了“泛智”教育和普及教育的思想，论证了班级授课制，主张建立适应儿童年龄特征的学校教育制度，论述了教学原则，规定了广泛的教学内容，高度评价了教师的作用。

1762年，法国思想家卢梭(Jean-Jacques Rousseau，1712—1778)出版了小说体教育名著《爱弥儿》，系统阐述了其自然教育理论：教育的目的在于培养“自然人”，即身心和谐发展的人；教育目标、内容、方法要遵循儿童天性发展的自然历程；人的教育包括自然、人、事物三种来源；反对道德说教，提倡“自然后果”法。卢梭的儿童观和教育思想促进了近现代教育思想的变革，对后来康德、杜威等的教育思想也产生了深远的影响。

德国哲学家康德(Kant，1724—1804)率先在柯尼斯堡大学开设教育学讲座，并于1803年出版了《论教育》一书。德国教育家赫尔巴特(Herbart，1776—1841)接替了康德在柯尼斯堡大学的教席，于1806年出版了《普通教育学》。在世界教育学史上，赫尔巴特被称为“科学教育学奠基人”。《普通教育学》是一部自成体系的教育学著作，被公认为第一本现代教育学著作，其出版标志着教育学成为一门独立学科。赫尔巴特明确提出教育学的科学性问题。他认为，“教育学作为一种科学，是以实践哲学和心理学为基础的。前者说明教育的目的；后者说明教育的途径、手段与障碍”①。赫尔巴特在哲学的基础上建立起教育目的论，在心理学的基础上建立起教学理论，从而奠定了科学教育学的基础。赫尔巴特在西方教育史上第一次明确提出“教育性教学”的思想。他认为不存在“无教学的教育”这个概念，他也不承认有任何“无教育的教学”，他认为德育问题是不能同整个教育分离开来的，而是同其他教育问题

---

① 《赫尔巴特文集3·教育学卷一》，李其龙等译，187页，杭州，浙江教育出版社，2002。

必然地、广泛深远地联系在一起的，从而使道德教育落实在学科教学的坚实基础之上，推动了教育理论的发展。赫尔巴特还依据“统觉论”提出形式教学阶段理论，将教学过程分为明了、联想、系统、方法四个阶段，为教师提供了一个容易理解、掌握和运用的教学模式。赫尔巴特依据多方面的兴趣理论，创设了一个包括自然、社会和思维等方面的内容广泛的课程体系。赫尔巴特的教育思想被人们称为传统教育派，其典型特征是教师中心、教材中心、课堂中心。

在教育学科的发展历程中，还有许多著名的哲学家、思想家撰写了专门的教育著作，阐述了自己的教育思想和主张，为教育学的创立和发展作出了自己的贡献。英国哲学家洛克(John Locke，1632—1704)于1693年出版《教育漫话》，提出了“白板说”和绅士教育理论。瑞士教育家裴斯泰洛齐(Johann Heinrich Pestalozzi，1746—1827)在西方教育史上第一次明确提出教育心理学化的思想；在其代表作《林哈德与葛笃德》中提出教育目的是全面、和谐地发展人的一切天赋力量和能力，为此，教育必须与生产劳动相结合，必须符合儿童的本性，必须从最简单的要素开始直到最复杂的事物(要素教育思想)。德国教育家福禄培尔(Froebel，1782—1852)于1826年出版《人的教育》，表达其基本教育思想。福禄培尔非常重视学前教育，首创幼儿园这一学前教育的重要形式，在借鉴前人经验的基础上，详细论述了幼儿园工作的体系、内容和方法，发明了“恩物”(Froebel Gifts)①，确定了游戏与作业为幼儿教育的重要活动方式等，大大推动了学前教育的发展。德国教育家第斯多惠(Diesterweg，1790—1866)提出“全人类教育”的思想，并论述了实施“全人类教育”要遵循自动性、自然适应性和文化适应性三个原则；他十分重视教师素养的培育，要求教师完全精通自己所教的学科、热爱自己的职业和儿童；从实际出发，提出了一系列培养教师的原则和方法。第斯多惠的教育思想主要体现在1835年出版的《德国教师教育指南》一书之中。俄国教育家乌申斯基(1824—1870)在1857年出版的教育著作《论公共教育的民族性》中，提出教育的民族性是教育学体系的基础；在《劳动在心理和教育上的作用》中，赋予劳动教育以重要的意义，认为劳动是使人在体、智、德上日臻完善的源泉；在《人是教育的对象》这一著作中，指出教育学的主要任务是在教育过程中研究人，将教育学称作艺术，且是一切艺术中最广泛、最复杂、最崇高和最必要的一种艺术。1861年，英国社会学家斯宾塞(Herbert Spencer，1820—1903)出版了《教育论》。在书中他提出教育的任务是教导人们为完满生活做准备，并依据完满生活的五种类型确定丰富的教育内容。斯宾塞的教育核心思想可以概括为：提倡科学教育，反对古典主义教育；提倡自主教育，反对灌输式教育；提倡兴趣和快乐教育，反对无视学生身心发展规律的教育方式。

(三)教育学的发展

19世纪末20世纪初，随着第二次工业革命的深入发展，西方各主要资本主义

---

① 福禄培尔为了让儿童开展游戏和其他活动，设计和制造的活动玩具，意谓它们是神的恩赐。

国家相继进入帝国主义阶段，由自由资本主义向垄断资本主义发展，社会结构、社会经济形态和创新模式发生了巨大变化。原有教育无论是在教育目的还是教育内容和方法等方面，都不能满足社会发展的需求。欧美进而兴起了教育改革运动，而引领和推动教育改革的，则是流派纷呈的各种教育思想，教育学也呈现蓬勃发展的景象。其中，实验教育学、文化教育学和实用主义教育学占有重要地位。

实验教育学的名称是 1901 年德国教育家梅伊曼(E. Meumann，1862—1915)首先提出的，另一位德国教育家拉伊(W. A. Lay，1862—1926)在 1903 年出版的《实验教育学》则完成了对实验教育学思想的系统论述。实验教育学的主要观点是：第一，教育学应建立在广博的科学理论基础之上；第二，提倡把实验心理学的研究成果和方法运用于教育研究，从而使教育研究真正“科学化”；第三，主张用实验、统计和比较的方法探索儿童心理发展过程的特点及其智力发展水平，将实验数据作为改革学制、课程和教学方法的依据。实验教育学克服了以往教育研究中思辨加例证的固有缺陷，形成了注重定量、追究原因的基本形式，极大地推动了教育科学的发展，所提倡的定量研究也成为 20 世纪教育学研究的一个基本范式。实验教育学的方法也是有局限性的，因为像教育目的这样涉及价值判断和选择的问题不能通过实验的方法来解决，当实验教育学及其后继者把科学的定量方法夸大为教育科学研究的唯一有效方法时，它就走向了教育学研究中的“唯科学主义”的迷途，受到来自文化教育学的批判。①

文化教育学又称精神科学教育学，是 19 世纪末出现在德国的一种教育学说，其代表人物是狄尔泰(W. Dilthey，1833—1911)、斯普朗格(E. Spranger，1882—1963)、利特(L. Litt，1880—1962)等。其主要观点是：第一，人是一种文化的存在，因而人类历史是一种文化的历史；第二，教育的对象是人，教育又是在一定社会历史背景下进行的，因此教育的过程是一种历史文化过程；第三，因为教育的过程是一种历史文化过程，所以教育的研究既不能采用赫尔巴特纯粹的概念思辨法来进行，也不能依靠实验教育学的数量统计法来进行，而必须采用精神科学或文化科学的方法，亦即理解与解释的方法进行；第四，教育的目的就是要促使社会历史的客观文化向个体的主观文化转变，并将个体的主观世界导向博大的客观文化世界，从而培养完整的人格，而培养完整人格的主要途径就是“陶冶”与“唤醒”。② 文化教育学在研究方法、对象和价值取向上明确提出了教育学不同于自然科学的独特性，构建了生命、体验、理解、文化、伦理、人格、个人、共同体、生成与教化等范畴系统，成为具有世界影响的教育思想流派，至今仍处于不断分化衍变之中。文化教育学在整体理论支点与背景的建构过程中较为忽视实际的具体教育实践与操作的论证，特别是对非常现实可感的教育组织、机构、制度、设施及技术未进行深入的思

---

① 全国十二所重点师范大学联合编写：《教育学基础》，19 页，北京，教育科学出版社，2002。

② 全国十二所重点师范大学联合编写：《教育学基础》，20 页，北京，教育科学出版社，2002。

考并提出系统的见解，这使得其在理论与实践相结合方面颇多缺憾。[①]

实用主义教育学是19世纪末20世纪初在美国兴起的一种教育思潮，对20世纪整个世界的教育理论研究和教育实践发展产生了极大的影响。其主要代表人物是美国的杜威(John Dewey，1859—1952)、克伯屈(W. H. Kilpatrick，1871—1965)，代表性著作有杜威的《民主主义与教育》《经验与教育》和克伯屈的《设计教学法》等。实用主义教育学的主要观点包括：第一，教育即生活，教育的过程是与生活的过程合一的，而不是为将来的某种生活做准备；第二，教育即生长，个体总是处在社会之中，并通过参与群体的生活，通过与他人沟通，在理智和道德方面获得发展，这个过程就是个体生长的过程，也是经验不断改组与改造的过程；第三，学校即社会，学校不应该脱离社会生活，而应该是社会的雏形或缩影，是一个简化的、纯化的社会环境，是平衡各种社会分歧或者利益矛盾的共同体；第四，做中学，教育教学过程不是以学科为中心，而是从儿童的生活经验出发，以儿童的社会生活为中心，是儿童通过园艺、木工、烹饪等人类基本事务独立探究与发现、体验的过程，在这一过程中，教师不再是中心，只是儿童成长的帮助者。杜威的实用主义教育思想被称为现代教育派，其典型特征是学生中心、经验中心、做中学。实用主义教育学不仅改造了20世纪初美国的教育，而且产生了世界性的广泛而深刻的影响，推动了教育学的发展。其不足之处就是在一定程度上忽视了系统知识的学习，忽视了教师在教育教学过程中的地位和作用，忽视了学校、教育教学的特质。

克鲁普斯卡娅(1869—1939)于1917年出版了《国民教育和民主主义》一书，这是第一部用马克思主义观点撰写的教育专著。俄国十月革命以后，苏联学者尝试构建社会主义教育理论体系。马卡连柯(1888—1939)总结自己长期针对流浪儿童和违法少年教育的实践，提出了集体教育理论，代表作是《教育诗》《塔上旗》。苏霍姆林斯基(1918—1970)提出了“德、智、体、美、劳全面和谐发展”的教育思想，代表作是《巴甫雷什中学》《给教师的一百条建议》等。凯洛夫(1893—1978)在系统总结苏联20世纪二三十年代教育经验的基础上，批判地吸收了教育史上进步教育家的思想，力图以马克思主义的观点和方法阐明社会主义教育规律，于1939年主编了《教育学》。全书包括总论、教学论、德育论和学校管理4个方面，该书既是第一本社会主义国家的教育理论著作，也开创了社会主义教育理论体系。凯洛夫的教育思想对许多社会主义国家的教育理论和教育实践产生了广泛而深远的影响，也成为中华人民共和国成立以后直至改革开放时期的主导教育思想。

20世纪中期以后，由于科学技术的迅猛发展和广泛应用以及政治、经济改革与发展的需求，欧美许多国家掀起了新一轮的教育改革，促进了教育学的发展；科学的发展也为教育学的发展提供了坚实的理论基础和方法论。1956年，美国心理学家

---

① 陈锋：《狄尔泰教育学思想研究》，博士后出站报告，华东师范大学，2005。

布卢姆(B. S. Bloom，1913—1999)提出教育目标分类系统，将教育目标分为认知目标、情感目标、动作技能目标三大类，为教师确定教学目标和任务，为人们观察教学过程、分析教学活动和进行教学评价提供了一个框架；他提出的“掌握学习”至今仍是美国流行的教学方法之一。1960 年，美国心理学家布鲁纳(J. S. Bruner，1915—2016)发表其代表作《教育过程》，主张要让儿童学习学科知识的基本结构、应促进儿童认知能力的发展、注重儿童的早期教育、“发现法”是儿童的主要学习方法。苏联教育家、心理学家赞科夫(1901—1977)以其导师维果茨基(1896—1934)的“最近发展区”学说为理论基础，进行了长期的教学实验，并于 1975 年出版《教学与发展》一书。他在书中提出了“教学与发展”教学理论，提倡教育要促进学生的“一般发展”，总结出“以高难度进行教学”“以高速度进行教学”“使学生理解学习过程”“理论知识起指导作用”“使全体学生都得到一般发展”等教学原则。除此之外，苏联教育家巴班斯基(1927—1987)提出的“教育教学过程最优化理论”、沙塔洛夫创立的“纲要信号教学法”，保加利亚心理学家洛扎诺夫提出的“暗示教学法”，联邦德国教育心理学家瓦根舍因的“范例教学理论”也各具特点。这些结合中小学教育教学实践的研究拓宽了教育研究的视野，丰富了教育思想和经验。

我国的“教育学”一词，是从日文翻译而来的。这既表明教育学在我国起步较晚，也昭示出教育学在我国的发展路径。教育学在我国作为一门独立学科，是从清末“废科举、兴学校”及西方教育思想输入以后才开始的。我国近现代教育学科发展的沿革路径大致是：先学日本，后习欧美，中华人民共和国成立后又学苏联，改革开放后逐步中国化。20 世纪上半期，我国一些学者在引介国外教育思想的基础上，积极投入教育改革与发展过程之中，以开创性的研究和实践，在促进近现代教育学科建设上作出了极大的贡献。1912 年，蔡元培(1868—1940)发表了著名的《对于新教育之意见》，比较系统地提出了“五育并举”的思想，即军国民教育、实利主义教育、公民道德教育、世界观教育和美感教育。黄炎培(1878—1965)是我国职业教育的先驱，提出了“使无业者有业，使有业者乐业”的职业教育理论，并于 1917 年创办了我国第一个研究、试验、推行职业教育的全国性教育团体——中华职业教育社，创办《教育与职业》杂志。杨贤江(1895—1931)于 1930 年化名李浩吾出版了《新教育大纲》，这是我国第一本试图用马克思主义的观点论述教育的著作。被誉为“伟大的人民教育家”的陶行知(1891—1946)，提出生活教育理论，主张“生活即教育”“社会即学校”“教学做合一”。晏阳初(1890—1990)提出了平民教育和乡村建设理论，主张用“三大方式”(即学校式、家庭式、社会式)和“四大教育”(即文艺教育、生计教育、卫生教育和公民教育)解决广大民众的愚、穷、弱、私“四大病”。陈鹤琴(1892—1982)是我国现代幼儿教育事业的开拓者，“活教育”是其教育思想的核心。以上教育家的教育思想，对于当时我国教育的发展与革新，对于近现代我国教育的发展和教育学科的建设有着重要贡献；其中的一些观点，对于当今我国教育改革与发展仍然具有十分重要的指导意义。

新中国成立以来，我国教育事业取得了辉煌成就，教育学也在曲折中前进，在改革中发展，取得了丰硕的成果。有学者认为，新中国70余年教育学发展的基本逻辑是“三线一心”。“三线”是指新中国70余年教育学发展的三条主线：一是不断追求科学性的认识论主线(从“缺学”的教育学到“有学”的教育学)；二是不断追求本土化的方法论主线(从“他域”的教育学到“本土”的教育学)；三是不断追求实践性的价值观主线(从“务虚”的教育学到“务实”的教育学)。“一心”指新中国70余年教育学发展的核心线索，即不断追求教育学的主体性和人学性(从“无人”的教育学到“有人”的教育学)。①

进入21世纪，教育学的发展又出现了一些新的趋势，主要表现为：教育学的理论基础不断扩展，研究模式不断多样化；教育学在分化与综合的过程中，初步形成了相对独立完整的学科体系；教育学加强了对自身的反思；元教育学理论产生；等等。

三、学习教育学的意义

人类有目的的活动是受思想、观点、信念等因素驱动和支配的。教育实践是人类所特有的、有目的的行为。不论是在父母教育子女的过程中，还是在教师教育学生的过程中，也不论教育实践者②能否清晰地意识到，教育经验、教育理论都在教育实践过程中发挥着作用。为了实现教育理论应有的价值、克服教育经验的局限性、增强教育活动的有效性，教育实践者掌握教育理论就成为必然要求。由此，教育学的教学、教育理论的学习就成为沟通教育理论和教育实践的中介和桥梁。

(一)有助于教育实践者获得教育理论知识，扩展理论视野

教育实践是具有教育性的、有价值的，并以自身为目的的一种实践行为③，是教育实践者的一种生活方式，是具体的、生动的，具有特殊性、生成性、情境性等特点。教育实践的特点决定了教育实践者面对的实际教育问题的复杂性和影响这些问题形成的因素的多样性，这要求教育实践者在教育过程中作出正确的价值选择，善于提出、分析并解决实际问题，有能力设计活动方案并对活动结果作出判断，通过对实践的反思不断改善自己的教育实践。由此，掌握教育理论、具备正确的教育理念成为对教育实践者的必然要求，掌握必要的教育理念也成为教育实践者素养的核心内容。通过学习教育学，我们可以了解人类教育历史的发展脉络，并在此基础上预测教育发展趋势；能够了解古今中外教育家的思想，扩展理论视野；能够掌握教育理论的基本内容，有助于形成正确的教育理念，诸如教育本质观、教育目的观、

① 刘立德、杨燕：《教育学的历史进展和未来愿景：新中国70年教育学发展与反思研讨会述评》，载《教育史研究》，2020(3)。

② 教育实践者泛指教育活动中的教育者，本教材主要是指教师，尤其是中小学教师。

③ 张雪芳：《论教育理论的实践性及其生成》，硕士学位论文，河南大学，2015。

教育价值观、教师观、学生观、教学观、课程观等。

(二)有助于启发教育实践者的教育自觉，树立坚定的教育信念

教育活动不同于生产劳动、科学实验等主体对客体的认识、改造、利用等实践活动之处，就在于教育活动是人与人之间的相互作用，即平等主体间的相互作用。教育学中的教育本质观、学生观，揭示了学生的特性：首先，学生是完整的人，不仅在身体与精神、理智与情感等方面是一个整体，而且在其内外世界的联系上也达到了和谐一致；其次，学生是处于未完成状态的，是形成过程中的存在，具有巨大的潜在的可能性；最后，学生是具有主体性的存在，通过自己的实践行为实现自身的改变和完善。“人只有通过自身实践活动及其自为生命价值的不断追求和不断选择，去不断创造和实现自己的自为生命本质，他才能逐渐生成人之为人的本质，才能使自己不断生成为‘人’。”①对教育本质、人的本质属性的认识有助于教育实践者不断领悟教育的本真，启发教育实践者的教育自觉；这种教育自觉不是教育实践者天生具备的，也不是简单地从自己的教育教学经验中总结出来的，而是在教育学的教学、教育理论的启迪之下产生的内在自觉。

教育理论揭示了教育可以促进社会的政治、经济、文化、科学技术的发展，教育事业关乎一个国家的综合国力的强盛、一个民族的希望的达成、一个社会的梦想的实现；教育使人摆脱了盲目自发的生长状态，是促进个体个性化和社会化最有效的途径和手段。教师是一种专门化的职业，通过系统的教育学的学习，才可能认识到：首先，教师肩负国家、民族和社会的未来；其次，作为影响学生发展的“重要他人”，教师以什么样的态度、期待和方式对待学生，关系到学生发展的方向、程度和水平，关系到学生未来的生活状态；最后，从事教育教学活动也是教师履行公民责任、实现其价值的途径和方式。只有在深刻领会教育的本质、功能和价值，以及教师职业重要性的基础上，教育实践者才有可能形成坚定的教育信念，培育正确对待教育事业的态度和情感，才有可能克服各种困难，以积极主动的态度，综合运用自己的各种能力，投入复杂而又富有创造性、平凡而又伟大的教育事业之中。

教育信念是教育实践者对某种教育观念、教育主张、教育思想、教育理论的确定与信奉，既包括认知成分，也包括情感、意志因素。教育信念可以分为以下类型：从性质上看，教育实践者的教育信念有正确与错误、积极与消极之分；从内容上看，教育信念包括教育实践者对自我的信念、对教育价值和功能的信念、对受教育者的信念。教育信念是驱动教育实践者的教育行为的内在动力和现实力量；而教育行为则是教育实践者“教育信念的一种投射与体现，是教育信念的外在表征”②。教育实践者形成教育信念的重要途径和来源主要有系统的理论学习、替代学习、自我评价以及他人的评价。教育理论的内在一致性以及对教育实践的指导作用决定了教育理

---

① 高清海：《价值选择的实质是对人的本质之选择》，载《吉林师范大学学报(人文社会科学版)》，2005(3)。

② 李润洲：《论教师的教育信念》，载《中小学教师培训》，2015(6)。

论的学习，有助于教育实践者形成正确的教育信念。

(三)有助于教育实践者形成和发展从事教育工作的技能

具备系统的教育理论知识，形成正确的教育态度、情感和信念，是教育实践者开展教育实践的前提条件；教育实践者要顺利开展教育活动，尤其是有效的教育活动，还需要具备基本的教育技能。这是因为，教育理论知识只是教育技能形成与发展的基础，教育实践者只有具备相应的技能，才能使掌握的知识得以运用，才能解决实际问题；教育技能才是影响教育活动质量和效率的直接因素。教育学这门课程除了教育基本理论之外，还包括学校德育、教学、班级管理等内容；课程学习形式除了系统的课堂讲授、研讨，还包括观摩见习、模拟课堂、说课、教学实例评析、主题班会设计等。教育学的知识结构和教学形式，有助于我们初步形成和发展教学设计能力、课堂教学组织能力、反思意识和能力、班级管理和班级活动设计能力等，为将来顺利开展教育教学活动，进而形成自己的教育教学风格创造条件。

(四)有助于教育实践者进行教育教学反思

教育实践者不仅是教育者，而且是反思型的研究者；反思不仅可以提高教育教学活动的质量和效率，也是促进教育实践者专业发展的重要途径和形式。苏联教育家苏霍姆林斯基指出："只有善于分析自己工作的教师，才能成为得力的、有经验的教师。在自己的工作中分析各种教育现象，正是向教育的智慧攀登的第一个阶梯。"①美国学者波斯纳也认为反思对于教师专业发展极为重要，他认为，没有反思的经验是狭隘的经验，至多只能成为肤浅的知识。为此，波斯纳提出了一个教师成长的公式：成长＝经验＋反思。

对教育理论的学习，有助于教育实践者进行教育教学反思，主要表现为：增强教育实践者反思的自觉性；提高教育实践者反思的能力和水平，包括拓宽反思的角度、丰富反思的内容、使反思方式多样化。②

总之，教育实践者从事教育教学活动，需要教育理论的指导，否则，其活动就是盲目的、低效的。教育理论可以指导教育实践，这是教育理论的应有价值，但是它不能自动指导教育实践。在表现形式上，教育理论是由概念、命题构成的知识系统，具有一定的抽象性、普遍性、共性；教育实践是教育实践者借助教育手段、教育内容与受教育者的相互作用，即活动，具有特殊性、个性、情境性。教育理论与教育实践之间存在着"天然鸿沟"。教育实践者只有接受系统的专业学习和训练，把外在的、具有指导作用的教育理论，转化为自身的"理论图式"、教育信念、专业技能，教育理论对教育实践的指导作用才能得以实现。

---

① [苏联]苏霍姆林斯基：《给教师的建议(全一册)》2版(修订版)，杜殿坤编译，493页，北京，教育科学出版社，1984。

② 易森林：《教育理论对教育实践的功能》，博士学位论文，华东师范大学，2010。

本章小结

1. 对于教育学的研究对象，国内外有多种解释，本章根据对“研究”一词的理解，将“教育问题”确定为教育学的研究对象；本章中的“教育问题”意指反映到研究者头脑中的关于教育的疑难、矛盾或困惑，是研究者与客观存在的教育实际相互作用的结果，而不是教育实际中的不足、弊端等。据此，教育学可以理解为研究教育问题、揭示教育规律的一门学科。

2. 教育学的产生和发展经历了一个漫长的历史过程，在学科发展过程中，东西方都出现了许多教育思想家，他们对教育的研究和认识丰富了教育思想和教育理论，代表了当时人们对教育的认识所达到的高度，也为教育理论的发展奠定了坚实的基础。尤其是近现代以来，各种教育理论流派纷呈，这也是教育学繁荣发展的标志。

3. 教育是人类所特有的、有目的的实践活动，需要教育理论的指导；教育技能是顺利开展教育活动、影响教育活动质量和效率的直接因素；教育是复杂而又具有创造性的活动，需要正确的情感态度和坚定的信念。学习教育学有助于教育实践者获得教育理论知识，扩展理论视野；有助于启发教育实践者的教育自觉，树立坚定的教育信念；有助于教育实践者形成和发展从事教育工作的技能；有助于教育实践者进行教育教学反思。

关键术语

1. 教育问题
2. 教育现象
3. 教育规律
4. 教育理论
5. 教育实践
6. 教育经验
7. 教育政策
8. 教育信念

思考题

1. 列举关于教育学研究对象的主要观点。
2. 解释教育问题的含义并举例说明。
3. 简要评述主要的教育理论流派。
4. 访问中小学教师，分析教育理论在其专业成长过程中的地位和作用。

案例分析

《中国兄弟连》中的科班出身和自学成才

《中国兄弟连》是曾在各电视台热播的一部电视连续剧。该剧讲述了日本侵华时期，袁连长率领的国民党部队和曲连长指挥的新四军部队为了营救机要人员尽弃前嫌组成中国兄弟连，在敌我装备悬殊的情况下，奋死与日寇周旋、同归于尽的故事。在一次战斗中，中国兄弟连被日寇合围，国民党军官袁连长依据敌我态势、地形和己方部队人员装备情况，通过军事地图，布置防御作战计划。新四军曲连长也讲述了自己的作战方案，发现二人不谋而合。一名国民党军官称赞曲连长“天生是一块打仗的材料”。袁连长佩服曲连长指挥有方，问其哪所军校毕业，曲连长的回答是：“我是战斗里成长起来的，没有上过军校。我参加的大小战斗不下百次，还不会排兵布阵？”

问题：

运用本章有关知识，分析案例中所反映的理论和实践的关系。

第一章　认识教育

学习目标 ▶

1. 比较人类的教育活动与动物的所谓“教育”活动，说明人类教育的特性。

2. 比较教育与人类其他实践活动的异同。

3. 结合实例，解释学校教育、社会教育、家庭教育的特殊性。

4. 结合实例，说明学校教育、家庭教育与社会教育协调一致、形成教育合力的重要性。

问题导入

中外思想家对教育的不同表达

程颢：师道不立，儒者之学几于废熄，惟朝廷崇尚教育之，则不日而复。

范仲淹：如得其诚，愿预教育，然后天下之道可得而明，阿衡之心可得而传。

王夫之：善教育者必有善学者，而后其教之益大。

苏格拉底：教育可以使人得到改进。

杜威：教育即生活，教育即生长，教育即经验的改组和改造。

教育学作为研究教育问题、揭示教育规律的一门学科，是由若干相互关联、连贯一致的概念构成的知识体系，教育是该知识体系中的核心概念。这是因为：教育这一概念的界定关系到何为教育问题、何为教育规律，由此决定教育学的研究对象和任务；教育这一概念是界定教育功能、教育内容、教育手段、教育制度、教育目的、教育管理、教育评价等概念的基础，教育的内涵、外延的变化必然导致上述概念的变化；教育是人类特有的有目的的活动，如何理解教育，既影响教育实践者的教育目的观、教育价值观、教师观、学生观等职业理念，也影响他们在教育教学活动中对内容、手段、组织形式的选择与运用。

教育的概念包括名称、内涵、外延、例证。本章主要介绍教育的内涵和外延，并基于对教育内涵的理解分析教育活动的构成要素。①

第一节　教育的内涵

教育的内涵是对教育这一人类实践活动的本质属性的反映，也就是人们对教育“是什么”的根本认识和看法。教育，既是人们在日常生活中常用的一个概念，也是一个专门术语。由于文化的差异，东西方古代先贤对教育的理解与认识是有差异的；由于文化的变迁，教育一词的内涵处于流变的过程中。本节首先对教育一词追根溯源，然后运用比较的方法，通过教育与动物相似活动的比较、教育与人类其他实践活动的比较，揭示现代语境下教育的本质属性。

一、教育的词源分析

（一）现代汉语中“教育”一词的由来

“教”“育”这两个字，在我国最早出现于甲骨文中。“教”在甲骨文中为“”，字

① 本章主要引用了薛彦华主编的《教育学》第一章的部分内容，有改动。

的左半部分，表示小孩学习“爻”，右半部分表示成人执鞭督促。“育”在甲骨文中为“”，表示妇女生孩子。“教育”一词，最早出现在《孟子·尽心上》中的“父母俱存，兄弟无故，一乐也；仰不愧于天，俯不怍于人，二乐也；得天下英才而教育之，三乐也”。按照许慎《说文解字》的解释，“教，上所施，下所效也”，“育，养子使作善也”。此后，“教育”一词不断出现在我国古代的文献中。但是，其含义是在“以学为本”的话语体系下使用的，“教育”与“教”“学”的意思很相近，是具有外铄论特点的“学做人”“学做事”之意。可见，古代文献中的“教育”一词仅在某些方面与近现代语境下的“教育”有相似之处。①

19 世纪末 20 世纪初，清政府在内外交困的情况下，不得不广开民智，兴学育人，培养经世致用的新型人才。甲午战争之后去日本留学的一些人开始翻译日文教育学著作，并把日文中的“教育”译成汉语的“教育”。此后，“教育”一词逐渐取代传统的“教”与“学”，成为我国教育学的一个基本概念；教育学领域的用语系统也逐渐完成了从“旧话语”到“新话语”，从“以学为本”到“以教为本”的转变。这是我国教育现代化和传统教育学范式现代转化的一个语言学标志。②

值得注意的是，由于现代汉语中的“教育”是从日文中翻译过来的，而日文中的“教育”是日本学者借用《孟子》中的“教育”翻译英文中的“education”，与古代汉语中的“教育”有着巨大的区别，“所以不能很好地阐释传统教育实践中‘学’所孕育和追求的人文精神和人格境界，造成语言层面的现代与传统教育精神之间的断裂”③。

(二)英语中“教育”一词的含义

在英语中，education 一词出现在 18、19 世纪之交。在此之前，人们讨论现在一般意义上的教育，常用的词语是 nurture(培育)、rear(养育)、bring up(抚育)、nourish(养育)、breed(养育)、train(训练)等。这些词的原意都不是指称人类教育活动的，而是指植物栽培或动物饲养的。这反映了英语传统社会对儿童和儿童教育问题的古老观念：把儿童比喻成植物或动物，把儿童的成长比喻成植物的生长或动物的发育，所谓儿童的教育就是为他们提供充足的“水分、食物和爱护”。④ 历经强迫灌输、机械背诵、棍棒纪律的中世纪教育，启蒙运动之后的欧洲学者，难以接受“输入”性质的所谓“教育”，便以拉丁文 educĕre 为词根构建了 education 这一新词。

拉丁文 educĕre 是“引出”的意思，就是采用一定的方式把某种本来就潜藏于人自身的东西引导出来⑤，从一种“潜质”转变为“现实”。从词源上讲，英语中的“教育”含有“内发”之意，强调教育是一种顺其自然的活动，目的在于把自然人所固有的或潜在的德性、理性、先天观念由内而外地引导出来，成为现实的发展状态。西方

① 陈桂生：《常用教育概念辨析》，10 页，上海，华东师范大学出版社，2009。
② 全国十二所重点师范大学联合编写：《教育学基础》3 版，3 页，北京，教育科学出版社，2014。
③ 石中英：《“教育”概念演化的跨文化分析》，载《高等师范教育研究》，1997(4)。
④ 石中英：《“教育”概念演化的跨文化分析》，载《高等师范教育研究》，1997(4)。
⑤ 《舒新城讲教育通论》，2 页，南京，河海大学出版社，2021。

教育理念中的“种子说”“展开说”“内发说”之所以根深蒂固，原因也在于此。

由教育的词源分析，我们可以看出中西方教育观在人性论、教育作用方向、教学的外在形式、教学过程与教学结果关系等方面有着巨大差异。[①] 这些差异，至今在中西方的教育理论和教育实践中仍然存在。

二、教育的本质属性

教育具有多种属性，只有同时具备规定性和区别性的属性才是教育的本质属性。所谓规定性，是指教育本身所固有，并决定教育之所以为教育的性质；教育的规定性重在揭示人类各种形态教育活动的共性。所谓区别性，是指教育所特有，并能够与人类其他实践活动区别开来的属性；教育的区别性侧重于揭示与人类其他活动相比教育所具有的特殊性。

(一)教育是人类所特有的一种有目的的活动

教育是人类所特有的社会活动还是人类与其他动物共同的活动，教育是有目的的活动还是基于本能的活动，这些是事关教育根本的问题。有学者认为，早在人类之前，动物界就存在教育，人类的教育是从动物教育演化发展而来的。例如，法国哲学家、社会学家利托尔诺(Charles Letourneau，1831—1902)在《动物界的教育》中详细描述了“动物的教育”“家畜的教育”，认为动物的教育和人类的教育几乎没有什么区别。[②]

我们认为，动物的“教育”与人类的教育比较而言，只是形式上相似，二者存在本质的区别。第一，从活动发生的基础来看：动物的“教育”是一种基于亲子和生存本能的活动，是通过遗传获得的简单的定型化行为；作为社会关系的总和，人是一种社会性存在，人类教育是出于个体在社会中生存、发展和社会延续、发展的需要。第二，从活动所依赖的条件来看：动物的“教育”停留在第一信号系统的水平上，不具备个体经验的类化或类经验的个体化的能力；而借助于语言及其他物质形式，人类可以实现个体经验的类化或类经验的个体化。第三，从活动的结果来看：动物的“教育”结果是幼小动物尽快适应环境，维持个体生存和种系的延续；人类的教育不仅使我们更好地适应环境，而且赋予我们认识、改造环境的力量，通过教育实现人类积累的知识经验的传承，使得人类和人类社会总是在较高起点上向前发展。

通过以上比较，我们可以得出结论：教育是人类所特有的社会现象，而不是生物现象；是一种有目的的活动，而不是基于本能的活动。

(二)教育是人类有目的地传承社会经验的活动

人类有目的的社会活动是多种多样的。实践是人所特有的对象性活动，其基本形式包括改造自然界的物质生产活动、处理和调整社会关系的活动、科学实验活动

---

① 扈中平、刘朝晖：《关于中西教育观的比较与思考》，载《教育评论》，2002(1)。

② 瞿葆奎：《教育学文集·教育与教育学》，177页，北京，人民教育出版社，1993。

及精神生产活动。物质生产活动是处理人类和自然关系的活动，它是人类社会生存和发展的基础，是决定其他一切活动的最基本的活动；物质生产活动反映的是人类与人类所依存的自然界之间的关系，其结果是获得人类社会存在和发展所需要的物质和能量。适应物质生产活动的需要，与物质生产活动同时发生的是处理和调整社会关系的活动，即人类的社会交往及组织、管理和变革社会关系的活动；处理和调整社会关系的活动反映的是个人和个人之间、个人和社会之间、人和自然之间的利益关系，其结果是维护和巩固有利于生产发展的社会关系，调整或改变不适合生产发展、破坏生产发展的社会关系。科学实验活动是从物质生产活动中分化出来的、专门为认识世界而进行的一种探索性、准备性的活动，其结果是增强人类对客观世界的认识。精神生产活动是指人们为社会创造精神产品并以一定的对象化形式提供给社会的活动，其结果是通过文学作品、艺术等形式满足人的精神需求。

人类在长期的实践中积累、创造了制度的、符号的、行为的等各种形态的文化，这些文化的传承对个体和人类都是必需的。人通过生理遗传只是获得了人之所以为人的载体，人是历史文化的存在，个体必须理解和掌握人类文化才能实现自己的社会化；人类历史不同于动物演化史，人类历史是一部文化发展的历史，没有文化的积累、传承，人类发展的历史长河将会断流。人类文化的传承有多种方式，如实物的保存、符号的记录等，但是这些方式不是最安全、最有效的；人类文化的传承需要对文化的解读，否则实物、符号等形态的文化既无认识价值，也无使用价值。不同于农民耕作、工人操作机床、科学家从事科学研究、书画家泼墨挥毫，教育是人类有目的地传承社会经验的社会活动。

(三)教育是以影响人的身心发展为直接目标的活动

人类有目的地传递经验的形式是多样的，既包括以人为对象的传递，也包括向人以外的对象传递，比如杂技团驯兽师向动物发出各种命令、科技人员向机器人发出各种指令，或者人类为了探寻茫茫宇宙之中是否有其他高级生命形式而发出信息。教育是人类特有的传承社会经验的活动，是指以社会经验为中介的人和人之间的相互作用。

人类的交往活动传递着社会经验，人们也可以通过媒体、文学、艺术等形式传递信息，但是，只有以人的身心发展为直接目标的社会经验传递活动才是教育。以人的身心发展为直接目标是指：第一，通过有目的的社会经验传递，要引起接受者身心的预期变化；第二，人的身心两个方面的预期变化不是受遗传规律决定的遗传素质的自然发育、成熟，也不是营养改善、身体锻炼、医疗手段的运用导致的，而是接受者在一定背景知识下，运用自己的方式理解、解释社会经验的结果。

综合以上分析，我们可以认为，培养人是由教育的质的规定性决定的。由此，教育可以界定为有目的地培养人的活动。对于这一内涵的理解，应该从以下几个方面把握。

第一，教育不是动物间的活动，也不是人与物之间的活动(如人训练动物，农民对作物施肥、灌溉、修剪等，工人借助一定的设备加工某种原料、生产某种产品)，而是人与人之间的活动。前者的活动可以用 I—It 表示，后者用 I—I 表示。

第二，教育活动不是主体对客体的改造与利用活动，而是教育者与受教育者平等主体间的交往、对话。因为主体积极能动地作用于客体是以满足主体需要为目的的，客体是主体满足其需要的工具与手段，客体作为对象处于被主体任意加工与塑造的地位，主体选择作用于客体的手段和方式遵循有效性和经济性原则。在教育活动中，教育者与受教育者通过交往与对话实现二者的发展与变化，受教育者的发展变化是最终目的，而且受教育者的发展变化是其主体性发挥的结果，主体间选择相互作用的手段和方式应该符合伦理原则。

第三，教育活动导致受教育者的发展与变化，不是遗传素质的自然展现、个体通过实践或生活获得的经验、营养的改善与加强、医疗手段的运用的结果，而是受教育者发挥其主体性，采取一定的手段与方式，与教育者提供的教育影响相互作用的结果。教育者的素质决定了他所提供的教育影响的性质与方向、程度与水平，也影响到所采取的教育手段的伦理性和科学性。受教育者发展变化的性质、方向、程度与水平，既受到教育者提供的教育影响的制约，也受到受教育者主体性发挥程度的制约，关键性因素是后者。

第四，人是有理想、有价值和意义追求的，教育是一种社会现象，所以，无论是个体还是国家、社会等主体，都希望受教育者的发展与变化是积极向上的。也就是说，教育活动的结果应该符合社会标准。

第二节　教育的外延

教育的外延是指教育这一概念的所指，也就是教育概念所反映的对象、教育概念的适用范围。关于教育的外延，可以从多个角度划分：根据教育活动是否在有组织的、专门的教育机构中进行，教育的外延包括正规教育和非正规教育；根据教育活动的要素是否独立，教育的外延包括形式化教育与非形式化教育；根据教育活动的时空存在形态，教育的外延包括实体教育和虚拟教育；根据教育制度化的程度，教育的外延包括非制度化教育和制度化教育；根据教育活动所依存的场所、地点，教育的外延包括自然教育、社会教育、家庭教育和学校教育。本节介绍最后一种划分类型。

一、自然教育

自然教育是融合在各种社会实践、社会生活中的教育活动，是人类最古老的一种教育活动。自然教育具有以下特点。

(一)非专门性

自然教育没有专门的教育者和受教育者，没有固定的教育内容和手段，也没有专门的场所和机构。“原始人类就具有一种教育的意向，这种教育的意向至今仍保存在我们意识的深处，使我们在生活中不知不觉地充当着教育者和受教育者。”①自然教育是在自然的状态下发生的，扮演教育者还是受教育者的角色多由双方发展水平决定，没有预定的、明确的教育目的，教育内容也取决于具体情境和实际需要，教育手段和教育方法更是灵活多样。

(二)情境性

自然教育不受时间和空间的限制，没有预先确定的教育目的、教育内容和教育手段，一切取决于具体的、感性的、“当下即是”的存在状态。学校教育活动也依赖一定的环境与条件，但是学校教育的环境与条件都是人为创设的，一切都是为了教育活动的顺利进行、质量的保证和效率的提高。自然教育则不然，教育活动所依存的情境是偶发的、随机的。例如：交通警察结合具体的交通事故对交通参与者进行交通安全教育；在工作中，师傅结合徒弟面临的具体问题传递有关的工作经验。在自然教育活动中，教育者往往结合具体情境选择教育内容和教育手段，受教育者也是在背景知识基础上，理解、解释具体情境中所包含的信息，接受来自教育者的教育影响。“生活世界的知识储存是以多种方式与经验主体的境遇相关的，它建立在先前实际经验的沉积基础上，这些先前的实际经验与主体的境遇紧密联系在一起。反之，每一实际的经验又按照知识储存的一系列类型及其关联被纳入主体流动的生活经验和个人经历之中。”②

(三)广泛性

由于人类社会实践和社会生活具体表现形式的多样性及人类文化样式的多样性、丰富性，自然教育内容是丰富而广泛的。在各种教育类型当中，自然教育的内容是最为广泛的，基本涵盖社会经验的各个领域。在社会生产和生活过程中，每个人的具体需求是各异的，相比较而言，总是有发展水平高者，自然教育可以发生在同事之间、领导与下属之间、师徒之间等，自然教育拥有最为广泛的群众基础。

二、社会教育

社会教育是指学校和家庭之外的社会团体、组织、机构开展的教育活动。社会教育具有以下特点。

(一)开放性和群众性

社会教育打破了学校教育那种封闭的教育体系，具有极强的开放性和群众性。

① 项贤明：《泛教育论：广义教育学的初步探索》，233页，太原，山西教育出版社，2002。

② 转引自项贤明：《泛教育论：广义教育学的初步探索》，238页，太原，山西教育出版社，2002。

在社会教育中，受教育者几乎包括了各个阶段的社会成员，没有年龄、性别、经济状况、社会地位等限制，不像学校教育那样，接受高一级学校教育必须具备相应的条件。社会教育可以满足不同年龄阶段、不同职业、不同文化程度和不同兴趣爱好的人的需求，为一个人接受终身教育提供了可能。

(二)多样性和补偿性

社会教育在内容、形式方面具有多样性和补偿性。从教育内容看，社会组织、团体、机构的性质和活动的多样性，决定了社会教育内容涵盖社会经验的方方面面，具体来讲，有文化知识、科学技术、政治法律、伦理道德、文学艺术、体育卫生及生活常识等。从教育形式看，社会教育有培训班式，讲座式，函授式，媒体传播式(如广播、电视、书刊、影院、网络等)，展馆式(如图书馆、博物馆等)。

学校教育传承、传播的基本是前人积累的经过验证的文化知识，社会教育内容的广泛性，使得社会教育通过选择、传播学校教育较少涉及的内容，在一定程度上对学校教育起到补偿作用。科学技术迅速发展使得人们在工作和生活中需要不断补充新知识、新技能，形式灵活的社会教育可以及时满足人们的需要，弥补了学校教育的封闭性、长期性导致的对科学技术发展不能灵活、及时反映的缺憾。

(三)实用性和融合性

社会教育的内容具有实用性，表现为：教育内容的选择一般不是简单地迎合某些人对学历、文凭的追求，而是着眼于帮助人们解决工作和生活中的实际问题；教育内容的编排不是简单地追求理论上的完整性和系统性，而是根据不同受教育者的实际需要进行适当的取舍和浓缩。

社会教育不仅具有相对独立的形式，而且与社会政治活动、经济活动、文化娱乐等密切联系、彼此开放、相互渗透、融为一体。

三、家庭教育

家庭教育在培养青少年的健全人格方面具有重要的作用。家庭教育是指在家庭生活中家庭成员之间开展的教育活动，这种教育活动既发生在代际之间，也存在于同辈之间。家庭教育具有以下特点。

(一)血缘性

家庭教育是发生在家庭成员之间的教育活动，血缘关系使得家庭教育活动中教育者与受教育者的关系不同于其他教育活动中教育者与受教育者的关系，他们不仅存在着一定程度的不可分离性，而且有着十分亲密的感情上的联系。教育者和受教育者在血缘基础上建立的教育关系，使家庭教育活动不仅能够顺利进行，而且具有特殊的教育效果。

(二)非正规性

家庭教育不是一种有组织、有严密计划的教育活动，主要表现为：教育者一般没有经过教育方面的专门训练，也不具备专门的教育学知识和教育教学能力，更不需要资格证书，其资格是自然、自动具备的；教育内容没有统一的要求；教育和训练没有固定的时间、地点、模式，一般是在日常生活中随时随地实施的。

(三)终身性

系统的学校教育虽然要连续实施较长时间，但人们接受学校教育只是人生整个历程中的一个阶段。与学校教育的阶段性不同，家庭教育具有终身性，只是在不同的阶段教育内容侧重点不同。在学龄前和学龄期，家庭教育内容主要是行为规范、文化基础知识、智力开发、基本技能技巧、思想品德、身体保健；成年以后，家庭教育的内容则是为人处世、职业选择、工作态度、恋爱、婚姻，以及持家、夫妻关系、养育子女等方面的内容。

四、学校教育

学校教育是指由专门机构和专职人员承担的，有计划、系统性的教育活动。与其他类型教育相比较，学校教育具有以下特点。

(一)专门性

学校教育的专门性表现在：第一，通过接受过专门训练的教师进行教育活动，他们受社会委托，明确教育目的，熟悉教育内容，懂得教育教学规律和原则，可以遵循学生的身心发展规律影响其发展。第二，学校教育中的受教育者是学生，他们是以学习为主要任务的专门的受教育者。第三，教育教学活动是在专门的教育机构——学校中进行的。学校作为一种特殊的环境，是按照人身心发展的特殊需要组织起来的。学校教育把影响学生发展所需要的一切时间和空间全部纳入可控的程序之内，保证了教育活动的顺利进行。

(二)系统性

从教育内容上看，不同于其他类型教育内容的片面性、零散性，学校教育内容是系统化的，既考虑各门课程之间的逻辑关系，也注重某一课程内部的统一性。从学制方面看，学校教育由初等教育、中等教育、高等教育构成层级结构，由普通教育、职业教育、专业教育构成类型结构，由全日制、半日制、业余、函授、广播电视和国家举办、私人举办等构成形式结构。

(三)计划性

学校教育的计划性表现为：从宏观层面看，一个国家根据社会当前和未来对各级各类人才的需求，制定教育事业发展规划及用于规范某级/类学校教育教学工作的课程计划；从中观层面看，每所学校依据国家制定的课程计划、教育目的和培养目标，制定学校总的和各部门的工作计划及学校本身的发展规划；从微观层面看，教师依据学校的工作计划、国家确定的课程计划和课程标准，结合学生的共性和个性、班级特点及具体教育教学内容，制订教学活动计划。

学校教育的专门性、系统性、计划性，保证了学校教育活动的高效性、组织的严密性。尽管学校教育存在这样或那样的不足甚至问题，各种非正规教育日益受到人们重视并获得迅速发展，但是不论是从个体发展的角度，还是从国家、社会、民族发展的角度，学校教育都具有不可替代性。“我们承认，从不同的国家看来，根据不同的理由，某类学校和某种教学形式必须受到有力的批判，而且学校教育的许多方面也要求彻底重新予以评价和进行改造。虽然如此，如果我们废弃了学校，不把学校当作教育的一个主要部分(纵然不是唯一的部分)，这就等于我们不让成千上万的人受到这种可使他们系统地掌握知识的教育。尽管人类的文化并不限于知识，但知识在今天依然是文化的有机的和不可缺少的部分。”①

自然教育、社会教育、家庭教育、学校教育共同构成了人类教育的完整体系，这些教育类型在教育内容、途径和方法上存在一定的差异，各具特点，不可相互替代。学校、家庭和社会等主体要合理分担并履行教育方面的责任。特点、功能各异的四种教育类型存在互补性。各类型教育之间应该信息互通、交流互助、优势互补。受教育者处于学校、家庭、社会的“交叠影响域”②之中，学校教育、家庭教育、社会教育等不能只局限于履行自己的责任，而应形成教育合力，即各类型教育在方向上统一要求，时空上密切衔接，作用上互补、协调一致，发挥教育的整体效应。

第三节　教育的要素

教育的要素是构成教育活动必不可少的、最基本的因素。从系统论的角度看，系统是由要素构成的，要素在时空上排列组合的方式以及相互作用的方式构成系统的结构，系统的结构决定系统的功能。所以，对教育要素的认识，有助于我们理解教育的实质、教育的结构和教育的功能。基于对教育本质属性的认识和对教育概念的解读，本节认为教育的要素包括教育者、受教育者、教育内容和教育手段。

一、教育者

在教育活动中承担教的责任、提供教育影响的人都是教育者。

成为教育者的条件：一是发展水平相对较高，二是在教育活动中承担提供教育影响的责任。发展水平相对较高，可以表现为整体上的水平差异，也可以表现为部分的水平差异，还可以表现为某一方面发展早晚的差异。整体发展水平较高的人在

---

① 联合国教科文组织国际教育发展委员会：《学会生存：教育世界的今天和明天》，华东师范大学比较教育研究所译，15页，北京，教育科学出版社，1996。

② “交叠影响域”理论是美国约翰斯·霍普金斯大学国家合作伙伴学校联盟(NNPS)研究中心主任兼首席科学家爱普斯坦(Joyce L. Epstein)在深入研究美国中小学校与家庭、社区关系后提出的理论。该理论认为在学生学习和成长过程中主要有家庭、学校、社区三个背景，它们对学生的学习和发展存在交叠影响。

教育活动中自然承担提供教育影响的任务，由于“闻道有先后，术业有专攻”，现实中人和人之间发展水平的差异更多表现为部分的水平差异或某一方面发展早晚的差异，所以，发展水平相对较高仅仅是成为教育者的前提条件。一个人在教育活动中能否成为教育者，关键是看其所扮演的角色和所起的作用，是提供教育影响，还是接受教育影响。

从最广泛的意义上来说，任何人都可以成为教育者。在家庭教育中，父母可以是子女的教育者，子女也可以成为父母的教育者，长者往往是幼者的教育者，幼者也可以成为长者的教育者。在学校教育中，教师是学生的教育者，在某些方面，学生也可以担任教师的教育者的角色。在社会团体、组织、机构开展的教育活动及融合于生产生活实践的教育活动中，教育者的角色更不是固定不变的。

教育者发展水平相对较高及在教育活动中承担提供教育影响的责任决定了教育者在教育活动中起主导作用。所谓主导作用，是指教育者在一定程度上制约教育活动结果的性质、方向及可能达到的水平。教育者与教育内容相互作用的结果即教育影响的性质、方向影响教育活动结果的性质和方向；教育者提供教育影响的手段影响教育活动结果可能达到的水平，也影响教育活动的效率。

对于教育者的主导作用，要有正确的认识。首先，教育者的主导作用是由教育者发展水平相对较高和教育者在教育活动中的责任确定的，是不以人的意志为转移的，否认教育者主导作用的实质是把教育活动等同于学习活动。其次，不能把教育者的主导作用理解为纯粹自我规定的活动来影响受教育者，视受教育者为教育者任意加工、改造、塑造的对象，其实质是对受教育者这一教育要素主体性的否定。再次，教育者发挥主导作用是有条件的，即必须遵循教育活动的规律和人的身心发展规律。最后，教育者必须认识到，发挥其主导作用需要自身素质的不断提高和在教育活动中的主观努力。至于客观上处于“主导地位”的教育者是否发挥主导作用，则取决于教育者的主观努力，并根据教育主体与客体关系的实际情况而定，即取决于教育者在教育过程中实际上充当的是什么角色。某个教师若没有发挥应有的教育影响，虽不能否认他是教师(在解聘之前还得承认他的“主导地位”)，由于他并未成为教育者角色(没有发挥应有的主导作用)，只能把他算作“名不副实”的教育主体。[①]

二、受教育者

受教育者和教育者是相互依存的，都是教育活动的主体，都是教育活动中最具积极性的要素。

---

① 陈桂生：《教育原理》2 版，16 页，上海，华东师范大学出版社，2000。

所谓受教育者，是指在教育活动中承担学的责任，接受教育影响的人。①

成为受教育者的条件：一是发展水平相对较低，二是在教育活动中承担接受教育影响的责任。不论是整体还是部分发展水平相对较低，或是某一方面发展较晚，这些都是成为受教育者的前提条件，决定一个人成为受教育者的关键是他在教育活动中承担学的责任，接受教育影响。

从最广泛的意义上来看，受教育者泛指一切阶段的一切人。人无完人，相比其他的人，一个人总是存在这样或那样的不足，故"三人行，必有我师焉"。

人成为受教育者既具有必要性，也具有可能性。当代生物人类学家格伦(Arnold Gehlen)认为，人是一种在生物学意义上尚未完成、未确定的动物，与其他动物最根本的区别是人在生物学上的"非专门化"和"匮乏性"。动物的器官、结构及其机能要比人类专门化或特定化得多，它们的每一种器官适应于每一种特定生活条件的需要，而人的器官并不指向某一个特定的对象与活动。与动物相比，人显示出生物学上的匮乏性。"非专门化"和"匮乏性"表明，人类的生物结构与机能决定了人类在与某些动物的生存竞争中并不处于优势地位：人的双手不如狮、虎的双爪锋利，人的眼睛不如鹰隼的眼睛锐利，人的耳朵、鼻子不如狗的耳朵、鼻子灵敏……由于先天的缺陷和生物匮乏性，作为自然物种，人类若要在与动物激烈、残酷的生存竞争中胜出，必须借助于在实践中积累和创造的文化的力量。作为人类文化保存和传承最安全、最有效的手段，教育就成为必需。教育是沟通人的先天自然性与后天文化习得性的内在机制。② 由于器官、机能的特定化，动物被严格地限制在特定的生存环境中，动物与所依存的环境构成封闭性关系，适者生存，不适者则被淘汰。因为生物学上具有非专门化和非特定化的特点，人不必受制于少数几种生命机能，环境对于人而言是开放的，人与环境的关系是非封闭性的。人生理结构和机能的非专门化及人与环境之间的非封闭性关系，说明人可以运用自身的意志和力量接受环境的影响，包括教育影响，人成为受教育者具有了可能性。随着人类对自然界认识、利用，甚至控制能力的增强，人类逐渐摆脱对自然的依赖，也不再面临与其他动物你死我活的生存竞争，在这种状况下，教育活动对于人而言仍然是必需的。人是社会存在物，是社会关系的总和。一个人若要适应并参与社会活动，必须具备社会要求的品质，实现个体的社会化。教育具有促进个体社会化的作用，是促进个体社会化最有效的途径。从这个意义上讲，人只有通过教育才能成为人。③

---

① 有学者用"学习者""教育主体"等称谓代替"受教育者"，可能是因为"受教育者"一词中的"受"有"受动""被动"之意，而且教育实践中的确存在忽视受教育者主体性、强迫灌输的现象。但是，用"教育主体"一词指代教育活动中地位、作用各不相同的两个主体性要素之一不是很妥当。"学习者"的外延过于宽泛，受教育者是学习者的组成部分，是在教育者指导下的"学习者"。我们认为，如果真正认识到受教育者是具有思想、情感、审美偏好的独特的存在，在教育活动中尊重其主体性，给受教育者冠以什么名称不是最重要的。所以，本教材沿用"受教育者"这一习惯用法。

② 夏正江：《教育理论哲学基础的反思：关于"人"的问题》，16 页，上海，上海教育出版社，2001。

③ ［德］康德：《论教育学》，赵鹏、何兆武译，5 页，上海，上海人民出版社，2005。

受教育者在教育活动中接受教育影响，绝不是指简单、机械、消极、被动地接受教育影响，受教育者和教育者一样是教育活动的主体性要素。作为教育活动的主体，受教育者运用自身的本质力量能动地作用于教育者提供的教育影响，表现出活动的目的性、自主性、为我性、选择性和创造性。目的性表明受教育者对自身需要有一定的认识，它是在接受教育影响的初始阶段，受教育者对理解、掌握教育影响预先设定的结果。受教育者预定的结果贯穿于接受教育影响的整个过程，是接受教育影响的内控因素。自主性是指受教育者的精神世界不是教育者用教育影响改造的，而是受教育者在预定的活动目的基础上，认识到教育影响能够满足但又不会自动满足自身需要，自觉地把教育影响作为自己的活动对象，并借助一定的手段积极主动地作用于教育影响，运用已有的知识和经验理解、解释教育影响，重构教育影响的意义，进而实现对自身的改造。为我性是指受教育者积极主动地作用于教育影响，改变教育影响原有的存在形式，将其转化为自身的某种品质，从而满足自身的需要。选择性是指受教育者对教育影响不是照单接受，而是基于需要、兴趣等因素对教育影响进行过滤、筛选，依据已经掌握的认识规律选择加工教育影响的手段和方式。创造性是指受教育者接受教育影响的过程不是简单地“移植”或“临摹”的过程，而是在背景知识下运用一定的方式理解、解释教育影响，带有明显的主观色彩。受教育者通过把教育影响转化为自身的本质力量，改变自身的原有状态，实现对“自我”的否定，创造一个新的“自我”。

对受教育者在教育活动中的作用要有正确的认识，不能否认教育者及其提供的教育影响对受教育者发展的制约性，更不能否认受教育者作为教育活动主体所具有的主体性。

三、教育内容

教育内容是教育者和受教育者共同认识、掌握并运用的对象，是两个活动主体之间交流的信息。

教育内容根源于人类的文化，是按照一定的社会标准对文化进行筛选和加工的结果。教育内容源于对人类文化的筛选，是人们在一定价值观念的指导下，按照一定的社会标准，如伦理道德、法律、政策、习俗等，结合具体的社会历史条件和受教育者的需求，对人类创造的文化进行有目的、有意识的取舍的结果。人类创造并积累的文化总量、具体的社会历史条件、受教育者的需求等是制约教育内容的客观因素。人们对文化、社会与受教育者之间关系的认识及价值上的取舍是制约教育内容的主观因素。人类文化的无限丰富性与受教育者个体生命和能力的有限性、文化自身的逻辑性与受教育者身心发展规律之间的矛盾，决定了我们必须对筛选的人类文化进行加工，即按照人们最易接受、理解和掌握的形式分门别类地组织起来，使之系统化、逻辑化、简约化。

人类文化的多样性决定了教育内容的组成是多种多样的。从其涉及的范围看，教育内容包括人类社会生活的各个领域，表现为知识、经验、价值观、生活方式和技能技巧等；从其表现形态看，教育内容包括物质形态的文化、精神形态的文化、制度形态的文化、观念形态的文化、活动形态的文化、心理形态的文化①；从功能或产生的作用看，教育内容包含行为—作用文化、语言—符号文化、价值—规范文化、知识—技术文化②。

与其他教育类型相比，学校教育具有专门性、系统性等特点，学校教育内容也表现出自己的特殊性：第一，学校教育内容具有更高的社会价值。在各类教育中，学校教育是规范性、可控性最强的，最能代表国家、阶级、社会的利益和要求。个体专门接受学校教育的时间比较集中且短暂，所以学校教育对进入自身领域的文化的筛选是最为严格的，总是选择最能代表社会性质、发展方向及国家和阶级利益的文化作为教育内容。第二，学校教育内容具有更高的影响个体身心发展的价值。儿童和青少年时期是人生许多方面发展的关键期，是个体最适宜接受专门教育和影响的时期，因而学校教育总是选择那些对学生的身心发展最具积极作用的文化作为教育内容。第三，学校教育内容具有明显的全面性和系统性。学校教育以促进学生的身心全面发展为己任，总是力求以广泛而全面的内容影响学生，所以，学校教育总是尽可能从人类文化中汲取广泛而全面的内容。学校教育作为一个系统，综合考虑各级学校教育培养目标的内在逻辑关系、学生身心发展的顺序性和阶段性，对进入自身领域的文化进行系统化处理，力求保证内容的全面性和系统性。第四，学校教育内容具有丰富的信息含量。学生个体时间和能力的有限性与人类文化无限发展的可能性之间的矛盾，决定了学校教育要从人类文化中筛选出基本知识、理论、技能构成教育内容。这些基本知识、理论、技能具有高度的抽象性、概括性，是人类社会经验的高度浓缩。

教育内容是教育者学习、认识的对象。通过对教育内容的加工、改造和利用，教育者自身的知识与能力结构发生改变，并依据确定的活动目的、受教育者的发展状况，设计并提供教育影响，使之成为受教育者认识、学习的对象。教育内容不会自动对教育者和受教育者产生影响，更不会自动转化为受教育者的发展，必须经过教育者和受教育者的积极作用，其形式也要发生相应的转化：教育内容是教育者理解、解释的文本，教育影响是教育者对教育内容这一文本理解、解释的结果；教育影响是受教育者理解、解释的文本。“就本质而言，文本的意义并非是作者的确定的意向性或者是他以往的体验，文本是对于那些不断从它当中获取新的信息、新的体验的人的新意义之源。文本努力把我们拖进这个意义网络之中，使我们处在一种阐释学的意义结构中，即走向文本意义解释之路，从而将文本的阐释行为看作是一个

① 黄济、王策三：《现代教育论》，32页，北京，人民教育出版社，1996。

② 陈桂生：《教育原理》2版，21页，上海，华东师范大学出版社，2000。

意义解释的无尽过程。”[①]教育者通过对教育影响的直接掌控来调节和影响受教育者的发展状况；受教育者通过对教育影响的学习、认识，实现自身的发展。

四、教育手段

教育手段是教育者、受教育者、教育内容三个要素相互作用的介质。

教育手段的发展伴随着人类教育的发展，从一个可见的侧面反映了人类教育活动发展的进程。教育手段的发展大致经历了口耳相传阶段、文字书籍阶段、直观教具阶段、实验技术阶段、视听媒体阶段、高新技术阶段。教育手段的每一次发展都在继承、保留前一阶段成果的同时不断补充新的手段形式，从而使教育手段多样化。教育手段从来源上可以分为两类：第一类是教育者、受教育者自身的器官、组织、系统及机能，如视觉系统及机能、听觉系统及机能、肢体及行为等；第二类是作为教育者、受教育者的肢体延长、体能放大的工具系统，以及教育者与受教育者的感官、大脑的延伸和智能放大的工具系统，如粉笔、黑板、投影仪等。按照发展历程及作用的不同，教育手段分为传统教育手段和现代教育手段。

教育手段既是教育活动得以发生的条件，也是衡量教育发展过程的重要的“测量器”。首先，教育手段是教育者与教育内容、受教育者与教育影响之间相互作用的桥梁和纽带，没有教育手段的沟通作用，教育者、受教育者、教育内容就只是孤立的存在，教育活动也无从谈起。其次，作为一种基本的教育手段，文字的出现和发展是学校教育产生的重要条件。文字是记录、传达语言的书写符号，可以使社会经验的传承和交流超越时间和空间的限制，同时提供了在抽象水平上进行经验的积累和传递的可能。再次，教育手段影响教育活动的质量、效率和水平。教育手段制约教育者对教育内容利用的范围，以及与教育内容相互作用的方式，这种作用方式影响到教育影响的水平；教育手段也制约受教育者与教育影响相互作用的方式，这种作用方式影响受教育者身心发展可能达到的水平。最后，教育手段影响教育活动的组织形式。当口头语言和肢体语言为主要教育手段时，教育的组织形式主要是个别教学；当文字、印刷术发明并普及后，班级授课才成为可能。人类历史上经历过多次因以新的符号文化补充和改进原有的符号文化、以新的传播媒介补充与改进原有的传播媒介而在文化上获得有决定意义的飞跃。这方面的里程碑是语言、文字，以及大众传播媒介的问世。教育史的开端和教育史上最有决定意义的变化，都是伴随符号文化与传播媒介发生的。[②]

在其他教育要素相同或相近的情况下，教育手段的差异是导致教育活动质量、效率差异的重要因素。但是，在强调教育手段作用的同时，我们必须认识到，教育手段并不是衡量教育活动的根本标志。不同的教育者和受教育者运用同样的教育手段所取得的效果是不同的。不断提高教育活动的质量和效率是我们永恒的追求，要

---

① 王岳川：《现象学与解释学文论》，236页，济南，山东教育出版社，1999。

② 陈桂生：《教育原理》2版，79～80页，上海，华东师范大学出版社，2000。

实现这一理想，我们关注的次序应该为：提升教育者的素质、尊重并发挥受教育者的主体性、更新教育内容、变革教育手段。

本章小结

1. 由于文化的差异，东西方对教育的理解是不同的，我国传统教育带有外铄论的特点，而西方教育在词源上具有内发论的特点。由于文化的发展，我国古代对教育的理解是“以学为本”的，而现代对教育的理解则是“以教为本”的话语体系。

2. 教育的内涵是对教育的本质属性的反映。本章运用比较的方法，揭示教育的本质属性，将教育界定为：有目的地培养人的活动。对于这一概念，需要把握以下几点：教育是人类特有的有目的的活动，是教育者与受教育者平等主体间的相互作用，受教育者的发展变化是通过与教育者提供的教育影响相互作用得以实现的，受教育者的发展变化是积极向上、符合社会标准的。

3. 教育的外延是指教育这一概念的适用范围、反映的对象。本章认为教育可以划分为特点、作用各异的四种类型，即自然教育、社会教育、家庭教育和学校教育。各类型教育应该合理分担并履行教育方面的责任；应该信息互通、交流互助、优势互补；在方向上统一要求，时空上密切衔接，作用上互补、协调一致、形成合力，发挥教育的整体效应。

4. 教育要素是构成教育的最基本、不可缺少的因素。本章依据对教育内涵的揭示和对概念的解读，认为教育者、受教育者、教育内容和教育手段是教育的构成要素。教育者和受教育者是最具决定性的主体性要素，教育者起主导作用，受教育者主体性的发挥是其自身发展的关键性因素；教育内容是教育者与受教育者相互作用、交流对话的信息；教育手段是教育者、受教育者、教育内容得以相互作用的介质。

关键术语

1. 教育
2. 教育合力
3. 教育要素
4. 主体性

思考题

1. 如何理解教育这一概念？
2. 举例说明学校、家庭、社会等多方主体为什么要形成教育合力。

3. 如何理解教育者在教育活动中的主导作用？

4. 举例说明教育者、受教育者主体性的表现。

案例分析

《中华人民共和国家庭教育促进法》节选

第十四条　父母或者其他监护人应当树立家庭是第一个课堂、家长是第一任老师的责任意识，承担对未成年人实施家庭教育的主体责任，用正确思想、方法和行为教育未成年人养成良好思想、品行和习惯。

第十六条　未成年人的父母或者其他监护人应当针对不同年龄段未成年人的身心发展特点，以下列内容为指引，开展家庭教育：

（一）教育未成年人爱党、爱国、爱人民、爱集体、爱社会主义，树立维护国家统一的观念，铸牢中华民族共同体意识，培养家国情怀；

（二）教育未成年人崇德向善、尊老爱幼、热爱家庭、勤俭节约、团结互助、诚信友爱、遵纪守法，培养其良好社会公德、家庭美德、个人品德意识和法治意识；

（三）帮助未成年人树立正确的成才观，引导其培养广泛兴趣爱好、健康审美追求和良好学习习惯，增强科学探索精神、创新意识和能力；

（四）保证未成年人营养均衡、科学运动、睡眠充足、身心愉悦，引导其养成良好生活习惯和行为习惯，促进其身心健康发展；

（五）关注未成年人心理健康，教导其珍爱生命，对其进行交通出行、健康上网和防欺凌、防溺水、防诈骗、防拐卖、防性侵等方面的安全知识教育，帮助其掌握安全知识和技能，增强其自我保护的意识和能力；

（六）帮助未成年人树立正确的劳动观念，参加力所能及的劳动，提高生活自理能力和独立生活能力，养成吃苦耐劳的优秀品格和热爱劳动的良好习惯。

第十七条　未成年人的父母或者其他监护人实施家庭教育，应当关注未成年人的生理、心理、智力发展状况，尊重其参与相关家庭事务和发表意见的权利，合理运用以下方式方法：

（一）亲自养育，加强亲子陪伴；

（二）共同参与，发挥父母双方的作用；

（三）相机而教，寓教于日常生活之中；

（四）潜移默化，言传与身教相结合；

（五）严慈相济，关心爱护与严格要求并重；

（六）尊重差异，根据年龄和个性特点进行科学引导；

（七）平等交流，予以尊重、理解和鼓励；

（八）相互促进，父母与子女共同成长；

（九）其他有益于未成年人全面发展、健康成长的方式方法。

第三十八条　居民委员会、村民委员会可以依托城乡社区公共服务设施，设立社区家长学校等家庭教育指导服务站点，配合家庭教育指导机构组织面向居民、村民的家庭教育知识宣传，为未成年人的父母或者其他监护人提供家庭教育指导服务。

第三十九条　中小学校、幼儿园应当将家庭教育指导服务纳入工作计划，作为教师业务培训的内容。

第四十条　中小学校、幼儿园可以采取建立家长学校等方式，针对不同年龄段未成年人的特点，定期组织公益性家庭教育指导服务和实践活动，并及时联系、督促未成年人的父母或者其他监护人参加。

第四十一条　中小学校、幼儿园应当根据家长的需求，邀请有关人员传授家庭教育理念、知识和方法，组织开展家庭教育指导服务和实践活动，促进家庭与学校共同教育。

第四十二条　具备条件的中小学校、幼儿园应当在教育行政部门的指导下，为家庭教育指导服务站点开展公益性家庭教育指导服务活动提供支持。

问题：

结合《中华人民共和国家庭教育促进法》相关内容和本章知识，分析家庭教育在培养目标、教育内容、教育方式等方面与其他类型教育的异同。查阅有关家校合作的文献，并调查当前家校合作的类型及其实效。

第二章　教育的产生和发展

学习目标 ▶

1. 了解关于教育起源的主要观点。
2. 识记古代教育的基本特征。
3. 识记现代教育的基本特征，理解现代教育发展的趋势。

问题导入

在理论教育方面同样是盲目模仿的方法盛行。仅仅在具有祭司职能的确定的阶级发展起来的时候，需要特殊的阶级的教育以传授祭司的学问，仅仅在这个时候才产生了这种意义上的教育，既试图简单指示要模仿的一种活动或要接受的教义和信仰，又企图探究和传授给学生：为什么要做这些事。在大多数情况下，这一类唯一的正规的教育是由巫者、医生给予青少年的，他们在未成为部落正式成员以前，有许多日子聚集到另一个地方接受他们家族的秘密的教育。住在严守秘密的状态中，甚至在许多情况下，在有时长达好几周的整个时期里都禁止说话。青年们获得其民族的学问是通过今生同灵魂世界的关系来解释今生的多种尝试。最有意义的是由人类学者命名的“加入式”一词，因为这清楚地表明原始教育，像最复杂的现代教育一样，只是个体经过获得其有组织的文化财产开始进入生活，这种文化财产现在已经扩展成许多科目，而个体为了获得它们需要许多年。……这种教育纯粹是模仿的性质，因为青年只需接受他们唯一拥有的教师们所传授的他们部落的传统，无须做任何改变或者任何怀疑。

风俗习惯无论是在活动中还是在解释中，被巫者或占卜者，被咒文、占辞、神的启示或者无论什么可接受的方法彻底地固定化了，而一旦决定，个体的责任就是通过模仿绝对服从。

选自夏之莲：《外国教育发展史料选粹：上》2 版，13 页，北京，北京师范大学出版社，1999。

第一节　教育的产生

教育是如何产生的？人们对此问题的回答并不一致，主要有四种观点。

一、神话起源说

教育和万事万物一样均是由神创造的，教育的目的就是体现神的意志，使人信奉神。

二、生物起源说

利托尔诺认为，教育远在人类出现之前就已产生，在动物世界里存在着如大猫教小猫捕鼠、大鸭子教小鸭子游泳之类的教育。不仅在脊椎动物界，甚至在无脊椎动物界也有教育存在。后来出现的人类教育，不过是继承了业已存在的教育形式而已，生存竞争的本能是教育的基础。在他看来，动物正是基于天赋——它们固有的保存自己种类的本能，才把“知识”“技巧”传授给幼小的动物。英国教育家托马斯·沛西·能(Thomas Percy Nunn，1870—1944)、美国的爱德华·李·桑代克(Edward Lee Thorndike，1874—1949)也持这种观点。

生物起源说虽然较神话起源说无疑是一种进步，但仅仅看到人类教育行为和动物养育行为在外在形式上的相似性，没有认识到两者之间的本质区别，把教育行为等同于动物的本能行为，抹杀了教育的社会性，因而无法科学地解释教育的起源。

三、心理起源说

心理起源说主要以美国教育史专家保罗·孟禄(Paul Monroe，1869—1947)为代表。他在《教育史教科书》(*A Textbook in the History of Education*)中指出：除了在偶然情况下和最高发展阶段以外，原始人的教育过程从来没有表现出是有意识的过程。即使给予训练，最好的也不过仅仅把要做的事和对做的过程作简单指示，不企图去说明和解释，而绝大部分纯粹是无意识的模仿。儿童仅凭观察和“尝试成功”的方法，学习如何用弓箭去射击，如何拾掇杀死的牲畜，如何做饭，如何编织，如何制陶。原始儿童所获得的技艺几乎全部是通过失败越来越少的重复模仿的方式学到的。①

这种观点认为教育就是儿童对成人的无意识模仿，没有认识到教育是人类有意识、有目的的行为，因而是错误的。

四、劳动起源说

20 世纪四五十年代，苏联的一些教育学者在批判生物起源说和心理起源说的基础上，根据恩格斯关于劳动创造人的基本思想提出了教育的劳动起源说。凯洛夫认为：“从人类社会开始发生的时候起，人们的生产经验就在劳动活动过程中逐渐积累、变更和发展着，人们的劳动技巧和使用各种生产工具的技能在变更和发展着，他们的语言和思维也在发展着。……年长的一代必须把积累的经验传授给年幼的一代，也就是说，必须教育新生一代去参加劳动。教育就是这样从人类社会的实际需要里产生的，教育的产生是一种客观的必然性。”②概括来讲，劳动起源说认为教育起源于劳动或劳动过程中所产生的需要，从产生之日起教育的职能就是传递劳动过程中形成和积累起来的社会生产和生活经验，教育是人类社会特有的现象，是一种有意识、有目的的活动。劳动起源说也被称为社会起源论，常常被人们认为是马克思主义的教育观点。

---

① 夏之莲：《外国教育发展史料选粹：上》2 版，12 页，北京，北京师范大学出版社，1999。

② [苏联]凯洛夫、冈查洛夫、叶希波夫等：《教育学》，陈侠、朱智贤、邵鹤亭等译，1 页，北京，人民教育出版社，1957。

第二节 教育的发展

教育自产生至今，经历了原始教育、古代教育、现代教育三个阶段。在不同的历史发展阶段，社会的政治经济制度、生产力、科学技术不断发生变化，教育在学校制度、教学内容、教学方法和组织形式等方面呈现出显著不同的特征。

一、原始教育

原始教育主要指原始社会的教育。原始社会是人类历史上的第一个社会形态。在漫长的原始社会，生产力水平极低，生产资料为原始公社公有，没有阶级，产品平均分配。原始社会的教育具有如下特征。

(一)教育与社会生产和生活相融合

原始社会没有专门的教育机构，没有专门从事教育工作的教师。当时的教育是在社会生产和生活中进行的，年青一代在生产劳动中学习知识技能，在生活中了解礼仪习俗，养成公共生活的习惯。

(二)教育内容和方法简单

原始社会教育的内容涉及社会生产和生活两个方面。儿童向成年人学习制造和使用简单工具的技能，掌握从事畜牧业和农业生产的能力。此外，未来的社会成员还要熟悉氏族社会的礼仪、习俗、宗教等，为参与社会生活做好准备。由于原始社会尚未出现文字，教育只能通过口耳相传和示范模仿的方式进行。

(三)教育没有阶级性

儿童属于整个社会，所有儿童享有平等的受教育机会。

二、古代教育

古代教育包括奴隶社会、封建社会的教育。进入奴隶社会之后，在多重因素的推动下出现了专门从事教育活动的机构——学校。生产力水平的提高和剩余产品的出现，使得一部分奴隶主脱离生产，专门办教育和受教育；国家机器的出现，需要专门的教育机构培养官吏和知识分子；文字的产生，文化知识的日益丰富，催生更便利的学习工具和更丰富的学习内容，有组织、有计划地传授这些文化知识便有了必要性和可能性。考古研究表明，公元前 2500 年的古埃及出现了人类最早的学校。古印度、两河流域等地也纷纷诞生了学校。根据《礼记》等文献，我国的夏朝已有专门教育机构。学校的产生是人类教育发展的里程碑，标志着教育迈入新的发展阶段。奴隶社会和封建社会虽是人类社会两种不同的社会形态，但在教育的许多方面呈现出许多共同的特征。

(一)学校教育制度有了一定的发展

据文献记载，我国的夏朝已有学校存在。夏、商、周三代“设为庠序学校以教之。庠者，养也；校者，教也；序者，射也。夏曰校，殷曰序，周曰庠；学则三代共之，皆所以明人伦也”①。西周的官学分为国学和乡学两种。国学设在周天子的王城和诸侯国的国都，乡学招收郊区六乡子弟入学。根据《周礼》记载，西周实行六乡六遂的建制。王城和诸侯国都的近郊为乡，设家、比、闾、族、党、州六乡。五家为比，五比为闾，四闾为族，五族为党。春秋战国时期，在诸侯争霸、战乱频繁的背景下官学衰微，私学大兴。孔子堪称私学的大师，有弟子三千。墨子也曾创办私学。秦始皇在历史上第一次统一中国后，禁止私人藏书，停办私学，以吏为师，以法为教。为造就儒家治术人才，汉武帝于元朔五年(前 124 年)开办太学。设立太学是我国教育史上的大事，此后历朝历代中央政府都设立太学。此外，汉代中央官学还有鸿都门学等。魏晋南北朝时期，战乱频繁，官学受到很大的冲击。南朝宋文帝设立儒学、玄学、史学、文学四学馆和医学馆，宋明帝在总明观中设道、儒、文、史、阴阳五科，为后世专科教育的发展奠定了基础。唐朝的学制比较完备，中央官学主要有国子监管理下的国子学、太学、四门学、书学、算学、律学。其中，国子学、太学、四门学教授儒家经典，书学、律学、算学是专科性质的学校。此外，中央官学还有门下省主办的弘文馆和东宫主办的崇文馆。唐代的府、州、县都设有学校，分别称为府学、州学、县学。宋朝设立了主管地方教育事务的行政官员，基本上沿用了唐代的学校教育制度。具有聚徒讲学功能的书院在唐代就已出现，盛于宋代。北宋著名的书院有江西九江的白鹿洞书院、湖南衡阳的石鼓书院、河南登封的嵩阳书院、湖南长沙的岳麓书院、河南商丘的应天府书院、江苏常州的茅山书院。

古希腊是西方文明的摇篮，古希腊教育在古代西方的教育中最具典型意义，影响也最大。在古希腊的城邦中，斯巴达和雅典最有实力和代表性。由于显著不同的政治经济制度，斯巴达和雅典的教育呈现出不同的特征。斯巴达实行残暴的军事统治，社会矛盾尖锐。为维护奴隶主的统治地位，斯巴达的教育完全由国家控制和举办，国家指派专门的官员具体负责并监督教育的实施。雅典政治民主制度较为成熟，国立的专门教育机构只负责对 16～20 岁的青年进行教育，16 岁之前的教育则根据儿童的具体情况由家庭负责实施。476 年西罗马帝国灭亡后，西欧进入封建社会。中世纪时期，欧洲战乱频繁，文明遭到毁灭性破坏，基督教会在文化教育中占据统治地位。基督教会举办的学校主要有修道院学校、主教学校和教区学校。在教会教育之外，中世纪还出现了世俗性的宫廷学校和骑士教育。宫廷学校始于 8 世纪，是专门教育王室子弟的机构。骑士教育是一种特殊形式的家庭教育，培养服从、勇猛作战的武士。随着政治经济的发展，11—12 世纪诞生了中世纪的大学。意大利的萨勒诺医学院、博洛尼亚大学，法国的巴黎大学，英国的牛津大学和剑桥大学，都是

---

① 杨伯峻、杨逢彬译注：《孟子译注》，98 页，长沙，岳麓书社，2021。

中世纪大学中的杰出代表。中世纪大学实行自治，由学生或教师组成行会管理学校内部事务。这些大学一般开设文、法、医、神四科，文科属于大学预备教育阶段，学生修完文科后才能进入其他三科学习。中世纪大学在西方文化史上的地位是举足轻重的，现代大学的结构、课程、考试、学位等都是直接从中世纪继承而来的。

(二)学校教育与生产劳动分离

奴隶社会和封建社会以个体经济为主，生产力水平较低，年青一代从事社会生产之前无须接受专门教育。当时学校教育的主要目标是培养统治阶级所需要的政治人才、军事人才、知识分子等。学校教育内容主要是古代经典，与生产劳动有直接联系的科学技术的内容极其稀少。

我国西周教育内容主要是“六艺”——礼、乐、射、御、书、数。礼是政治伦理，包括等级名分制度、礼仪、道德规范等；乐是综合艺术，包括音乐、舞蹈、诗歌等；射指骑射技术；御是指驾驭战车；书是识字写字；数是数学、天文、历法等知识。汉武帝推行“罢黜百家，独尊儒术”政策，儒家经典在学校教学内容中占据统治地位。自宋代以后，儒家经典被精简，“四书”和“五经”成为教学的主要内容和科举考试的依据。“四书”指的是《大学》《中庸》《论语》《孟子》，“五经”指《诗经》《尚书》《礼记》《周易》《春秋》。

教育与人才的选拔制度有着密切的关系。在选拔人才方面，汉代实行察举制。具体办法是“使诸列侯、郡守、二千石各择其吏民之贤者，岁贡各二人……所贡贤者有赏，所贡不肖者有罚”[①]。魏、晋、南北朝时期实行九品中正制，地方官员把持选人的大权，形成了“上品无寒门，下品无势族”的局面。隋炀帝大业年间设立进士科，标志着科举制的诞生。此后，中央政府和地方政府广设学校以培养地主阶级各个阶层的子弟。科举制一方面激发了学子求学的愿望，促进了学校教育的发展；另一方面强化了学子求学做官的心理，学校沦为科举考试的预备机构。明代的科举考试只有进士一科。考试分三级：第一级为乡试，在各省省城举行，中试者为举人；第二级为会试，在京师由礼部主持，中试者为贡士；第三级为殿试，天子亲自在殿廷主持，及第者称进士，分一、二、三甲张榜公布。第一甲仅三名，即状元、榜眼、探花。明清科举考试采用八股文。八股文包括破题、承题、起讲、入手、起股、中股、后股、束股共八个部分。八股文是一种极端形式主义的文体，对教育的冲击非常大，明清时期学校教育日渐空疏无用。

古代教育与生产劳动相脱离的特征在西方也有清晰的体现。在斯巴达尖锐的社会矛盾下，培养英勇果敢的战士维护统治阶级的利益是教育的唯一目的。斯巴达的教育内容主要是体能训练和道德培养，体能训练以“五项竞技”为主，即赛跑、跳跃、摔跤、掷铁饼和投标枪。智育在斯巴达的教育中无一席之地，他们几乎拒绝一切文化科学知识的学习，甚至连最基本的读、写、算都被排斥在教育之外。从身心和谐

---

① (东汉)班固：《汉书》，薛学等点校，557页，北京，团结出版社，1996。

的观念出发，雅典注重对青少年儿童进行多方面的教育，包括道德熏陶。雅典教育所造就的是身心和谐发展的合格公民，是健美的体魄和高尚的心灵完美结合的人。雅典教育重视体格训练、文化教育及音乐、舞蹈等，反对专业化或职业化的训练。中世纪时期，宗教是教会教育的核心内容，神学处于全部教学科目的王冠的地位。教会学校虽也开设“七艺”(文法、修辞、辩证法、算数、几何、天文、音乐)，但这些科目全都是为宗教服务的。

(三)教育具有阶级性

古代教育的阶级性体现在培养目标和受教育权等方面。在奴隶社会，奴隶主占有生产资料和国家机器，教育成为他们把自己的子弟培养成未来统治者的工具。奴隶只是会说话的工具，自然没有接受教育的权利。在封建社会，受教育权在统治阶级内部也有着严格的区分。唐代的中央官学中，国子学招收文武三品以上官员的子孙，太学招收五品以上官员的子孙，四门学招收七品以上官员的子孙和庶民中的优异之人，八品以下官员的子孙及庶人只能进入书学、律学、算学。西欧中世纪时期的教会教育同样具有鲜明的等级性，修道院学校和主教学校以贵族和僧侣子弟为教育对象，而教区学校只招收平民子弟。

(四)个别教学制度盛行

17 世纪前，由于教育规模较小，学生人数较少，西欧各国普遍采用个别施教的教学制度。在个别教学制度下，无固定修业年限，教师面对的学生的年龄和文化程度参差不齐，学习内容虽大体相同但进度各异，教师对学生个人而不是对学生集体进行教学和安排作业。在个别教学这种个体手工业式的教学方式下，教师承担的是大量的、重复性的劳动，效率低下。

三、现代教育

现代社会包括资本主义社会和社会主义社会。在现代社会，生产力水平不断提高，生产方式急剧变化，科学技术发展迅速，在社会生产和生活中的地位不断提高。为满足现代社会的需求，教育事业发展迅速，培养了各级各类专门人才，呈现出多方面的特征。

(一)普及义务教育

随着科学技术在生产中得到广泛的应用，劳动者只有接受一定年限的教育，掌握一定的科学文化知识和生产技术，才能适应现代社会的需求。为此，各国纷纷实施义务教育并不断延长其年限。德国是世界上最早实施义务教育的国家，从 16 世纪中期开始，德国境内的威丁堡、萨克森、魏玛等小邦就先后颁布实施义务教育的法令。1794 年普鲁士颁布的《民法》明确规定，各级学校(包括大学)均系国家机构，管理和教育青年是国家的职责。1919 年的《魏玛宪法》规定，基础学校和高等国民学校实施义务教育。6～10 岁的儿童，无论贫富贵贱都必须入 4 年制的基础学校学习，接受义务教育；读完基础学校，儿童须入高等国民学校继续学习4年。1870年英国颁布的《初等教育法》规定，对5～12岁儿童实施强迫性初等教育。1918年颁布的《费舍教育法》，明确了英国公立初等教育免费的原则，进一步推动了义务教育的进程。法国1881/1882年颁布的《费里教育法》，规定儿童6岁入初等学校学习，明确了初等教育义务、免费和世俗性三条原则，为近百年法国国民教育的发展奠定了基础。独立战争胜利后，在贺拉斯·曼(Horace Mann，1796—1859)的号召下，美国各地掀起了一场声势浩大的公立学校运动，美国实施义务教育运动由此开始。

(二)实现教育的世俗化

在中世纪的欧洲，教育由教会控制。资产阶级革命和工业革命之后，政府逐渐从教会手中收回教育领导权。中世纪时期，英国的教育主要由罗马教廷下属的天主教教会控制，16世纪宗教改革以后，英国的学校教育转归英国国教教会掌管。甚至在资产阶级革命后的17、18世纪，教育继续被视为宗教教派活动或民间事务，英国政府仍然不予过问。1833年通过的《教育补助金法案》规定，国家每年拨款2万英镑，用来补助建立贫儿学校。这个法案具有重要的意义，是英国建立国民教育制度和国家直接掌控教育领导权的开端。1839年，英国政府设立枢密院教育委员会，直接管理补助金的分配。1856年，教育委员会改组为教育局，管理全国初等教育机构。1899年，英国撤教育局，同时成立直接隶属于议会的教育署，统管初等教育和中等教育。1902年颁布的《巴尔福教育法》规定，设立地方教育委员会，负责地方教育的经费与行政问题。至此，英国确立了国家统一领导与地方分权并存的教育领导体制，教育的领导权完成了从教会到政府的过渡。法国、德国的情形与英国大致相同，在资产阶级革命和工业革命之后纷纷完成了教育世俗化的过程。

(三)建立起完善的学校制度

如前文所述，资产阶级革命之前，欧洲由教会、慈善团体或个人创办了类型不一的初等学校、中学和大学，但这些学校之间缺乏衔接关系，并未形成完善的系统。在工业革命之前，英国的初等教育机构仅有教会学校和慈善学校。从18世纪后期开始出现星期日学校、导生制学校、主妇学校等，这些初等教育机构只招收普通民众的子弟，学生毕业后直接走向社会，无法升入中等学校。在中等教育阶段，早期只有文法学校和公学两种。这两种学校都是私立的，且招收社会中的上层子弟，大部分学生毕业后升入牛津大学或剑桥大学。它们是英国最早的两所高等教育机构。这两所大学与公学和文法学校衔接，面向王室和社会上层人士的子弟。19世纪初期，英国掀起了新大学运动，诞生了伦敦大学、城市学院等新型高等教育机构。1870年，英国《初等教育法》的颁布标志着初等学校被正式纳入英国统一的学校教育制度之中。为在初等学校和中等学校之间建立起相互衔接的紧密关系，解决双轨制问题，20世纪20年代英国成立委员会调查中小学的情况。1938年，英国教育调查委员会发表的《斯宾斯报告》建议设立文法中学、现代中学、技术中学，以及一种综合上述三种中学的“多科性中学”。这些中学享有平等的地位，与初等学校衔接。至此，英国建立起了包括初等教育、中等教育、高等教育在内的完善的学校体系。

殖民地时期，美国新英格兰地区的清教徒创办了市镇学校。南部各州信仰英国国教的种植园主在家对子女进行教育，或者干脆送孩子回英国读书。拉丁文法学校是殖民地时期中学的主要类型。高等教育在美国殖民地时期受到较多的重视，美国在18世纪就仿效英国牛津、剑桥等大学创办了9所学院。在这些学院中，建于1636年的哈佛学院(现为哈佛大学)和建于1701年的耶鲁学院(初为教会学校，1718年以“耶鲁学院”命名，现为耶鲁大学)最为著名。独立战争后，美国引入导生制，公立小学迅速发展。文实中学和公立中学是实施中等教育的主要机构。19世纪中期，许多文实中学改为公立中学，公立中学的数量大幅度增加。南部和西部的一些州率先建立州政府投资的州立大学，此后各州纷纷仿效。至南北战争前，全国有25个州兴办了州立大学。南北战争后，美国一方面学习柏林大学，于1876年创设约翰斯·霍普金斯大学，致力于高深的学术研究；另一方面根据国会于1862年、1890年通过的两部《莫里尔法》，由国会拨地、拨款资助各州大办农(业)工(艺)学院，高等教育体系进一步完善。

(四)与生产劳动相结合

工业革命后，大机器生产取代了手工工场，对劳动者科学文化素质提出了更高的要求，使现代社会中教育与生产劳动相脱离的局面逐渐改观，二者之间的关系日益紧密。英国教育家斯宾塞批评学校教育的古典主义倾向，呼吁根据社会的需要开设现代语、实用的自然科学和社会科学等学科，掀起了一场轰轰烈烈的科学教育运动，推动了实科教育的发展。剑桥大学率先在高等教育领域打破古典学科一统天下的局面，引入自然科学课程，成立卡文迪许物理实验室，逐渐发展成为英国乃至世界物理研究的中心。新大学运动时期诞生的伦敦大学和后期出现的城市学院，大量开设生产劳动需要的实用学科，培养掌握现代科学知识，具备先进技能的适用型人才。在中等教育领域，现代中学、技术中学和多科性中学，均不同于重视古典教育的公学，设置了许多自然科学课程。

在17—18世纪，德国中学的主要形式是文科中学。文科中学相当于英国的文法学校或公学，招收贵族子弟，实施古典教育，为学生升入大学做准备。随着工商业的发展和近代科学的进步，文科中学无法满足社会的需求。18世纪初，德国出现了与文科中学相对应的实科学校。1708年，虔敬派的席姆勒创办“数学、机械学、经济学实科学校”。1747年，赫克在柏林开办了“经济学、数学实科学校”。此后，与生产劳动紧密结合的实科学校不断发展，到19世纪逐渐成为德国教育制度中的重要组成部分。

在殖民地时期，拉丁文法学校进行古典语文的教学。随着经济的发展，拉丁文法学校逐渐不合时宜。富兰克林(Benjamin Franklin，1706—1790)于1749年提出设立文实学校的建议，并于 1751 年在费城首先创办文实学校。这种学校重视英语和实用课程。美国独立以后，拉丁文法学校因不适应资本主义工商业迅速发展逐渐遭淘汰，文实中学得到迅速发展。1821 年，波士顿市创办公立中学。这种中学由政府投资举办，免收学费。公立中学兼顾学生升学与就业两方面需求，学制 4 年。1880 年马萨诸塞州创办工业中学，1888 年明尼苏达州创办农业中学，此后各种职业中学不断涌现，教育与生产劳动的结合更趋紧密。

(五)推行班级授课制

随着社会经济生活范围的日益扩大、科学技术的迅速进步，需要更多的年青一代接受教育。随着学校规模的扩大和入学人数的增加，个别教学制已无法满足现代教育发展的需求。在一个教室内学生人数较多的情况下，教师如果仍对学生实施个别教学，就会造成教师和学生精力、时间的浪费和不可避免的互相干扰。16 世纪，欧洲已有班级授课制的萌芽出现，法国的居耶讷中学、德国的斯特拉斯堡文科中学、天主教的耶稣会学院都曾实行班级教学。捷克教育家夸美纽斯参照欧洲一些国家和教会已有的实行班级教学的实际经验，从理论上肯定了班级授课制，确立了班级教学制度。夸美纽斯创立的班级授课制与个别教学制相比具有巨大的优势，对教育规模的发展和效率的提高发挥了巨大的作用。至 19 世纪下半期，班级授课制趋于完备，在欧美国家被普遍推行。

四、现代教育的发展趋势

(一)教育全民化与终身化

所谓全民教育就是教育对象的全民化，亦即教育向所有人开放，人人都有接受教育的权利并且必须接受一定程度的教育。全民教育的兴起，有其广泛而深刻的时代背景。首先，从个人发展层面上看，全民教育是个人获得生存和发展能力的基本手段。其次，从社会或国家发展的层面上看，全民教育既是社会经济进步带来的必然结果，也是社会和国家走出危机、摆脱贫困、实现繁荣的必然选择。再次，全民教育是促进世界文明共同繁荣的需要。最后，全民教育也是针对世界教育发展存在的一些严重问题而提出来的，这些问题包括儿童失学问题、新文盲的产生、成人文盲如何扫除、功能性文盲问题。教育，尤其是全民教育，在解决诸问题的过程中发挥着不可缺少的作用。

终身教育这一术语是由联合国教科文组织成人教育局局长保罗·朗格朗(Paul Lengrand，1910—2003)1965 年在联合国教科文组织主持召开的成人教育促进国际会议上率先提出的。终身教育是人一生所受的各种教育的总和，在时间上贯穿人的整个一生，在空间上打通了自然教育、社会教育、家庭教育和学校教育的阻隔。终身教育主张教育不是单纯的知识的传递，而应是贯彻人的全面发展精神，培养个体适应现代社会所需要的各种能力和素质。学习者不仅要学习已有的文化，而且要培养个人对环境变化的主动适应性、独立性。“从这个意义来说，未来的教育必须成为一个协调的整体，在这个整体内，社会的一切部门都从结构上统一起来。这种教育将是普遍的和继续的。从个人的观点来说，这种教育将是完整的和富于创造性的，因而也是个别化和自我指导的。这种教育既是保障专业活动、促进专业活动的动力，又是文化中的堡垒和推动力。这个教育运动是不可抗拒的和不可逆转的。这是我们时代的文化革命。”①

根据 2019 年 2 月中共中央和国务院印发的《中国教育现代化 2035》，我国将构建更加开放畅通的人才成长通道，完善招生入学、弹性学习及继续教育制度，畅通转换渠道。建立全民终身学习的制度环境，建立国家资历框架，建立跨部门、跨行业的工作机制和专业化支持体系。建立健全国家学分银行制度和学习成果认证制度。强化职业学校和高等学校的继续教育与社会培训服务功能，开展多类型、多形式的职工继续教育。扩大社区教育资源供给，加快发展城乡社区老年教育，推动各类学习型组织建设。

（二）教育民主化

教育民主化是指全体社会成员享有越来越多的教育机会，受到越来越充分的民主教育。教育民主化的中心内容之一是实现教育平等，教育机会均等是教育平等的基础。教育机会均等所体现的主旨是：人人有受教育的权利，在教育机会面前人人平等，人人成为民主化教育的主体；每个人都有机会享受最基本的教育，每个人都有相等的机会接受符合其能力发展的教育。在不同的历史时期，教育民主化具有不同的内涵：最初只是强调入学机会的均等，或者是接受初等教育的均等；后来扩展到受教育的年限、学校类型、课程性质；直至教育的全过程，包括入学机会、过程条件、结果的均等。

为了实现教育民主化，一方面要做到教育的普及化，另一方面要达到教育质量和效果的平等。教育普及化是教育民主化的基本保证。如果说教育民主化是旨在保证每位公民及其子女都有受教育的权利的政治理想的话，那么教育普及化则是保证人们真正享有这一权利的现实基础。《中国教育现代化 2035》把实现基本公共教育服务均等化作为我国教育现代化发展的一项战略任务，明确要求：提升义务教育均等化水平，建立学校标准化建设长效机制，推进城乡义务教育均衡发展。在实现县域内义务教育基本均衡的基础上，进一步推进优质均衡。推进随迁子女入学待遇同城化，有序扩大城镇学位供给。完善流动人口子女异地升学考试制度。实现困难群体帮扶精准化，健全家庭经济困难学生资助体系，推进教育精准脱贫。办好特殊教育，推进适龄残疾儿童少年教育全覆盖，全面推进融合教育，促进医教结合。为了推动各级教育高水平、高质量普及，我国将以农村为重点提升学前教育普及水平，建立

---

① 联合国教科文组织国际教育发展委员会：《学会生存：教育世界的今天和明天》，华东师范大学比较教育研究所译，203 页，北京，教育科学出版社，1996。

更为完善的学前教育管理体制、办园体制和投入体制，大力发展公办园，加快发展普惠性民办幼儿园。提升义务教育巩固水平，健全控辍保学工作责任体系。提升高中阶段教育普及水平，推进中等职业教育和普通高中教育协调发展，鼓励普通高中多样化、有特色发展。

(三)教育个性化

个性是个体在社会活动中形成的具有一定倾向性的心理特征的总和，包括能力、气质、性格、动机等方面。受遗传、环境等多种因素的影响，每个人都具有与众不同的独特性。独特性是衡量个体个性发展的标准，教育个性化是在对个体独特性尊重的基础上提出的。教育不能用一种固定的模式去限制本来丰富多彩的、各具特色的人的发展，而应该关注学生的个体差异，贴近每一个学生的特点，真正做到因材施教。纵观世界各国的教育改革和发展可以发现，强调个性发展是当今世界教育的共同趋势。培养人的自我生存能力，促进人的个性的全面和谐发展，已成为当代教育的宗旨。各国都在着力进行教学组织形式、教学方法、培养目标的改革，以适应个性化的要求。

(四)教育信息化

教育信息化指适应信息化社会发展趋势，在教育过程中较全面地运用以计算机、多媒体和网络通信为基础的现代信息技术，培养满足信息化需求的人才。20 世纪 90 年代，随着“信息高速公路”计划的实施，美国把信息技术在教育中的应用作为实施面向 21 世纪教育改革的重要途径，引发了教育信息化的趋势。此后，世界上的许多国家纷纷响应，制定了本国推进教育信息化的举措。2015 年，习近平总书记在给国际教育信息化大会的贺信中指出：“因应信息技术的发展，推动教育变革和创新，构建网络化、数字化、个性化、终身化的教育体系，建设‘人人皆学、处处能学、时时可学’的学习型社会，培养大批创新人才，是人类共同面临的重大课题。”2018 年 4 月 13 日，我国教育部发布的《教育信息化 2.0 行动计划》为教育信息化赋予了新的使命，推动我国的教育信息化向更高水平迈进。《中国教育现代化 2035》明确提出建设智能化校园，统筹建设一体化智能化教学、管理与服务平台。

教育信息化以数字化、网络化、智能化和多媒体化的技术为依托，给传统教学、管理、师生关系等都带来巨大冲击。教学信息化是教育信息化的核心，教学信息化就是要使教学手段科技化、教育传播信息化、教学方式现代化。在教育信息化背景下，书籍不再是唯一的教学内容，学生获得知识的途径更加多样。教师的作用也会发生巨大的变化，教师不再被视为知识的唯一占有者，而是成为学生的合作伙伴。教育管理也会因计算机网络的介入，减少管理过程的中间环节，改变人浮于事的状况，使教育管理走上科学化的轨道。

信息化时代在给人类带来前所未有的充满创造力、想象力的工作和生活的同时，也有其不利的影响。例如：网络上传送的信息垃圾、不健康的内容有可能导致学生发展的扭曲；软硬件设施拥有的不均衡有可能导致贫国、富国之间的差距进一步拉大，学生间家庭条件的差异导致教育平等受到威胁等。

（五）教育国际化

随着全球经济一体化和信息技术的飞速发展，现代教育呈现出越来越明显的国际化趋势。教育国际化主要体现在以下方面：第一，各国教育领域人员的交流日益频繁。在世界范围内，教育管理人员、教师、科研人员通过多种形式和途径进行广泛的交流，留学生的人数不断增加。第二，不同国家在教育思想、教育内容、教育的途径和方法、教育模式等方面的相互影响日益深化。第三，世界各国正在相互协作和交流，解决人类面临的共同问题，迎接共同的挑战。第四，国际性的组织和机构在促进各国教育交流和合作方面发挥了重要作用。

在国际化的背景下，应该教导学生从全人类利益、全球观点出发考虑问题，理解国际社会——关心和包容异国文化的品性和风貌，培养具有国际视野的新型人才。

为了应对教育国际化的发展，《中国教育现代化 2035》提出：全面提升国际交流合作水平，推动我国同其他国家学历学位互认、标准互通、经验互鉴。扎实推进“一带一路”教育行动。加强与联合国教科文组织等国际组织和多边组织的合作。提升中外合作办学质量。优化出国留学服务。实施留学中国计划，建立并完善来华留学教育质量保障机制，全面提升来华留学质量。推进中外高级别人文交流机制建设，拓展人文交流领域，促进中外民心相通和文明交流互鉴。促进孔子学院和孔子课堂特色发展。加快建设中国特色海外国际学校。鼓励有条件的职业院校在海外建设“鲁班工坊”。积极参与全球教育治理，深度参与国际教育规则、标准、评价体系的研究制定。推进与国际组织及专业机构的教育交流合作。健全对外教育援助机制。

本章小结

1. 教育的起源是教育学中的一个基本问题。关于教育起源的主要观点有神话起源说、生物起源说、心理起源说和劳动起源说。神话起源说是以宗教神学为基础的观点；生物起源说和心理起源说尽管观点有差异，但实质上都是把教育这种有目的的活动等同于本能活动，是错误的；劳动起源说比较科学地解释了教育的起源问题。

2. 人类教育发展的历史形态有多种划分方法，本章把教育发展划分为原始教育、古代教育和现代教育。在每一个发展阶段，教育都具有不同的特点。

3. 20 世纪后半期以来，随着人类社会的发展，尤其是科技进步的影响，现代教育的发展表现出全民化与终身化、民主化、个性化、信息化、国际化等趋势。

关键术语

1. 生物起源说
2. 心理起源说
3. 劳动起源说
4. 终身教育
5. 教育国际化
6. 教育个性化
7. 教育信息化
8. 教育民主化

思考题

1. 简述劳动起源说的主要观点。
2. 古代教育的基本特征有哪些?
3. 说明现代教育的基本特征。
4. 简述现代教育发展的趋势。

案例分析

最初，终身教育只不过是应用于一种较旧的教育实践即成人教育(并不是指夜校)的一个新术语。后来，逐步地把这种教育思想应用于职业教育，随后又涉及整个教育活动范围内发展个性的各方面，即智力的、情绪的、美感的、社会的和政治的修养。最后，到现在，终身教育这个概念，从个人和社会的观点来看，已经包括整个教育过程了。它首先关心儿童教育，帮助儿童过他应有的生活。同时它的主要使命是培养未来的成人，使他准备去从事各种形式的自治和自学。后一种学习要求为成人发展许多范围广阔的教育结构和社会活动。这一切虽然是为了它们本身的目的而存在的，但也是改革初步教育的先决条件。

因此，终身教育就变成了由一切形式、一切表达方式和一切阶段的教学行动构成一个循环往复的关系时所使用的工具和表现方法。

从今以后，教育不能再限于那种必须吸收的固定内容，而应被视为一种人类的进程。在这一进程中人通过各种经验学会如何表现他自己，如何和别人进行交流，如何探索世界，而且学会如何继续不断地、自始至终地完善他自己。教育不仅已经牢固地扎根于经济学与社会学，而且也扎根于心理学研究的成果。心理学研究指出：人是一个未完成的动物，并且只有通过经常的学习，才能完善他自己。如果确实如此，那么教育就要终生进行，要在所有现存的情况和环境中进行。这样，教育就会体现它的真正本性，即完整的和终身的教育，而超越千百年来硬加在它上面的各种机构、程序和方法的限制。

选自联合国教科文组织国际教育发展委员会：《学会生存：教育世界的今天和明天》，196 页，北京，职工教育出版社，1989。

问题：

比较终身教育与传统教育的区别。

第三章　教育与社会发展

学习目标

1. 运用教育的社会基础理论，解释我国基础教育存在的一些问题的成因。

2. 举例说明教育对社会发展的促进作用。

3. 列举教育相对独立性的表现。

问题导入

随着产业经济的发展及国家政策规模的扩大，日本政府采取了投巨资于教育的政策，在1958—1969年，国民收入增长了2.3倍，教育经费却增长了3倍。在这一时期，日本的中、高等教育得到了快速发展。日本高中升学率1958年为53.7％，20世纪60年代中期超过70％，20世纪70年代达到了80％。日本高等教育的升学率由1958年的16％，上升到1965年的25.4％。

中、高等教育的发展为日本经济输送了大量高素质的人才。1956—1972年，日本经济出现了三次增长高潮。1967年，日本经济超过了英、法。1968年日本经济超过了西德(联邦德国)，在资本主义国家中跃居第二。1972年日本国民生产总值达到了849780亿日元，约为1955年的5倍。

1962年，日本文部省调查局出版了题为《日本的成长与教育》的报告书，在报告书中说："教育是促进经济发展的强有力的重要因素"，"战后经济发展的速度非常惊人，为世界所注视。造成这种情况的重要原因，可归结于教育的普及和发达"。日本前文部省大臣森善即一曾经深刻地指出，日本是用教育的作用开采了人的脑力和心中的智慧资源与文化资源，以人的创造力资源来弥补自然资源的短缺。日本政府也清楚地认识到："在激烈的国际竞争中，科学的创建、技术的熟练、劳动者的素质等因素，对于经济发展所起的作用，不亚于增加物质资本和劳动力的数量。"

选自曹长德：《教育学案例教学》，78～79页，合肥，中国科学技术大学出版社，2008。

教育与社会发展的关系是教育基本理论部分的重要内容。教育是以培养人为本质规定性的实践活动，是人类特有的一种社会现象，处于复杂的社会结构之中。这就决定了：教育是建立在一定社会生产力发展水平、政治经济制度、文化等因素之上的，受这些社会因素的制约；教育通过人的培养等方式促进社会生产力、政治经济制度、文化的发展，具有社会功能；作为特殊的社会实践，教育具有相对独立性。通过本章的学习，我们可以深入地理解教育发展的历史阶段及其特点，可以解释、反思教育现实中的各种现象和问题，可以正确认识教育在现代社会发展中的地位和作用，并在此基础上增强从事教育事业的自觉性。

第一节 教育的社会基础

教育是社会这一复杂系统的组成部分，受社会生产力、政治经济制度、文化、人口等因素的制约。这就意味着，一定时期的教育发展状况是建立在一定社会生产力、政治经济制度、文化发展水平之上的，反映着一定时期社会的发展水平；教育改革是社会发展对教育的客观需求的结果；社会发展水平对教育的要求与教育原有发展水平之间的矛盾，是教育改革与发展的重要动力。

一、社会生产力对教育的制约

社会生产力是人们征服自然和改造自然获取物质资料的力量和能力，物质资料的生产是人类社会生存和发展的基础。教育的发展，虽然受社会诸多因素的制约，但起决定作用的是社会生产力发展水平。社会生产力发展水平对教育的制约作用主要表现在以下几个方面。

(一)社会生产力发展水平制约教育发展的规模和速度

一定的社会生产力发展水平对教育发展提出了客观要求。第一，社会生产力发展水平决定了对劳动者的数量、质量和结构的需求。一般而言：社会生产力发展水平越高，对接受一定程度教育的劳动者的需求越旺盛；反之，这种需求则衰减。第二，个人为了适应生产力发展水平对劳动者受教育程度的客观要求，也会产生相应的教育需求。生产力发展水平越高，人们对教育的需求水平也越高；反之，在不需要接受专门教育和训练条件下就可以从事生产活动时，人们对教育的需求水平也不会太高。第三，恩格尔系数①表明，生产力发展水平与人们对教育的需求和投入存在密切关系。生产力发展水平越低，在更多关注生存之必需的情况下，人们难以产生教育需求，即使产生了需求，也不是持续、较高的需求；反之，个人为了提高生活质量在教育方面的需求和投入也会越高。总之，生产力发展水平决定了对具备一定素质的劳动者的需求，影响人们对教育的需求，进而制约教育发展的规模和速度。

一定的社会生产力发展水平为教育发展提供了物质基础和可能性。第一，社会生产力发展水平制约社会对教育在人力资源方面的投入。社会生产力发展水平越高，社会提供的剩余产品数量越多，则剩余劳动数量越多，投入教育系统中的教育者和受教育者数量就越多，教育规模扩张则有相应保障；反之，社会生产力发展水平较低，社会提供的剩余劳动数量就不可能太多，投入教育系统的教育者和受教育者规模必然很小，导致教育规模小。第二，社会生产力发展水平制约社会对教育在物力和财力方面的投入。社会生产力发展水平越高，国家和社会投入教育系统的经费总量就越大，教育经费在国内生产总值中所占的比例也越高；反之亦然。教育经费的数量直接关系到教育活动所需要的物质条件。总之，社会生产力发展水平制约教育

---

① 恩格尔系数是国际上通用的衡量居民生活水平高低的一项重要指标。19 世纪中期德国统计学家和经济学家恩格尔对比利时不同收入家庭的消费情况进行了调查，研究了收入增加对消费需求支出构成的影响，提出了带有规律性的原理，命名为恩格尔定律。其主要内容是一个家庭或个人收入越少，用于购买生存性的食物的支出在家庭或个人收入中所占的比重就越大。恩格尔系数则由食物支出金额在总支出金额中所占的比重来最后决定。恩格尔系数达 60％以上为贫困，50％～60％为温饱，40％～50％为小康，30％～40％为相对富裕，低于 30％为极其富裕。

发展所需要的人力、物力和财力，进而影响教育发展的规模和速度。

社会生产力发展水平对教育发展的规模和速度的制约，可以解释为何在农业社会里教育发展缓慢、规模较小，而在工业革命之后，教育发展迅速、规模扩张迅速；也可以解释为何经济发达的国家和地区，其教育相应比较发达，而在经济发展水平较低的国家和地区，其教育也相应落后。正是由于社会生产力发展水平对教育发展的规模和速度的制约，一个国家在确定其教育改革与发展，尤其是确定教育发展的规模和速度方面，既要满足社会生产力发展水平对劳动者的需求，又要兼顾其所能提供的物质阈限。

（二）社会生产力发展水平制约教育目的和培养目标

一定的社会生产力发展水平需要一定质量的各级各类劳动者。社会生产力发展水平和生产方式所要求的劳动者的质量规格，就成为教育所要培养的人的质量规格，成为教育目的和培养目标。社会生产力发展水平不同，对劳动者质量规格要求不同，反映在教育上，表现为在人类发展不同时期教育目的和培养目标也各有差异。在原始社会，人们进行生产的手段主要是自己的身体，人既是制作和使用简单工具的劳动者，又是天然的劳动工具本身，劳动能力的生产和发展主要是体力的自然增长、生产过程中的实际锻炼、在生产生活实际过程中对长者的模仿。这一时期的教育目的和培养目标，主要是促进新生代掌握在恶劣的自然环境中得以生存所必需的最基本的经验和技能。在农业社会，生产工具已经从新旧石器转变为金属工具，农业已经形成并成为主导型产业。较之原始社会，生产力发展水平有了很大的提升，要求劳动者掌握农业和手工业生产的知识和技能。这一时期的教育目的和培养目标，随着人类教育类型的多样化也出现了分化：与学校教育侧重于满足社会、国家管理所需要的政治人才、知识分子相比较，自然教育、家庭教育和社会教育侧重于培养适应农业和手工业生产所需要的劳动者。在工业社会，机器大生产是基本生产方式，科技是工业生产的基本动力，生产力发展水平要求劳动者具备一定的科学知识，掌握现代生产技能和工艺流程。这一时期的教育目的和培养目标，除了培养社会管理人才之外，开始把培养从事工业生产的工人、技术人员和生产管理人员作为重要内容。在信息社会，迅速发展的计算机技术和数字技术使得生产方式、管理方式发生了革命性的变化，一些传统职业在逐渐消失，随之而来的是出现了新的职业，新的科学技术和优质的人力资源成为制约一个国家发展的关键因素。培养有丰富科学文化知识、具有创新意识和实践能力的人才是21世纪教育目的和培养目标的显著特征。

接受学校教育年限是衡量劳动者质量的一个重要指标，所以，社会生产力发展水平对教育目的和培养目标的制约也表现为：社会生产力发展水平不同，对劳动者受教育年限的要求不同。在工业社会之前，由于整个生产技术原始、落后，劳动者不需要接受学校的专门培养和训练，主要是通过子承父业、师徒相授的方式获得劳动经验和技能。进入工业社会之后，以蒸汽机为标志的第一次工业革命时代，劳动者需要具备小学教育程度；以电气为标志的第二次工业革命时代，劳动者需要具备初中教育程度；以电子计算机的应用为标志的第三次工业革命时代，劳动者需要具备高中及以上教育程度。

(三)社会生产力发展水平制约教育内容

教育内容是教育活动的要素之一，受教育者是通过学习教育内容、理解教育者与教育内容相互作用之后提供的教育影响得以实现发展变化的，所以，教育内容是影响受教育者发展的重要因素。社会生产力发展水平通过对教育目的和培养目标的制约，进而制约教育内容。在原始社会，有关食物的采集、原始耕作、简单生产工具的制作与使用等方面的知识经验是教育的主要内容；在农业社会，有关食物生产和手工艺品制作等方面的知识经验是教育的主要内容；在工业社会，有关机器设备的操作、生产工艺、生产流程及企业管理等方面的知识技能则成为教育的主要内容；在信息社会，有关计算机、网络等方面的知识成为教育的重要内容。

对于学校教育而言，教育内容的表现形式多样，课程是其基本的形式之一。社会生产力发展水平对教育内容的制约表现在对学校教育课程设置的制约上。在课程门类上，农业社会由于生产力水平低下，劳动者不需要接受学校教育的专门培养和训练就可以从事生产劳动，所以学校所设课程多为哲学、政治、道德、宗教等人文学科和语言等工具课程，而与生产劳动直接联系的自然科学和技术方面的课程几乎没有。随着自然科学的发展，工业社会生产力水平显著提高，数学、物理、化学、生物学、地质学、天文学等逐渐被列入学校教育内容。计算机、网络等知识则成为信息社会从小学到大学均应学习的内容。在课程结构上，农业社会的学校普遍存在重文轻理的倾向，文科构成课程体系的中心；工业社会的学校则加大了数学和自然科学的比重；信息社会的学校除了加强基础课程建设外，还出现了文理工相互结合的特点，并设置了各种综合性课程、边缘性课程。

(四)社会生产力发展水平制约教育手段和组织形式

教育手段和组织形式也可以反映社会生产力和科技发展水平。在原始社会，生产力水平低下，人类对客观世界的认识还处于原始朴素阶段，教育手段是人类自身的器官、系统及其机能，所以教育的方法只能是口耳相传和模仿，组织形式是单一的个别教育。由于其便利性和经济性，这种教育手段和方法是人类教育的最基本手段和方法，并在现代社会各种教育活动中普遍存在且得以广泛运用。在农业社会，学校教育已经产生，但是落后的生产力发展水平决定了当时的学校教学也相应地反映了生产过程中的那种师徒关系，人自身的系统及其机能、粉笔、黑板是基本手段，口耳相传是基本方法，个别教育是基本组织形式。工业革命之后，班级授课制成为基本的教学组织形式，各种实物、模型等直观手段，以及实验、实习、演示、观察等方法被引入教学过程。随着科技发展，众多的现代化设备如幻灯机、录音机、电视机、录像机等相继进入教学领域，对于教育规模的扩张、质量和效率的提升产生了重要影响。在信息社会，随着计算机和网络技术的发展，多媒体教学设备得以普遍运用；便携高效的个人计算机、各种可视化教学软件和虚拟现实(virtual reality)技术，逐渐在教育活动中显示出巨大的潜力，慕课(massive open online course，MOOC)、微课(micro learning resource)、翻转课堂(inverted classroom)、雨课堂、小规模限制性在线课程(small private online course，SPOC)等新的教学模式、组织形式方兴未艾。人工智能在教育中的应用尚处于起步阶段，随着人工智能技术的进步，未来在教育领域的应用程度或将加深，应用空间或许会更大。总之，现代生产力和科学技术的发展所带来的现代教学手段和技术的发展，将深刻地改变传统的教育、教学模式，促进教育质量和效率的更大提高。

二、政治经济制度对教育的制约

政治制度是人类为了维护共同体的安全和利益，维持一定的公共秩序和分配方式，所制定的各类准则或规范。经济制度是组织社会经济活动的根本原则，是关于社会经济活动的规则和措施的总称。经济制度决定政治制度，政治制度为经济制度服务，二者合称为政治经济制度。政治经济制度对教育的制约作用主要表现在以下五个方面。

(一)政治经济制度决定教育的领导权

在阶级社会，统治阶级掌控教育的领导权，如此才能根据其利益要求，培养出他们所需要的各级各类人才。代表统治阶级利益的政治经济制度对教育领导权的支配，主要表现在四个方面。第一，统治阶级通过立法权直接掌握教育的领导权。统治阶级通过制定教育法律法规，将其在教育方面的利益要求通过法律法规的方式予以确认，并通过强制力量加以推行。第二，统治阶级通过行政权力掌握教育的领导权。主要表现为：制定教育行政法规和教育规章，发布行政命令，编制和执行教育事业发展规划，确定教师任职基本条件以及举办学校和其他教育机构的基本条件和标准，规定某一级或类学校的课程计划和课程标准，实施教育行政处罚，监督、检查、指导教育机构的教育教学活动等。第三，统治阶级通过经济力量掌握教育的领导权。主要表现为：通过教育经费的筹措、配置、分担及教育经费预算等制度，达到对各级各类教育的领导与调控。第四，统治阶级通过其思想政治上的优势来影响和控制教育，如课程设置、教科书的编写与审定、各种读物的发行、对教师思想政治方面的考核等。

我国的政治经济制度，决定了中国共产党领导是中国特色社会主义最本质的特征，是中国特色社会主义制度的最大优势。习近平总书记在2018年全国教育大会上强调：加强党对教育工作的全面领导，是办好教育的根本保证。只有坚持党对教育事业的全面领导，才能在更高水平上实现教育战线思想上的统一、政治上的团结、行动上的一致，才能确保教育事业发展的正确方向，才能坚定走好中国特色社会主义教育发展道路。

(二)政治经济制度决定受教育权

受教育是人的基本权利，在不同的社会政治经济制度下，人们接受教育的权利是不同的。在原始社会，由于没有私有制，没有阶级划分，人们接受教育的权利是同等的，只是存在教育内容等方面的差异。在阶级社会，由于各个阶级在政治经济方面所处地位不同，反映在受教育权上也是不平等的。例如：在奴隶社会，学校是专为奴隶主子弟开设的，接受学校教育是他们的特权，是其社会地位的象征；奴隶和庶民子弟只能通过自然教育、家庭教育的方式接受教育，他们完全被排除在学校之外。在等级森严的封建社会，不但广大劳动人民的子弟被排斥在学校门外，即使统治阶级内部，由于其政治、经济上的等级不同，受教育权利也有差别。在资本主义社会，由于科技发展，资产阶级为了竞争、获得高额利润的需要，使劳动人民子弟获得了一定的接受学校教育的机会。尤其是 20 世纪 60 年代以后，教育民主化、教育机会均等几乎是西方发达国家一切教育政策的出发点，各国大力开展统一学校、统一课程的教育改革，不断延长义务教育年限，积极推动高等教育大众化、普及化。但是在实施过程中，人们发现并没有取得预期的效果。1970 年，经济合作与发展组织关于教育发展政策的报告得出如下结论："得益于新的入学机会而成为学生者，总的说来是有特权地位或半特权地位的人。"[①]在美国，教育也存在各种现实问题，"20 世纪 90 年代，美国联邦教育部、州教育机构、学区和学校进行了一系列综合改革，试图为所有学生提供世界一流的教育，采取措施改革落后的学校，提高教师的质量，改善公立学校中的责任体系。但结果表明，这些改革并没有提高教育质量，也没有缩小少数民族和白人学生之间的学业成绩差距，贫困家庭儿童也没有得到较优质的教育"[②]。这说明，由于资本主义制度下各阶级、阶层之间在政治、经济上的不平等，其所谓教育民主化并没有真正得以实现。新中国成立以后，我国从宪法、法律上明确规定了公民的受教育权。例如，《中华人民共和国宪法》第四十六条规定："中华人民共和国公民有受教育的权利和义务。"《中华人民共和国教育法》第九条规定："中华人民共和国公民有受教育的权利和义务。公民不分民族、种族、性别、职业、财产状况、宗教信仰等，依法享有平等的受教育机会。"党的二十大报告提出"坚持以人民为中心发展教育，加快建设高质量教育体系，发展素质教育，促进教育公平"。所有这些表明，我国的教育公平、教育机会均等正由理想走向现实。

(三)政治经济制度决定教育目的

教育目的是教育活动的出发点和归宿，指导和支配着整个教育过程。人们总是按照一定的教育目的筛选教育内容、选择教育方法和手段，甚至确定相应的教育制度，一切教育过程都是实现一定教育目的的过程。教育目的是对教育活动结果的预期，也就是希望通过教育培养什么质量规格的人。教育目的虽然受一定社会生产力

---

① 张人杰：《国外教育社会学基本文选》，211 页，上海，华东师范大学出版社，1989。

② 单中惠、勾月：《试析 21 世纪初美国基础教育公平政策》，载《外国中小学教育》，2011(4)。

发展水平的制约，但最直接、现实的制约因素则是一定社会的政治经济制度。教育目的是社会政治经济制度对教育提出的要求的集中体现，直接反映着政治经济制度的利益和需要。因此，一定社会中占统治地位的阶级、集团，为了确保教育培养出其所需要的人才，总是利用他们对教育的领导权确定教育目的，并通过筛选教育内容，规定教师资格、聘任、考核等制度保证教育目的的实现。

(四)政治经济制度决定教育内容

教育内容是对人类积累、创造的文化的筛选，一定社会的政治经济制度通过教育目的、课程计划、课程标准、教科书审定制度等实现对文化的筛选，进而确定教育内容。任何阶级社会的教育内容，总是体现统治阶级的思想和意志。例如，在我国奴隶社会，为了维护等级制、宗法制，学校教育内容为“六艺”，即礼、乐、射、御、书、数。封建社会教育的基本内容为儒家的伦理、政治观念，尤其宋代以后，程朱理学成为国学，儒家经典被缩编为“四书”“五经”，成为最主要的教育内容，也成为科举考试的依据。在古希腊，斯巴达教育服从于对奴隶的残酷镇压和对外战争的需要，因而教育内容以军事训练为主；雅典教育服从于政治家和商人的需要，因而教育内容以读、写、算、音乐为主。在中世纪，最受重视的是宗教教育，学习的内容主要是神学和“七艺”；骑士教育是为培养服务于封建领主、保护封建制度的骑士而存在的一种教育形式，其教育内容主要是骑士“七技”(骑马、游泳、投枪、击剑、打猎、弈棋、吟诗)。资本主义社会教育通过专门设置“公民课”“宗教教育”宣传资产阶级的思想和宗教精神。

(五)政治经济制度决定教育制度

教育制度是一个国家各级各类教育机构与组织的体系及其管理规则，是人才培养、筛选、分流、选拔的机制。政治经济制度主要通过立法、政策等形式制约教育制度，主要表现在以下方面。

一个国家的教育制度直接反映其政治经济制度，是政治经济制度的翻版和缩影。例如：在政治上实行高度中央集权的法国，在教育上也是一套完整的中央集权制；在政治上实行地方分权的美国，各州、学区、学校在教育上则有较大的自主权；在德国，第二次世界大战前的教育制度是典型的中央集权制，而战后则发生了根本性的变化，成为典型的分权制，其根本原因是其政治经济制度由战前的中央集权变为战后的地方分权。我国自秦汉以后，在政治制度上基本确立了权力高度集中的组织形式，在教育制度上也就相应地形成了垂直隶属型的教育组织系统。中华人民共和国成立初期，根据经济社会发展的需要，为了适应当时高度集中的计划管理体制和以重工业为主导的经济体制的要求，教育制度也具有明显的高度集中色彩。随着我国改革与发展的全面深入，建立与社会主义市场经济体制和政治体制、科技体制相适应的教育制度，成为我国教育制度改革与发展的新方向。党的十八大以来，以习近平同志为核心的党中央高瞻远瞩，把教育改革放在“五位一体”总体布局和“四个全面”战略布局中统筹谋划，开启了新时代教育改革的新征程。

政治经济制度对教育制度改革起着定向、驱动和支持的作用。政治经济制度的变革必然引起教育制度的变革，并利用立法、政策等形式确定教育制度改革的目标和任务、指导思想和工作方针，通过培养与培训教师、投入经费等手段为教育制度改革的顺利进行提供保障。纵观人类教育发展的历史，教育系统中具体的、微观的变革与发展是由教育系统自身发起的，而涉及教育制度的性质、发展战略目标等根本性改革则是由社会政治经济制度发起、驱动并支持的。

2016 年 9 月，习近平总书记在北京八一学校考察时提出：要深化办学体制、管理体制、经费投入体制、考试招生及就业制度等方面的改革，深化学校内部管理制度、人事薪酬制度、教学管理制度等方面的改革，深化人才培养模式、教学内容及方式方法等方面的改革，使各级各类教育更加符合教育规律、更加符合人才成长规律。在 2018 年全国教育大会上，习近平总书记进一步强调：要深化教育体制改革，健全立德树人落实机制，扭转不科学的教育评价导向，坚决克服唯分数、唯升学、唯文凭、唯论文、唯帽子的顽瘴痼疾，从根本上解决教育评价指挥棒问题。要深化办学体制和教育管理改革，充分激发教育事业发展生机活力。

三、文化对教育的制约

文化的概念有广义和狭义之分。广义的文化是指人类在社会生产实践过程中创造的物质财富和精神财富的总和，包括价值观、规范准则、意义与符号、物质财富等；狭义的文化一般是指社会的精神文化，即社会的思想道德、文学、艺术、宗教、传统习俗等。文化对教育的制约主要表现为如下几个方面。

(一)文化制约教育目的和培养目标

文化类型不同，教育目的和培养目标也不同。文化是多元的，不同的文化有各自的渊源；价值观是每一种文化的核心内容，不同类型的文化其价值观各异，反映在教育领域则表现为教育目的的价值取向不同。我国古代社会的文化是以儒学为核心的伦理型文化，教育目的则是“在明明德，在亲民，在止于至善”，通过修己正人，达到“明人伦”的目的；在政治领域强调培养“建国君民”的政治人才，鼓励学子“学而优则仕”。西方社会是知识型文化，主张“知识就是力量”，注重通过知识学习达到对真理的认识；宗教是西方文化中重要的内容，完整、系统的宗教教育是西方教育的组成部分，培养神职人员和对宗教的信仰是其重要的目的。

文化变迁导致教育目的不同。文化变迁是指由于社会发展而引起的社会文化的结构性、全局性、整体性的变化。与文化密切相连的教育，必然随着所处的文化的变迁发生改变，通过自身的发展，与变化了的文化保持同步。我国传统文化的基本特征是：重视人与社会的协调，重人伦观念，重“入世(仕)”，重人文精神等。其表现在教育目的上则是：调和社会和自我，重知识的应用价值，重视教育的世俗性。①

---

① 郑金洲：《教育基础》，40 页，上海，华东师范大学出版社，2012。

近现代以来，科学、民主、法治逐渐成为我们文化中的重要内容，反映在教育目的和培养目标上，则要求教育培养出具有科学精神、民主意识、法治理念的人才。进入21世纪，理论创新、制度创新、科技创新又成为现代文化中的主旋律，培养具有创新意识和实践能力的人才成为我国教育目的和培养目标中新的要求。

(二)文化制约教育内容

文化是教育内容的源泉；教育内容根植于文化，是对文化的筛选。文化对教育制约最直接、最显著的表现是对教育内容的制约。

文化类型不同，教育内容的构成也有差异。自春秋以来，儒家思想在我国逐步形成，构成了文化的重要组成部分，并逐步在社会政治、文化生活中居支配地位。儒家思想成为我国传统教育的重要内容，代表儒家思想的典籍成为人们的必读之物。与强调社会本位的儒家文化不同，西方文化倾向主张个体本位，强调人性解放及人的和谐、自由发展，博雅教育成为西方传统教育的特征。“七艺”也就成为其主要教育内容，并支配了欧洲的中等教育和高等教育达1500年之久；宗教成为陶冶国民品格的重要手段，宗教教义自然就成为重要的教育内容。语言、文学、艺术是一个国家、民族文化的重要内容，也最能彰显文化间的差异，每一个国家、民族都把自己的语言、文学、艺术作为教育内容中必不可少的组成部分。由此，文化类型不同，教育内容构成就有差异。

文化发展带来教育内容发展。这种影响主要表现在选择范围、发展速度和水平等方面。当文化发展水平低、积累很少、发展速度缓慢时，教育内容选择的范围就很小，更新速度较慢；反之亦然。

(三)文化制约教育模式

“三喻文化”①是美国人类学家玛格丽特·米德(Margaret Mead)于1970年在《文化与承诺：一项关于代沟问题的研究》一书中提出的理论。她通过对不同代际行为方式、价值观念、生活态度等进行描述和分析，把整个人类文化分为postfigurative culture、cofigurative culture、prefigurative culture三种模式。

后喻文化(postfigurative culture)是以重复过去为使命的文化，其特点是对变化缺乏认识，对现存生活方式所有方面的普遍正确性予以持久的、无可置疑的认同。由于后喻文化是一种渐进式的、代际差异微乎其微的文化模式，“师授学承”就成为与之相适应的教育模式。在这种教育模式中教师被视为知识的权威、道德的权威，学生被要求恪守师道，严承师说；师生关系被类同于君臣关系、亲子关系；衡量教育成功与否的标准，在于受教育者有无在自己的未来重演教育者的过去的决心及相应能力。②

---

① “三喻文化”分别是后喻文化、同喻文化、前喻文化。国内学者在翻译postfigurative culture一词时有“后喻文化”“前喻文化”两种译法，对prefigurative culture一词也就有了“前喻文化”“后喻文化”不同译法。

② 吴康宁：《教育社会学》，94～97页，北京，人民教育出版社，1998。

同喻文化(cofigurative culture)是指以每一代人都向自己的同辈、同行、伙伴学习为特征的文化。如果说后喻文化是一种面向过去的文化，同喻文化则是面向现在的文化，与之相适应则形成了“相互适应”的教育模式。在这种教育模式中，师生关系、同辈关系、学生与课程内容出现了相互适应的取向。在师生关系方面，教师在知识、道德方面的权威开始消解，学生不再把教师传授的知识视为圭臬，而是开始质疑，甚至基于自己的理解提出独特的见解。教师也开始尊重学生的主体性，接受并鼓励学生提出不同的看法。在同辈关系方面，学生之间的关系也丰富起来，他们逐渐意识到同伴的见解对自己理解问题的作用，于是基于学习问题的合作学习开始萌芽。[①] 在学生与课程内容方面，课程内容开始适应不同阶段学生的发展水平；学生也不再简单机械地复制课程内容，而是基于已有的知识经验对课程内容理解和解释，建构课程内容的意义。

前喻文化(prefigurative culture)是指长辈向年轻人学习的一种文化模式，面向未来是其基本特征。在这种文化模式中，长辈的知识、经验在变动不居的社会里消解了原本的权威和意义，他们需要向年轻人学习，在年轻人的引领下再次“社会化”。开放式的“师导生创”是与前喻文化相适应的教育模式。在这一教育模式中，师生之间无论在人身抑或在思想观念上，都不存在明显的管束与依附的关系。教师主要是扮演着设疑者、启发者、引导者与协助者的角色，其主要旨趣不是授以学生现成知识、标准答案与永恒方式，而是努力使学生学会自己去发现问题、分析问题与解决问题，注重培养学生的自主意识、自由意志、理性精神及创造能力。衡量教育成功与否的标准在于受教育者有无同教育者的过去告别，并开创崭新的未来的勇气及相应能力。[②]

四、人口因素对教育的制约

人口是指生活在一定社会、地区，具有一定数量、质量和结构的人的总体。人口数量可以从人口总量和增长率方面加以考察，人口质量是指人口身体素质、文化修养和道德水平，人口结构包括自然结构(年龄、性别等)和社会结构(职业、地域、民族、文化、阶级或阶层)。人口因素对教育的制约主要表现为如下几个方面。

(一)人口数量对教育的制约

考察人口数量对教育的制约，必须综合考虑同时期社会生产力发展水平等因素。当社会生产力发展水平较低时，社会和个体对教育的需求水平较低，人口总量较大，则人均教育资源较少，教育发展的速度较为缓慢，人均受教育年限也不会太高；当社会生产力高速、持续、稳定发展时，社会和个体对教育的需求水平较高，人口总量较大，则教育规模较大，教育发展速度及教育质量的提升也有相应的人力和物力的保障。2021 年，我国各级各类教育规模为：各级各类教育机构在校生为 2.91 亿

---

① 范敏：《文化传递模式与课堂教学的重构》，载《现代教育论丛》，2010(3)。

② 吴康宁：《教育社会学》，97～100 页，北京，人民教育出版社，1998。

(其中，学前教育在园幼儿为4805.21万人，义务教育在校生为1.58亿人，特殊教育机构在校生为91.98万人，普通高中在校生为2605.03万人，中等职业教育在校生为1311.81万人，各种形式的高等教育在学总规模为4430万人)；专任教师人数为1844.37万人(其中，学前教育专任教师为319.10万人，义务教育专任教师为1057.19万人，特殊教育专任教师为6.94万人，普通高中教育专任教师为202.83万人，中等职业教育专任教师为69.54万人，高等教育专任教师为188.52万人)。民办教育机构在园幼儿为2312.03万人，义务教育阶段在校生为1674.10万人，普通高中在校生为450.34万人，中等职业学校在校生为267.63万人，普通、职业本专科在校生为845.74万人。① 我国之所以拥有如此庞大规模的教育系统，人口基数庞大是前提条件，持续、高速、稳定增长的经济发展水平则是保障。

人口增长方式不是匀速而是波浪式推进的，人口增长波峰与波谷的反复、交替呈现，对教育规模、发展速度、教育结构、教育质量等方面产生影响。首先，人口增长方式要求教育系统保持适度规模：人口增长高峰期，教育系统能够容纳增加了的受教育人口；人口增长低谷期，教育资源不至于闲置和浪费，可以有效使用。其次，人口增长方式导致教育发展速度不是匀速的，而是呈现“涌动”式发展，即在经济社会发展水平能提供充分保障的条件下，教育发展速度表现为高速、低速的方式反复、交替呈现。再次，人口增长方式制约教育结构，波动的人口增长方式影响教育系统中各级教育规模及其在教育系统中所占的比例，并以“涌动”的方式在教育系统中传导。最后，人口增长率影响教育质量。在一定经济社会发展水平条件下，人口高速增长会“稀释”原有的教育资源，致使人均占有、使用、消耗的教育资源相对减少；学龄人口的增加使得班级规模较大，增加教学、管理的难度，同样影响教育质量。

(二)人口质量对教育质量的影响

一个社会的人口质量越高，人们对教育的需求越旺盛，对教育的期望也越高，进而促进教育规模的扩大、发展速度的提升；反之亦然。

人口质量对教育质量的影响表现为直接和间接两个方面。直接影响是指受教育者已有发展水平对教育质量的影响；间接影响则是指年长一代的人口质量影响新生一代的人口质量，从而影响以新生一代为对象的教育质量。一般而言，受教育者已有发展水平越高，他们对教育质量的要求越高；年长一代的人口质量越高，越有助于提高新生一代的人口质量，同时年长一代对新生一代接受教育的期望越高，对教育质量的要求越高。

(三)人口结构对教育的制约

人口年龄结构制约教育的层次结构。某一年龄阶段的人口数量制约某一级教育在教育系统中的比例，所以人口年龄结构制约教育的层次结构。据国家统计局发布的《第七次全国人口普查公报》，至2020年11月1日零时，我国0～14岁人口为

---

① 以上数据来自教育部发布的《2021年全国教育事业发展统计公报》。

253383938 人，占 17.95%；15～59 岁人口为 894376020 人，占 63.35%；60 岁及以上人口为 264018766 人，占 18.70%，其中 65 岁及以上人口为 190635280 人，占 13.50%。同 2010 年第六次全国人口普查相比，0～14 岁人口的比重上升 1.35 个百分点，15～59 岁人口的比重下降 6.79 个百分点，60 岁及以上人口比重上升 5.44 个百分点，65 岁及以上人口的比重上升 4.63 个百分点。这些数据表明：各年龄阶段人口数量不同，反映在教育系统中则表现为各级教育规模不同；当前我国人口对教育的压力集中在基础教育阶段，随着出生率的逐步下降会略有好转；随着老龄人口的增加，老年教育的需求会持续扩大。

人口职业结构制约教育类型结构。人口职业结构是指劳动力在国民经济各部门、各领域中就业人口的比例。随着科学技术的发展和国民经济结构的调整及城镇化进程的加快，人口职业结构发生了显著变化，主要表现为：从农业、工业向服务业转移，从体力劳动向智力劳动转移，从一般技术向高新技术转移。职业结构的变化决定了从业人员知识、能力结构的变化，也决定了劳动力类型结构的变化，进而制约教育类型结构的变化。

人口地域分布制约教育尤其是学校教育的布局。人口分布是指一定区域内的人口增长状况和实际居住地的人口密度。由于自然、经济发展水平和历史等多种因素综合作用，一个国家不同区域间的人口密度是不尽相同的。不同密度的人口分布不仅制约学校的布局，而且影响人均教育资源。在人口分布合理的地区，教育相应地比较发达；在人口密度过于稀疏的地区，常常出现学校布局不够合理的情况，进而影响该地区教育的发展；在人口密度过大的地区，也会出现教育资源紧张，入学困难的状况。

总之，社会生产力、政治经济制度、文化和人口等是教育的基础，教育的发展受这些社会基础的制约。同时，我们必须认识到：在社会现实中，影响教育发展的各种社会因素是相互作用、相互影响的，它们作为一个系统共同作用于教育的发展，不能把教育的改革与发展简单、孤立、片面地归结为某一种因素的影响；在某一历史时期，社会的某一方面因素对教育的作用比其他因素更为显著，抑或是教育的某一方面受社会某一因素的作用更为直接；社会各种因素之间性质的差异、力量的强弱、不同的组合及不断的发展变化，致使在不同社会历史时期，甚至不同区域，教育的发展具有不同的水平和特点。我们应该以系统论的观点，从动态的视角来研究和把握社会各种因素对教育的制约。

第二节 教育的社会功能

教育的社会功能是指教育活动对社会发展的影响和作用。这种影响和作用既可能是正向的、促进性的，也可能是负向的、阻碍性的；既可能是与人们对教育活动的预期结果相一致的，也可能是与人们的预期不一致的。本节重点分析教育对社会发展的正向功能，即教育对经济、政治、文化和人口的促进作用。①

一、教育对社会生产力的促进作用

(一)教育通过提高劳动者的素质，促进经济发展

第一，教育是劳动力再生产的重要手段。在构成生产力的诸要素中，劳动者是最重要、最为活跃的决定性要素，这是因为只有劳动者才能制造和使用劳动工具等劳动资料作用于劳动对象，创造出使用价值。一个人尚未掌握生产知识和劳动技能时，还只是未来的可能的劳动者，只有掌握了一定的生产知识和劳动技能，具有了劳动能力时，才能成为现实的劳动者。教育通过教育教学活动实现科学技术和人的有机结合，是劳动力再生产的重要过程，是生产活动得以继续和发展的必要条件。现代经济增长所要求的劳动者已不是未受过教育和培训的人，而是受过一定程度教育，掌握一定现代文化、科学技术知识和技能的劳动者。

第二，教育能够提高劳动力的质量、改变劳动力的形态，具有更高的经济价值。教育可以提高体力劳动者的智力水平，把不熟练的劳动力训练为熟练的劳动力；也可以把简单劳动力、一般劳动力，转化为复杂的和专门的劳动力。由于复杂劳动是多倍的简单劳动，因此，从事复杂劳动与从事简单劳动的劳动力相比，所创造的社会经济价值是不同的。在现代市场经济条件下，从事复杂劳动与从事简单劳动的劳动力的工资待遇也是有明显差别的。劳动力的劳动复杂程度和熟练程度越高，社会给他的劳动报酬即工资待遇也越高。

第三，教育能够提高劳动者的劳动效率。在现代社会，教育的作用伴随生产发展和经济增长变得更加明显和重要，这是因为现代生产和经济的发展，主要依靠提高劳动生产率，而劳动生产率的提高在很大程度上依靠劳动者科学文化知识和生产技术水平的提高。联合国教科文组织的调查表明，劳动者的劳动生产率与其受教育程度密切相关，受过小学教育的劳动者的生产率要比文盲高 43%，受过中等教育的要比文盲高 108%，受过高等教育的要比文盲高 300%。② 教育能提高劳动生产率，主要体现在以下几个方面：影响劳动者掌握生产理论和操作技能的程度、水平，影响劳动者掌握新工种、新技术的速度，影响社会为经济发展提供一定水平技术工人、技术人员的数量和所需要的时间，受教育程度的提高可以预防、减少、避免生产事故的发生，影响劳动者提出合理化建议和技术革新的数量和质量。例如，一些研究报告宣称：工人的技术革新建议程度与他的教育水平相对应，工人受教育水平每提

① 本节内容主要引用了薛彦华主编的《教育学》第二章的部分内容，有改动。

② 彭坤明：《知识经济与教育》，186 页，南京，南京师范大学出版社，1998。

高一个年级，合理化建议就增加 6%。①

第四，教育通过陶冶劳动者的思想和道德，增强其主人翁意识，从而提高他们的劳动积极性、主动性和创造精神。它还可以提高劳动者的职业道德水平，进而降低原材料和能源的损耗以及协调管理的费用。

可以概括地说：教育是明显的消费，但又是潜在的生产；是有限的消费，却是扩大了的生产；是今日的消费，但肯定是明日的生产。以高科技产业和服务业为支柱产业的知识经济的蓬勃兴起，使人们认识到：经济系统的知识水平和劳动力素质已成为生产函数的内在部分，亦即成为生产率提高和经济增长的内在动力之一；经济越是高级化，科技水平、劳动力素质和教育的作用和价值就越大。

(二)教育是科学技术再生产的重要手段

科学技术本身是人类征服和改造自然的精神力量，是知识形态的生产力。科学技术应用于生产领域，就转化为直接的生产力。科学技术转化为直接生产力，通过物化为生产工具来扩大劳动对象的范围，改变与提高劳动对象的品质；通过教育被劳动者所掌握，转变为劳动者的知识和技能，从而创造出更高的劳动生产率和巨大的社会生产力。科学技术对现代经济发展的影响需要教育实现对科学技术的再生产，以及教育在科学转化为生产技术过程中发挥中介作用。

第一，教育能够实现科学技术的再生产。科学技术的发展具有很强的继承性和连续性。传递、积累和借鉴前人的科学研究成果是科学技术发展和再生产的前提条件，因为任何科学技术都不是某一个历史时代的产物，而是人类社会整个历史发展过程的结晶，是一个不断传递、积累、发展和再生产的过程。在这一过程中，教育发挥着重要的作用。教育把已经创造的科学知识不断地再生产出来，为社会新一代成员所继承和掌握。通过继承与积累，个人和某一个历史时期的有限的科学认识逐步积累为无限的科学认识，而继承与积累同时又为新的科学发现做好了知识和人员上的准备。科学正是通过教育这一中间环节而不断地合乎规律地向前发展。没有教育所实现的科学知识的再生产，科学技术就不可能达到当今的发展水平。

第二，通过教育实现的科学知识再生产是一种扩大的再生产，可以使原本为少数人所掌握的科学知识为更多的人所掌握，并不断扩大其传播范围。这种科学知识的再生产可以提高整个社会的科学知识水平，进而为更先进的科学技术的普及和提高，为新技术力量的补充和发展提供广泛的基础，也由此直接推动经济、生产力的发展。

第三，教育所进行的科学知识再生产是一种高效率的再生产。学校教育的目的性、计划性和组织性，能使这种科学知识的再生产具有高效、高质、大规模的特点。教育是把人类长期保存和积累的科学知识、生产技术经过有目的地选择、提炼、加工、概括而进行传递的，同时在传递的过程中，又有科学的讲授、传递方法和手段，

① 叶澜：《教育概论》，132 页，北京，人民教育出版社，2006。

因此效率比较高。当今世界各国特别重视教育的普及和质量的提高，就是因为教育是科学知识再生产的有效形式和重要阵地。

第四，教育具有把科学转化为生产技术的中介的作用。教育尤其是职业教育，可以将科学转化为现实生产技术，转化为生产的一般条件，形成直接生产力。我国在把科学转化为生产技术方面仍较为薄弱，科学进步在国民经济增长因素中所占的比重还较低，其根本原因在于我国将科学研究成果转化为生产技术或直接生产力的效率不高。若要改变这种局面，必须大力发展教育事业，改革和完善教育体制，大力发展职业教育。

(三)教育是研发新的科学技术的重要手段

基础教育通过传播、传递科学知识，提高国民科技素质，为科学技术的发展提供社会基础。高等教育通过教学活动传播、传递科学知识，又通过科学研究生产新的科学技术。在欧洲中世纪时期，大学是单纯的教学机构。1809 年，德国的洪堡(Wilhelm von Humboldt，1767—1835)创办柏林大学，并提出了著名的"教学与科研相统一"的原则。在洪堡和柏林大学的影响下，德国的大学纷纷效法，重大科学成果层出不穷，成为科学界的瞩目之地。随之，洪堡原则也迅速传至西欧、美国、东欧、日本和中国，成为现代大学共同遵循的一条原则。

高等学校的科学研究之所以是国家科学研究的一个重要方面，是因为：高等学校集中了大批具有专门学术水平的教师、科研人员，专业比较齐全，学科门类比较多，图书设备条件好，是知识密集、科学信息数量较多、交流较快也较广泛的地方。大学也是宽松的教育机构，允许大学教师从事自己喜爱的科学研究，同时也有利于他们将自己的研究成果向学生传授并传播出去。在我国，大学积极响应国家发展战略，坚持面向世界科技前沿、面向经济主战场、面向国家重大需求、面向人民生命健康，以国家战略需求为导向，集聚力量进行原创性、引领性科技攻关，承担了国家基础研究、重大研究项目。例如，2022 年国家社会科学基金年度立项为 3548 项，其中大学承担项目占比约为 91%。① 在 2019 年国家自然科学基金面上项目、重点项目、青年科学基金项目、地区科学基金项目、国家杰出青年科学基金项目、优秀青年科学基金项目中，高等院校承担的项目占比分别为 84.16%、79.14%、84.14%、89.29%、73.65%、79.50%。②

二、教育对政治经济制度的促进作用

(一)教育具有维护社会政治稳定的作用

第一，教育具有促进人的政治社会化的作用。政治社会化是指人们接受一定社

① 数据依据全国哲学社会科学工作办公室公布的《2022 年国家社会科学基金年度项目》计算。

② 数据计算依据孙晓冬、闫华、褚农农等：《浅谈科研单位国家自然科学基金项目管理：以"十三五"国家自然科学基金项目为例》，载《农业科研经济管理》，2023(1)。

会的政治意识形态，形成适应一定社会政治制度的政治态度、政治认同感和政治习惯以及积极参与监督政治活动的政治积极性的过程。政治社会化对政治系统，进而对整个社会系统的良性运行和协调发展具有两个方面的作用：从个体的角度来讲，它培养个体的政治参与热情和能力；从社会角度来讲，它培养个体对某种政治制度和政治价值的认同、忠诚和责任感。政治社会化是社会化的一个重要方面，通过它可以形成一定社会大多数人共同的政治意向，形成政治共同体，扩大社会的政治基础，提高人们的政治觉悟。因此，社会全体成员的政治社会化关系到一定社会政治制度的稳固。学校教育所传授的政治思想、价值观念、伦理道德规范和法律法规总是比较系统化和理论化的，在教育教学过程中使用各种有效的手段、方法对受教育者产生强烈的影响。因此，学校所培养的人，一般来说他们的政治信仰比较明确，政治情感深刻、明显，政治态度积极，具有较强的政治参与能力。同时，学校教育通过对学生进行系统的科学文化知识教育，使其政治思想、政治信仰建立在系统的科学文化知识基础之上，因此，他们的政治思想、政治信念往往更具有科学性、坚定性，而少盲目性和片面性。

第二，教育具有培养各种政治人才的作用。任何一个社会政治秩序的稳定，除了全体国民的政治社会化之外，还需要一批专门的政治人才。学校教育具有为社会培养国家所需要的政治人才、管理人才的责任。我国古代的学校教育就是典型的"养士"教育，向学生传授的大多是"修己治人之道"，不仅使他们形成一定的政治思想意识，而且向他们传授社会长期积累下来的"为官之道"，所以古代学校教育实质是官吏养成所。由于科学技术向包括领导和管理部门在内的社会各个领域的全面渗透，现代国家对政治人才、管理人才的要求更高了，在一些资本主义国家出现了"专家政治"的倾向。许多国家为了适应这种变化，设立了专门培养国家管理人才的学校、专业。据统计，美国有 600 所大学有管理学院或系科，拥有大学生 70 万，研究生 10 万；苏联和东欧国家除了设立专门培养经济管理干部的学院和系科外，还把中央和地方所属党校都纳入统一的干部教育体系之中。① 对执政党而言，提高党员的文化素质和政治觉悟也是提高执政党的执政水平，使党制定的方针、政策得以贯彻的重要保证。社会越向前发展，对国家管理人员各方面素质的要求越高，通过教育选拔、培养政治人才、管理人才就显得越重要。

(二)教育具有促进社会政治变革的作用

首先，教育的普及化、民主化与社会政治变革相辅相成。教育的普及化、民主化是社会政治变革的重要标志，也是推动社会政治变革的重要力量。教育的普及化、民主化表明社会政治的平等与开放，因为教育的普及化、民主化，就是要求国家必须从政治或法律上保证全体社会成员不论其社会地位、种族、性别等因素，都有机会不受限制地受到教育。同时，教育的普及化、民主化本身蕴藏着变革社会、促进

---

① 南京师范大学《教育学》编写组：《教育学》，56 页，北京，人民教育出版社，1984。

社会发展的力量，这种力量也已在现代社会政治领域中得以展现。国际社会已经把消除教育中的不平等现象、实现教育民主化作为解决社会不平等现象的重要手段。

其次，教育通过传播先进的思想、弘扬优良的道德促进社会政治的变革。教育通过传播科学真理、弘扬优良道德、形成正确的舆论、生产进步的政治观念，促进社会的变革和发展。教育通过筛选和净化政治思想、伦理道德、价值观念、行为规范，弘扬社会政治、思想、道德领域中的积极因素，抵制、消除消极因素，从而为推动社会政治的发展与进步服务。

最后，教育具有促进政治民主化的作用。教育通过传播科学知识和民主观念，提高国民的政治素质，提高其参与政治生活的热情和能力；通过提高各级领导阶层的文化素质促进管理的科学化和民主化。在促进政治民主化方面，高等教育具有特殊的作用。高等教育与“民主”“科学”具有天然的联系，对愚昧、专制具有天然的抵制作用。所以，高等学校必定是研究、探讨、传播各种思想，形成各种思潮的场所，也是对社会政治最敏感的地方。这里既涉及对社会进步观念的传播推广，也涉及对社会产生改革作用的新思想的培植、创造。在这方面，大学教师具有特殊的作用。他们可以通过著书立说阐述自己的观点、理想，或是为政策的制定提供咨询，或是为政策的改进提供建议，也可以扮演社会评论员或批评家的角色对社会公共问题和政策进行评论、批评，并通过电视、网络等媒体呈现给公众，而他们的专家身份很容易将他们的观点和见解融入社会思想之中。“事实上在每一个社会中，不管言论、出版自由的程度如何，也不管媒体系统的复杂程度如何，都期望学校共同体在制造思想和反映公共问题方面发挥作用。教授们表达的思想所产生的结果显然远远超过了教室和实验室的范围。作为一名‘专家’的教授可能对政策和政治产生重大影响，有时以完全出乎意料的方式产生影响。”①

三、教育对文化的促进作用

(一)教育有保存与传递文化的功能

人类文化的保存主要通过两种途径：一是以物的载体的形式保存，即通过物质或者借助于物质载体把人类精神活动的产物客观化、外化的保存方式；二是以人的载体延续，即通过人的活动形式、心理、行为方式保存。物化的知识是静态的知识，而教师头脑中保存的知识是活的知识、能动的知识。没有教师头脑中所保存的知识，任何社会所保存的知识都将是不完整的，物化的知识也将难以得到真正的、持久的保存。同时，非物化的文化如理智传统、研究方法、学术精神则以教师的活动形式、心理、行为方式存在。

文化独立于人体之外，不能依靠生物遗传方式为他人获得，而只能通过社会遗

---

① ［美］阿特巴赫：《比较高等教育：知识、大学与发展》，人民教育出版社教育室译，131页，北京，人民教育出版社，2001。

传，特别是教育的方式得以传承。教育从人类的其他活动中分化出来成为一种独立的社会活动，就承担了文化传递的任务。在教育活动中，教育者将人类积累的文化选择、加工成教育语言和文字的形式，在与受教育者的相互作用中传递给受教育者，于是人类文化实现了代与代的传承。正因为如此，人们总是把教育理解为社会为其文化的传递和发展提供的手段，是文化再生和繁衍不可或缺的工具。

(二)教育有传播与交流文化的功能

文化的传播，是指在同一文化共同体内文化扩散的过程和某一社会文化共同体的文化向另一社会文化共同体的传输过程，是单向的；而文化的交流，则是指两个或两个以上文化共同体的文化相互传播的过程，是双向的或多向的。

在古代和中世纪的西方学校教育中，教师主要是向与自己生活在一起的学生传播各种各样的学问和知识。他们很少有意识地向公众传播知识，社会也很少向他们提出这样的要求。工业革命以后，随着机器和科学技术的广泛应用，新的生产方式要求劳动者能够熟练地操作机器、懂得生产原理、通晓生产过程。大工业生产的发展要求越来越多的人拥有各种各样的专门知识，社会也日益明确地要求学校承担起知识传播的职能。信息社会对全体社会成员的科学文化素质提出了更高的要求，世界许多国家通过“开放大学”“广播电视大学”等形式更加灵活、广泛地传播知识。在我国，“科技下乡”“教育帮扶”则是比较有国情特点的传播科学文化知识、技术的有效形式。

一种文化只有对其他文化开放，在与其他文化的主动接触中吸收、融合别的文化的优良因素，才能得到丰富和发展。因为文化的传播、交流，会使各文化形态增生出许多不被原地理环境和文化传统所束缚的、从更高层次上超越其地理环境和原有文化传统的新文化因子。文化交流对于双方都是自我超越的过程。纵观世界文化发展史可以看出，不同地区、民族的文化，相互开放，相互交流，互相引进，互相吸引，同时又不断分化，这是各民族文化发展的规律。教育促进文化交流的形式是多样化的，如筛选异域文化中有关自然、历史、文学、艺术等方面的知识并加工为教育内容以及开展学术交流、互派留学生等。

(三)教育有筛选与净化文化的功能

学校的教育内容根源于人类创造、积累的文化，但并不是所有的文化都会进入学校教育系统成为教师教的材料和学生学的材料，学校的教育内容是人们按照一定社会经济、政治要求对文化筛选的结果。从现有文化浩瀚庞杂和教育时间有限的矛盾看，学校的教育内容也必须对现有文化进行选择，并且必须都是从现有文化中提炼出的精华，是人们生活中必备的最基本的文化。学校教育系统主要通过培养目标、课程和教材、教师群体、校园文化等途径实现对现有文化的选择。

人类文化遗产的保存，并非社会生活的最高境界。文化的选择与传递，实际上意味着价值的取舍与认知的转变，并且是为了文化自身的继续发展。教育在本质上就是一种价值引导的活动，它将文化精华按照人们最易接受、理解和掌握的形式分门别类地组织起来，使之系统化、逻辑化、简约化，以课程、教材的形式传授给学生，为学生提供适应社会生活的知识技能与理想态度，作为满足其生活需要的工具。由此可见，教育对文化的多方面、多途径的选择，实质是依据社会发展的客观要求、一定的社会价值标准，有目的、有意识进行的主动的选择，也是对现有文化的净化过程。通过这种选择，适应社会发展的文化精华被传递、继承、传播和发扬，而那些不适应社会发展的文化糟粕被排斥、摒弃，从而逐渐消亡。

(四)教育有更新与创造文化的功能

文化的生命在于不断地创新，只有时时更新的文化才能源远流长，历久弥新。如果说保存、传递、传播、筛选文化，促进受教育者的社会化是高等教育的保守性功能，那么更新与创造文化、培养受教育者的创造意识和创造能力则是高等教育的积极性功能；如果说保存、传递、传播、筛选文化是教育系统中各级教育共有的功能，那么，文化的更新与创造则是高等教育特有的功能。高等教育的存在不是基于知识的难题，而是基于它能够将知识的创造和知识的传播内在于一体。如果高等教育做不到这一点，那么就不配享有"高等"的字样，也不会成为知识经济和学习型社会所需要的制度。①

高等教育在创造文化方面具有独特的优势。高等教育的目标是培养社会所需要的高级专门人才，创造性是这种人才应当具备的基本素质；高等教育的内容是高级专门的知识，反映了高层次的文化，其中包含许多有争议的、尚待进一步探讨的问题和领域；高等学校的学生是具有一定文化基础知识的青年，思想比较活跃，富有创新精神；大学教师，一般来说，都是某一专业或领域的专家，兼有教学和科研双重任务；科学研究是高等学校，尤其是大学的主要职能；许多大学还是国内乃至国际文化和学术交流的中心。所有这些都是高等教育直接和间接地创造文化的有利条件。科学研究是高等教育直接创造新文化的主要途径。

从文化进化的规律来看，文化运行与发展的机制主要有两种：一是社会实践，特别是经济发展和政治变革的推动；二是与不同质的文化的交流、融合乃至碰撞和冲突。一般来说，一个民族的传统文化只有在受到外来文化的挑战与冲击时，才会发生剧变，实现自身的更新与超越。在一个开放的社会里，高等学校经常处于传统文化与外来文化冲突的中心。这不仅因为高等学校具有与外来文化接触的优越条件，而且因为高等学校的师生，特别是大学生思想活跃，对新思想、新观念比较敏感，接受得快。高等教育正是在传统文化与外来文化的冲突、重组、融合中创造了新的文化。

四、教育对人口的作用

(一)教育是控制人口增长的重要手段

影响人口数量和增长的因素很多，教育是减少人口数量、控制人口增长的重要

① 朴雪涛：《知识制度视野中的大学发展》，242 页，北京，人民出版社，2007。

手段之一。研究表明：有工作的妇女生育率低于家庭妇女，有专业知识的妇女生育率低于一般农村妇女，受过中等程度教育的妇女的婴儿死亡率低于文盲妇女。[①] 教育之所以能够控制人口增长，主要是因为：首先，科学技术及经济发展水平的提高对劳动者素质提出更高的要求，促使人们产生较高的教育需求。家庭用于子女教育方面的时间、精力和费用随之增加，教育成本的增加起到控制生育率的作用。其次，教育促进人们的价值观、幸福观、家庭观的转变，人们更重视自身价值的实现和对人生幸福的追求，导致他们生育意愿和生育率较低。再次，受教育年限延长，人们结婚和生育的年龄一般会后延，致使生育数量减少。最后，女性受教育权利的保障、受教育程度的提高，以及现代生产对体力要求的降低，都让女性增加了就业的机会，提高了女性抚养子女的成本。女性受教育程度的提高，促进了女性的觉醒，要求两性政治权利同值、家庭劳动与社会劳动等价，最终实现两性等位同格。女性的觉醒和步入职场，降低了女性的生育意愿和生育率。

(二)教育是提高人口质量的基本手段

人口质量是由人口的身体素质、科学文化素质和思想品德素质构成的，教育活动可以通过促进人们对专门知识的理解和掌握、技能的培养、观念的形成等方式，提高人口质量。正因如此，受教育状况就成为衡量一个国家人口质量的重要指标。[②] 随着我国义务教育的普及、巩固、提高，以及高等教育规模的扩大，我国人口质量也在不断提升。《第七次全国人口普查公报》显示：全国人口中，拥有大学(指大专及以上)文化程度的人口为 218360767 人；拥有高中(含中专)文化程度的人口为 213005258 人；拥有初中文化程度的人口为 487163489 人；拥有小学文化程度的人口为 349658828 人(以上各种受教育程度的人包括各类学校的毕业生、肄业生和在校生)。与 2010 年第六次全国人口普查相比，每 10 万人中拥有大学文化程度的由 8930 人上升为 15467 人，拥有高中文化程度的由 14032 人上升为 15088 人，拥有初中文化程度的由 38788 人下降为 34507 人，拥有小学文化程度的由 26779 人下降为 24767 人。与 2010 年第六次全国人口普查相比，全国人口中，15 岁及以上人口的平均受教育年限由 9.08 年提高至 9.91 年。全国人口中，文盲人口(15 岁及以上不识字的人)为 37750200 人，与 2010 年第六次全国人口普查相比，文盲人口减少 16906373 人，文盲率由 4.08%下降为 2.67%，下降 1.41 个百分点。

(三)教育是改善人口结构的重要手段

教育是影响人口性别与年龄结构的重要手段。教育可以改变人们的生育观念，有助于人们树立男女平等的观念，代替“重男轻女”的传统观念，进而影响人口的性

① 柳海民：《教育原理》2 版，176 页，长春，东北师范大学出版社，2000。

② 反映人口质量的指标可分为直接指标和间接指标。直接指标主要有：反映人口身体素质状况的指标，如平均预期寿命、长寿水平、平均死亡年龄、幼儿死亡率、残疾人口所占比重、平均智力商数、青少年身高体重的增长速度等；反映人口科学文化素质状况的指标，包括识字率、文盲率、就学率、每十万人口中各种文化程度人口数、人口的平均受教育年限、每百万人口中从事研究与开发的科学家与工程师、每万职工中技术人员所占的比重等；反映人口思想品德素质状况的指标，如先进人物比率、犯罪率、自杀人数等。

别结构。《第七次全国人口普查公报》显示，我国总人口性别比例为 105.07，与 2010 年第六次全国人口普查基本持平，比 2000 年的第五次全国人口普查的 106.74 略有下降。教育对人口年龄结构的影响主要通过教育对生育率和死亡率的影响产生。如前所述，教育可以降低生育率，致使人口缓慢增长。另外，受教育程度较高的群体，具有较为丰富的科学知识，比较了解营养、卫生、体育与身体素质的关系，按照比较科学的方法生活、工作和锻炼，降低自身的死亡率。同时，也能按照科学的方法养育儿童，降低儿童的死亡率。生育率和死亡率的变化，直接改变着人口的年龄结构。

教育通过影响人口流动进而影响社会人口的阶层结构和区域结构。人口流动包括横向流动和纵向流动。人口横向流动是指人们在不同区域、职业岗位与社会组织中的水平流动，人口纵向流动是指人们在不同社会阶层、组织中的流动。教育之所以具有促进人口流动的作用，是因为教育可以提高人们的学历和能力，创造了流动的条件与可能。一般而言，人们的受教育程度越高，其流动意愿和流动能力就越强。《第七次全国人口普查公报》显示：全国人口中，人户分离人口为 492762506 人，其中，市辖区内人户分离人口为 116945747 人，流动人口为 375816759 人。流动人口中，跨省流动人口为 124837153 人，省内流动人口为 250979606 人。与 2010 年第六次全国人口普查相比，人户分离人口增加 231376431 人，增长 88.52%；市辖区内人户分离人口增加 76986324 人，增长 192.66%；流动人口增加 154390107 人，增长 69.73%。

当然，影响人口数量、质量和结构的因素是多样而又复杂的，教育是其中一个重要因素，并且起着其他因素不可替代的作用。

正是基于对教育的社会功能的认识，党和政府历来重视教育的发展问题，确立了教育优先发展战略、科教兴国战略。党的十四大报告强调：我们必须把教育摆在优先发展的战略地位，努力提高全民族的思想道德和科学文化水平，这是实现我国现代化的根本大计。党的十五大报告提出实施科教兴国战略和可持续发展战略，并再次强调要切实把教育摆在优先发展的战略地位。党的十六大报告明确指出，教育和科技在现代化建设中具有基础性、先导性、全局性作用。党的十七大报告提出：优先发展教育，建设人力资源强国。教育是民族振兴的基石，教育公平是社会公平的重要基础。党的十八大报告强调：教育是民族振兴和社会进步的基石。党的十九大报告强调：优先发展教育事业。建设教育强国是中华民族伟大复兴的基础工程，必须把教育事业放在优先位置，深化教育改革，加快教育现代化，办好人民满意的教育。习近平总书记立足国情，准确把握新时代中国发展面临的历史机遇和挑战，在全国教育大会上提出了教育是国之大计、党之大计的重要论断。国之大计与党之大计是有机整体，统一于中国特色社会主义伟大事业，统一于中华民族伟大复兴的中国梦，统一于社会主义现代化强国建设的历史征程。这一创新性论断，充分突显了教育在党和国家事业发展全局中至关重要的地位和作用，为新时代推进教育优先发展战略提供了根本依据。① 党的二十大报告强调："教育、科技、人才是全面建设

① 本书编写组：《习近平总书记教育重要论述讲义》，77 页，北京，高等教育出版社，2020。

社会主义现代化国家的基础性、战略性支撑。必须坚持科技是第一生产力、人才是第一资源、创新是第一动力，深入实施科教兴国战略、人才强国战略、创新驱动发展战略，开辟发展新领域新赛道，不断塑造发展新动能新优势。我们要坚持教育优先发展、科技自立自强、人才引领驱动，加快建设教育强国、科技强国、人才强国，坚持为党育人、为国育才，全面提高人才自主培养质量，着力造就拔尖创新人才，聚天下英才而用之。”

教育可以促进社会发展，我们也期望教育活动通过功能的释放产生这种效果。可是，如果教育的规模、质量和结构偏离了社会的需求和所能提供的物质阈限，教育系统培养出来的人才的数量、质量和结构与社会发展的需求不一致，教育也会阻碍社会发展。教育经济学家莱文(Henry M. Levin)曾经分析“过度教育”的负面效应。所谓“过度教育”是指：受教育者的经济地位下降，受教育者未能实现其对事业成就之期望，雇员拥有比其工作要求高的知识、技能和能力。莱文认为“过度教育”主要产生以下问题：第一，“过度教育”直接产生了教育过剩，并降低了教育的价值。在其他社会因素不变的情况下，大学生的相对供给增加了，他们的工资就会下降。“过度教育”的短期和直接效应是抑制就业，长期效应是导致生产力水平下降。研究表明，在“过度教育”的情形下，虽然加入劳工市场的青年就业者的教育水平上升，但生产力增长率反而有明显下降。第二，“过度教育”还使就业不足状态转变为失业状态。因为教育导致人们离开传统的产业，如离开农业和农村社区的工作，寻求城市的和现代化领域内有限的职业岗位，产生人力供应高于需求的状况。①

关于教育对政治经济制度的作用，我们也必须正确理解：第一，教育对政治经济制度不起决定作用，这是因为决定一个社会政治经济制度性质和发展方向的是社会基本矛盾。从积极的方面看，教育对政治经济制度的发展只能起加速作用。第二，如果教育目的、内容、方法等偏离了社会政治经济制度的要求，教育对政治经济制度的发展也可能产生阻碍作用，即教育对政治经济制度的存在和发展起负面作用。

第三节 教育的相对独立性

教育作为人类所特有的实践活动，其产生和发展受所依存的社会生产力发展水平、政治经济制度、文化、人口等因素的制约；另外，教育是社会这一复杂系统中具有相对独特功能的子系统，具有自身的特点和规律，表现出相对独立性。教育的相对独立性主要表现在以下几个方面。

一、教育具有自身的特点和规律

不同于人类其他的实践活动，教育活动具有自身的特点和规律，主要表现为：

① 许庆豫：《教育发展论：理论评介与个案分析》，101～102页，福州，福建教育出版社，2001。

教育活动通过教育要素之间的相互作用，促进人的形成与发展，即培养人是教育的本质规定性；教育对社会政治、经济、文化等的促进作用，也主要是通过培养一定数量、质量、结构的人才得以实现的；教育是教育者和受教育者两个主体间的相互作用，尊重并发挥主体的主体性是教育活动顺利进行、实现其功能的前提；受教育者的身心发展是有规律的，认识并遵循这些规律，做到因材施教、循序渐进、启发诱导，教育活动的预期结果才能得以实现。无视教育的本质规定性，就会把教育等同于人类的生活和生产劳动、科学实验等各种活动，抑或把教育视为政治、经济等各种活动的附庸品；无视教育的社会功能实现的特殊性，急功近利地推行教育的政治、经济功能，就会排斥或削弱教育培养人的特点和其他社会功能；无视教育特有的规律，在教育活动中直接运用政治、经济领域中的规律，就会抹杀教育的特性，影响教育活动的正常进行和功能的实现。

二、教育具有历史继承性

作为人类社会发展连续性的表现形式之一，教育的历史继承性是指任何具体历史条件下的教育，都与其自身发展的历史沿革有渊源，教育的制度、内容、方法、组织形式等方面都与以往各个时代的教育有继承关系。这是因为任何一种教育都不可能割裂其发展的历史凭空产生，它必然要从多方面吸收和利用以往历史阶段教育的发展成果。考察任何某一具体历史条件下的教育，我们都会发现，它不仅有着所依存的社会历史条件下形成的特定内容，而且包含着以往发展历程中形成的“历史印记”。也就是说，每一历史时代的教育，总是依据所处时代的特点和社会客观要求对以往的教育进行扬弃，而不是彻底割断一切联系的抛弃。

教育发展的历史继承性是由教育自身发展的特点和规律、教育思想的相对独立性、民族文化历史继承性决定的。首先，教育区别于其他社会活动的质的规定性就在于教育是培养人的活动，把人类积累的丰富的文化科学知识传授给受教育者，使其成为受教育者个体的精神财富，形成受教育者的个性，是教育要完成的任务。因此，相对于其他社会活动来说，教育一方面与社会政治、经济、文化有密切的联系，另一方面又具有其特殊的内部规律。教育自身的特点和规律，决定了教育持续不断地按照历史的、逻辑的、统一的方式改革与发展。其次，教育思想的相对独立性及对教育实践的持续指导作用决定了教育的发展具有历史继承性。人们认识和改造客观世界的过程总是站在前人的肩膀上，以过去认识的成果为前提，并结合现实材料，实现认识的连续性和阶段性发展。实践形态的教育是作为观念形态的教育思想的表现形式，也是教育思想与具体社会历史条件结合的结果。作为观念形态的教育思想并不是社会存在之外的实体，而不过是社会物质生活的反映，所以，观念形态的教育思想对社会存在具有依存性。但是，作为观念形态的教育思想一经产生，就以一定的语言文字、书籍资料等物质的形式表现出来，并固定下来为人们感知。这本身就表示某种教育思想一经产生，就具有脱离原来思维着的个体而存在着相对独立性。教育思想对教育实践的指导作用一经产生，就会持续不断并通过教育目的、内容、方法等表现出来。最后，一个民族的文化在其历史演进中渐渐积淀并形成自己的传统，体现在这个民族的价值和伦理观念、思维与行为方式、生活习俗和审美情趣等方面。它渗透于该民族生产与生活的各个方面，并表现为一种强大的力量，制约着社会各个方面的发展。教育的改革与发展，不管是宏观上的体制改革还是微观上的教学改革，都在不同程度上受文化传统的制约。因此，一个国家的教育总是带有该民族文化传统深深的烙印。也就是说，一个国家、民族的文化的连续性、继承性决定了其教育具有历史继承性。

三、教育与社会生产力、政治经济制度发展的不平衡性

教育受一定社会生产力发展水平和政治经济制度的制约，但与社会生产力发展水平和政治经济制度的改变并非同步，具有与社会发展的不平衡性。

就教育的发展水平和社会生产力发展水平而言，教育的发展水平往往落后于社会生产力发展水平，主要表现为不能为社会生产力发展提供数量、质量、结构符合要求的各级各类人才。教育发展水平落后于社会生产力发展水平是因为：第一，教育促进社会生产力发展的功能具有间接性和滞后性；第二，教育固然与社会生产力发展水平存在内在关系，但是这些关系的某些方面(抑或是某些时期)是以教育政策为中介的，即社会生产力发展水平对教育系统规模、质量、结构的需求，是通过教育政策的制定、实施以及教育经费等投入与保障来促进教育系统的改革与发展而得以满足的。教育发展水平也可能超越社会生产力发展水平。20 世纪五六十年代兴起的人力资本理论揭示了教育在促进社会经济发展中的巨大作用，极大地激起了世界各国关注教育、投资教育、发展教育的热情；联合国教科文组织也正式提出“教育先行”的观点：“现在，教育在全世界的发展正倾向先于经济的发展，这在人类历史上大概还是第一次。”[①]在此背景下，人类教育事业获得了前所未有的发展：“在 1960—1968 年的 8 年间，各阶段教育增进的百分比如下：高等教育，＋107；中等教育，＋65；学前教育，＋45；小学教育，＋33。”[②]但是，奉行“教育先行”的一些国家随之产生了诸如教育发展规划难以得到有效落实、教育规模的扩大并没有使人们的生活水平随之提高、高等学校财政困难、教学质量下降、高学历持有者失业，以及就业不足、人才外流等社会问题。

就教育的发展水平和社会政治经济制度的发展水平而言，教育往往落后于现实政治经济制度的存在，表现为旧的政治经济制度消亡以后，与之相适应的教育思想、

---

① 联合国教科文组织国际教育发展委员会：《学会生存：教育世界的今天和明天》，华东师范大学比较教育研究所译，35 页，北京，教育科学出版社，1996。

② 联合国教科文组织国际教育发展委员会：《学会生存：教育世界的今天和明天》，华东师范大学比较教育研究所译，62 页，北京，教育科学出版社，1996。

内容、方法并不是立即消失，而是残存一个时期。同时，还存在相反的另一种情况，即在一定的政治经济制度下，由于人们能够依据社会发展的趋势，预见教育发展的未来，也可能提出超越当时社会政治经济制度的新的、先进的教育思想。另外，高等教育可以通过对社会现实的批判引领社会发展。任何社会总是与人们的预期有一定距离的，任何政府与人们的设计初衷都不能完全一致。所以，任何社会和任何社会中的政府都有其不完善的地方，都有必要接受社会各种力量的批判和监督，以促进社会和政府的不断完善、不断进步。“所以，我们至少应该认识到，大学的学术活动并非只是大学自己的个人事务，它也是一项公共事业，具有重要的社会意义和自身的道德价值。”“教育和研究也许不是抨击社会丑恶现象最明显、最英勇的手段，但从整体上看，它们却是最可靠的方法。”①

由于教育具有上述相对独立性，我们在分析具体教育问题时，既要考察社会生产力发展水平、政治经济制度、文化等因素对教育的制约，又要关注教育发展的连续性、历史继承性所产生的影响。在肯定社会生产力发展水平及政治经济制度等因素对教育的制约作用的同时，我们必须认识到教育具有自身的特点和发展规律。无视教育的特点和规律，就会把教育视为政治经济的附庸。在肯定教育的相对独立性的同时，我们也必须认识到这种独立性是相对的，而不是绝对的。这是因为无论是教育的改革与发展，还是在各个发展阶段教育所表现出来的不同的特点，以及教育的社会功能的实现，都是由社会生产力发展水平、政治经济制度等决定的，也就是说，教育的社会制约性是其根本特性之一。如果把教育的相对独立性当作绝对的独立性，就会使教育走向“超经济”“超政治”“超文化”的错误道路，丧失教育发展的社会基础和动力。②

总之，无视教育的相对独立性，或者夸大教育的相对独立性，在理论上是错误的，在实践上也是无益的。

本章小结

1. 教育的社会基础即教育的社会制约性，是教育的根本属性之一。作为社会这一复杂系统的组成部分，教育受社会生产力、政治经济制度、文化、人口等因素的制约；影响教育发展的各种社会因素是相互作用、相互影响的，它们是作为一个系统共同作用于教育的发展的。一定时期的教育发展状况，是建立在一定社会生产力、政治经济制度、文化发展水平之上的，反映着一

① [美]德里克·博克：《走出象牙塔：现代大学的社会责任》，徐小洲、陈军译，279、350页，杭州，浙江教育出版社，2001。

② 王道俊、郭文安：《教育学》6版，69页，北京，人民教育出版社，2009。

定时期的社会发展水平；教育的改革是社会发展对教育的客观需求的结果；社会发展水平对教育的要求与教育原有发展水平之间的矛盾，是教育改革与发展的重要动力。

2. 教育的社会功能是指教育活动对社会发展的影响和作用。这种影响和作用既可能是正向的、促进性的，也可能是负向的、阻碍性的。教育的正向社会功能主要表现为对社会生产力、政治经济制度、文化和人口等因素的促进作用；教育的负向社会功能主要表现为教育系统的规模、质量和结构，以及由此培养出来的人才的数量、质量、结构不能满足社会需求，进而对社会发展产生消极作用。

3. 教育的相对独立性是指教育一方面受社会各种因素的制约，同时又具有自身的特点和规律、具有发展的历史继承性，以及相对社会生产力、政治经济制度发展的不平衡性。

关键术语

1. 教育的社会基础
2. 教育的社会功能
3. 教育的相对独立性

思考题

1. 如何理解教育的社会制约性？
2. 结合时代和国情，论述我国为何确立教育优先发展战略。
3. 如何理解教育的相对独立性？

案例分析

我国著名平民教育家晏阳初在20世纪30年代曾提出过“教育救国”的理论。他认为中国落后的主要原因是当时农民存在贫、愚、弱、私四大病害，只要我们的教育工作者、仁人志士深入广大农村推行相应的四种教育，即生计教育、文艺教育、卫生教育和公民教育，就可以克服上述四大病害，中国自然就富强了。但实践证明，这种设想只是善良的愿望，并未成功，正如毛泽东同志所说，“教育救国”，唤来唤去还是一句空话。

选自国家教师资格考试统考教材编审组：《教育知识与能力·中学》，教育知识与能力(中学)考试大纲4～5页，北京，中国发展出版社，2016。

问题：

运用教育与社会发展相互关系的有关理论对上述文字进行简要评析。

第四章　教育与人的发展

学习目标

1. 理解人的发展的内涵。
2. 了解人的发展的动力理论。
3. 掌握影响人的发展的因素及其在人的发展中的作用。
4. 掌握人的发展规律及其对教育的启发。
5. 掌握教育在人的发展中的作用。

问题导入 ▶

1987 年的巴黎，75 位历年的诺贝尔奖获得者相聚在一起。席间，记者问其中一位诺贝尔奖获得者："您在哪所大学里学到了您认为最重要的东西?"获奖的老人莞尔一笑，回答道："在幼儿园。"众人将吃惊的目光投向这位老人。记者继续追问道："在幼儿园学到了什么?"老人平静地回答："学到把自己的东西分一半给小伙伴，不是自己的东西不要拿，用过的东西要放回原处，吃饭前要洗手，做错事要表示歉意，午饭后要休息，要仔细观察大自然。从根本上说，我学到的最重要的东西就是这些。"

选自万迪人：《现代幼儿教师素养新论》，17 页，南京，南京师范大学出版社，2002。

教育与人的发展的关系，是教育科学中重要的理论问题。教育是有目的地培养人的社会活动，促进人的发展是教育的基本功能。教育能否对社会产生作用，归根结底要看教育能不能适应并促进人的发展。为做好教育工作，就必须正确认识教育与人的发展的关系。

第一节　人的发展概述

人的发展在相当大的程度上依赖于教育。为了实现教育的育人功能，我们首先要了解人的发展的内涵及相关理论，掌握人的发展规律。遵循人的身心发展规律是教育发挥主导作用的关键。

一、人的发展的含义

发展，是指一种连续不断的变化过程。这种变化，既有量的，也有质的。人的发展有两层含义：一是总体人的发展，即人类起源、进化的过程；二是个体的发展，即个体在从生命开始到生命结束的全部人生过程中，不断发生的生理和心理两个方面有规律的变化过程。这个变化过程不只涉及积极的变化，也包括年龄增长所导致的身心机能的衰老和减弱。教育学中所讲的发展，是指个体的发展，尤其是从出生到成年期所发生的积极的变化过程。

具体来讲，人的发展包括生理和心理两个方面。人的生理发展，是指有机体的生理结构与机能的生长发育、成熟等变化，是个体固有的生物因素本身的演化过程，其实质就是遗传型的发展潜能转化为表现型的现实状态。人的心理发展，是指人的精神方面的发展。它包括两个方面：一是认识的发展，如感觉、知觉、记忆、思维、想象等的发展；二是意向的发展，如情感、意志、需要、兴趣等方面的发展。人的生理发展与心理发展是紧密相连的，生理发展是心理发展的物质基础，特别是大脑及其神经系统发展情况制约着心理活动及其发展。心理的发展也影响着生理的发展，并刺激生理的进一步成熟。

二、人的身心发展的动力

人的身心发展的动力是什么？这一直是学术界争论的问题，不同派别对这个问题有不同的回答。概括来讲，主要有内发论、外铄论及多因素相互作用理论。

(一)内发论

内发论又称自然成熟论、预成论、生物遗传决定论。内发论者认为人的身心发展的力量主要源于人自身固有的自然因素，身心发展的实质是这种自然因素按其内在的目的或方向的展现。外部因素只能影响其内在的固有的发展节律，但不能改变其节律。

孟子是我国古代内发论的代表。他认为人的本性是善的，万物皆备于我心，人的本性中就有恻隐、羞恶、辞让、是非四端，这是仁、义、礼、智四种基本品质的根源，人只要善于修身养性，向内寻求，这些品性就能得到发展。董仲舒从神学化思想体系出发，提出了“性三品”说，把人性分为上、中、下三等，即圣人之性、中民之性、斗筲之性。他认为人是天的副本，人的身体和性情都来源于天。

现代西方的内发论者进一步从人的机体需要和物质因素来说明内发论。优生学的创始人高尔顿是遗传决定论的鼻祖，他认为个体的发展及其个性品质早被基因决定了，发展只是这些内在因素的自然展开，环境只起引发作用。美国心理学家霍尔把人的发展完全归纳为生物上的成熟，片面夸大遗传的作用，认为教育和后天其他的影响对人的发展无足轻重。奥地利精神分析学派的创始人弗洛伊德认为人的性本能是最基本的自然本能，它是推动人的发展的潜在的、无意识的、最根本的动因。美国当代生物社会学家威尔逊把“基因复制”看作决定人的一切行为的本质力量。美国儿童心理学家盖塞尔则强调成熟机制对人的发展的决定作用，并且通过双生子爬梯实验来证明他的观点。他认为人的发展基因决定特定的顺序支配，完成一系列顺序后机体达到成熟，教育要想通过外部训练抢在成熟的时间表前面形成某种能力是低效的甚至是徒劳的。盖塞尔不仅认为人的机体机能的发展程序受到生长规律的制约，而且所有其他的能力，包括道德都受生长规律支配。

从上述观点来看，内发论比较重视人的内部需要及人体内在的发展机制，这是其积极的一面。但是，内发论认为心理发展和生理发展没有什么实质性区别，心理发展是先天因素成熟的结果，其缺点在于片面地强调内在因素对个体发展的重要性，而忽视了外部因素对人的影响和个体的主观能动性。

(二)外铄论

外铄论与内发论相反，认为人的发展主要依靠外在力量，诸如环境的影响、学校的教育等。这种观点又叫心理发展的环境决定论、外塑论或经验论等。墨子从染丝推及人的发展，认为由染缸颜色决定素丝颜色，人由环境决定其发展。英国教育家洛克则认为人的心灵犹如一块白板，它本身没有内容，可以任人涂抹，外部的力量，主要是教育决定了人的发展状况。美国行为主义心理学家华生说，给他一打健康的婴儿，不管他们祖先的状况如何，他都可以任意把他们培养成从领袖到小偷等各种类型的人。他认为，环境与教育是心理发展的唯一条件，教育是万能的。斯金纳继承了华生的环境决定论观点，认为人的行为乃至复杂的人格都可以通过外在的强化或惩罚手段来加以塑造、改变、控制或矫正。

外铄论者由于强调外部力量的作用，一般都注重教育的价值，对教育改造人的本性，形成社会所要求的知识、能力、态度等方面，都持积极乐观的态度。但是，外铄论把心理发展看作环境影响的结果，否认心理发展的内因作用，其根本错误在于否认心理反映的能动性，是一种机械主义的发展观。

(三)多因素相互作用理论

多因素相互作用理论是辩证唯物主义的观点，它认为人的发展是个体的内在因素(如先天遗传的素质、机体成熟的机制)与外部环境(外在刺激的强度、社会发展的水平、个体的文化背景等)在个体活动中相互作用的结果。辩证唯物主义认为，事物发展的动力是其内部矛盾。据此，我们认为，人发展的动力是，社会的需要和要求内化为个体自觉的需要和要求与原有发展水平之间的矛盾。儿童心理学家朱智贤教授认为儿童不断的需要和儿童已有发展水平之间的矛盾是儿童心理发展的动力。心理学家潘菽认为：一个人的心理就是在外界环境和教育影响下，在不断出现和不断解决矛盾的过程中得到发展的。

对此，我们可以从以下几个方面理解。

第一，实践活动是心理发展内部矛盾产生的基础。心理现象中的矛盾是客观矛盾的反映，但这种反映不是机械的，而是通过人的能动的实践活动作用于人的。也就是说，任何反映都是在实践活动中进行的，离开了实践活动就不会有心理现象。

第二，需要在人的心理发展内部矛盾中代表着新的一面、比较活跃的一面，它是心理发展的动力系统。任何需要都是在一定生活条件下，即在一定社会和教育的要求或自身的要求下产生的对一定客观现实的反映。客观事物总在不断变化，主客观的关系也在不断发展，于是人的需要也会随之变化。一种需要满足了，又会产生新的需要，由此推动其心理及行为的发展变化。

第三，原有心理水平，即人们已经形成的认识水平、心理特征，是人们进一步接受外界影响、认识和改造客观世界的基础，经常代表着人的心理活动中旧的一面、比较稳定的一面。

第四，新的需要和原有心理水平的对立统一构成儿童心理发展的内部矛盾，形成心理发展的动力。儿童在活动中产生的各种新的需要，必然与原有心理水平或结构形成新的矛盾。矛盾双方互相依存，也互相转化；它们既是同一的，又是斗争的。其结果不外乎两种：一种是新需要引起原有心理水平的改变，促使心理在原有基础上有新的发展；另一种是新需要被原有水平所否定、排斥，致使心理保持原有的水平。这两种结果到底哪一种有利于儿童心理发展，要根据具体的内容和心理发展的方向而定。

第五，在活动中产生的新需要与原有心理水平的矛盾是心理发展的主要矛盾。在人的心理发展进程中，充满无数错综复杂的矛盾，但矛盾再多，再复杂，也总是以在活动中产生的新需要与原有心理水平这一主要矛盾的运动变化为转移的。

所以，教育对于人的发展的作用，必须通过内部矛盾才能实现。也就是说，一方面教育制约着人的发展，是必不可少的外部条件；另一方面，教育要发挥其作用，必须考虑人的发展的内部矛盾，遵循人的身心发展的规律。

三、人的身心发展的规律

人的身心发展的规律是指个体在生理和心理发展过程中表现出来的内在的、本质的、必然的联系，是由人的机体成熟规律和各种外部条件共同作用所决定的，是不以人的意志为转移的。教育者必须首先了解人身心发展的一般规律，以取得预期的教育效果。

(一)身心发展的顺序性

人的身心发展在整体上是一个由简单到复杂、由低级到高级、由量变到质变的持续不断的变化过程。在这一过程中，不仅整个身心发展具有一定的顺序性，身心发展的个别过程和特点的出现也具有一定的顺序性。例如，在身体方面，人的发展遵循着从上到下、从中间到边缘的顺序。心理的发展总是由机械记忆到意义记忆，由形象思维到抽象思维，由喜怒哀乐等基本情绪到理智感、道德感、美感等复杂情感等。瑞士心理学家皮亚杰关于发生认识论的研究，揭示了个体认知发展的一般规律，即按照感觉运动水平、前运算水平、具体运算水平、形式运算水平的顺序发展。美国心理学家科尔伯格(Lawrence Kohlberg，1927—1987)通过研究证明，皮亚杰的发生认识论在个体的道德认知过程中也具有普遍的推广意义，人的道德认知遵循着从前习俗水平到习俗水平，再到后习俗水平的发展过程。这些研究结论对于教育工作有非常重要的意义。

根据人身心发展的顺序性，教育者应按照发展的序列施教，遵循循序渐进的教育原则。无论是知识的学习、能力的培养还是品德的养成，都应由简到繁、由易到难、由具体到抽象，循序渐进。“拔苗助长”“陵节而施”都是有违身心发展顺序性规律的。我国要培养社会主义建设者和接班人，引导学生树立社会主义核心价值观。“核心价值观的养成绝非一日之功，要坚持由易到难、由近及远，努力把核心价值观的要求变成日常的行为准则，进而形成自觉奉行的信念理念。”①

(二)身心发展的阶段性

人在不同的年龄阶段表现出某些稳定的、共同的典型特点，这就是身心发展的阶段性。这些特点无论从表现方式上、发展速度上，还是从发展的结构方面，与其他阶段相比，都有不同的特征。这些典型特点的出现，标志着人的发展在量的增长过程中，产生了质的变化，进入了一个新的发展时期。当然，不同发展阶段之间是相互关联的，上一阶段的发展影响着下一阶段的发展。前后相邻的阶段是有规律地更替的，在一段时间内，发展主要表现为数量的变化，经过一段时间，发展由量变到质变，从而使发展水平达到一个新的阶段。也就是说，阶段与阶段的区别，不仅表现在量的方面，而且表现在质的方面，即每一个年龄阶段都有各自的年龄特征。比如，根据皮亚杰的认知发展理论：幼儿处于前运算阶段，会运用语言或表象表征事件或物体；小学生处于具体运算阶段，可以运用内部的心理运算解决问题；中学生处于形式运算阶段，能在头脑中把形式和内容分开。

人的身心发展的阶段性要求教育有针对性，必须根据不同年龄阶段的特点分阶段进行，在教育教学的要求、内容和方法的选择上，不能搞“一刀切”。既不能把小学生当中学生看待，也不能把初中生和高中生混为一谈。同时，还要注意各阶段的衔接和过渡。比如，我国 2022 年新修订的义务教育课程方案就充分体现了遵循人的身心发展阶段性的规律。第一，新方案在保证九年总时长不增加的情况下，明确各科目在各学段的周课时上下限，体现学段差异。第二，依据学生从小学到初中在认知、情感、社会等领域的发展水平，把握课程深度、广度的变化，合理安排不同学段内容，体现不同学段目标要求的层次性、进阶性。②

(三)身心发展的不平衡性

个体身心发展的不平衡性表现在两个方面。一是相同方面的发展速度在不同年龄阶段的变化是不均衡的。例如，青少年的身高、体重有两个生长高峰，第一个高峰出现在出生后的第一年，第二个高峰则在青春期。在这两个高峰期内，身高、体重的发展比其他年龄段要更为迅速。二是不同方面发展的不平衡性。有的方面在较早的年龄阶段就已达到较高的发展水平，有的则要到较晚的年龄阶段才能达到成熟的水平。例如，在生理方面，神经系统、淋巴系统成熟在先，生殖系统成熟在后。在心理方面，感知成熟在先，思维成熟稍晚，情感成熟则更靠后。

针对人的身心发展的不平衡性，心理学家提出了发展关键期或最佳期的概念。所谓发展关键期是指身体或心理的某一方面机能最适宜于形成的时期，如 2～3 岁是儿童学习口语的关键年龄，4～5 岁是开始学习书面语言的关键年龄。在这一时期，

---

① 习近平：《青年要自觉践行社会主义核心价值观：在北京大学师生座谈会上的讲话》，载《光明日报》，2014-05-05。

② 中华人民共和国教育部：《义务教育课程方案(2022 年版)》，9、12 页，北京，北京师范大学出版社，2022。

对个体某一方面的训练可以获得最佳成效，并能充分发挥个体在这一方面的潜力。错过了关键期，训练的效果就不好，甚至永远无法补偿。

因此，教育者首先要分析人各方面发展的关键期，并抓住时机及时进行教育，这样才能取得最好的效果。

（四）身心发展的个别差异性

身心发展的个别差异是指由于受遗传、环境、教育及自身主观能动性等各方面因素的影响，个体之间在身心特征上所显示的彼此不同的现象。第一，身心发展的个别差异性表现在不同的人在同一方面的发展速度和水平上是不同的。例如，两个同样是 12 岁的学生，一个文字表达能力较差，写作文错别字连篇、语句不通，另一个能写得内容丰富、文采飞扬、思想深刻。第二，这种个别差异性也表现在不同方面的相互关系上，即处于同一发展阶段的人具有不同的优势领域。例如，有的人擅长语言表达，但运动能力较差，而有的人擅长体育运动，但语言表达能力较差。同样在运动能力方面，有的人身体爆发力强而擅长短跑，有的人则耐力好擅长长跑等。此外，不同的人的个性心理倾向也是不同的。习近平总书记指出："就像世界上没有两片完全相同的树叶一样，老师面对的是一个个性格爱好、脾气秉性、兴趣特长、家庭情况、学习状况不一样的学生，必须精心加以引导和培育，平等对待每一个学生。"①

因此，在教育工作中必须深入了解学生，发现每一个学生的长处和闪光点，平等对待每一个学生，尊重学生的个性，理解学生的情感，包容学生的缺点和不足，做到因材施教、长善救失，促使每个学生都能得到充分的发展。

（五）身心发展的互补性

互补性反映个体身心发展各组成部分的相互关系。一方面，它指机体某一方面的机能受损甚至缺失后，可通过其他方面的超常发展得到部分补偿。例如，失明者通过听觉、触觉、嗅觉等方面的超常发展得到补偿。机体各部分存在着互补的可能，为人在自身某方面机能缺失的情况下依然能与环境协调，从而继续生存与发展提供了条件。另一方面，互补性也存在于心理机能与生理机能之间。人的精神力量、意志、情绪状态对整个机体起到调节作用，帮助人战胜疾病和残缺，使身心依然得到发展。我们身边有很多这样出色的人物。相反，如果一个人的心理承受能力太差，缺乏自我调节能力和坚强的意志，那么，就是不很严重的疾病或磨难也会把他击倒。

互补性告诉我们，有些发展的可能性是直接可见的，有些却是隐蔽的，培养自信和努力的品质是教育工作的重要内容。

四、影响人身心发展的因素

影响人身心发展的因素很多，概括起来主要有遗传、环境、教育和个体的主观

① 本书编写组：《习近平总书记教育重要论述讲义》，164～165 页，北京，高等教育出版社，2020。

能动性这几个方面。这些因素相互联系，交织在一起，共同作用于人的发展。

(一)遗传在人发展中的作用

遗传，也叫遗传素质，是指人从上一代继承下来的生理解剖上的特点，如机体的结构、形态、感官和神经系统的特点等，是人身心发展的物质前提。

1. 遗传素质是人身心发展的生理前提，为人身心发展提供了可能性

遗传素质是人发展的自然的或生理的前提条件，为人的发展提供了可能性，进而也为教育提供了可能性。人的发展总是要以遗传所获得的生理组织和最初的生命力为前提的，如果没有这个前提，人的发展就无法实现。例如，无脑畸形儿生来不具有正常的脑髓，没有正常的思维活动，就无法学习科学文化知识，无法获得正常的心理发展。儿童具有发育健全的大脑，具备了心理发展的生理基础，才可能接受教育，获得进一步的发展。

遗传对心理发展的作用主要表现在两个方面。一是通过人的遗传素质影响智能的发展。例如，神经系统的灵活性、敏锐性，接受外界信息和反馈的速度等，这些遗传来的特征，是智能发展的前提。二是通过气质类型因素影响人的性格和情绪特点。这主要表现在个体情绪体验的强弱、快慢、隐显，以及动作的灵敏或迟钝等方面。例如，一个人是善于交际还是沉默寡言，是动作迟缓还是反应灵敏，都受到遗传得来的气质类型因素的影响。

2. 遗传素质成熟程度制约着人身心发展的过程和阶段

成熟是人身心发展的自然结果，是指机体及其各组成系统、器官与机能达到完善的程度。人具有的某种先天素质是在发展过程中逐步成熟的，它经历了从简单到复杂、从低级到高级的缓慢的渐进过程。在这个过程中，人的每个器官及其整个系统的结构、功能都随年龄而发展，并逐步成熟。只有机体某一部分达到成熟的程度，才会出现某种技能和行为。因此，人身心发展的阶段性受遗传素质成熟程度的制约。儿童有些早期运动技能的获得是直接建立在成熟的生理基础之上的。例如，胎儿没有呼吸运动，一旦出生呼吸运动就出现了。这说明婴儿在出生之后，进行这项运动所需要的神经机制方面就成熟了。儿童有些方面的能力发展固然是经过训练获得的，但是也与遗传成熟程度有关。研究表明，教育和训练要取得预期的效果，必须根据人遗传素质的成熟程度来进行，早于成熟期或者晚于成熟期的教育和训练往往没有或很少有成效。盖塞尔的成熟决定论认为儿童没有达到明显成熟状态之前，进行行动训练是收效甚微的，即使在最初训练中取得了一点儿成绩，也没有多大的价值。到了一定的成熟状态，从未接受过这种行动训练的孩子，只要略加训练就可以迎头赶上。这虽然夸大了成熟的作用，但教育中充分重视成熟的意义非常必要。教育必须按照遗传素质发展的水平进行，超越或落后于遗传素质成熟水平都不利于人的发展。

3. 遗传素质的差异性在身心发展的个别特点上具有一定的影响作用

人的遗传素质是有差异的，这种差异不仅表现在体态、感觉器官方面，也表现

在神经活动的类型上。每个个体身上表现出来的不同于其他个体的特点，不管是智力、体型，还是特长，都在一定程度上受到遗传素质的影响。例如：婴儿一出生就会有不同的表现，有的安静，有的大哭大闹；一两岁的儿童对外部世界的反应就有快有慢，有的敏感，有的迟钝。它们是由高级神经活动过程、强度、灵活性和平衡性等特征各有差别所决定的。

遗传素质的差异性为人的发展提供了不同的物质基础，对人的发展的影响是不容忽视的。尽管后天的环境和教育可以在一定程度上缩小人与人之间的先天差异，但是遗传素质的差异仍然在一定程度上影响人的发展，也制约着教育培养人的重点和方向。所以，加强优生学的研究是非常重要的。

4. 遗传素质具有可塑性

遗传素质本身可以随着环境和人类实践活动的改变而改变。通过一定的环境、教育和实践活动等方面的作用或训练，先天的遗传素质是可以改变的，其他素质也可以后天获得。遗传学研究证明：并非所有的潜在性能都必定在那个正在发育着的个体中获得实现，而且，神经细胞中核糖核酸的含量与人在积极活动中所接受的感觉刺激有直接联系，刺激的数量和种类可以加速或延缓先天的生长因素。心理学的研究表明，生活早期的刺激对于动物的形态、生理、生化等方面都有重要影响。实践表明：一个天生神经活动强、平衡性和灵活性强的人，在不良的环境和教育下，也可以变成神经活动弱且平衡性、灵活性弱的人；相反，一个天生被认为神经活动弱、平衡性和灵活性弱的人，在良好的环境和教育下，也会变成反应机敏、思维力强的人。一个先天智力条件好的儿童未必能成为一个科学家，而一个智力一般的儿童，经过自身的努力和良好的教育，很可能会成才。人的遗传素质的发展过程，也因人的生活条件的改变而发生变化。所以，遗传素质虽然具有与生俱来的稳定性，但同时也具有随着环境影响而改变的可塑性。

5. 遗传素质对人的发展不起决定作用

遗传素质是人发展的物质前提，但是对人的发展不起决定作用。遗传素质为人的发展提供的是可能性，而不是现实性。虽然遗传对人的发展具有很大的影响，但这种影响只有通过环境、教育和个人的主观能动性才能转化为现实，如“狼孩”就是一个典型的事例。现代科学也证明了这一点。美国斯坦福大学心理学教授特尔门曾对智商在 130 以上的 1528 名超常儿童进行了历时 50 年之久的追踪观察与系统研究，结论是，早年的智力测验并不能准确地预测成年以后工作的成就。一个人的成就同智力的高低并无极大的相关，有成就的人并不都是家长、教师认为非常聪明的人，而是有恒心，做事求好、求精的人。

可见，尽管遗传素质对人的发展具有重要影响，但不能决定人的发展。遗传决定论者把遗传素质看成决定人发展的唯一因素，认为人的智力、品德和个性等都是与生俱来的、不可改变的。他们否定了环境和教育对人的影响，片面夸大了遗传的作用。这种观点是片面的，不可取的。我们必须承认遗传素质的差异对人发展的影响是客观存在的，但这种差异在人的发展中体现到什么程度，受到后天各种因素的制约。现实表明，在不同的环境、教育及自我努力等因素影响下，人的遗传素质可以向肯定或否定方向发展。教育者更需要关心的是，怎样创造条件使具有不同先天素质的人得到尽可能充分的发展。

(二)环境在人发展中的作用

环境泛指个体生活于其中，影响个体身心发展的一切外部因素。若按性质来分，环境可分为自然环境和社会环境。自然环境是人与动物共同赖以存在和发展的客观条件，它由天然存在的自然界构成，是人与动物生存的基础。自然环境的好坏直接影响人的生存质量的高低。所以，自然环境对人的发展有一定的影响作用，但对人的发展影响较大的是社会环境。社会环境是指人在自身的实践中所形成的各种关系的总和，如政治、经济、文化等社会关系、社会制度等，是人的发展的外部现实条件。正是在社会环境中，人形成了自己独特的心理结构和特征，形成了一定的思想、观点、行为和习惯。

按照范围不同，环境可分为小环境和大环境。小环境对于个体的影响更直接。在小环境中，家庭是一个非常重要的因素。家长的职业类别、家长的文化水平、家庭的自然结构、家庭的气氛等都是影响人发展的重要因素。习近平总书记指出，全社会形成教育合力，首先要强调家庭的教育责任。家庭是社会的基本细胞，是人生的第一所学校。家长作为孩子的第一任教师，要给孩子讲好“人生第一课”，帮助扣好人生第一粒扣子。教育、妇联等部门要统筹协调社会资源支持服务家庭教育。[①]

这里主要分析社会环境对人发展的影响。

1. 环境使遗传提供的发展可能性变成现实

遗传素质为人的发展提供了可能性，环境的影响则把这种可能性变成现实。

第一，环境是人发展的现实基础。环境是人发展的外部现实条件，对人的发展起着很大的制约作用，离开社会环境这种现实条件，再好的遗传素质也难以发挥作用。“狼孩”“熊孩”的例子说明，人脱离了社会环境就无法成为一个正常人。人所处的大环境、小环境，都将通过潜移默化、耳濡目染的方式在不同程度上影响他们心理发展的方向，促成他们不同的个性心理倾向。我国古代教育家十分重视环境对人的作用，荀子曾说过：“蓬生麻中，不扶而直；白沙在涅，与之俱黑。”[②]墨子也以染丝为例，说明环境的影响与教育的作用，“染于苍则苍，染于黄则黄。所入者变，其色亦变”，所以“染不可不慎也”。[③] 这种强调环境对人的潜移默化作用的观点，是有其积极意义的。所以，全社会要为少年儿童提供良好的社会环境。[④] 为此，可以通

---

① 本书编写组：《习近平总书记教育重要论述讲义》，85～86 页，北京，高等教育出版社，2020。

② 叶绍钧选注，宛志文校订：《荀子》，2 页，武汉，崇文书局，2014。

③ 付海江：《墨子》，8 页，西安，西安交通大学出版社，2014。

④ 《习近平谈治国理政》第一卷，184 页，北京，外文出版社，2018。

过报刊、电视、广播、新媒体、街道板报等多种渠道，形成家庭、学校、政府、社会通力协作的良好的育人氛围。①

第二，环境为人的发展提供对象、手段、资源、机遇等。社会环境对人的发展影响很大，人是从自身所处的政治、经济、文化等社会环境中寻求发展的内容、手段、资源与机遇的。环境为人的发展提供了可能性，也给人的发展造成了限制。人在环境中通过对环境资源的占有、利用和吸收，实现自己的发展。脱离了环境，人的发展就会成为无源之水、无本之木。优良的环境有利于人的发展，恶劣的环境则限制人的发展。虽然有逆境中奋起的成才者，但付出的代价太大。教育的作用就在于利用积极的环境，改造消极的环境，使环境为人的发展提供正能量。

第三，人是在与环境相互作用中得到发展的。人通过与环境发生作用，通过社会实践活动积极作用于环境，积极利用环境所提供的资源与机遇来促进自身发展。

2. 环境对人的发展的影响有积极和消极之分

环境对人的影响带有自发性和偶然性。在同一环境中，各种因素作用的方向、力量的大小是不相同的。因此，环境对人的影响并不都是积极的、正向的，也有消极的、负面的。对于教育者来说，分析、综合利用环境因素的积极作用，抵制消极影响是极其重要的工作。教育者需要研究的就是如何保持微观环境的有利条件，又积极加强与社会的联系，充分利用社会的有利教育力量，从而形成有利于人的发展的正向合力。环境的影响作用，也只有在教育者的组织和利用下，才能在社会所需要的方向上对人的发展起积极作用。

3. 环境不能决定人的发展

尽管环境对人的影响是巨大的，但这种影响对人的发展只能起到促进或制约的作用，而不能决定人的发展。环境影响具有自发性和偶然性，而人是自觉的存在，人对环境能够进行选择，人在接受环境影响的同时，也改造着环境，并在改造环境的过程中改造着自己。离开了人的社会实践活动，再好的客观环境条件也不会对人的发展起什么作用。所以，那种夸大环境对人的发展的作用，认为人对环境只能消极适应或认为人在早期环境中所受的影响一旦形成则终身不能改变等“环境决定论”是错误的。

(三)教育在人发展中的作用

从广义上说，教育是社会环境的一部分，但它是社会环境中特殊的部分。教育，作为一种有目的地培养人的社会活动，可以创设各种条件来提高功效，使人的发展的偶然性转化为必然性，使可能性转化为现实性。因此，教育，尤其是学校教育，在人的身心发展中起主导作用。这是因为：

第一，教育有明确的目的性。教育，不管是有组织的还是无组织的，系统的还是零碎的，都是有目的地培养人的社会活动。在人的其他活动中，人与人之间也会

---

① 本书编写组：《习近平总书记教育重要论述讲义》，86 页，北京，高等教育出版社，2020。

产生各种影响作用，也会具有一定的教育意义，如在生产劳动和社会生活中，人们耳濡目染受到一些影响，也不同程度上影响着他人的发展，但是，那些活动不以教育人为主要目的。同时，环境中的自发影响比较复杂，方向不一，有好的影响，也有坏的影响，不能一致地按照一定的方向去影响人，因而不能决定人的发展方向。教育是一种有目的地培养人的社会活动，它能够根据一定的社会发展的要求和青少年身心发展的规律，选择适当的内容，采取有效的方法，使人向着预期的方向发展。

第二，学校教育对人的影响比较全面、系统、持久和深刻。学校教育是根据一定的社会要求，按照一定的教育目的，有组织、有计划地传授科学文化知识、培养思想品德、发展智力和体力的活动。学校教育的这种组织性、计划性和时间的集中性，保证了学生所受教育的系统性，克服了社会教育分散、零碎的缺点。另外，学校教育的内容是经过精心选择、提炼和整理的，这些内容对于学生的发展来说是最基础、最普遍的人类社会经验，包括了德智体美劳等各方面的内容，对学生的进一步学习和未来发展具有长远价值。学校教育内容的基础性、普遍性和广泛性，使得这种教育对人的影响更加全面和持久。另外，学校教育集中时间和精力，通过各种活动、训练、练习等方式使人在知识、思想、道德、身体等方面的发展得到及时强化，进而使教育成果得到巩固和加强，因此，对人的影响又是深刻的。

第三，教育者在一定程度上制约着人发展的水平。第一章已详细论述了成为教育者的条件和教育者在教育活动中所起的作用，此处不再赘述。教师是教育者中的特殊群体，是具有一定资格的、受社会委托以影响入学者身心发展为直接目标的专门的教育者。由于他们受过专门培训，明确教育目的，熟悉教育内容，懂得人的心理的发生发展规律，掌握科学的教育方法，知道应如何根据每个学生的不同资质用恰当的方法将其潜能挖掘和引导出来，使学生按照一定的方向去发展，因此能够提高教育的效率，使学生在成长过程中少走弯路。教师通过在教学工作中的观察，能及时发现学生的个性特长，使某些方面有特长的学生得到更好的发展。

教育对人发展的作用，在年青一代的成长中表现得最为明显。“学校是人才培养的主阵地。尽管经济社会发展赋予学校许多使命和功能，但最根本的还是培养人才。”①由于青少年正处于长知识、长身体的时期，他们的性格、品德、身体、思维发展程度等方面具有不成熟、不稳定等特点，因此，在知识的获得、思想品德的形成等方面，主要依靠教育给予指导，而不能像成人那样以实践、自学为主，因而，学校教育对年青一代的身心发展所起的作用更大一些。习近平总书记指出，“校风和学风，犹如阳光和空气决定万物生长”②，强调学校教育对于时代新人成长的重要性。随着社会科学技术不断发展，学校教育在人的发展中所起的主导作用表现得越来越明显。

---

① 本书编写组：《习近平总书记教育重要论述讲义》，46页，北京，高等教育出版社，2020。

② 常江：《习近平首次点评“95”后大学生》，载《人民日报》，2017-01-03。

但是，人的发展是一个极其复杂的过程，影响人的发展的因素有很多，教育只是其中一个重要因素。学校教育主导作用的实现、实现的程度等，受学校教育内外方方面面的影响，如学校教育本身的目的性和系统性、教师的专业发展程度、家庭影响和学校教育影响的一致性等。学校作为社会环境因素的重要组成部分，也不断受到外界因素的影响。另外，人的发展是多方面的，教育不可能对所有方面的发展都起主导作用。

所以，教育并不是万能的，那种忽视人的先天条件，忽视社会环境及片面夸大教育的作用的“教育万能论”是错误的。比如，在社会主义核心价值观的培育和践行上，帮助青少年扣好人生的第一粒扣子是一个长期的系统工程，不可一蹴而就，也不能单纯依靠学校的力量，而是需要全社会的共同努力。①

（四）个体的主观能动性在人发展中的作用

环境和教育对人的身心发展的作用，从一定意义上说，只是为人的发展提供了可能性或条件性的因素。这些都是人身心发展的外因。根据唯物辩证法的原理，环境和教育的影响，只有通过人主体的参与即学生身心的活动才能起作用。人不是消极地、被动地接受外部环境的影响，而是通过自身的活动去积极地、能动地反映外部环境的。在同样的环境和教育条件下，每个人发展的特点和成就，主要取决于他自身的态度，取决于他在学习、劳动和科研活动中所付出的精力。习近平总书记强调：幸福不是毛毛雨，幸福不是免费午餐，幸福不会从天而降。人世间的一切成就、一切幸福都源于劳动和创造。② 所以，人的主观能动性是其身心发展的动力。随着人的自我意识的提高和社会经验的丰富，人的主观能动性将逐渐增强，并有目的地去发展自身。这表现在对周围环境中的事物能作出有选择的反应，是赞成还是反对，是付出积极行动还是采取回避态度，能自觉地作出选择，控制自己的行为；还表现在能为自身的发展设定目标，并为实现自定的目标自觉地奋斗，这是人的主观能动性推动人的发展的高度体现。

1. 人通过活动对外部环境作出反应并获得发展

人的主观能动性是通过人的活动表现出来的，离开人的活动，遗传素质、环境和教育所赋予的一切发展条件，都不可能成为人的发展的现实。习近平总书记指出：学到的东西不能停留在书本上，不能只装在脑袋里，而应该落实到行动上，做到知行合一、以知促行、以行求知。③ 人的活动包括：生命活动、心理活动和社会实践活动。生命活动是人的心理活动和社会实践活动的前提，生命活动直接影响着人的身心发展。心理活动使人们获得对世界和自己的认识，形成各种心理活动的能力和个性。社会实践活动是人们作为社会成员所从事的各种活动，它是人的心理活动产

① 本书编写组：《习近平总书记教育重要论述讲义》，55 页，北京，高等教育出版社，2020。
② 本书编写组：《习近平总书记教育重要论述讲义》，67 页，北京，高等教育出版社，2020。
③ 本书编写组：《习近平总书记教育重要论述讲义》，165 页，北京，高等教育出版社，2020。

生的源泉，人的生命活动和心理活动渗透在一切社会实践活动中。社会实践活动的范围不断扩大，内容不断丰富和深化，人的身心发展水平也就不断提高。人只有通过这些活动，才能得到发展，离开这些活动，就谈不上任何发展。

人的活动的特殊机制就是把主体纳入客观环境的现实之中，并把这种客观性的东西改变为主观的形式。外部环境纷繁复杂，但只有作为活动的对象才能显现其意义和作用，才会被纳入主观映象的领域，才能打通主观意识与客观环境的渠道，作为环境影响的外部因素才能与主体内部的动机、需要、认识、情感、意志等因素发生交叉作用，主体也才能在环境的影响下获得发展。

2. 人的发展方向和水平由活动的性质和水平所决定

在同样的环境条件下，人们可以从事不同的活动。在恶劣环境下，可以因从事有益的活动而获得良好的发展；在良好的环境下，如果人所从事的活动是有害的，这种良好的环境也不能发挥它的积极作用。这正是为什么有人在逆境下可以成才，而有人在顺境下却沉沦。在同样的教育影响下，有的人孜孜不倦，获得很大的学业成就，而有的人则满足于现状，以致一事无成。这也是他们从事活动的水平不同而导致的不同结果。

3. 通过活动人可以改变环境，使之有利于人的发展

在活动中，人不仅反映客观环境也改造客观环境。人可以充分利用环境中的有利因素，克服和消除环境中的不利因素，创造一种积极环境，以促进自身的发展。例如，有的学校虽然物质条件不太好，但是在师生的共同努力下，创造了丰富、优良的校园文化，使学生受到了良好的陶冶。

为了有效促进人身心的发展，教育者应当创造条件和机会，组织学生进行有益的活动。在活动中，既要讲究活动本身的性质和水平，又要充分重视学生对待活动的主观态度。通过活动，把遗传素质、环境、教育这些促进学生身心发展的可能因素，最佳地转化为现实因素，以便高效地促进他们的发展。教育者要勉励青少年从小事做起、从现在做起、从自己做起，使社会主义核心价值观成为自己学习生活的基本遵循，并身体力行将其推广到全社会去，在实现中华民族伟大复兴中国梦的生动实践中放飞自己的青春梦想、实现自己的人生价值。①

最后还需指出，影响人的发展的各种因素是相互作用、相互影响、共同作用于人的发展的，它们是一个整体系统，我们不能孤立地、片面地来分析每一个因素对人的发展的作用。它们之间性质的差异、力量的强弱、不同的组合、不断的发展变化，使人的发展具有不同的水平和特色。我们应以系统论的观点，从动态上来研究和把握各因素与人的发展的关系。

① 本书编写组：《习近平总书记教育重要论述讲义》，52页，北京，高等教育出版社，2020。

第二节 教育的育人功能

教育的育人功能，可以从多个方面进行分析，比如促进人的身心发展，促进人的德智体美劳的全面发展等。这里从人的本质属性分析教育的育人功能。

十年树木，百年树人。培养什么人，是教育的首要问题。① 现实生活中的人，既是社会的人，又是个体的人。人的发展一方面表现为个体的社会化，以适应社会生活的需要；另一方面表现为培养个性，满足一个人成为自己，成为一个具有独立性、自主性和创造性的个人的需要。因此，教育的育人功能就表现为教育对人的社会化和人的个性化发展的促进作用。

一、教育促进人的社会化

马克思指出“人的本质不是单个人所固有的抽象物，在其现实性上，它是一切社会关系的总和”②。在马克思看来，社会性是人的本质属性。习近平同志指出，“人，本质上就是文化的人，而不是‘物化’的人”③。人在本质上是文化的，也就是说现实的人在本质上是有德性的社会性的人。人的发展首先就是社会性的发展，因此教育的育人功能首先表现为促进人的社会化。

人刚出生时，是柔弱的生物体，但依靠后天的学习会逐渐成长为能有效参与社会生活的主体。人从自然生物体到社会活动主体的变化，就是社会化的过程。人的社会化就是个体在特定的社会环境下，通过学习各种社会规范，获得社会生活必需的知识和技能，以适应社会需要的过程。人生活在世上，不可能孤立存在，社会化是其生存和参与社会生活的必要途径。对人类社会而言，社会化使人类能够在社会学和生物学意义上进行繁殖，从而确保其世代延续下去。

个体由于所处的年龄段不同，社会化的内容、过程、方式和目标就会有所不同。一个人从出生到死亡的整个人生过程中，需要不断调整其观念和行为，以适应生活变化的要求。教育在这种寻求适应的过程中发挥着重要的作用。习近平总书记曾多次论述教育要培养什么样的人的问题，他明确指出：“古今中外，关于教育和办学，思想流派繁多，理论观点各异，但在教育必须培养社会发展所需要的人这一点上是有共识的。培养社会发展所需要的人，说具体了，就是培养社会发展、知识积累、文化传承、国家存续、制度运行所要求的人。”④教育对促进个体社会化的作用主要表现为以下三个方面。

---

① 本书编写组：《习近平总书记教育重要论述讲义》，78 页，北京，高等教育出版社，2020。

② 《马克思恩格斯选集》第 1 卷，135 页，北京，人民出版社，2012。

③ 习近平：《之江新语》，150 页，杭州，浙江人民出版社，2007。

④ 习近平：《在北京大学师生座谈会上的讲话》，5 页，北京，人民出版社，2018。

(一)教育促进个体观念的社会化

个体观念的社会化指的是个体通过学习社会规范，形成社会价值观、完善自我认识的过程。这个过程受社会文化制约。习近平同志指出，“文化的力量是民族生存和强大的根本力量”，“文化即‘人化’”。[①] 人的社会化实质上是人文化的过程，即内化社会客观文化的过程。在个体观念的社会化过程中，教育起着非常重要的作用。教育促进个体观念的社会化，特别表现为促进个体政治和道德的社会化。教育代表一定社会的要求，传播社会中的主流文化和价值观念。比如，我国社会主义教育要培养的是社会主义建设者和接班人[②]，学校要把立德树人作为根本任务，要把社会主义核心价值观融入教书育人的全过程、各环节。习近平总书记强调，要引导广大师生坚定信仰、积极传播、模范践行社会主义核心价值观，确保学校和谐稳定、风清气正。[③] 为全面落实习近平总书记关于培养担当民族复兴大任时代新人的要求，我国基础教育阶段课程改革把有理想、有本领、有担当三个方面作为时代新人培养的重要目标，在课程标准编制中坚持正确的政治方向和价值导向，加强思想性。[④] 受这种文化和价值观念的影响，学生就易于形成与我国社会文化要求一致的思想意识，从而认可并自觉维持现存社会的种种关系。而且，由于教育所传播的文化价值观念的系统性和深刻性，还由于教育活动组织的计划性和严密性、教育形式的活泼性和多样性，学生易于接受这种价值观念，并形成完整的思想观念体系。

(二)教育促进个体行为的社会化

人的行为要符合所属群体或社会的要求，这里的要求就是社会规范。教育通过社会规范的传递，使人们认识社会规范的意义和内容，认识到应该干什么，不应该干什么，从而规范人的行为，防止个体行为偏离社会规范的轨道。而且，教育活动的目的性、系统性、组织性、可控性等也有利于个体行为习惯的养成。教育有助于个体掌握作为社会成员必需的基本知识和技能。习近平总书记强调：“劳动者素质对一个国家、一个民族发展至关重要。劳动者的知识和才能积累越多，创造能力就越大。”[⑤]教育能够帮助人们学习新知识，掌握新技能，增长新本领，提高思想道德素质和科学文化素质，培养综合能力和创新思维，获得发展自身、奉献社会、造福人民的能力。[⑥] 此外，教育还具有指导生活的功能，它授予人在社会生活中必需的知识和技能，如处理人际关系的技能，帮助人学会协调理想和现实之间的冲突，使人

---

① 习近平：《干在实处　走在前列：推进浙江新发展的思考与实践》，293、295页，北京，中共中央党校出版社，2006。

② 习近平：《在北京大学师生座谈会上的讲话》，6页，北京，人民出版社，2018。

③ 本书编写组：《习近平总书记教育重要论述讲义》，93页，北京，高等教育出版社，2020。

④ 中华人民共和国教育部：《义务教育课程方案(2022年版)》，前言3页，11页，北京，北京师范大学出版社，2022。

⑤ 习近平：《在庆祝“五一”国际劳动节暨表彰全国劳动模范和先进工作者大会上的讲话》，载《光明日报》，2015-04-29。

⑥ 本书编写组：《习近平总书记教育重要论述讲义》，74页，北京，高等教育出版社，2020。

学会生活、适应生活。

(三)教育促进个体角色的社会化

社会角色是指与人们的某种社会地位、身份相一致的一整套权利、义务的规范与行为模式，是人们对具有特定身份的人的行为期望，是构成社会群体或组织的基础。社会化的本质就是角色承担。个体在生活中要承担多重角色，如家庭角色、工作角色、社会角色。角色是社会生活赋予的，每个人都必须学习特定角色的行为规范，表现出相应的行为方式，符合社会或人们对特定角色的价值期待。教育是个体角色社会化的重要途径，无论是生活角色的社会化还是生产角色的社会化都与教育的作用密切相关。在基础教育阶段，比较多地倾向于基本知识与技能的传授，也担负着对个体进行生活指导、职业指导的重要职责，这主要通过对个体兴趣、爱好和能力的发掘，以及对个人理想的引导等途径进行。对职业教育、高等教育和成人教育而言，培养人的职业角色意识和技能是其核心要求。总之，每一个社会成员的就业谋生、安居乐业乃至人生理想的实现，都与教育密不可分。①

二、教育促进人的个性化

一个人生活在社会上，既是社会人，又是个体人。前者表现为人的社会性，追求个体间的共同性；后者表现为人所具有的个性，追求个体的独特性。个性是人们在生理、心理、社会性等诸方面的一系列稳定特点的综合，是个体在实践活动中形成的独特性。个性化是一个尊重差异性的求异过程，它反映的不是对社会的适应，而是在继承基础上的发展、变革和创造，因而个性化的核心是人在社会实践活动中促进主体性、独特性和创造性的形成。

(一)教育促进人的主体意识的形成和主体能力的发展

主体意识和主体能力是人主体性的表现。主体意识是人作为认识和实践活动的主体的自觉意识，它包括主体的自我意识和对象意识；主体能力是主体认识、改造外部对象世界的能力。主体意识是主体性的观念表现，主体能力是主体性的外在表征。无论是主体意识的形成还是主体能力的获得，都要通过教育。因为人的生物体在自然界中是非常脆弱的，人要成为认识和实践的主体，必须通过接受教育，获得相应的知识、能力，从而实现变革客观世界的目的。因此，教育过程对个体而言，是一个提高自身素质、增强自我能力的过程。培养学生主体性是我国基础教育改革的重要目标。2022 年新修订的义务教育课程方案指出，要创设以学习者为中心的学习环境，凸显学生的学习主体地位，要引导学生明确目标、自主规划与自我监控，提高自主、合作和探究学习能力，形成良好的思维习惯。② 在普通高中课程方案中，

---

① 本书编写组：《习近平总书记教育重要论述讲义》，77 页，北京，高等教育出版社，2020。

② 中华人民共和国教育部：《义务教育课程方案(2022 年版)》，14 页，北京，北京师范大学出版社，2022。

也围绕学生自主发展能力的培养，强调大力推进教学改革，如关注学生学习过程、健全以校为本的教学研究制度等。

(二)教育促进个体差异的充分发展，形成人的独特性

个体的独特性表现在人的个性心理上，诸如兴趣、爱好、理想、信念、世界观、能力、气质、性格等。人的遗传素质蕴含着个体的差异性，如气质类型的差异、智能优势的差异等。个体由于后天生活环境、教育影响的不同，即便是有相同的遗传素质，也会形成不同的发展结果。教育作为有目的的活动，可以根据学生的不同心理发展特征，选择适合他的发展道路，设计适合他的教育。比如：在课程设置上，学校组织开发可供学生自主选择的多种形态的校本课程，服务学生个性化学习的需求；有效利用课后服务时间，创造条件开展体育锻炼、艺术活动、科学探究、班团队活动、劳动与社会实践等，发展学生特长；设计拓展内容，供学有余力或有兴趣爱好的学生选学，不做统一考试要求；在教学活动中，开展差异化教学，加强个别化指导，满足学生多样化学习需求。① 同时，发挥新技术优势，探索线上线下深度融合，服务个性化学习等。因此，教育能够尊重个体的差异，因材施教，帮助不同的学生充分开发其内在潜力，形成自己的优势区域和特长。

(三)教育开发人的创造性，促进个体价值的实现

创造性是人的个性的核心品质，是个性的自主性、独特性的综合体现。它是个体在创造活动中所表现出的自主、独特、与众不同的心理倾向。比如，学生在学习过程中表现出的强烈的好奇心、敢于批判质疑、善于反思的精神，都是其创造性的表现。创造活动是人生产新颖、独特、有社会价值的产品的活动。人们在创造活动中所表现出来的创造性不仅是个体独特的自我意识的体现，同时也符合社会价值的要求，具有社会性。因此，创造性是自我性和社会性的连接，它虽是个人才能的最高体现，但这种才能的发挥要受到社会的制约，要以对社会的贡献来衡量。习近平总书记强调，社会主义建设者和接班人一定要勇于创新创造，广大青年要有敢为人先的锐气，勇于解放思想、与时俱进。②

需要指出的是，教育无论是促进人的社会化，还是促进人的个性化，都不能割裂二者的关系。人的社会化和个性化是相互促进的。一方面，人的社会化是个性化的基础。人首先要通过教育掌握一定的社会规范、技能，成为社会人，才能形成良好的个性。另一方面，个性化有助于人的社会化。具备主体意识和创造性的个体能更加自觉、主动地学习新的社会规范，更好地适应社会生活。

---

① 中华人民共和国教育部：《义务教育课程方案(2022年版)》，6、10、11、14页，北京，北京师范大学出版社，2022。

② 本书编写组：《习近平总书记教育重要论述讲义》，67页，北京，高等教育出版社，2020。

本章小结

1. 人的发展主要是指作为复杂整体的个体在从生命开始到生命结束的全部人生过程中，不断发生变化的过程，特别是指个体的身心特点向积极的方面变化的过程。

2. 人的身心发展的动力观主要有内发论、外铄论、多因素相互作用理论。

3. 人的身心发展规律有：身心发展的顺序性、阶段性、不平衡性、个别差异性、互补性。

4. 影响人身心发展的因素主要有：遗传、环境、教育、个体的主观能动性。

5. 教育一方面可以促进人的社会化，另一方面可以促进人的个性化。

关键术语

1. 人的发展
2. 内发论
3. 外铄论
4. 身心发展规律
5. 人的社会化
6. 人的个性化

思考题

1. 什么是人的发展？
2. 简述人身心发展的几种动力观。
3. 人身心发展的一般规律有哪些？
4. 教育如何遵循人身心发展的规律？
5. 影响人身心发展的因素有哪些？
6. 简述遗传素质在人身心发展中的作用。
7. 简述环境对人的发展的影响。
8. 为什么说学校教育在人的发展中起主导作用？
9. 教育的育人功能表现在哪些方面？

案例分析

江梦南：坚持才会看到希望

江梦南，出生在湖南省郴州市宜章县莽山瑶族乡永安村。在她半岁时，因耳毒性药物导致极重度神经性耳聋。从此，她就生活在无声的世界里，在日常生活中都是靠看口型读唇语和别人进行交流。

最开始，江梦南靠着反复抚摸爸妈的喉咙来感受声带的振动并练习发声，往往一个音节爸妈重复上千次她才能学会。从字、词到日常用语，她对着镜子学口型、摸着爸妈喉咙学发音，通过读唇语学会了“听”和“说”。

在学校，因无法一直看到教师的口型，所以更多时候，她只能通过看板书和课后自学来跟上进度。聪明、好强的江梦南凭借不服输的劲头，在四年级暑假自学完五年级的课程之后，直接跳级升入六年级。

小学毕业后，江梦南到郴州市六中学习。2007 年，江梦南来到郴州市明星学校开始高中生涯。2010 年，她参加高考超过一本分数线 2 分，因为觉得没有发挥好，下定决心坚持复读一年。第二年，她以 615 分的成绩考入吉林大学。江梦南一直有一个“英雄梦”：治病救人，祛除病痛。最终，她选择了吉林大学的药学专业，顺利完成了本科和硕士研究生阶段的全部课程。

在学习成长过程中，她凭借顽强的毅力和坚定的信念，付出了比常人更多的努力和汗水。2018 年，江梦南被清华大学生命科学学院录取为博士研究生，在学术研究的路上继续前行。

问题：

运用本章相关理论评析江梦南的成长。

第五章　教育目的

学习目标▶

1. 识记教育方针、教育目的的含义，理解教育目的的结构及其组成部分之间的关系。

2. 理解确定教育目的的依据及其理论基础。

3. 理解教育目的的功能。

4. 结合新中国成立以来我国教育目的的变化，正确表述不同时期我国的教育目的及其基本精神。

5. 理解全面发展教育内容及其组成部分之间的关系，了解实现教育目的的策略。

问题导入

心怀爱国之情 笃行报国之志

以浓厚的家国情怀和强烈的社会责任感，自觉把个人梦想融入实现中国梦的壮阔篇章，为我国教育和科技事业作出了突出贡献，这是吉林大学教授黄大年同志浓墨重彩的一生。

心有大我、至诚报国的爱国情怀是黄大年精神的本质特征。爱国主义是中华民族绵延发展、赓续传承的精神品格。“振兴中华，乃我辈之责”“国家在召唤我们，我应该回去”，在黄大年心中，国家至上、民族至上、人民至上是不变信条，祖国需要是最高需要，服务国家是最好归宿。

教书育人、敢为人先的敬业精神是黄大年精神的集中体现。敬事而信、敬业乐群，敬业是中国人民的传统美德。黄大年教书育人、为国育才，潜心科研、敢为人先，不知疲倦地求索，充满激情地登攀，成了人们心目中的“拼命黄郎”，培养出了一大批一流的莘莘学子，获得了一系列一流的科研成果。

淡泊名利、甘于奉献的高尚情操是黄大年精神的厚重底色。人生有底色，不同的底色往往能决定人生发展的不同路径。如何看待名利，是否甘于奉献，这就像是一把无形的尺子，衡量着底色的厚度，标志着境界的高度。“如果祖国需要，我必全力以赴”“常思奋不顾身，而殉国家之急”，黄大年不计名利、躬身前行，夙夜在公、无私付出，把自己的一生奉献给了祖国，把生命最绚丽的部分奉献给了教育和科技事业。

把爱国之情、报国之志融入伟大事业是黄大年精神的实践要求。要有爱国之情、报国之志，更要想国家所想、急人民所急，践强国之行。黄大年以优异的研究成果填补了多项国内技术空白，为深地资源探测和国防安全建设作出了突出贡献。他把自己的梦想汇入了人民实现中国梦的壮阔奋斗之中，把自己的名字写在了中华民族伟大复兴的光辉史册之上。

摘自陈宝生：《伟大时代需要弘扬黄大年精神》，载《光明日报》，2017-08-12。

目的性是人类实践活动有别于动物本能活动的特性之一，人们总是以一定的目的作为各种实践活动的起点和归宿。教育作为人类特有的实践活动，以促进人的身心发展为目的，而人的身心发展离不开一定的社会制约，反映着一定社会对培养人的要求。教育目的是一切教育活动的出发点和归宿，是制定各级各类教育培养目标、确定课程目标和内容、选择教育手段和方法、评价教育效果的依据。

第一节 教育目的概述

一、教育方针、教育目的及其结构

（一）教育方针的含义

教育方针是根据一定社会和时代的要求，由国家确定的一定时期内教育发展的基本指导思想，是一个国家一定时期内教育政策的总概括，具有方向性、时代性、法令性等特点。教育方针大体上包括三个层次：一是教育性质和方向，主要指教育为谁服务和教育本身的发展方向问题；二是教育目的，即培养什么样质量规格的人的问题；三是实现教育目的的途径和原则，即怎样培养人的问题。教育方针的三个层次构成了一个有机的整体。

（二）教育目的及其结构

1. 教育目的的含义

广义而言，教育目的是人们对教育活动的预期结果，主要回答把受教育者培养成什么样的人这一根本问题。所谓人们，既可以是国家社会，也可以是个人；既可以是教育者，也可以是受教育者；既可以是教师，也可以是学生及其家长。但是教育学一般把教育目的的制定、期望主体界定为国家，据此，教育目的是指国家对教育活动结果的预先、总体规定，即对人才培养的总要求。

教育目的和教育方针是既有区别又有联系的两个概念。二者的区别是：第一，教育目的是理论术语，是学术性概念，是教育学原理或教育基本理论研究的内容和范畴。探讨教育目的往往是在理论思考的基础上对教育所要追寻的理想作出价值判断，从而确定教育目的，体现的是理论上所要追求的终极教育价值。教育方针是工作术语，是政治性概念，属于教育政策学或教育行政学范畴，主要从社会现实需要出发，提出在一定历史时期内一个国家教育发展的根本指导思想或行动纲领，对教育发展的现实作出政策性规定。第二，教育目的着重对人才培养的质量规格作出规定，是对人的发展而言的，指向受教育者个体。教育方针反映的则是国家对教育事业整体的要求和希望，定位是教育事业在国家上层建筑或意识形态领域的地位和作用。① 二者之间的关系可以表述为：教育目的是教育方针的重要组成部分，教育目的的确定及其内容必须符合教育方针的规定。

2. 教育目的的结构

教育目的的结构包括内容结构和层次结构。

---

① 郑金洲：《教育通论》，185页，上海，华东师范大学出版社，2000。

(1)教育目的的内容结构

教育目的的内容结构是指教育目的的构成部分及其相互之间的关系。教育目的一般由两部分构成：一是就教育所要培养出的人的身心素质作出规定，即指明受教育者在身心诸方面的发展规格。二是就教育所要培养出的人的社会价值作出规定，即指明这种人符合什么社会阶层的需要或为什么人的利益服务。

我们可以从三个方面来理解教育目的的内容结构。第一，它是一种设想和规定。教育者在着手培养人时，一般总要为受教育者的发展设定这样或那样的目的，并以此来对自己的教育活动和受教育者的发展进行导向、规定和评价。这种设想和规定是“应然”的，带有理想主义的色彩。当然，教育目的的规定不能流于空疏和过于理想化，应结合各个阶段社会发展的特点和受教育者身心发展的特点来确定，使之既符合社会发展的需要又符合个人发展的需要。第二，教育要为社会培养什么样的人是教育目的的核心内容。教育通过培养人实现自身的社会价值，教育目的的要求最终体现于所培养人才的质量规格上。教育应培养什么质量规格的人，不同的教育目的观或教育价值观有不同的期望；不同社会发展时期、不同教育层次与水平、不同的教育模式对培养人才质量规格的要求也是不一样的。现代学校的教育者应认真思考如何实现国家总体宏观教育目的与具体学校微观教育目标的有机结合。第三，对教育所培养的人的质量要求是从社会的角度提出来的。在一般意义上，教育总以促进社会发展为目的。任何教育目的的确定都应同社会发展目标相协调。因此，教育目的总是通过社会的途径对教育活动产品的质量作出规定和设想，以期得到整个社会的认可，特别是要得到参与教育活动的人的认可并把它作为教育活动实施的依据和方向。

不同教育目的之间往往有着差异、对立和冲突，其实质是不同教育主体之间教育价值观的差异和冲突。同时，不同教育目的之间往往也有一致性和共性，反映了教育与人类基本生存和发展需要之间的关系，反映了社会主要的、共识的教育价值观。解决教育目的之间冲突的最好方式是加强不同教育利益群体的交流和对话，并建立一个可供选择的教育制度，以满足不同教育利益群体的不同教育需求。①

(2)教育目的的层次结构

教育目的的层次结构是指在教育目的的指导下，各级各类教育的培养目标及实现这些目标所必需的教育活动的目标所构成的目标系统，它们由抽象到具体形成一个完整的目标体系。②

---

① 薛彦华：《教育学》，58～59页，北京，科学出版社，2009。

② 各级各类教育主要是通过一定的组织机构来实施的，本书中的各级各类教育目标也就是各级各类教育组织机构的培养目标。在各级各类教育组织机构中，各级各类学校是最重要的组成部分，而课程在学校教育活动中具有重要作用，教学则是学校教育工作的中心。由此本书中的教育目的的层次结构包括教育目的，各级各类学校的培养目标、课程目标、教学目标。在基础教育阶段，教育目的、培养目标、课程目标的制定主体都是国家，只有教学目标的制定主体是教师。

培养目标是指在教育目的指导下，依据各级各类学校的任务、性质、层次而确定的人才培养的具体的质量规格。教育目的和培养目标的区别在于：教育目的是对各级各类教育人才培养的统一要求，培养目标是对某一级/类学校教育的统一要求；教育目的是对所有受教育者的共同要求，培养目标则是对某一级/类受教育者的共同要求。二者的联系是：教育目的是确定培养目标的依据，并通过培养目标的实现得以实现；培养目标是教育目的的具体化，其确定必须反映教育目的。

课程目标是指依据培养目标，各个教学科目通过教学活动应达到的要求或标准。课程目标是培养目标的具体化，其确定必须依据并反映培养目标；培养目标通过课程目标得以实现。

教学目标是指依据课程目标和学生身心发展特点，教师在完成某一阶段(如一节课、一个单元、一个学期)教学工作时所期望达到的要求或结果。教学目标是课程目标的具体化，实现教学目标是实现课程目标的保障。教学目标是学校教育活动最基础、最具体的目标，也是教师在教学活动中具体追寻和完成的目标。只有在这个层次上坚持连续不断地实现其目标，课程目标、培养目标、教育目的才能真正实现。

教育目的的各层次之间的关系是：从教育目的到教学目标是抽象到具体、一般到个别的关系，前者是后者的制定依据，后者是前者的具体化，也是前者得以实现的保障。

二、教育目的的功能

教育目的是一切教育活动的出发点和归宿，只有确定了教育目的，教育活动才能有组织、有计划、有系统地按照预定的方向进行。教育目的在教育活动中具有十分重要的作用。

(一)导向功能

教育目的规定教育的性质和人才培养的质量规格。任何社会为了满足自身发展的需要，总是首先确定相应的教育目的，从根本上确保教育的性质，引导教育的发展方向，使培养的人才与社会需要相一致。所以，教育目的是一切教育活动的出发点，是保证正确的办学方向的根本依据。

(二)评价功能

教育目的是评价一切教育活动的根本依据。无论是学校的教育质量，还是教师的教学、学生的发展，都要以教育目的为评价的根本依据。同时，教育目的只有具体体现在各级各类教育教学的各个评价指标体系之中，其评价功能才能得到体现。

(三)选择功能

教育促进人的发展是通过对具体教育教学内容的掌握而实现的。人类在长期的社会实践中创造了各种各样的文化，只有那些符合人的身心发展规律，有利于培养一定社会所需要的人的文化才有可能成为教育内容。所以，确定了教育目的，就为教育内容的选择确定了基本范围，保证了教育能够对人类丰富的文化作出科学的、有价值的选择。同时，教育目的也为教育手段、教育方法和组织形式的选择提供了依据。

(四)调控功能

受教育者的发展是社会、学校、家庭及主体因素共同作用的结果。各方面的教育要求必须按照教育目的统一协调，保持教育影响的一致性，形成教育的整体合力，以取得良好的教育效果。同时，在教育过程中，教育内容的选择与确定、课程计划的制订与实施、教育教学方法和手段的选择与运用，都必须以教育目的为依据不断进行调控，以获得预期的效果。

(五)激励功能

教育目的是教育活动所要达到的预期结果，表达的是国家对受教育者未来发展状况的预期，所展现的是一种预期的状态。教育目的的这一特点决定了它具有激励作用。它不仅激励教育者通过对受教育者不断提出新的要求，把教育目的和培养目标转化为受教育者自身活动的目标，也激励着受教育者自觉地、积极地参与教育活动。在教育过程中，只有当受教育者意识到教育目的对自身成长的要求或意义时，他才会不断地把教育目的作为自己努力的方向，不断按照教育目的的要求发展和提高自己。

三、确定教育目的的依据

教育目的是国家对人才培养质量规格的限定，说明教育目的有其现实的社会根源；教育目的指向的是受教育者的身心发展，意味着确定教育目的必须考虑受教育者身心发展规律；教育目的是对教育活动结果的预期，表明教育目的是主观的，是在一定理论基础之上提出来的。综上所述，确定教育目的的依据主要包括社会因素、受教者身心发展规律、理论基础。

(一)社会生产力、政治经济制度、文化等是确定教育目的的现实基础

教育所面临的问题是解决个体发展和社会发展之间的矛盾，目的在于使人摆脱盲目自发的发展变化状态，成为一定社会所期望和需要的人，这就决定了教育目的必然受社会具体历史条件的制约。所以，教育目的不是超社会、超历史的，而是有其现实本源的。

教育是社会这一复杂系统中的一个子系统，社会系统中的各个子系统如生产力、政治经济制度、文化等，都对教育目的具有制约作用。

(二)受教育者身心发展规律是确定教育目的的必要条件

对受教育者身心发展规律的认识是确定教育目的的必要条件。这是因为：第一，教育目的所指向的对象是受教育者。人们提出教育目的是期望引起受教育者的身心发生预期的变化，使受教育者成长为具有一定个性的社会个体。不言而喻，这是以承认受教育者有接受教育、获得发展的潜能为前提的。第二，人们既然期望将所提出的教育目的转化为受教育者的个性，就不能不考虑受教育者身体发展、心理发展的过程和规律。教育目的所规定的受教育者所要形成的素质结构，是社会规定性在受教育者个体身上的体现。它不只表明社会规定性，而且包含着个体的心理和生理发展，是这两个方面的统一。第三，教育目的主要通过各级各类学校的教育活动来实现。在把教育目的具体化为各级各类学校的培养目标时，也不能不注意受教育者的身心发展和经验储备，因为良好的教育效果往往是因材施教和循序渐进地教学和教育的结果。儿童身心发展水平的现状，制约着教育的进程和速度。第四，受教育者在教育活动中不仅是教育的对象，而且必须是教育活动的主体。受教育者作为教育对象在教育活动中的主体地位，是教育活动对象区别于其他活动对象的显著特点。教育目的的提出不得不考虑到这个特点，为受教育者能动性的发挥与发展准备广阔的空间。①

（三）人性论、教育目的的价值取向是确定教育目的的理论基础

人是教育的对象，教育的这一特殊性决定了对人的认识是理解教育的基础；教育目的的核心是对所培养的人的质量规格提出要求，教育对社会发展的作用只有通过培养具备一定质量规格的人才能实现。因此，教育目的的确定与我们怎样认识人有关，人性论成为确定教育目的的重要理论基础。

人是有理想、有价值追求的。教育目的是教育活动的预期结果，实质上是提出者在观念上构建出一个自认为合理的且具有理想性的人的形象，作为教育活动所要实现的目标。所以，教育目的的确定就体现着人的一种价值取向与追求，是一种理想的人的形象构建。在教育发展史上，正是因为教育目的的价值取向各异，人们提出了各种各样的教育目的。

第二节　教育目的的理论基础

一、人性论

人性论是关于人的本质特征的理论。广义的“人性”是指人所具有的各种属性的总和，包括人与动物相同的自然属性及人在后天的社会实践中逐步形成的社会属性和精神属性。狭义的“人性”是指人之为人的根本特征，人所独具而动物没有且在最根本上能区别于动物的本质特征。在这个意义上，狭义的“人性”可以理解为“人的本质”。

对人性观的探讨是仁者见仁、智者见智的。在我国古代，基于对伦理道德的强

① 王道俊、郭文安：《教育学》6版，68页，北京，人民教育出版社，2009。

调和重视，人性被分为“善”“恶”，从孟子的“性善论”到荀子的“性恶论”，再到告子的“性无善无恶”、王充的“性有善有恶”，最后到董仲舒的“三品说”等，都从自己的角度论述了对人性的理解。西方则有以苏格拉底、柏拉图为代表的“古代德性主义人性论”、霍布斯的“自然主义人性论”，还有以康德为代表的“理性主义人性论”、叔本华提出的“意志主义人性论”，体现后现代哲学观的“非理性主义人性论”等各种不同的人性观。

人性论是确定教育目的的理论基础，不同的人性论导致不同的教育目的观。例如：儒家思想认为人性善，人应该顺从善性而修养，培养德性，此为人之根本；实现了人的德性，也就实现了人。因此，儒家认为教育目的在于培养具有“仁”心的君子。亚里士多德认为任何生命都是灵魂与肉体的结合与统一，人的灵魂即内在性质分为植物性、动物性和理性三个方面，教育相应地包括体育、德育、智育，教育的目的在于使这三个方面发展并和谐。卢梭是自然主义人性论的代表人物，他认为儿童天性中包含主动自由、理性和善良的因素，教育的最终目的就是通过“自然的教育”“人的教育”“事物的教育”培养“自然人”。

马克思人性观从社会实践入手去观察人性，对人性进行动态分析，超越了对人性的静态描述；将人性观的研究主体从以前概念化的、冷冰冰的抽象中摆脱出来，对人性进行具体描述；在马克思这里，现实中的具体的人是变化发展的，因而超越了对人性的既定理解，历史地把握人性；人性不是单一的，而是一个全面的整体。[①]马克思主义关于人的全面发展的理论，是建立在马克思的人性观基础之上的，并成为我国 1949 年以后确定教育目的的理论基础。

二、教育目的的价值取向

教育目的的价值取向，是指教育目的的提出者或从事教育活动的主体依据自身的需要对教育目的的价值作出选择时所持的一种倾向。在教育目的的价值取向上，争论最多、影响最大的有两种观点，即教育活动究竟是注重个体的发展还是注重社会的需要，由此形成教育目的价值取向上的个人本位论和社会本位论，以及在此基础上出现的所谓调和论。

（一）个人本位论

个人本位论也称儿童本位论，盛行于 18 世纪和 19 世纪上半叶，以卢梭、裴斯泰洛齐、福禄培尔、斯宾塞等人为代表。个人本位论认为，个人是目的，社会是由个人组成的，是实现个人目的的手段，个人的价值高于社会价值。所以，教育的目的在于促进人的个性化，应使受教育者的本性、本能获得自然发展，教育要为儿童本身的生活需要服务。

个人本位论在人类发展史上具有进步意义。它提倡的个性自由和解放对打破宗

---

① 李变变：《论马克思的人性观》，硕士学位论文，山东大学，2014。

教神学和封建专制对人的束缚，使教育回归人间，起了重大的历史奠基作用；其关注人的自由和个性解放，提升人的价值和地位等观点，至今仍有合理之处。但是，个人本位论在关注教育的个体价值时，无视人发展的社会要求和社会需要，甚至把满足人的需要和满足社会需要对立起来，把教育的个人价值和社会价值视为不可调和的。这种教育目的的价值取向在现实中极易导致个性、自由和个人主义的绝对化，是片面的。

(二)社会本位论

社会本位论与个人本位论相对立，盛行于19世纪下半叶，主要代表人物有柏拉图、洛克、凯兴斯泰纳(Kerschensteiner，1854—1932)，以及社会学派的孔德(Comte，1798—1857)、那托尔卜(Natorp，1854—1924)、涂尔干(Durkheim，1858—1917)等。社会本位论者认为，社会是有机体，个体是细胞，个体只有在社会中才能存在和发展，个体的价值只有通过满足社会需要才能实现，所以，社会价值高于个体价值。在教育目的的价值取向上，社会本位论者主张教育目的应根据社会要求来确立，教育目的就是使个体社会化，就是要把学生培养成为社会需要的、维护社会稳定和促进社会进步的人。

作为一种社会关系的存在，人是具体的、历史的，人的生存与发展是无法脱离一定的社会的。从这个意义上讲，社会本位论的价值取向重视教育的社会价值，强调教育目的从社会需要出发，满足社会需要，具有一定的合理性。但是，社会本位论的教育目的的价值取向过于强调人对社会的依赖，把教育的社会价值绝对化、唯一化，完全割裂了人与社会的关系，极易导致把人当作社会的工具，而不是把人作为社会主体来培养，造成对人本性发展的严重束缚和压抑。

自古以来，教育中就存在着个人价值与社会价值的冲突和选择的问题。这是教育所面对的最根本的价值冲突，也是教育主体所面对的最根本的价值选择。所谓个人本位和社会本位，实质是对这两种对立的教育价值的抽象，大多数学者力图通过某种选择把这两种价值统一于教育活动之中。一些学者以个人价值为基点实现二者的统一，另一些人则以社会价值为基点来实现二者的统一。“从理论上讲，二者具有同等的合理性与同等的局限性，因此如果一定要抽象地问个人本位论和社会本位论究竟谁对谁错，这个问题是无法笼统回答的，因为谁对谁错或谁更合理，必须把二者放在特定的历史条件下去考察才能得出相对的结论。正因为如此，所以在具体的历史条件下，个人价值与社会价值就有一个孰重孰轻的问题，就有一个价值取向和价值选择的问题，就有一个以谁为基点达成二者统一的问题。因此，教育目的中的个人价值与社会价值的权衡与选择，要受具体的社会历史条件的制约，是随社会历史条件的变化而有所变化与侧重的。”①

① 扈中平：《教育目的中个人本位论与社会本位论的对立与历史统一》，载《华南师范大学学报(社会科学版)》，2000(2)。

(三)调和论

这种观点试图平衡个人需要和社会需要，认为教育是通过发展个人来影响社会发展的，教育在满足个体需要的同时就实现了对社会需要的满足。持这种观点的主要代表有欧文、夸美纽斯、杜威等。杜威批评了传统的教育目的观，认为传统的教育目的是工具性的、功利性的，是属于教育过程之外的，是从外面强加于教育过程的，忽视了学生本身的需要，将教育视作为将来生活做准备。针对传统教育目的观，他提出了“教育无目的论”。杜威认为：教育目的就是由儿童的本能、冲动、兴趣所决定的具体的教育过程，教育过程之外没有目的；教育过程应根据民主社会的要求引导儿童的生活、生长和经验的改造，使儿童成为民主社会所需要的人才。表面看来，杜威的“教育无目的论”可以理解为：儿童是教育的出发点，社会是教育的归宿，在两者之间构成教育过程，教育过程是使儿童社会化。但是杜威又提出：每一个手段在我们没有做到以前，都是暂时的目的；每一个目的一旦达到，就变成进一步活动的手段。[①] 所以，在杜威的“教育无目的论”中，存在着实质教育价值和形式教育价值的统一，目的与手段的融合，构成了内在自足的“手段—目的”链[②]，而且目的与手段不可分离并可以相互转化。由此，我们可以这样理解杜威的“教育无目的论”的核心思想：调和教育的个体价值与社会价值之间的矛盾、教育过程内与外需要之间的对立、教育的一般性和终极性目的与具体性和发展性目的之间的冲突。

三、马克思主义关于人的全面发展的理论

实现人的全面发展是人类追求的目标。在马克思主义关于人的全面发展理论提出以前，“全面发展”或类似的观念在中外教育思想史上早已存在。文艺复兴时期，人文主义者把人的全面发展作为一种理想而加以宣扬。例如，文艺复兴时期法国文学家拉伯雷等认为理想的教育应当是培育全知全能的人，实现人的肉体和精神的完美结合。启蒙运动时期的思想家继承和发扬了文艺复兴时期的思想成果，主张人的身体的和谐发展。空想社会主义者圣西门明确强调，他毕生所追求的理想是个人潜能和才能的全面发展。欧文强调对待儿童要培养他们的智德体行方面的品质，把他们教育成全面发展的人。但是这些主张均是以抽象的人性论为基础的，有其先天的理论缺陷。总体来讲，西方思想家对人的全面发展问题给予了很多关注，提出了许多有价值、有启发的观点，为马克思主义关于人的全面发展理论提供了丰富的思想文化资源。

(一)马克思主义关于人的全面发展理论的产生和发展

马克思在《1844 年经济学哲学手稿》中，提出了关于人的“异化”的观点。1845 年，马克思在《关于费尔巴哈的提纲》中提出了“实践”的观点，并从历史唯物主义角

---

① [美]约翰·杜威：《民主主义与教育》，王承绪译，112 页，北京，人民教育出版社，1990。

② 刘惠：《从“教育家”到“社会改革家”：杜威“教育无目的论”新论》，载《当代教育科学》，2013(21)。

度出发，揭示人的本质乃是“一切社会关系的总和”。异化观点、实践观点及关于人的本性的论述，为分析人的发展提供了不同于以往的理论基础。

1845 年 2 月，恩格斯在一次演讲中首次明确提出了“全面发展”的概念。1845 年、1847 年，马克思、恩格斯分别在《德意志意识形态》《共产主义原理》等著作中，对人的全面发展作了分析。他们从对社会分工的历史考察出发，认为社会分工作为生产力发展的必然结果，对生产力的发展具有促进作用。但是，随着社会分工的发展，尤其是体力、脑力劳动分离的出现，分工不仅造成了阶级的不平等现象，而且造成了人的畸形发展。

现代机器大工业生产将工人局限在狭窄的分工领域内，造成工人的片面发展。同时，机器大工业生产的发展也带来了劳动的变换、职业的流动，提出了用尽可能多方面发展的工人代替片面发展的工人的要求。只有消灭阶级，实现共产主义，才能消灭分工，也才能消除人的片面发展，实现人的全面发展。

19 世纪 50 年代以后，马克思、恩格斯在《政治经济学手稿》《资本论》等著作中，对人的全面发展作了进一步分析，认为：资本主义社会以前的各社会主要是人与人之间的相互依赖关系，人的发展具有原始的全面性；资本主义机器大生产社会，摆脱了人与人之间的依赖关系，变成了人对物质的依赖关系，人表面上自由了，实际上又陷入了另一种依赖关系之中；在共产主义社会中，人具备全面发展的可能性。恩格斯在《共产主义原理》中提出：“根据共产主义原则组织起来的社会，将使自己的成员能够全面地发挥他们各方面的才能。”[①]由此，马克思、恩格斯从历史唯物主义的角度，提出并论证了人的全面发展的历史必然性，建立了人的全面发展的理论体系。

在马克思和恩格斯之后，列宁、毛泽东等人进一步发展了马克思主义关于人的全面发展的理论，并将其付诸实践。2018 年在全国教育大会上，习近平总书记指出：“培养什么人，是教育的首要问题。……我国是中国共产党领导的社会主义国家，这就决定了我们的教育必须把培养社会主义建设者和接班人作为根本任务，培养一代又一代拥护中国共产党领导和我国社会主义制度、立志为中国特色社会主义奋斗终身的有用人才。……这是教育工作的根本任务，也是教育现代化的方向目标。……要努力构建德智体美劳全面培养的教育体系，形成更高水平的人才培养体系。要把立德树人融入思想道德教育、文化知识教育、社会实践教育各环节，贯穿基础教育、职业教育、高等教育各领域，学科体系、教学体系、教材体系、管理体系要围绕这个目标来设计，教师要围绕这个目标来教，学生要围绕这个目标来学。凡是不利于实现这个目标的做法都要坚决改过来。”习近平总书记站在党和国家事业发展全局的战略高度，阐明了培养德智体美劳全面发展的社会主义建设者和接班人这一教育的根本任务，明确了培养社会主义建设者和接班人六个方面的重点任务，为坚

① 《马克思恩格斯选集》第 1 卷，243 页，北京，人民出版社，1995。

持立德树人提供了根本遵循，发展了马克思主义关于人的全面发展的理论。

(二)马克思主义关于人的全面发展理论的基本观点

1. 人的全面发展主要是指体力和智力的统一发展

马克思主义的人的全面发展观是建立在马克思人性论基础之上的。马克思批判了费尔巴哈的抽象的人性论，提出“人的本质并不是单个人所固有的抽象物。在其现实性上，它是一切社会关系的总和”，而“全部社会生活在本质上是实践的”。[①] 这一结论是对感觉论、唯理论和既成论的人性观的巨大变革，包含着丰富的内涵。第一，人是实践的主体，是处于社会关系中的具体的人，不存在抽象的人。正如马克思在《德意志意识形态》中指出的：“我们不是从人们所说的、所想的、所设想的东西出发，也不是从只存在于口头上所说的、思考出来的、想象出来的、设想出来的人出发，去理解真正的人。我们的出发点是从事实际活动的人。”“从现实的前提出发，而且一刻也离不开这种前提。它的前提是人，但不是某种处在幻想的与世隔绝、离群索居状态的人，而是处在一定条件下进行的、现实的、可以通过经验观察到的发展过程中的人。”[②]第二，人是历史的、发展变化的，不存在预定的、既成的人。现实中的人必定是具体的人而不是概念化的人，现实中的每个人的社会关系是不同的，而体现人的本质的社会关系是不断变化发展的，因而要历史地把握人性。正因为如此，马克思在《资本论》中说：“首先要研究人的一般本性，然后要研究在每个时代历史地发生了变化的人的本性。”[③]第三，人作为“一切社会关系的总和”，意味着人性不是单一的，人的本质也不是这些社会关系的简单堆砌，而是一个全面的整体，所以人的发展是全面的。马克思主义对人的全面发展的含义有多种表述，具有丰富的内涵，但最本质的是指体力和智力的统一发展。

2. 人的发展与生产的发展相一致

马克思认为人的发展历史形态分为资本主义社会之前的“人的依赖关系”、资本主义社会的“物的依赖关系”和共产主义社会的“人的全面发展”。

(1)“人的依赖关系”阶段

在资本主义社会之前，社会生产力水平低下，人们的生产、生活受地域限制，人们往往选择与自己有血缘关系或者生活在同一部落里的人结成族群(或共同体)，以此来满足生存的需要，这就是“人的依赖关系”。在“人的依赖关系”阶段，由于生产力水平相当低，社会分工系统不明确，并呈现出生产与消费、物质与精神、脑力活动与体力活动融为一体的社会形态，个体生产与生活具有全面性和共同性。正如某些学者所描述的：“每个男人都是一个种田人和捕鱼人，在某种程度上又是一个木匠；每个妇女为作物除草，在礁石间捕鱼……所谓专业化是指发展某种手艺的特别

---

① 《马克思恩格斯选集》第1卷，56页，北京，人民出版社，1995。

② 《马克思恩格斯全集》第3卷，30页，北京，人民出版社，1960。

③ 转引自薛德震：《人的哲学论纲》，112页，北京，人民出版社，2005。

能力，而不是意味着专门从事这种手艺而排除其他手艺。”①社会生产力水平低下，决定了个人依赖于共同体的特定属性，在共同体中的地位、作用和职能并不是依靠个人发生关系，而是个人与他人按照共同体的社会职能所形成的。因此，人的发展在最初的社会形态中是具有局限性的，马克思把这种有局限性的圆满境界称作“原始的丰富”。“在这里，无论个人还是社会，都不能想象会有自由而充分的发展。”②

(2)“物的依赖关系”阶段

在资本主义社会，由于生产力水平提高，商品经济出现，打破了自然经济对人的交往的局限，使个体超越了血缘、地域关系，进入了一个以商品为核心的交往体系，形成了“普遍的物质交换、全面的关系”，人类进入了“物的依赖关系”阶段。在该阶段，人们已经习惯于物与物之间的交换或是货币与物品之间的交换，商品化的需求越来越高。人们对物的依赖性比较高，由物所主导的社会关系对人们起到了约束作用；而且，一切都物化了，甚至人也可以当作劳动力这样的商品；人物化了，并被物所支配，被物所奴役。在“物的依赖关系”阶段，社会生产力发展水平相比过去有了巨大飞跃，但是人的活动由原来的综合、全面，逐渐分化出专门的艺术、宗教、教育、军事、管理等活动。分离渐渐渗透到人的活动的每一个细节，甚至人的精神自由都被剥离了，劳动变成了单调的、为谋生不得不从事的被异化了的活动，劳动者的自由完全被囿于物质生产活动之中。“在自己的劳动中不是肯定自己，而是否定自己，不是感到幸福，而是感到不幸，不是自由地发挥自己的体力和智力，而是使自己的肉体受折磨、精神遭摧残。”③分工的加剧和在分工基础上的社会生产力水平的提高，都会使大部分人在肉体与精神上被分割，泯灭了多方面的潜能和天赋。马克思在《资本论》中详尽地论述了从16世纪中叶到18世纪末，手工工场在生产中占统治地位的物质生产条件使人片面发展的情况；同样也详尽地论述了18世纪后期农民和手工工场的工人被吸纳到大工业中去以后，怎样改变了他们自己的整个生活方式，而完全成为另外一种人的情况，并指出在机器大生产代替工场手工业的资本主义时代，人的肉体和精神上的分离彻底达到了顶峰。

(3)“人的全面发展”阶段

人的发展是受社会关系和社会制度制约的，人的全面而自由的发展是人类社会发展的必然结果，也是人类社会发展的最终目的。人的全面发展，只有在共产主义社会才得以实现。在共产主义社会，劳动不再是一种剥削手段，而是人们的第一需要，劳动者可以自由支配自己的劳动，能直接享受和支配劳动果实。劳动具有科学性、主体性，劳动者脱离了沉重、艰辛、令人厌恶的劳动旧貌，脱离了旧的狭隘分

---

① 转引自李丹萍：《马克思关于人的全面发展理论的当代价值研究》，硕士学位论文，吉林农业大学，2011。

② 《马克思恩格斯全集》第30卷，479页，北京，人民出版社，1995。

③ 《马克思恩格斯全集》第42卷，93页，北京，人民出版社，1979。

工模式。人们在从事物质生产劳动之余可以在文化、艺术、科技、体育等领域充分发挥自身的才能，“在共产主义社会里，任何人都没有特殊的活动范围，而是都可以在任何部门内发展，社会调节着整个生产，因而使我有可能随自己的兴趣今天干这事，明天干那事，上午打猎，下午捕鱼，傍晚从事畜牧，晚饭后从事批判，这样就不会使我老是一个猎人、渔夫、牧人或批判者”①。在共产主义社会，随着社会结构实现合理化，劳动的全面性、丰富性将消除人与人之间的经济障碍，个人真正是“作为个人”，而不是“作为阶级的成员”处于各种社会关系之中。在共产主义社会中，成员的丰富关系不仅是对物化、异化关系的扬弃，对个体活动的狭隘性、片面性、畸形的超越，而且是对社会关系中的成员狭隘局限性的消除。② 在共产主义社会，人与人之间的交往是自由的、充分的、普遍的，如此，作为社会关系的存在，人才能成为基于全面发展的自由个体。

马克思关于人的发展历史形态的思想，不是简单地把人的发展划分为三个阶段，其中蕴含着这样的基本观点，即人的发展，从根本上说决定于人们生活在其中的社会物质条件，人的发展状况与他们生产什么相一致，又和他们怎样生产相一致。

3. 分工和私有制造成人的片面发展

在《德意志意识形态》中，马克思从历史唯物主义的角度批判了关于人、人的本质、人的发展问题的种种唯心主义学说。他还深刻分析了生产力、分工、私有制和人的发展之间的关系，把人的片面发展的原因归结为分工和私有制，把分工和私有制产生的原因归结为生产力的历史发展。

马克思、恩格斯认为人的片面发展是与分工齐头并进的，工场手工业的分工达到了极致，人的片面发展也就达到了极致。恩格斯在《反杜林论》中指出：“第一次大分工，即城市和乡村的分离，立即使农村人口陷于数千年的愚昧状况，使城市居民受到各自的专门手艺的奴役。它破坏了农村居民的精神发展的基础和城市居民的体力发展的基础。”③人被各自的分工活动所占有，为了训练某一种劳动技能，其他肉体与精神的能力都成了牺牲品。人的这种畸形发展到了资本主义工场手工业制度出现以后，达到了最严重的程度。恩格斯在《反杜林论》中更为细致地说明了工场手工业对人的“分割”情况。他指出：“分工在工场手工业中达到了最高的发展。工场手工业把一种手艺分成各种局部操作，把每种操作分给个别工人，作为终生的职业，从而使他一生束缚于一定的局部职能和一定的工具之上。”④“正像在拉普拉塔各国人们为了得到牲畜的毛皮或油脂而屠宰整只牲畜一样”⑤，劳动者“个体本身也被分割开

① 转引自陶艳华：《马克思政治伦理思想研究》，72 页，北京，人民出版社，2009。
② 李丹萍：《马克思关于人的全面发展理论的当代价值研究》，硕士学位论文，吉林农业大学，2011。
③ 恩格斯：《反杜林论》，309 页，北京，人民出版社，1999。
④ 恩格斯：《反杜林论》，309 页，北京，人民出版社，1999。
⑤ 《马克思恩格斯全集》第 44 卷，417 页，北京，人民出版社，2001。

来，转化为某种局部劳动的自动的工具”[①]。恩格斯说：“这种自动工具在许多情况下只有通过工人的肉体和精神的真正的畸形发展才达到完善的程度。”[②]

4. 机器化大生产是人的全面发展的客观基础

机器生产将生产过程分解为自然科学的分类的运动，工艺学揭示了为数不多的重大的基本运动形式，只要让工人受到一些有关工艺学和各种生产工具的实际操作的基本教育，就能适应机器生产的普遍要求。“大工业的本性决定了劳动的变换、职能的更动和工人的全面流动性。”[③]劳动者不再被迫进行畸形化的生产劳动，大工业把人的全面发展问题当作现代生产的普遍规律和生死攸关的问题。现代化大生产必然要求打破脑力劳动和体力劳动的分工，实现脑力劳动和体力劳动的结合。要适应这种客观要求，就必须对劳动者及其子女实施一定的有关生产基本原理的教育，以及操作各种生产工具的基本训练。

马克思所讲的人的全面发展主要是指打破使人终生固定从事某种局部操作的工场手工业的旧式分工，要使人从片面的技艺中及由技艺的发展而使个体也被分割和肢解中解放出来。马克思所说的全面发展的人也就是能够从理论和实践的统一中掌握现代生产过程的基本原理及基本操作技能的人。

5. 共产主义制度的实现是实现人的全面发展的政治保障

到共产主义社会，劳动者成为自己的主人，劳动不再是谋生的手段，而是人的生活的第一需要。“个人的全面发展，只有到了外部世界对个人才能的实际发展所起的推动作用为个人本身所驾驭的时候，才不再是理想、职责等等，这也是共产主义者所向往的。”[④]社会成员才能全面地发挥自己各方面的才能，才能实现真正的全面发展。

6. 教育与生产劳动相结合是实现人的全面发展的根本途径

马克思非常重视教育与生产劳动相结合的意义和作用，他在《资本论》中指出：“从工厂制度中萌发出了未来教育的幼芽，未来教育对所有已满一定年龄的儿童来说，就是生产劳动同智育和体育相结合，它不仅是提高社会生产的一种方法，而且是造就全面发展的人的唯一方法。”[⑤]马克思不仅将教育与生产劳动相结合作为现代生产力发展的要求，而且将其视为现代教育和现代社会人的全面发展的必然要求。因此可以说，教育与生产劳动相结合是现代教育的基本特点。

随着现代生产和现代科学技术的发展，教育与生产劳动相结合成了现代生产和现代教育相互制约、协调发展的一个普遍原理。列宁在《民粹派空洞计划的典型》中指出：“没有年轻一代的教育和生产劳动的结合，未来社会的理想是不能想象的：无

---

① 《马克思恩格斯全集》第44卷，417页，北京，人民出版社，2001。
② 恩格斯：《反杜林论》，309页，北京，人民出版社，1999。
③ 《马克思恩格斯全集》第44卷，560页，北京，人民出版社，2001。
④ 王磊选编：《马克思恩格斯论道德》，324页，北京，人民出版社，2011。
⑤ 《马克思恩格斯选集》第2卷，212页，北京，人民出版社，1995。

论是脱离生产劳动的教学和教育，或是没有同时进行教学和教育的生产劳动，都不能达到现代技术水平和科学知识现状所要求的高度。”①可见，教育与生产劳动相结合是培养全面发展的人的基本原则，是现代社会和现代教育发展的必由之路。

马克思主义关于人的全面发展的理论提出了科学的人的发展观，指明了人的全面发展的历史必然性和实现途径，提出了解决人与社会发展关系基本矛盾的途径，找到了解决教育目的的价值取向冲突的理论方法。

马克思主义关于人的全面发展学说是我国教育目的确立的理论基础。然而，实现人的全面发展是一个历史发展过程，制定我国的教育目的，必须把马克思主义关于人的全面发展学说同我国当前的国情结合起来。

第三节　我国的教育目的

一、我国教育目的的历史演变

（一）1949年之前的教育目的

在原始社会，由于生产力水平低下，教育还没有成为一项专门的、独立的社会活动，教育目的寓于生产和生活本身的目的之中，表现为原始社会的氏族为求其群体的巩固和延续，使儿童学会生产和生活所必需的经验和社会习俗。在奴隶社会中，学校教育从社会生活中独立出来，以“明人伦”为教育目的。在我国长期的封建社会中，儒家的教育思想占统治地位，儒家的教育目的就成为我国封建社会的教育目的，主要是致力于以儒家的伦理道德修养身心，培养儒家理想的君子人格，即“在明明德，在亲民，在止于至善”和“格物、致知、诚意、正心、修身、齐家、治国、平天下”。儒家的这种教育目的观尽管在不同时代有不同的体现，但综观我国两千多年的封建社会，这种目的观无疑深深地影响了我国的传统教育和社会的发展。

鸦片战争后，经过半个世纪的实践，我国逐步确立起“中体西用”的办学宗旨。这在我国近代最早颁布的“壬寅学制”和“癸卯学制”中即有明确的表达。

辛亥革命结束后，我国开始了现代教育的历程。当时的教育总长蔡元培在《对于教育方针之意见》中初步提出了“五育”的教育方针，即公民道德教育、实利主义教育、军国民教育、世界观教育及美育五育并重、和谐发展的教育方针。1929年公布的《中华民国教育宗旨及其实施方针》称：“中华民国之教育根据三民主义，以充实人民生活，扶植社会生存，发展国民生计，延续民族生命为目的，务期民族独立，民权普遍，民生发展，以促进世界大同。”②

---

① 《列宁全集》第2卷，413页，北京，人民出版社，1959。

② 教育大辞典编纂委员会：《教育大辞典》第6卷，106页，上海，上海教育出版社，1992。

1940 年，毛泽东同志在《新民主主义论》中对民族的、科学的、大众的新民主主义教育方针作了全面论述。

(二)中华人民共和国教育目的的形成与发展

1. 中华人民共和国成立之初到 20 世纪 70 年代末教育方针和教育目的的沿革

(1)新民主主义教育方针(1949 年)

中华人民共和国成立之初，教育工作继续贯彻了新民主主义教育方针。《中国人民政治协商会议共同纲领》第五章“文化教育政策”第一条中明确规定：“中华人民共和国的文化教育为新民主主义的，即民族的、科学的、大众的文化教育。”

(2)社会主义教育方针的初步提出(1957、1958 年)

社会主义改造基本完成后，我国全面转入大规模的社会主义建设时期。1957 年毛泽东同志在《关于正确处理人民内部矛盾的问题》中指出：“我们的教育方针，应该使受教育者在德育、智育、体育几方面都得到发展，成为有社会主义觉悟的有文化的劳动者。”①

中共中央、国务院在 1958 年《关于教育工作的指示》中提出：“党的教育工作方针，是教育为无产阶级的政治服务，教育与生产劳动相结合。”(后来概括为教育必须为无产阶级服务，必须同生产劳动相结合。)从此，人们一般将这一方针与 1957 年提出的教育方针结合起来，作为统一的教育方针加以贯彻，确保了中华人民共和国教育事业的发展。

(3)“文化大革命”期间的教育工作指示

“文化大革命”期间某些对教育的工作指示出现了一定的偏差，影响了教育的发展，在“文化大革命”结束后得到了有效纠正。

2. 改革开放以来教育方针和教育目的的发展

(1)《中共中央关于教育体制改革的决定》中的教育方针(1985 年)

党的十一届三中全会后，我们党重申了 1957 年和 1958 年提出的教育方针。1981 年，《关于建国以来党的若干历史问题的决议》提出：“用马克思主义世界观和共产主义道德教育人民和青年，坚持德智体全面发展、又红又专、知识分子与工人农民相结合、脑力劳动与体力劳动相结合的教育方针。”

1983 年，邓小平同志提出“教育要面向现代化、面向世界，面向未来”。“三个面向”成为改革和发展教育的战略指导思想。1985 年，《中共中央关于教育体制改革的决定》明确提出：“教育必须为社会主义建设服务，社会主义建设必须依靠教育”，“必须极大地提高全党对教育工作的认识，面向现代化、面向世界、面向未来，为九十年代以至下世纪初叶我国经济和社会的发展，大规模地准备新的能够坚持社会主义方向的各级各类合格人才”。

1986 年，《中华人民共和国义务教育法》规定：“义务教育必须贯彻国家的教育

---

① 毛泽东：《关于正确处理人民内部矛盾的问题》，23 页，北京，人民出版社，1964。

方针，努力提高教育质量，使儿童、少年在品德、智力、体质等方面全面发展，为提高全民族的素质，培养有理想、有道德、有文化、有纪律的社会主义建设人才奠定基础。”这从法律上确保了义务教育阶段教育方针的贯彻落实。

(2)《中国教育改革和发展纲要》中的教育方针(1993 年)

20 世纪 90 年代初，以邓小平南方谈话为标志，我国开始了市场经济改革。1993 年，《中国教育改革和发展纲要》提出现阶段的教育方针是“教育必须为社会主义现代化建设服务，必须与生产劳动相结合，培养德、智、体全面发展的建设者和接班人”。

1995 年 3 月通过的《中华人民共和国教育法》的第五条，大致沿用了这一教育方针：“教育必须为社会主义现代化建设服务，必须与生产劳动相结合，培养德、智、体等方面全面发展的社会主义事业的建设者和接班人。”至此，我国新时期的教育方针，已完成立法的程序，写进了教育的根本大法。

(3)《中共中央、国务院关于深化教育改革全面推进素质教育的决定》中的教育方针(1999 年)

1999 年召开的第三次全国教育工作会议通过的《中共中央、国务院关于深化教育改革全面推进素质教育的决定》，对我国的教育方针作出新的表述：“实施素质教育，就是全面贯彻党的教育方针，以提高国民素质为根本宗旨，以培养学生的创新精神和实践能力为重点，造就‘有理想、有道德、有文化、有纪律’的、德智体美等全面发展的社会主义事业建设者和接班人。”

(4)党的十六大对教育方针的表述(2002 年)

党的十六大报告从全面建设小康社会、实现中华民族伟大复兴的全局出发，深刻阐述了教育方针，为 21 世纪我国教育改革和发展提供了行动指南。报告提出，新时期党的教育方针是“坚持教育为社会主义现代化建设服务，为人民服务，与生产劳动和社会实践相结合，培养德智体美全面发展的社会主义建设者和接班人”。第一次把“为人民服务”纳入教育方针，写到教育的旗帜上，充分体现了以人为本的思想和人文关怀精神；强调教育不仅要与生产劳动相结合，而且要与社会实践相结合。这一表述贯彻了“三个代表”重要思想，体现了与时俱进的精神。①

(5)党的十七大对教育方针的表述(2007 年)

党的十七大报告讲到加快改善民生的六大任务时，放在首位的就是：“优先发展教育，建设人力资源强国。教育是民族振兴的基石，教育公平是社会公平的重要基础。”“要全面贯彻党的教育方针，坚持育人为本、德育为先，实施素质教育，提高教育现代化水平，培养德智体美全面发展的社会主义建设者和接班人，办好人民满意的教育。”

---

① 徐志伟：《解读十六大对教育方针的新表述》，载《教育与现代化》，2004(1)。

(6)党的十八大对教育方针的表述(2012 年)

党的十八大报告把“努力办好人民满意的教育”作为在改善民生和创新管理中加强社会建设的首要任务，并明确指出：“教育是民族振兴和社会进步的基石。要坚持教育优先发展，全面贯彻党的教育方针，坚持教育为社会主义现代化建设服务、为人民服务，把立德树人作为教育的根本任务，培养德智体美全面发展的社会主义建设者和接班人。全面实施素质教育，深化教育领域综合改革，着力提高教育质量，培养学生社会责任感、创新精神、实践能力。”

(7)党的十九大对教育方针的表述(2017 年)

党的十九大报告提出优先发展教育事业，强调“建设教育强国是中华民族伟大复兴的基础工程，必须把教育事业放在优先位置，深化教育改革，加快教育现代化，办好人民满意的教育。要全面贯彻党的教育方针，落实立德树人根本任务，发展素质教育，推进教育公平，培养德智体美全面发展的社会主义建设者和接班人”。

(8)《中华人民共和国教育法》(2022 年)

2022 年，第三次修正的《中华人民共和国教育法》第五条：“教育必须为社会主义现代化建设服务，为人民服务，必须与生产劳动和社会实践相结合，培养德智体美劳全面发展的社会主义建设者和接班人。”

(9)党的二十大对教育方针的表述(2022 年)

党的二十大报告提出：“教育是国之大计、党之大计。培养什么人、怎样培养人、为谁培养人是教育的根本问题。育人的根本在于立德。全面贯彻党的教育方针，落实立德树人根本任务，培养德智体美劳全面发展的社会主义建设者和接班人。”

二、我国教育目的的基本精神

(一)我国教育目的的基本精神

中华人民共和国成立以来，我国教育目的多包含在教育方针中，是作为教育方针的一个组成部分提出来的，具体表述虽几经变换，但教育目的的基本精神都得到了不同程度的体现。

1. 坚持人才培养的社会主义性质

教育目的受具体的、历史的社会条件的制约，主要表现为社会政治经济制度决定着人才培养的社会方向，即教育为谁培养人才。回顾中华人民共和国成立以来的教育目的，尽管有“劳动者”“合格人才”“建设者和接班人”等不同表述，但前提都是社会主义人才，是“有社会主义觉悟、有文化的劳动者”“坚持社会主义方向的各级各类人才”“社会主义建设者和接班人”。这是由我国社会主义制度决定的。习近平总书记在 2018 年与北京大学师生座谈时明确指出：“古今中外，每个国家都是按照自己的政治要求来培养人的，世界一流大学都是在服务自己国家发展中成长起来的。我国社会主义教育就是要培养社会主义建设者和接班人。”2019 年，在学校思想政治理论课教师座谈会上，习近平总书记强调："新时代贯彻党的教育方针，要坚持马克思主义指导地位，贯彻新时代中国特色社会主义思想，坚持社会主义办学方向，落实立德树人的根本任务，坚持教育为人民服务、为中国共产党治国理政服务、为巩固和发展中国特色社会主义制度服务、为改革开放和社会主义现代化建设服务，扎根中国大地办教育，同生产劳动和社会实践相结合，加快推进教育现代化、建设教育强国、办好人民满意的教育，努力培养担当民族复兴大任的时代新人，培养德智体美劳全面发展的社会主义建设者和接班人。"这一重要表述，不仅明确了新时代我国教育的性质和方向，也确定了人才培养的性质和方向。

我国现行教育方针提出的是培养"建设者"和"接班人"，其实这也只是对"劳动者"的具体提法。"建设者"和"接班人"，不应理解为培养两种人，而是对社会主义劳动者两种职能的统一要求。

2. 实现人的全面发展

人的全面发展是人类社会的崇高理想，我国当然也将此作为追求的目标。在这一点上，我们有着与人类以往理想一致的观点，也有着我们自己的特殊理解。

社会主义的教育目的是培养全面发展的新型劳动者。马克思主义认为，全面发展首要的是智力和体力的广泛、充分、统一、自由的发展。智力和体力是劳动能力的基础，是同自然和谐相处的主要条件。同时，社会主义劳动者具有丰富的属性。劳动者生存和发展不只要同自然和谐相处，而且要与人和社会交往，还必须具有高尚的道德品质。德智体是人的素质构成的主体，因而教育目的强调三者的统一发展。

马克思主义指出：社会主义的劳动者不只是生产者，而且是享受者。"因为要多方面享受，他就必须有享受的能力。"①美的欣赏、美的评价、美的创造，是重要的美的享受能力，所以，现代人需要美的能力的发展。

现代大工业生产表明，劳动生产率的提高主要依靠现代科学技术。科学知识只有通过技术的应用才能转化为生产力。所以，劳动技术的发展，也是现代人不可缺少的素质。

由上可见，社会主义新型劳动者的素质构成，除德智体作为主体构成要素之外，还要有美和劳动技术要素的发展。我国教育方针在人才规格上提出德智体美劳方面的全面发展正是体现了这一全面要求。

3. 教育与生产劳动和社会实践相结合

教育与生产劳动相结合是现代教育的基本特点，是教育为社会主义现代化建设服务的前提，也是培养全面发展的人的根本途径。

教育与生产劳动相结合，是马克思、恩格斯关于人的全面发展理论的重要内容。在马克思、恩格斯所处的时代，机器大生产刚刚起步，对教育与生产劳动相结合的

① 《马克思恩格斯全集》第46卷上册，392页，北京，人民出版社，1979。

许多论述是围绕着在资本主义条件下为童工争取受教育权展开的。① 进入新时代，教育和生产劳动的形态发生了巨大的变化，伴随着马克思主义时代化、中国化的持续推进，教育与生产劳动相结合也具有了新的含义。从宏观层面看，教育与生产劳动相结合包括：教育与经济社会发展要求相适应，教育要培养现代社会经济发展所需要的人才，建立与现代社会经济结构相适应的教育体系。从微观层面看，教育与生产劳动相结合包括：促进学校和社会生产部门的联系与对接；德智体美劳诸育与生产劳动相结合，推进五育融合；大力开展劳动教育；有效实施科学教育。②

培养全面发展的人，教育不仅要与生产劳动相结合，还要与社会实践相结合。社会实践是指人类认识世界和改造世界等各类活动的总和。人类实际生活的所有领域和各个方面都属于社会实践范畴。为了培养全面发展的人，也为了实现教育的社会功能，教育必须与社会实践相结合。在1999年的全国教育工作会议上，江泽民总书记明确提出，坚持教育为社会主义服务、为人民服务，坚持教育与社会实践相结合的方针。2000年3月1日，江泽民总书记在《人民日报》上发表《关于教育问题的谈话》，在谈及教育方针时指出，“在我们的国家里，各级各类学校，都应认真贯彻执行教育为社会主义事业服务、教育与社会实践相结合的教育方针”。第一次将以前的“教育与生产劳动相结合”改述为“教育与社会实践相结合”。党的十六大确定为“与生产劳动和社会实践相结合”。这些表述扩展了我国教育与生产劳动相结合的内涵。习近平总书记在2019年学校思想政治理论课教师座谈会上的讲话以及2022年修正后的《中华人民共和国教育法》，都沿用了这一表述。将“教育与生产劳动相结合”和“教育与社会实践相结合”并提并重，不仅是对几十年一以贯之的教劳结合方针优良传统的继承，具有鲜明的时代特色，充分反映了党和国家在新的历史时期强调什么、导向什么的教育宗旨及关于我国社会主义教育的基本原则和目标导向，而且完整体现了马克思主义教劳结合和社会实践理论的丰富性，代表了马克思主义教育思想在我国的最新成就。③

总而言之，我国社会主义教育的目的体现了马克思主义关于人的全面发展的思想，它明确规定了我国教育目的的社会主义性质和方向，指出了培养社会主义建设人才的基本要求。

（二）实现教育目的的基本要求

1. 端正教育思想，明确教育目的

教育思想是人们在一定的社会时代形成的对教育现象、教育问题的认识，是关于教育问题的一种社会意识形态。它的主要表现形态是教育指导思想（如教育方针、

① 郑金洲：《“教育与生产劳动相结合”释义》，载《北京大学教育评论》，2022(2)。

② 郑金洲：《“教育与生产劳动相结合”释义》，载《北京大学教育评论》，2022(2)。

③ 杨天平、杨力：《马克思主义教育思想在中国的创新性发展：对新修订〈教育法〉中“两个结合”方针的学理性释读》，载《国家教育行政学院学报》，2016(11)。

办学思想等)和各种教育观念(如人才观、质量观等)。教育思想来自一定社会和时代的教育实践，任何教育实践活动都是在一定的教育思想支配下进行的。教育工作者总是自觉或不自觉地用一定的教育思想指导自己的工作。

教育思想的核心内容集中体现在为谁培养人、培养什么人和如何培养人的问题上。因此，明确教育目的是端正教育思想的关键。或者说，端正教育思想，最重要的是端正办学方向。

端正教育思想、明确教育目的就是要求我们的基础教育能够重新审视教育现实，把背离正确发展轨道的不正常教育行为扳回到教育方针要求的轨道上来。本着为国家、民族负责的高度责任感，本着为学生发展负责的事业心，以正确的办学指导思想和人才观、质量观去主导学校的教育实践，使我们的学校真正成为造就人才的摇篮。

2. 全面贯彻党的教育方针，全面提高教育质量

全面贯彻党的教育方针，即要求各级各类学校必须把培养德智体美劳全面发展的社会主义建设者和接班人作为育人的理想目标。任何偏离全面发展的教育行为、管理行为、评价行为等都是对党的教育方针的背离。全面贯彻党的教育方针，要求我们把党的教育方针全面贯彻到学校教育过程的各个环节之中。

全面提高教育质量，即把学校教育质量的追求放在全面提高的基点上。全面提高就不能只提高某些人或某个方面的教育质量，而是所有人和所有方面的发展都提高。全面提高就不是“应试教育”所追求的应试能力的单方面提高或仅仅是升学率的提高，而是知识、技能、思想认识等各方面的全面提高和入学率、合格率、优秀率、升学率等各项指标的全面提高。

3. 深化教育改革，全面实施素质教育

为了全面提高教育质量，培养合格人才，我们的教育必须进行改革。1999 年出台的《中共中央、国务院关于深化教育改革全面推进素质教育的决定》，对素质教育的一系列理论和实践问题作出了规范，成为我国各级各类教育全面推进素质教育的基本依据。

素质教育的内容主要有五个方面：政治思想素质教育(包括政治素质教育、思想素质教育、道德素质教育、民主法治素质教育)，科学文化素质教育，审美素质教育，身体素质教育和心理素质教育。

党的十七大报告提出“实施素质教育”，党的十九大和二十大报告均要求“发展素质教育”。实施素质教育的实质，就是全面贯彻党的教育方针。

全面实施素质教育，要坚持面向全体学生，为学生的全面发展创造相应的条件。素质教育应贯穿于学前教育、初等教育、中等教育、高等教育及普通教育、职业教育等各级各类教育中，应贯穿于学校教育、家庭教育和社会教育等的各个方面。

三、全面发展教育

(一)全面发展教育的组成部分

所谓全面发展教育，是对含有各方面素质培养功能的整体教育的一种概括，是对为使受教育者多方面得到发展而实施的多种素质培养的教育活动的总称。在中外教育史上，人们关于全面发展教育组成部分的认识不尽相同。我国春秋时期的“六艺”促进人的身体心智、知情意行、文治武功的全面发展；古希腊的“七艺”则追求人的和谐发展；马克思结合当时工人子女身心发展被摧残的实际，也是为了使儿童身心得到一定的发展或免于过分片面发展，提出实施智育、体育(体育学校和军事训练所教授的那种东西)、技术教育(这种教育要使儿童和少年了解生产各个过程的基本原理，同时使他们获得运用各种生产的最简单的工具的技能)。1957 年，毛泽东同志在《关于正确处理人民内部矛盾的问题》中将全面发展教育明确为德育、智育、体育三个部分，将培养有社会主义觉悟的有文化的劳动者作为社会主义教育的根本目的。1999 年，《中共中央、国务院关于深化教育改革全面推进素质教育的决定》将全面发展教育扩展为“德智体美”四育，丰富了全面发展教育的组成部分。2018 年，习近平总书记在全国教育大会上进一步将全面发展教育扩展为“德智体美劳”五育。这一论断成为新时代中国特色社会主义教育理论的重要内容，也是指引当前和未来我国教育改革与发展的行动指南。

我国教育目的规定的人才质量规格是德智体美劳全面发展，结合我国在各个学校教育阶段实施的课程计划，我们认为全面发展教育的组成部分包括德育、智育、体育、美育和劳动教育。

1. 德育

德育是政治教育、思想教育和道德品质教育的总称，是旨在培养学生的思想品德的教育。我国的学校德育是要对学生进行社会主义的思想政治观点和道德规范的教导，组织和指导学生的道德实践，培养学生的社会主义品德。它集中体现了我国教育目的的社会主义方向性，在人的全面发展和全面发展教育中起着定向和推动作用。

2. 智育

智育是引导学生掌握系统的科学文化知识和技能，发展他们的智力的教育。智育为学生的思想品德、审美观点、良好身体素质等的形成与发展准备知识与能力的基础。我国中小学落实教育目的在智育方面的要求是：使学生掌握现代科学基础知识，掌握基本技能和技巧，发展观察、记忆、思维、想象、创造能力，养成良好的自学的能力、探索创新的精神，以及团结协作和积极参与社会活动的能力。

3. 体育

体育是促进学生身体正常发育、增强体质、掌握强身健体知识与技能的教育。

中小学在体育方面的培养目标主要是：使学生掌握基本的运动知识、技能，促进学生身体的正常发育和成熟，增强学生的体力和体质，使学生养成锻炼身体和讲究卫生的良好习惯。

4. 美育

美育是培养学生正确的审美观，发展他们鉴赏美和创造美的能力，培养他们的高尚情操和文明素质的教育。美育不仅能陶冶情操、提高素养，而且有助于开发智力。具体要求为：培养学生正确的审美观；培养学生感受美、理解美和创造美的能力，发展他们的艺术才能；培养学生具有高尚的情操、文明的行为、整洁的习惯和朝气蓬勃的精神面貌。

5. 劳动教育

劳动教育是培养学生劳动观念、生产技术知识和能力的教育。它也是德育和智育的重要内容和途径，对体育和美育也有促进作用。基础教育进行劳动教育的目标是培养学生的劳动观点和劳动习惯，使学生掌握一些生产技术的基础知识和基本技能。

2018 年，习近平总书记在全国教育大会上明确指出：要在学生中弘扬劳动精神，教育引导学生崇尚劳动、尊重劳动，懂得劳动最光荣、劳动最崇高、劳动最伟大、劳动最美丽的道理，长大后能够辛勤劳动、诚实劳动、创造性劳动。2020 年 3 月，中共中央、国务院印发《关于全面加强新时代大中小学劳动教育的意见》，提出把劳动教育纳入人才培养全过程，贯通大中小学各学段，贯穿家庭、学校、社会各方面，与德育、智育、体育、美育相融合，紧密结合经济社会发展变化和学生生活实际，积极探索具有中国特色的劳动教育模式，创新体制机制，注重教育实效，实现知行合一，促进学生形成正确的世界观、人生观、价值观。2020 年 7 月，教育部印发《大中小学劳动教育指导纲要(试行)》，对劳动教育性质和基本理念、劳动教育目标和内容、劳动教育途径、关键环节和评价、学校劳动教育的规划与实施、劳动教育条件保障与专业支持等作出明确规定。

(二)全面发展教育组成部分之间的关系

教育是一个复杂的过程，德育、智育、体育、美育、劳动教育是一个统一整体。为了便于分析说明问题，人们常常把其中某方面的教育从整体中抽出来，具体加以研究，而在教育实践中，并不存在独立的与其他方面的教育相分离的任何一种教育。

全面发展教育的各个组成部分，在全面发展教育这一整体及促进人全面发展过程中的地位、作用是各不相同的，是相对独立的，不能相互替代；五育中的每一个组成部分在人的发展的某一个方面，相比其他部分，作用更加直接、显著；五育相互依存、相互联系、相互渗透、相辅相成，五育融合作为一个整体共同促进人的全面发展。如果忽视或取消其中任何一种教育，就不能构成全面发展的教育，不能真正落实教育目的；如果不恰当地突出某一种教育，也会造成不良后果。德智体美劳是表述的顺序，而不是其重要性的顺序。

我们强调五育并举，全面发展，并不意味着要求每一个人在五个方面达到同样的水平，也不意味着要一个人在这五个方面均衡发展，而是要把全面发展和因材施教结合起来，使每一个受教育者既有较为完善的基本素质，又能充分发展其所长，形成丰富而独特的个性。

本章小结

1. 教育目的是一切教育活动的出发点和归宿。一般而言，教育目的是指国家对教育活动结果的预先、总体规定，即对人才培养的总要求。其中的人才质量规格是教育目的的重要内容；教育类型、级别的多样化，决定了教育目的层次的多样性。对实际教育工作，教育目的具有导向、评价、选择、调控和激励的功能。

2. 任何教育目的都是在一定理论基础上，结合社会政治经济发展水平、教育者身心发展规律而确定的。人性论和教育目的的价值取向是确定教育目的的理论基础，不同的人的本质观、教育价值取向对教育目的的追求不同。我国教育目的的理论基础是马克思主义关于人的全面发展理论，其基本内容是：人的全面发展主要是指体力和智力的统一发展，人的发展与生产的发展相一致，分工和私有制造成人的片面发展，机器大生产是人的全面发展的客观基础，共产主义制度的实现是人的全面发展的政治保障，教育与生产劳动相结合是实现人的全面发展的根本途径。

3. 我国的教育目的一般是通过教育方针确定的。1949 年后，在不同时期，我国教育目的的具体表述不尽相同，但基本精神是一致的，即坚持人才培养的社会主义性质、实现人的全面发展、教育与生产劳动和社会实践相结合。实现教育目的需要各方教育主体端正教育思想，明确教育目的；全面贯彻党的教育方针，全面提高教育质量；深化教育改革，全面实施素质教育。

4. 全面发展教育包括德育、智育、体育、美育和劳动教育。全面发展教育的各个组成部分相互依存、相互联系、相互渗透、相辅相成，作为一个整体共同促进人的全面发展。

关键术语

1. 教育方针
2. 教育目的
3. 培养目标
4. 人性论

5. 个人本位论

6. 社会本位论

7. 人的全面发展

8. 全面发展教育

9. 五育融合

思考题

1. 如何理解教育目的？结合实际论述教育目的的功能。

2. 结合九年义务教育和高中课程标准，分析教育目的的层次结构及实现路径。

3. 简要评述个人本位论和社会本位论的基本观点。

4. 分析说明我国教育目的的精神实质，结合实际分析教育目的在教育工作中的落实。

5. 论述全面发展教育各个组成部分之间的关系。

案例分析

袁隆平——良种济世　粮丰民安

金风送爽，染黄了又一茬稻谷。“杂交水稻之父”袁隆平的学生、湖南省杂交水稻研究中心栽培室主任李建武又想起了恩师：“老师，请您放心！经过实地考察，今年能实现您双季稻亩产 3000 斤的愿望。”

杂交水稻双季亩产突破 3000 斤的心愿，是袁隆平在 90 岁生日时许下的。为了实现这个心愿，90 岁高龄时，他还坚持在海南三亚的国家南繁科研育种基地开展科研。虽然袁老未能看到今年扩大双季稻亩产 3000 斤的示范成功，但是，在他身后，他一生挚爱的水稻事业后继有人，一批批农业科技工作者把论文写在祖国大地上。

“人就像种子，要做一粒好种子”

1949 年，从小立志学农的袁隆平，如愿报考了农学第一志愿。毕业后，袁隆平来到湘西雪峰山麓的安江农校任教。1960 年，一个寻常的课后，他在校外的早稻试验田里发现了一棵“鹤立鸡群”的稻禾：一株足有 10 余穗，挑一穗数有籽粒 200 多粒。他如获至宝，收获时把这一株的籽粒全收了。第二年春天，他播下这些金灿灿的稻种，却发现抽穗时早的早、迟的迟，参差不齐，优异性状完全退化了。

“自花授粉作物没有杂交优势”，这是当时学界的普遍共识。真是这样吗？袁隆平冲破传统学术观点的束缚，义无反顾地选择攻关水稻杂交优势利用。从 1964 年开始，他带着学生，在稻田里从寻找天然雄性不育株入手，用“三系”法研究杂交水稻。他举着放大镜，一垄垄、一行行，终于在第十四天发现了第一株雄性不育株；此后，他带领助手用上千个水稻品种进行了 3000 多次试验。直到 1970 年才打开了杂交水稻研究突破口。1973 年，中国籼型杂交水稻“三系”配套成功。

“人就像种子，要做一粒好种子”，这是袁隆平院士生前常说的一句话。他也用一生，为这句话写下了注脚。

“要种出好水稻必须得下田”

2019 年，袁隆平获得“共和国勋章”。捧着沉甸甸的勋章，他觉得自己“不能躺在功劳簿上睡大觉”。颁奖会后第二天，袁隆平匆匆赶回湖南。回去第一件事，还是下田去看他的水稻。

对袁隆平来说，下田就像一日三餐一样平常。为了缩短杂交水稻育种周期，几十年来，袁隆平师徒几人背着干粮，在云南、海南和广东等地辗转研究。

“袁老师常常对我们说，电脑里长不出水稻，书本里也长不出水稻，要种出好水稻必须得下田。”李建武说。如今，几代年轻的科学家已经逐渐接过种业振兴的担子，继续攻坚在一块块水稻试验田中。

“我拉着我最亲爱的朋友，坐在稻穗下乘凉”

“风吹起稻浪，稻芒划过手掌，稻草在场上堆成垛，谷子迎着阳光毕剥作响，水田泛出一片橙黄……”“走在田埂上，它同我一般高，我拉着我最亲爱的朋友，坐在稻穗下乘凉……”今年 5 月 22 日，袁隆平先生走了，带着他念念不忘的“梦”。

“杂交水稻覆盖全球”是袁隆平的一个梦想，他曾说：“全世界有一亿六千万公顷的稻田，如果其中有一半稻田是杂交稻，每公顷增产两吨算，可以增产一亿六千万吨粮食，能多养四亿到五亿人。中国的水稻将为人类的粮食安全作出贡献。”

现在，杂交水稻已经在亚洲、非洲、美洲的数十个国家和地区推广种植，年种植面积达 800 万公顷。金黄的稻谷，让无数人享受到了吃饱的幸福，看到了生活的希望。

“袁隆平院士为推进粮食安全、消除贫困、造福民生作出了杰出贡献！”联合国如此评价他。

摘自郁静娴：《袁隆平——良种济世　粮丰民安》，载《人民日报》，2021-09-23。

问题：

运用教育目的理论分析该案例。

第六章　教育制度

学习目标

1. 识记教育制度、学制的含义。
2. 识记义务教育的含义，理解义务教育的基本特征。
3. 识记现代学校教育制度的基本类型及我国学制的变革历程。
4. 结合理论知识，分析国内外学制发展、变革的背景与内容。

问题导入

纵观美国中小学的学制演变历史，不难发现社会经济发展的推动是学制变革的根本力量。20世纪初期，工商业发展，迫切需要大量的有技术的工人进入工厂、企业工作，因此，缩短小学教育，延长中等教育，并提前分轨的“六三三”学制应运而生；60年代，经济进一步发展，初中毕业生不能满足社会的需要，教育的层次进一步提高，国家鼓励更多的人读大学，因此，初中衰落，取而代之的是更加符合学生身心发展规律的衔接小学和中学的中间学校。学制的改革虽然受制于社会的发展，但是也必须遵循学生身心发展的规律。心理学理论在美国的每一次学制变革中都起到了重要的推动作用，为学制的变革奠定了坚实的科学基础。

1997年是日本仿照美国建立“六三三”学制50周年，日本文部省制定了“教育改革计划”，要求导入初、高中6年一贯制教育。经过实验和研究，初、高中一贯制教育模式在1999年4月正式进入日本的教育体制。至2006年，日本初、高中一贯制学校已近两百所。

日本的初、高中一贯制“不仅仅是有利于上大学的升学考试，而且，它还产生了一个与培养21世纪所需人才相称的、丰富多彩的教育人的场所”。这主要表现在初、高中一贯制学校的主要课程时间充足上。以英语为例，许多一贯制私立中学的初中阶段为5～6课时，高中阶段为6～7课时，而标准课时是4课时。英语是一门需要日积月累的学科，因此，6年不间断的培养和学习，必然比普通高中的学生好很多。再加上不需要额外复习功课准备中考的时间，学生们的精神负担减轻，有更多的时间和精力投入自己感兴趣的领域，甚至可以利用富裕的时间去旅行、游学等。

引入初、高中一贯制的学校改善了日本现行“六三三”学制单一、固化的弊端，使其教育体制更加多样化和弹性化。随着初、高中一贯制作为一种新的教育制度被确定下来，日本的中小学教育结构就分化为“六三三”制和“六六”制两种体系。

选自孙丹丹：《我国中小学阶段“六三三”学制对当代社会适切性问题的研究》，硕士学位论文，浙江师范大学，2014。

教育制度是一个国家在一定历史条件下形成的一项重要制度，直接关系到社会所需要的各级各类人才的培养、分流、筛选，其核心部分是学校教育制度。与社会政治经济发展水平相适应的教育制度，是一个国家发展、管理教育事业的重要内容与手段；一个国家只有不断改进、完善教育制度，才能使教育系统培养的人才在数量、质量、结构上满足社会多方面的需要。

第一节 教育制度概述

一、教育制度的含义及其特征

(一)教育制度的含义

“制度”是一个多义词，是管理学、经济学、社会学等学科常用的词语。汉语中，“制度”一词有两个含义：一是要求成员共同遵守的、按一定规程办事的规则，如工作制度、学习制度等；二是在一定条件下形成的政治、经济、文化等方面的体系，如资本主义制度、社会主义制度等。英语中，表示“制度”的词有两个：一个是 system，另一个是 institution。system 有“系统”“体系”“制度”“体制”等含义，institution 有“制度”“惯例”“风俗”及“公共机构”等含义。由此可见，“制度”一词包括两个方面的内容：一是组织机构或系统，二是调控、规范组织机构或系统运行的规则。组织机构或系统的运行及其功能的实现需要规则作为支撑架构；而规则总是以一定的组织机构或系统作为调控、规范的对象，进而起到调控、规范各种组织机构或系统及其内部各种关系的作用。基于对制度的理解，我们把教育制度①界定为：一个国家为实现其教育目的而确定的各级各类教育机构及其管理规则。各级各类教育机构主要包括学校教育机构与组织、幼儿教育机构与组织、校外儿童教育机构与组织、成人教育机构与组织。调控、规范各级各类教育机构的活动及其关系的规则是多样的，诸如习俗、惯例、伦理道德、法律等；由于确定教育制度的主体是国家，这些规则主要是指国家制定的有关教育的法律和政策。

(二)教育制度的基本特征

1. 客观性

教育制度的客观性是指：一方面，教育制度是人类教育实践发展的客观要求；另一方面，尽管教育制度反映着国家对教育的价值与利益需求，但是教育制度是建立在一定社会政治经济发展水平的现实基础之上的，一经确定并实施，就会作为客观存在的规则对教育系统产生规范、调控作用。

在人类的原始阶段，教育活动广泛存在于社会生活的各个方面，依存于具体的情境，并不受特定规则的制约；随着教育的发展，人们为了实现教育目标，逐渐形成一套用来指导教育的行为规范，这种规范的初始形态主要表现为教育习俗、教育习惯、教育仪式等。伴随着国家的产生及教育活动、教育组织机构的多样化及复杂化，教育习俗等规则不足以有效地规范教育行为、维持教育秩序，因而在教育习俗

① 《教育大词典》中，教育制度被译为 educational system；而《中国大百科全书·社会学》中，教育制度则被译为 educational institution。

的基础上形成了更加系统、有效的规则，即法律。“在社会发展某个很早的阶段，产生了这样一种需要：把每天重复着的产品生产、分配和交换用一个共同规则约束起来，借以使个人服从生产和交换的共同条件。这个规则首先表现为习惯，不久便成了法律。随着法律的产生，就必然产生出以维护法律为职责的机关——公共权力，即国家。”①恩格斯的这一思想，既是对国家、社会制度起源的论述，也可以说是对教育制度形成的高度概括。教育制度一旦确立，规范、调控教育机构及其活动的规则，诸如法律和政策，就会具有公定力，对教育系统具有普遍约束力。

2. 历史性

教育制度的历史性是指任何教育制度都是具体的、历史的，是有生命周期的。

第一，教育制度是具体的、历史的统一。考察教育制度形成与发展的历史，我们便可发现，任何教育制度都是受其所依存的社会政治、经济、文化、科技发展水平制约的，都是基于社会发展的客观现实基础及发展趋势构建而成的。教育制度是具体的，它在一定条件下只能显现为特定的形态、具备特定的内容，只有如此，教育制度才能被各方主体理解并发挥其指导、规范教育活动的作用。离开了具体的现实条件，教育制度就会成为抽象、空洞的所谓“规则”，变得不可理解并失去其存在的价值和意义。同时，教育制度又是历史的，它随着社会历史条件的变化而变化。在不同的历史时期和不同的文化背景下，教育制度的形态和内容是各不相同的，教育制度的发展是一个不断扬弃自身的过程。不顾历史条件的变化，妄谈所谓“普遍、永恒”的教育制度，是机械、保守主义的表现。可见，教育制度是具体的、历史的，是二者的统一。离开历史性谈具体性，教育制度就会成为凝固不变的东西；离开具体性来谈历史性，教育制度就会成为没有实际内容的抽象的东西。②

第二，教育制度是有生命周期的。教育制度是具体的、历史的统一，决定了教育制度是有生命周期的，不存在亘古不变的、完美的、能解决一切教育问题的最高或最终的教育制度。因此，教育制度必须随着时代和文化背景的变化不断创新。所谓教育制度创新，是指在一定理论指导下，对教育系统的组织机构及其管理规则进行革新和创造的过程。教育制度创新是教育改革的一项重要内容，也是教育实践得以深化的一个重要条件。从某种意义上说，人类教育发展史就是一部教育制度的创新史。教育制度的每一次改革与创新，都会极大影响人类教育的发展；而人类教育发展的每一次质的飞跃，无不以教育制度的革命性突破为前提。“如果没有相应的教育制度创新将教育领域的变革以及各种历史性机缘整合为一种变更整个社会教育的现实力量，16 世纪以来西欧社会逐步积累起来的新的教育因素，就很难凝聚成为一种崭新的教育形态；如果没有相应的新的教育制度框架将新的教育成果有效地巩固起来，并为之提供有效的人力资源，西欧社会在 16 世纪以来所发生的变化及其取得

---

① 《马克思恩格斯选集》第 3 卷，211 页，北京，人民出版社，1995。

② 李江源：《论教育制度的若干本质特征》，载《河北师范大学学报(教育科学版)》，2011(11)。

的成果，更不可能扩张成为一种普遍性的现代文明。更进一步说，16 世纪以来西欧社会各个领域发生的各种变革，如技术的创新、知识的增长、经济的发展等等，无不与教育制度创新所提供的各种人才资源有密切的关系。可以说，现代工业文明之所以产生，首先是由于人类教育制度结构的演变发生了历史性的大突破。”①

3. 规范性

教育制度是国家根据其需要制定的，反映其在教育领域的利益和要求，具有规范性。这种规范性，一方面表现为对教育活动的组织化，即对教育系统中各级各类教育机构及其运行机制的确定。如《中华人民共和国教育法》第十七条规定：“国家实行学前教育、初等教育、中等教育、高等教育的学校教育制度。国家建立科学的学制系统。学制系统内的学校和其他教育机构的设置、教育形式、修业年限、招生对象、培养目标等，由国务院或者由国务院授权教育行政部门规定。”另一方面，教育制度的规范性表现为对各教育主体教育行为的规定。教育制度最基本的含义之一就是管理规则，教育法律法规和政策是管理规则的最主要表现形式。教育法律法规和政策对各教育主体的行为作出明确规定。这些教育行为主要包括国家管理教育的活动、国家和社会团体组织机构及公民个人举办学校及其他教育机构的活动、学校及其他教育机构的教育教学行为、教师及其他教育者实施教育教学的活动、学生及其他受教育者接受和参与教育教学的活动等等。总之，国家通过教育法律法规和政策，不仅为各教育主体的教育行为划定了边界和空间，也为教育系统的运行设定了轨道。

4. 强制性

教育制度概念中最基本的含义就是教育规则或者教育规范，即对各教育主体行为的确定；教育规则或者教育规范也是教育制度中的核心内容。其中，教育法律法规和政策最纯粹地表现出教育制度作为规则或者规范的存在。教育法律法规和政策体现国家在教育领域的利益和要求，具有公定力，独立于各教育主体之外并对其行为具有一定的强制性，要求各教育主体必须遵守和服从，并且运用法律和纪律手段制裁任何违反、破坏教育法律法规和政策的行为。例如，我国《教育法》第七十一条至第八十三条明确规定了违反教育法律规定需要承担的法律责任。

二、制约教育制度的因素

教育制度的产生、发展和演变受到多种因素的制约，具体而言，主要受以下几个因素的制约。

(一)政治经济制度

政治经济制度是一个国家的根本制度，这就意味着教育制度的创立和变革受政治经济制度的制约。政治经济制度对教育制度的制约主要表现为：政治经济制度的性质制约教育制度的性质，教育制度是政治经济制度的翻版和缩影；政治经济制度

① 李江源：《教育发展与教育制度创新略论》，载《教育导刊》，2003(Z1)。

对教育制度改革起着定向、驱动和支持的作用。

(二)社会生产力发展水平

社会生产力发展水平通过对各级各类人才的需求，制约教育机构的类型及其结构，进而制约教育制度。在原始社会，人类社会还处于混沌未分化状态，对新生代的教育活动由部落或公共大家庭共同承担，并且与人类原始的生产、生活、艺术、宗教等活动融合在一起，调整和规范教育活动的规则主要是习俗和惯例。进入奴隶社会，随着社会生产力发展水平的提高、体力劳动者和脑力劳动者的分化、文字的出现和发展，学校教育产生并开启了教育的制度化趋势。学校教育具有的计划性、专门性等特点，决定了学校教育成为培养社会所需要的官吏、军人、知识分子等人才的重要的教育形式，统治阶级制定的文教政策成为规范教育活动的重要规则。工业革命之后，由于生产方式的改变、科技的广泛运用、社会分工的复杂多样化，学校教育在类型上更多样，在层次上更清晰，在性质上也更加世俗化，教育法律逐渐成为规范教育活动的重要规则。19 世纪末 20 世纪初，西方发达国家基本建立起完备的现代教育制度。20 世纪 60 年代以后，随着科技的迅猛发展、产业结构的变化，教育制度也出现了新的变化，主要表现为义务教育年限的延长、高等教育的大众化和普及化、教育的类型和层次结构日益复杂化。

(三)文化传统

教育受社会文化的制约，又具有保存与传递、筛选与净化、传播与交流、更新与创造文化的功能。教育与文化的这种密切关系，使得教育制度不可避免地受一个国家文化传统的影响。

法国久远的文化渊源与历史背景，决定其中央集权的政治结构。中央集权的政治结构反映在教育领域则是其具有全面集中与整齐划一的基本特征：法国有对全国教育进行全面直接领导的中央权力机构——教育部；有一套组织严密、完全受教育部垂直领导和监督的地方教育行政机构；教育控制中的中央集权，不仅体现在对地方学校处理重要事项的大政方针与基本原则的规限上，还体现在对地方与学校处理一般事项的操作过程与具体方法的规限上，即所谓“学校每一分钟活动的内容都由国家教育部具体规定”①。

美国多元文化的特性及其历史背景，决定其地方分权的政治结构。这一政治结构反映在教育控制方式上只能是分散的，各州在教育上均独立自主：各州自行决定义务教育年限，通过各项教育法案，最终负责本州教育经费，规定有关教师资格、聘用条件、课程内容等方面的条例或方针，并制订实施、评价与修改教学计划；各州甚至把教育领导权限下放至所辖各级地方当局乃至地方教育委员会。②

---

① 吴康宁：《教育社会学》，78～79 页，北京，人民教育出版社，1998。

② 吴康宁：《教育社会学》，82～84 页，北京，人民教育出版社，1998。

(四)受教育者身心发展规律

受教育者身心发展规律对教育制度的制约主要表现为：第一，受教育者身心发展的顺序性要求确定教育内容、培养目标、课程目标等遵循由浅入深、由简到繁、由易到难、由少到多、由具体到抽象的原则。第二，受教育者身心发展的阶段性要求教育阶段的划分及各个教育阶段培养目标、教育内容、入学条件、修业年限等的制定依据受教育者身心发展各个阶段的年龄特征。受教育者身心发展是一生、完整统一的过程，阶段划分是相对而言的，所以各个教育阶段在培养目标、教育内容等方面既要保证相对独立，又要保持衔接与统一。第三，受教育者身心发展的不均衡性要求各个教育阶段的培养目标和教育内容各有侧重，突出重点。第四，受教育者身心发展的个别差异性要求各个教育阶段的培养目标在统一性基础上提倡各有所长、各有特色，在教育内容、教育教学方法等方面适应学生的个别差异性。特殊教育机构及特殊班级的设立，必须依据受教育者特殊群体的特点。第五，由于所依存的具体历史条件的不同，受教育者在各个发展阶段的年龄特征，在代与代间是有差异的，也是教育制度创新必须考量的因素。

最后，一个国家教育制度的确立和变革，既要根据自己的国情，又要借鉴外国教育制度发展过程中的有益经验。例如，我国近现代教育制度的历次变革与发展，就是在结合我国经济社会发展需求基础上，先后学习和借鉴了日本、欧美、苏联教育制度的经验。

第二节　现代学校教育制度

一、现代学校教育制度及其形成

现代教育制度的核心部分是学校教育制度。学校教育制度简称学制，是指一个国家各级各类学校教育机构及其管理规则，它规定着各级各类学校的性质、培养目标、入学条件、修业年限及它们之间横向、纵向的关系。

现代学校教育制度的形成与发展是与现代学校的产生、发展紧密联系的。在古代社会，学校没有严格的大学、中学、小学之分，更没有幼儿园；即使被称为大学、小学的教育机构，如我国西周的大学和小学，欧洲中世纪的大学，与现在意义上的大学和小学也有极大的差别。古代社会的学校教育，从制度的组织形式看，其规模较小，对象狭隘，没有形成统一有序、分工明确的各级各类学校教育组织机构；从管理规则来看，文教政策是规范学校教育的外部规则，而习俗与惯例是规范学校教育的内部规则，具体表现为教学活动的组织形式主要是个别教学和自学，没有统一的教学计划、大纲、教材和质量标准。随着社会生产力和科学技术的发展，社会对各级各类人才培养的数量和规格提出新要求，推动了统一学校、建立学校教育制度的进程，教育对象的范围逐步扩大，教育机会逐步均等。

现代学校教育制度首先产生于欧洲，其发展是依照两条路线进行的。一条是自上而下的发展路线，以最早的中世纪大学及后来的大学为顶端，向下延伸，产生了大学预科性质的中学，经过长期演变，逐步形成了现代教育的大学和中学系统。另一条是自下而上的发展路径，是由小学(及职业学校)而后中学(及职业学校)，并上延至今天的高等职业学校。前者是学术性的现代学校系统，后者是普及性的现代学校系统。其发展的结果导致了19世纪末20世纪初欧洲产生所谓双轨制。

(一)大学的产生与发展

在欧洲，随着商业、手工业和城市的发展，中世纪大学于12世纪产生于意大利和英国。这些大学一般设有文科、神学科、医学科和法学科，四科对入学条件和修业年限都没有严格的规定。文科一般为6～7年，教授“七艺”，属普通教育性质，起着后来普通中学的作用，是大学的预科。学生在文科学习3～4年，学完“三艺”之后，获得学士学位，学完后面的“四艺”后，获得硕士学位。学士和硕士学位是取得大学专门系科入学资格的一个标志，获准进入大学的其他三科中的某一科学习，期限一般为5～6年，毕业合格，获得博士学位。获得博士学位后，既可担任大学教授，也可自行讲学或开设学校。后来，大学为了适应那些不准备任教的学生之需要，特别是考虑到来自各地区、各国家学生的复杂情况，增加了许多学位的名称。于是，学位便成为法官、医生等职业的开业资格证明或其他具备一定年限的大学教育水平的人谋职时的学业证明。①

进入19世纪以后，由于科学技术的发展、产业革命和市场经济的兴起，人们普遍要求大学能研究、教授新课程。在此背景下，现代大学通过下列两条途径发展起来：一是通过增强人文学科和自然学科进而把中世纪大学逐步改造为现代大学，如牛津大学、剑桥大学和巴黎大学；二是创办新的大学，如伦敦大学、洪堡大学、巴黎高等师范学校。

进入20世纪，尤其是第二次世界大战以后，由于现代生产和现代科学技术的发展，大学的规模、结构和功能发生了巨大变化。从规模上看，大学在专业设置、培养计划和开放原则上更具有灵活多样性，扩大了社会各个阶层尤其是中下阶层接受高等教育的机会。大学的规模在不断扩大，有力地推动了高等教育由精英化向大众化、普及化的发展。从结构上看，主要表现为：多层次，大学过去主要有本科一个层次，而现在则有专科、本科、研究生(硕士和博士)三个层次；多类型，现代大学院校、科系、专业类型繁多，有的注重学术性，有的注重专业性，有的偏重职业性。从功能上看，现代大学的功能多样化，主要包括教学、科研、服务等。

---

① 王天一、夏之莲、朱美玉：《外国教育史》2版上册，93页，北京，北京师范大学出版社，1993。

(二)中学的演变

欧洲一些国家一直有重视中等教育的传统。文艺复兴前后，英、法等国出现了一类从教会中独立出来的学校，以学习“七艺”和拉丁文或希腊文为主要内容。这类学校在英国叫文法中学(grammar school)和公学(public school)，在法国和德国叫文科中学。其教学内容、毕业生的规格要求和权利与中世纪大学的文科基本相同，都是为大学培养预备生和为教会、国家培养僧侣、官吏，因此，这类学校在教育史上一般称为古典文科中学。

产业革命以后，贵族独享中等教育的现象对资产阶级的成长和资本主义工商业的发展极为不利，而且专门训练贵族子弟的文科中学也根本不能适应和满足工商业对教育的需求。在此背景下，18 世纪初，德国出现了一种新型的中学——实科中学。实科中学是一种既具有普通教育性质，又具有职业教育性质的新型学校，以自然科学和现代外语为主要课程。实科中学的出现是中等教育发展史上的一个里程碑，意味着中等学校向现代学校的发展迈出了决定性的一步，由此也揭开了现代与古典、文科与实科、分科与综合之间的长期纷争。在长期斗争中，文科中学和实科中学都得到了改进和发展，逐步形成了类型多样化的现代学制。

从 19 世纪末至 20 世纪中期，以电气的广泛运用为标志的第二次科学技术革命对劳动者的素质提出了更高的要求，只具有小学文化程度的劳动者难以胜任技术革命和产业革命的需求。无产阶级对受教育权的争取，也使得“人人有权受中等教育(Secondary Education for All)”由教育口号逐渐变成教育法律并得以实施。在此背景下，发达资本主义国家先后把义务教育年限延长到 8～9 年。所延长的这部分义务教育，英国叫现代中学，法国叫市立中等学校，德国称为初级中学。尽管名称不同，事实上都是初中教育，实施初中教育的学校一般叫初级中学。在这一时期，初中教育成为基础教育的重要阶段，在教育结构上发生了深刻变化：初中学制延长；初中阶段被看作普通教育的中间阶段，而不再是中学的初级阶段，中间学校由此而来；把初中和小学连接起来，统一进行文化科学基础知识教育，取消小学和初中之间的考试，把小学和初中阶段看作基础教育的统一阶段；加强初中结束时的结业考试，据此进行分流，或进行进一步的文化科学知识教育，或进行职业教育。①

高中是现代学制发展到一定阶段的产物。西欧“双轨制”的中学过去没有严格的初中、高中之分，初中学校教育的出现，使得原本统一完整的中学教育分成了初中和高中两段。美国高中是在修订原有学制基础上发展而来的。南北战争之后，美国普通教育的学制主要为“八四”制(小学八年，中学四年)。由于该学制不符合儿童发展规律、辍学现象严重等，美国在 19 世纪末 20 世纪初逐步形成了“六三三”学制，即小学六年，初中、高中各三年，使原来小学的后两年与原来中学的第一年合并为初中学习阶段，原来中学的后三年改为高中学习阶段。在当代，高中阶段教育普及

---

① 劳凯声：《教育学》，69 页，北京，高等教育出版社，2014。

化、综合化、类型的多样化，是现代学制的一个重要特点。

(三)小学的兴起与普及

在文艺复兴之前，随着西欧各城市的发展，新兴的市民需要掌握初等文化知识，需要对经营工商业有用的实际技能的训练，原有教会学校显然满足不了这些需求。于是，城市出现了世俗性的学校，即城市学校(包括行会学校和基尔特学校)，其教育内容除了宗教教育外，注重读、写与计算的训练，教学用本民族语言进行。到15世纪时，大的城市普遍办有这种学校，成为后来初等学校的基础。

文艺复兴之后，随着资产阶级革命、技术革命和产业革命的发展，以劳动人民子弟为主要教育对象的小学教育得到广泛而迅速的发展，并呈现出宗教性和慈善性、民族性和国民性、义务性和普及性、科学化等特点。①

进入20世纪，随着初等教育的普及与义务教育年限的延长，小学教育的性质发生了根本性变化，并与中等教育直接衔接起来。例如，英国1926年的《哈多报告书》明确提出：小学教育(elementary education)应重新称为初等教育(primary education)；儿童在11岁以前所受教育为初等教育，11岁以后所受各种形式的教育都应称作中等教育。1944年通过的《巴特勒法案》进一步明确规定把英国的普通教育学校体系改为连续发展的三个阶段，即初等教育、中等教育和继续教育；年满11岁须参加国家规定的考试，称为“十一岁考试”，然后根据3A[年龄(age)、能力(ability)、性向(aptitude)]分别进入不同的中学。②

第二次世界大战之后，发达国家教育普及的程度不断提高，已经达到了初中和高中阶段，小学早已不是结业教育，已成为普通文化科学基础教育的初级阶段。小学教育的结构也出现了一些新的变化：第一，小学已无初、高级之分；第二，小学入学年龄提前到6岁甚至5岁；第三，小学年限缩短到5年(法国)、4年(德国)，甚至3年(20世纪七八十年代的苏联)；第四，小学和初中直接衔接，取消了升入初中的入学考试，连英国的“十一岁考试”和法国的“六年级入学考试”也于20世纪六七十年代取消。③

(四)幼儿教育的发展

空想社会主义者欧文在其所经营的新拉纳克纺织厂内为工人子女设立了“幼儿学校”④，规定凡工人子女满2岁都可以入学，由专门教师养护并进行教育，取得了良好效果。至19世纪，各个先进的资本主义国家都出现了幼儿教育机构。20世纪上半叶，各发达国家的幼儿教育机构都得到了较快的发展，第二次世界大战后逐步走向普及。与此同时，幼儿教育的性质也在发生变化，即从以保育为主走向以教育为

---

① 阮成武：《小学教育概论》，25～26页，上海，华东师范大学出版社，2011。

② 王天一、夏之莲、朱美玉：《外国教育史》2版下册，10～13页，北京，北京师范大学出版社，1993。

③ 王道俊、郭文安：《教育学》6版，121页，北京，人民教育出版社，2009。

④ 1837年，德国教育家福禄培尔在布兰肯贝格开办了一所学龄前儿童教育机构，并于1840年将它正式命名为幼儿园(Kindergarten)，这是世界上第一所幼儿园。

主。20世纪末，一些国家已将幼儿教育机构列入学校教育系统，使其成为国民教育的组成部分。

发达国家幼儿教育有了迅速发展，有的国家(法国)已达到普及水平，4～5岁儿童的入园率已近100%。与此相关，幼儿教育机构也发生了一系列变化：一是幼儿教育的结束期有提前的趋势，提前到了6岁或者5岁；二是加强小学和幼儿教育的联系，有的(20世纪七八十年代的苏联)把幼儿园的大班作为小学预备班，有的(法国)从儿童5岁起把幼儿学校和之后的小学结合起来编班，有的(英国)把5～7岁的幼儿学校作为义务教育的最初阶段。[①]

(五)职业学校的兴起与发展

传统的职业教育主要是通过学徒制实施的。产业革命和技术革命的发展要求劳动者不仅具有一定的文化程度，而且具有一定的职业技能，传统的学徒制显然满足不了这一要求。为此，许多发达国家在发展初等教育、中等教育的同时，也大力发展该阶段的职业教育。随着义务教育年限的延长，职业教育也逐步延长到初中甚至高中阶段。1919年，德国决定对14～18岁的青少年实施义务的职业教育；同年法国通过《阿斯蒂埃法》，规定每个市镇设立一所职业学校，对18岁以下的青少年实施免费的和义务的职业教育；1902年，英国颁布的《巴尔福尔教育法》，授权地方教育当局兴办中等技术学校；1917年，美国通过了《史密斯-休士法》，规定由联邦政府拨款协助各州发展职业教育，并具体规定了职业教育的基本门类。

当代发达国家的职业教育具有以下特点：第一，规模不断扩大。例如，在欧洲，职业教育的毕业生占整个高中教育毕业生的50%～60%。第二，已有移向高中后教育的明显趋势。例如：美国高中职业科规模缩小，而社区学院职业教育的比重在增大；日本相当于短期大学的“专门学校”远远超过相当于高中程度的“专修学校”。第三，普通教育职业化和职业教育普通化，职业教育和普通教育的界限远不如以前清晰。第四，职业教育类型和层次多样化。

二、现代学校教育制度的类型

现代学校教育制度主要有三种类型，分别是以英国为代表的双轨学制、以美国为代表的单轨学制和以苏联为代表的分支型学制。

(一)双轨学制

双轨学制是在18、19世纪西欧特定历史条件下发展而来的学校教育制度。所谓双轨学制是指在国民教育系统中存在并行的两轨：一轨是由带有等级特权性的古代学校演变而来的现代学校系统，强调学术性，对象是贵族或资产阶级子弟；一轨是由于初等教育、中等教育普及新产生的现代学校系统，在经过一定程度的基础教育之后，强调职业技能训练，对象是劳动人民子弟。学校系统中并行的两轨，既不相

---

① 黄济、王策三：《现代教育论》，284页，北京，人民教育出版社，1996。

通，也不相接，最初甚至也不对应。例如，19世纪英国的学制，其中一轨是家庭教育—预备学校—中学(公学、文法学校、私立中学等)—大学，另一轨则是幼儿学校—初等教育学校—高等小学—职业与技术类学校(如师范学校、职业学校、技术训练班等)。[①] 至20世纪初，欧洲国家基本上采用双轨学制。双轨学制是阶级性在教育领域中的体现，也使得发达资本主义国家所标榜的教育机会均等成为空谈。

(二)单轨学制

单轨学制的代表是美国。美国最初是由清教徒建立的，他们的宗教观念是人与人生来平等，没有贵族传统。欧洲启蒙运动时期，启蒙思想源源不断地传到美洲大陆，“受教育应是每个公民的权利”的观念深入人心。由于产业革命和技术革命的推进，美国由农业社会向工业社会急剧地发展，于是继小学教育的发展之后，从1870年起，中学教育也得到了大发展。在这种急剧发展的经济条件和没有特权传统的文化历史背景下，美国殖民地时期的双轨学制中的学术性一轨没有得到充分发育，被在短期内迅速发展起来的群众性小学和群众性中学所淹没，从而形成了美国的单轨学制。美国的单轨学制自下而上的结构是小学—中学—大学，其特点是一个系列、多种分段(六三三、六六、八四等)。

(三)分支型学制

十月革命胜利初期，苏联明确提出“建立世俗的、消除等级差别的统一学校”。在这一思想指导下，以“莫斯科方案”“列宁格勒方案”为基础，苏联于1918年10月颁布了《统一劳动学校规程》和《统一劳动学校基本原则》(又称《统一劳动学校宣言》)，明确学校是社会主义性质的“真正的人民的学校”，制定了单轨的社会主义统一劳动学校系统。但是，该学制的指导思想简单地把学校看作生产劳动的场所，把全部教育过程视为进行生产劳动的过程，导致教学质量不能得到保障，尤其是高等学校招收不到合格的高中毕业生。苏联于1934年通过《关于苏联中小学结构的决定》，对学校教育制度进行相应的调整和改革。该决定规定，苏联普通学校的一般类型为“小学、不完全中学和中学”，小学由一至四年级的四个年级构成，不完全中学由一至七年级的七个年级构成，中学(也称完全中学)由一至十年级的十个年级构成，不完全中学毕业生有优先进入中等技术学校的权利，中学毕业生有优先进入高等学校的权利。[②] 后经1958年教育改革和20世纪70年代的第三次改革，苏联形成了既有单轨学制特点又有双轨学制某些因素的分支型学制。

苏联的学制，在小学、初中阶段是单轨，后段分叉，是介于双轨学制和单轨学制之间的分支型学制。在中学阶段，其特点是上通(高等学校)下达(初等学校)，左(中等专业学校)右(中等职业技术学校)畅通。

---

① 王天一、夏之莲、朱美玉：《外国教育史》2版下册，166页，北京，北京师范大学出版社，1993。

② 王天一、夏之莲、朱美玉：《外国教育史》2版下册，157～158页，北京，北京师范大学出版社，1993。

总之，以上三种学制类型，形成、发展的历史条件不同，各自的优点和局限性也不尽相同。双轨学制的优点是学术性一轨具有较高的水平，但是不利于教育的普及，尤其是中等教育的普及；单轨学制具有利于教育逐级普及的优点；分支型学制既具有单轨学制有利于教育普及的优点，也具有双轨学制中学术性一轨高水平和职业教育扎实的优点，但是由于过于强调统一性，其缺乏一定的灵活性。

三、现代学校教育制度发展的趋势

(一)双轨学制向分支型学制、单轨学制方向发展

进入 20 世纪，由于科技发展对劳动者素质的要求，以及劳动人民对受教育权的争取，法、英等国先后实施了统一的初等教育，初等教育实现了并轨。① 第二次世界大战之后，西欧各国普及义务教育的年限到了 10 年左右，已到了中学的第一阶段。英、法等国采用综合中学的形式，实现了初中教育的并轨。20 世纪七八十年代的新技术革命、义务教育年限的延长，以及高等教育的大众化、普及化，发达国家高中阶段并轨成为学制改革与发展的趋势，如英国通过综合中学促使高中教育并轨。

由此我们可以得出如下两个结论：第一，义务教育延长到哪里，双轨学制就并轨到哪里，单轨学制是机会均等地普及教育的好形式。第二，事实证明，综合中学是双轨学制并轨的一种理想形式，因而，中学综合化就成了现代教育发展的一种趋势。

(二)建立并逐步完善终身教育体系

终身教育是持续的，它包括各种年龄阶段，贯穿人生的整个过程；终身教育包括各种形式的教育，它谋求正规教育与非正规教育、学校教育与社会教育等各种教育之间的联系和统一，把一切具有教育功能的机构都连接起来；终身教育面向全体人民，以全民为教育对象，向每个人提供学习和丰富知识的可能性；终身教育要对人们授予多面性的教育，既包括专业性的教育，也包括社会的、文化的、生活的等各方面的教育。总之，终身教育是一种大教育观，是改革现有教育机构的原则，其目标是组织一个提供终身学习的完善体系，提高人的素质和生活质量，促进社会的发展。②

终身教育思想已成为不同社会制度、不同发展水平的许多国家进行教育改革的共同指导思想，建立并逐步完善终身教育体制则是各国学校教育制度改革的共同目标。例如：1981 年，日本中央教育审议会在咨询报告《关于终身教育》中，提出了促进终身教育体系形成的教育发展原则；1990 年 6 月，制定了《终身学习振兴法》，将建立终身教育体系置于法律的保障范围内。1976 年，美国通过了《终身学习法》，并

---

① 第一次世界大战之后，法国一些进步人士和教师组成了“新大学联合会”，提倡实施新教育，其中包括废除双轨学制，实施“统一学校”，至 1925 年，法国初步实行了小学阶段的统一学校。在英国，1926 年的《哈多报告书》和 1944 年的《巴特勒法案》最终促成了初等教育的并轨。

② 张蓉：《当前各国学制改革的趋势》，载《外国中小学教育》，2003(11)。

在联邦政府内设立了专职机构，负责终身教育的规划、协调、监督和评估工作；1994 年，美国总统克林顿签署了教育改革法令，将终身学习作为美国教育发展的八大目标之一。1993 年，中共中央和国务院发布的《中国教育改革和发展纲要》是我国第一份使用终身教育概念的教育政策文件；2016 年，全国人大通过的《中华人民共和国国民经济和社会发展第十三个五年规划纲要》明确提出“加快学习型社会建设”①；2019 年，中共中央、国务院印发的《中国教育现代化 2035》提出“构建服务全民的终身学习体系”；2021 年通过的《中华人民共和国国民经济和社会发展第十四个五年规划和 2035 年远景目标纲要》提出，“发挥在线教育优势，完善终身学习体系，建设学习型社会”。我国终身教育体制建设在党和政府的战略决策和大力推动下逐步深入。

许多国家的教育制度出现了一些新的变化，诸如学校教育系统越来越开放、灵活，远程教育、开放大学、社区教育、网络学校等非学校教育形式蓬勃发展，都是终身教育思想在传统学校教育之外的范围广泛的教育实践。

四、我国的学校教育制度

（一）我国现代学校教育制度的引入和发展历程

在西周时期，我国已形成古代学校系统；后经封建社会的发展，逐步形成了以科举制为中心的包括官学、私学和书院在内的古代学制；现代学制形成于鸦片战争之后。

1862 年，京师同文馆建立，洋务教育迅速兴起，总办张之洞更是言必称学堂，认为办洋务教育与挽大清帝国之将倾有重大干系。但是在“中学为体，西学为用”之下，学堂变成了科举的附属品。由于洋务教育不建立学制，只办几所大学堂，最终生源枯竭。

洋务教育的失败使维新派认识到变革封建教育制度的重要性，遂大力鼓吹废科举而建立学制。康有为在《请开学校折》中系统阐明了自小学至大学的新教育制度；梁启超在《教育政策私议》中，参照日本学制，设计了一个分四段的教育制度。

戊戌变法很快失败，但是改革学制乃历史潮流，晚清在变革浪潮中开始研制学制。1902 年，清政府颁布了《钦定学堂章程》，确定“壬寅学制”，这是我国正式颁布的第一个现代学制，但未推行。1904 年，又颁布了《奏定学堂章程》，制定“癸卯学制”，这是我国第一个正式实施的现代学制。该学制的颁布，标志着我国现代教育制度的初成和推行了一千多年的科举制行将终结。“癸卯学制”以当时日本学制为蓝本，以“中学为体，西学为用”为指导思想，把教育划分为 3 段 7 级：第一阶段为 3 级，

---

① 主要内容包括：大力发展继续教育，构建惠及全民的终身教育培训体系。推动各类学习资源开放共享，办好开放大学，发展在线教育和远程教育，整合各类数字教育资源向全社会提供服务。建立个人学习账号和学分累计制度，畅通继续教育、终身学习通道，制定国家资历框架，推进非学历教育学习成果、职业技能等级学分转换互认。发展老年教育。

即蒙学院 4 年，初等小学 5 年，高等小学 4 年；第二阶段为初级中等教育，设中学堂 5 年；第三阶段为 3 级，即高等学堂或大学预科 3 年，分科大学堂 3～4 年，通儒院 5 年。该学制的特点是：第一，教育年限长，共 26 年；第二，突出"中体"为上的办学方针，读经在小学教学中的份额达 2/3，在中学为 1/3 以上，毕业"奖"给"科举"出身。

1912 年，南京临时政府颁布新学制，次年再修改，后总称"壬子癸丑学制"。该学制也分 3 段：第一段为 2 级，包括初小 4 年为义务教育(7 岁入学)，高小 3 年；第二段为中学 4 年；第三段为 2 级，即预科 3 年，本科 4 年。学制改学堂为学校；强调以培养健全的国民为目标；取消了进士出身的奖励；确定了女子的受教育权利和男女同校制度；剔除了读经内容，加强了科技科目教学。

1922 年，北洋政府颁布《学校系统改革案》，制定了以美国学制为蓝本的"壬戌学制"，也称"六三三"学制。该学制受美国实用主义教育的影响，强调适应社会进化需要，发扬平民教育精神，谋求个性发展，注重生活教育等。在学校系统上，将学校教育分为 3 段 5 级：初等教育段 6 年，分为初小 4 年(6 岁入学)和高小 2 年；中等教育分初、高 2 级各 3 年；高等教育段为 4～6 年，不分级。在中等教育段，初级中学为普通教育，也可兼设职业科，高级中学可设普通及各职业科。这个学制虽历经修改，但基本没变，影响深远，沿用至 1949 年。该学制具有以下突破：其一是小学与中学分段相对合理，特别是小学分初小和高小，适合不同地区普及教育的需要；其二是中学 6 年分两段，取消预科，使中学任务更加明确；其三是在中学实行分科制和学分制并举；其四是学制颁布后，政府还颁布了如《专科学校规程》《大学组织法》《私立学校规程》《小学法》《中学法》《师范学校法》《职业学校法》《幼稚园规程》等一系列法规，从而使我国教育制度逐步走上正规化、制度化。①

中华人民共和国成立后，中央人民政府政务院(现为国务院)于 1951 年颁布了《关于改革学制的决定》，明确规定了我国的新学制，标志着我国学制发展进入了一个新的阶段。首先，新学制吸收了老解放区的经验、1922 年学制和苏联学制的合理因素，发扬了我国单轨学制的传统，使各级各类学校互相衔接，保证了劳动人民子女受教育的平等权利；其次，职业教育在学制中占有重要地位，重视培养各种建设人才，贯彻为生产建设服务的方针；最后，重视工农干部的速成教育和工农群众的业余教育，贯彻了向工农开门的方向，初步展现出我国学制由学校教育系统向包括幼儿教育和成人教育在内的终身教育发展的萌芽。

1958 年，中共中央和国务院发布了《关于教育工作的指示》，提出"现行的学制是需要积极地和妥当地加以改革的。各省、市、自治区的党委和政府有权对新的学制积极进行典型试验，并报告中央教育部。经过典型试验取得充分的经验之后，应当规定全国通行的新学制"。为了"多快好省"地发展教育事业，我国在学制改革的指

① 冯增俊：《中国教育制度世纪变革回顾与展望》，载《华南师范大学学报(社会科学版)》，2002(1)。

导思想上确定了“两条腿走路”的办学方针和“三个结合”“六个并举”的具体原则。“三个结合”是：统一性和多样性相结合，普及与提高相结合，全面规划与地方分权相结合。“六个并举”是国家办学与厂矿、企业、农业合作社办学并举，普通教育与职业(技术)教育并举，成人教育与儿童教育并举，全日制学校与半工半读、业余学校并举，学校教育与自学(包括函授学校、广播学校)并举，免费教育与收费教育并举。随后，许多地区开展了学制改革的试验。1958 年的学制改革，在调动一切积极因素、群众办学等方面积累了丰富的经验，但也存在急躁冒进现象，学校教育出现了大起大落的现象，教训是深刻的。直到 1961 年，中共中央开始贯彻“调整、巩固、充实、提高”的方针，至 1963 年陆续颁布了《教育部直属高等学校暂行工作条例(草案)》《全日制中学暂行工作条例(草案)》和《全日制小学暂行工作条例(草案)》(分别简称高教六十条、中学五十条、小学四十条)，才使教育工作有章可循，为按教育规律办教育提供了依据，扼制了一度出现的社会活动过多、负担过重、随心所欲办教育的问题。

“文化大革命”时期提出的“学制要缩短”“教育要革命”的口号，对我国学制建设造成严重破坏，更与世界教育发展相背离，主要表现为：第一，缩短初中和高中年限，均为两年；第二，基本取消中专和技校，盲目发展普通高中，致使普通教育和职业教育比例严重失衡；第三，高等教育均缩短为 3 年，把很多院校、科系、专业取消，致使人才培养比例失调；第四，完全取消成人教育和业余教育，扼杀了职工提高科学文化水平和知识更新的机会。

党的十一届三中全会以后，我国着手重建和发展被破坏的学制系统，并于 1985 年发布了《关于教育体制改革的决定》，确定了如下改革内容：加强基础教育，有步骤地实施九年义务教育；调整中等教育结构，大力发展职业技术教育；改革高等教育招生与分配制度，扩大高等学校办学自主权；对学校教育实行分级管理。由此，我国学校教育制度建设进入了一个新的时期，并奠定了我国现行学校教育制度的基础。

(二)我国现行的学校教育制度

我国现行的学校教育制度是在 1985 年确定的学制基础上发展而来的，并在 1995 年颁布的《中华人民共和国教育法》里得到了确认。从学校教育层次、类型结构看，它包括以下内容。

学前教育(幼儿园)：招收 3～6、7 岁幼儿。

初等教育：主要指全日制小学教育，招收 6、7 岁儿童，学制为 5～6 年，其任务是促进儿童的全面发展，为接受中等教育奠定基础；在成人教育方面，成人业余初等教育的任务是扫盲。

中等教育：指全日制普通中学，各类中等职业、专业、技工学校，业余中学，其主要任务是为高一级学校培养合格的新生和培养劳动后备力量。全日制普通中学修业年限一般为6年，分为初中3年，高中3年。职业高中2～3年，中等专业学校3～4年，技工学校2～3年。属成人教育的各类业余中学，修业年限适当延长。

高等教育：我国的高等教育，包括学历教育和非学历教育、全日制和非全日制形式。高等教育按学历层次分为专科、本科和研究生(硕士研究生和博士研究生)教育，按学位层次分为学士、硕士和博士。高等教育的基本任务是培养具有社会责任感、创新精神和实践能力的高级专门人才，发展科学技术文化，促进社会主义现代化建设。高等教育机构主要包括：大学、独立设置的学院、高等专科学校，其中包括高等职业学校和成人高等学校。修业年限：大学和独立设置的学院一般为4年，高等专科学校修业年限主要包括"三年制专科""初中起点五年一贯制专科"。条件好的大学、独立设置的学院和科学研究机构设立研究生教育机构，研究生教育分为专业学位和学术性学位两类，硕士学位和博士学位两级。

(三)我国学校教育制度的发展趋势

为了指导20世纪末21世纪初我国教育的发展，中共中央和国务院1993年颁发了《中国教育改革与发展纲要》，确定了20世纪末教育发展的总目标：基本普及九年义务教育，基本扫除青壮年文盲；全面贯彻党的教育方针，全面提高教育质量；建设好一批重点学校和一批重点学科。以上简称为"两基""两全""两重"。

1999年，国务院批准的《面向21世纪教育振兴行动计划》，是在《中国教育改革与发展纲要》基础上提出的跨世纪教育改革和发展蓝图。行动计划的主要目标是：全国基本普及九年义务教育，基本扫除青壮年文盲，大力推进素质教育；完善职业教育培训和继续教育制度；积极稳步发展高等教育，入学率达到11%；深化改革，建立起教育新体制的基本框架，主动适应经济社会发展。到2010年，城市和经济发达地区有步骤地普及高中阶段教育，全国人口受教育年限达到发展中国家先进水平，高等教育规模有较大扩展，入学率接近15%，基本建立起终身学习体系。

随着科技进步日新月异、经济全球化深入发展以及我国经济社会结构的转型，2010年，国务院发布了《国家中长期教育改革和发展规划纲要(2010—2020年)》，确定了我国教育发展的战略目标：到2020年，基本实现教育现代化，基本形成学习型社会，进入人力资源强国行列。为了实现上述战略目标，《国家中长期教育改革和发展规划纲要(2010—2020年)》提出了以下发展任务：基本普及学前教育；巩固提高九年义务教育水平，推进义务教育均衡发展；普及高中阶段教育；进一步提升高等教育大众化水平，全面提高高等教育质量；大力发展职业教育；加快发展继续教育；健全统筹有力、权责明确的教育管理体制。

进入新时代，2019年中共中央、国务院印发的《中国教育现代化2035》提出了推进教育现代化的八大基本理念：更加注重以德为先，更加注重全面发展，更加注重面向人人，更加注重终身学习，更加注重因材施教，更加注重知行合一，更加注重融合发展，更加注重共建共享。明确了推进教育现代化的基本原则：坚持党的领导、坚持中国特色、坚持优先发展、坚持服务人民、坚持改革创新、坚持依法治教、坚持统筹推进。明确了教育现代化的总体目标：到 2020 年，全面实现“十三五”发展目标，教育总体实力和国际影响力显著增强，劳动年龄人口平均受教育年限明显增加，教育现代化取得重要进展，为全面建成小康社会作出重要贡献。在此基础上，再经过 15 年努力，到 2035 年，总体实现教育现代化，迈入教育强国行列，推动我国成为学习大国、人力资源强国和人才强国，为到 21 世纪中叶建成富强民主文明和谐美丽的社会主义现代化强国奠定坚实基础。2035 年主要发展目标是：建成服务全民终身学习的现代教育体系、普及有质量的学前教育、实现优质均衡的义务教育、全面普及高中阶段教育、职业教育服务能力显著提升、高等教育竞争力明显提升、残疾儿童少年享有适合的教育、形成全社会共同参与的教育治理新格局。聚焦教育发展的突出问题和薄弱环节，立足当前，着眼长远，重点部署了面向教育现代化的十大战略任务：学习习近平新时代中国特色社会主义思想；发展中国特色世界先进水平的优质教育；推动各级教育高水平高质量普及；实现基本公共教育服务均等化；构建服务全民的终身学习体系；提升一流人才培养与创新能力；建设高素质专业化创新型教师队伍；加快信息化时代教育变革；开创教育对外开放新格局；推进教育治理体系和治理能力现代化。

第三节　义务教育制度

一、义务教育概述

(一)义务教育的含义

义务教育(compulsory education)也称为强迫教育，是指依照法律规定，适龄儿童和青少年必须接受的，国家、社会、学校、家庭必须予以保证的国民教育。

义务教育普及程度既是衡量一个国家教育发展水平的重要标志，也是现代社会衡量一个国家文明程度的标志；既标志着一个国家的经济社会发展水平，又会不断促进经济社会的发展。凡宣布实施义务教育的国家或地区，均意味着：第一，政府向全社会公开承诺从此担负普及义务教育的主要责任，包括创建学校、输送教师、提供一定标准的日常教育费用等；第二，社会各方面必须为实现普及义务教育的目标而共同努力；第三，承担义务教育的学校不分性别、出身、民族、种族向全体适龄少年儿童开放；第四，家长送子女入学，保护儿童受教育权益成为一项公民必须履行的义务，而不再仅仅是个人行为。①

---

① 叶之红、李韧竹、曾天山等：《调整教育政策促进义务教育的改革与发展》，载《教育研究》，1996(12)。

(二)义务教育的发展历程

德国的宗教改革领袖马丁·路德最早提出强迫教育的思想。为了传播其教义，扩大新教影响，争夺更多的信徒，路德要求国家强迫所有儿童不分男女与贫富都要入校学习，父母要对自己子女的受教育情况负责，而教会应该办好学校教育。他的这些主张对后来新教教会参与国家的国民教育事业和整个资本主义教育的发展产生了深刻影响。

1619 年，魏玛公国的学校法令规定 6～12 岁的儿童都要到学校读书，这是世界上最早的强迫教育法令；普鲁士在 1763 年颁布法令，规定 5～12 岁的儿童必须到学校接受教育，否则对家长课以罚金。在产业革命和技术革命的推动下，资本主义国家开始推行强迫教育。例如：德国在 1872 年颁布的《普通教育法》中规定 6～14 岁的 8 年教育为强迫教育；英国在 1870 年颁布的《初等教育法》中规定对 5～10 岁儿童实行 5 年的强迫教育；1852 年，马萨诸塞州颁布了美国第一部正式强迫教育法律，规定该州 8～14 岁的儿童每年上课 12 周，违者罚款，此后各州纷纷效法，相继颁布了强迫教育法令；日本在 1886 年颁布《小学校令》，规定小学 4 年为普及教育，但要征收学费。在此基础上，各资本主义国家开始延长强迫教育年限，并实行免费教育。例如：英国在 1880 年颁布的《初等教育法》正式规定初等教育免费入学，1893 年规定离校年龄提高到 11 岁，实行 6 年的普及初等教育；法国在 1881 年颁布的《费里法案》，明文规定对 6～13 岁儿童实行 7 年免费教育；在 20 世纪初，美国各州都实现了以公共税收为经费的普及初等教育。19 世纪末 20 世纪初，各发达资本主义国家基本实行了年限不等的义务教育制度。义务教育的发展经历了强迫、收费到强迫、免费的过程。

第二次世界大战之后，义务教育得到进一步发展，主要表现为：第一，义务教育年限延长；第二，义务教育的范围由普通教育扩展至职业教育。

义务教育年限延长是通过由原来的初等教育、初中教育向两端延伸得以实现的，即义务教育的一端逐渐向学前教育方向发展，而另一端则向初中后教育阶段延伸。①

作为终身教育体系的第一阶段，学前教育在第二次世界大战后得到许多国家的重视。大多数国家提倡及早开发儿童的智力，强调培养儿童的创造力，发展儿童的个性，为儿童接受小学教育及其以后的全面发展做好准备。为此，许多国家采取措施，把学前教育列入义务教育范围，使得学前教育后期与义务教育前期有机地衔接起来。例如：英国规定，幼儿学校是义务教育第一阶段，招收 5～7 岁儿童；在法国，学前教育是初等教育的组成部分，虽然不是强迫的，但免费实施，所有 2～5 岁的儿童均可就近上幼儿学校；以色列的幼儿园招收 3～6 岁的儿童，5 岁起属于义务教育阶段；朝鲜也在宪法中规定国家对全体儿童实施一年学前义务教育。

进入 20 世纪 80 年代，国际竞争的焦点集中到科技和教育上。为了提高本国的

---

① 张蓉：《当前各国学制改革的趋势》，载《外国中小学教育》，2003(11)。

国际竞争力，保持科技领先水平，各国相继出台了新一轮的教育改革计划，其中延长义务教育年限为重点内容之一，义务教育延长到高中教育阶段。联合国教科文组织 2000 年有关国际义务教育年限的统计数据显示，在 185 个有确定义务教育年限的国家和地区中，义务教育年限平均为 8.89 年，中位数为 9 年。其中，义务教育年限最短的为 4 年，频数为 1；年限最长的为 13 年，频数为 8，占总数的 4.3%。年限最多的是 9 年，共有 39 个国家和地区，占总数的 21.1%；其次是 10 年，共有 35 个国家和地区，占总数的 18.9%；实行 12 年义务教育的国家和地区有 12 个，占总数的 6.5%。义务教育年限在 10 年及以上的国家和地区总计已经达到 75 个，占总数的 40.5%。在终身教育背景下，世界各国义务教育年限由主流年限基准点的 9 年逐步加长已成为一个国际性趋势。①

由于科技的发展，工人和工程技术人员都必须具备一定的科技素质，再加上人口增长，以及就业压力增大，发达国家义务教育开始向职业教育扩展。例如，联邦德国在 1964 年就规定，青少年在接受完九年义务教育之后，如不继续升学，则必须接受 3 年的职业义务教育。法国从 1983 年起对所有结束义务教育而不能继续升学的 16～18 岁青年提供社会和职业资格的培训。荷兰也规定所有 16 岁的就业青年每周都必须有 2 天接受义务职业教育的时间。②

我国义务教育始于清末。1906 年，清政府颁布《强迫教育章程》，规定“幼童至七岁须令入学……幼童及岁，不令入学者，罪其父兄”③。这是我国第一部强迫教育法令。1912 年，中华民国教育部公布《学校系统令》，也明确规定初等小学 4 年为义务教育。但是由于各种原因，四年制义务教育任务一直没有真正实现。中华人民共和国成立之初，我国虽然没有明确规定普及义务教育年限，但在国家政策中多次提出普及小学教育的目标。1952 年，教育部发布《关于小学实施五年一贯制的指示》，决定把小学逐步改为“五年一贯制”，将普及义务教育的年限定为 5 年。但一年过后，政务院在《关于整顿和改进小学教育的指示》中又规定小学学制继续沿用“四二制”，分初、高两级，将普及教育的目标年限分割为 4 年和 6 年。1958 年，各地开展大规模小学“五年一贯制”实验，一直持续到 1966 年。1974 年，国务院教科组发出《关于 1974 年教育事业计划(草案)的通知》，要求逐步在大中城市普及 10 年教育，农村有条件的地区普及 7 年教育。这一目标由于脱离实际，最终没有实现。总之，从中华人民共和国成立之初到 20 世纪 70 年代末，小学学制或普及教育的相关规定总是频繁变动，义务教育年限也一直不够确定。直到 1985 年中共中央、国务院颁布《关于教育体制改革的决定》，才首次提出实施九年义务教育的目标。1986 年，六届全国人大四次会议通过了《中华人民共和国义务教育法》，明确规定我国义务教育年限为

---

① 闫建璋：《发达国家义务教育年限演变及其对我国的政策启示》，载《现代教育论丛》，2011(5)。

② 张蓉：《当前各国学制改革的趋势》，载《外国中小学教育》，2003(11)。

③ 朱有瓛：《中国近代学制史料》第二辑(上册)，372 页，上海，华东师范大学出版社，1987。

9年。伴随经济社会的发展，至20世纪末，我国基本实现了九年义务教育的普及，并结合国情形成了“五四制”“六三制”和“九年一贯制”等多种形式并存的义务教育制度。义务教育年限延长已是国际性趋势，我国一些省市也宣布要延长义务教育年限至高中，如北京、上海、天津，还有一些省市已经把延长义务教育年限的目标付诸实践，如珠海、和田、喀什等。[①] 所以，结合经济社会发展需求和支付能力，采取分步实施、稳步推进的原则，延长义务教育年限是我国义务教育制度发展的一个重要趋势。进入新时代，坚持教育的人民立场、办好人民满意的教育成为我国教育事业发展的根本宗旨，反映在义务教育领域，就是推进义务教育均衡发展。为此，《中国教育现代化2035》提出义务教育发展的任务是：提升义务教育均等化水平，建立学校标准化建设长效机制，推进城乡义务教育均衡发展。在实现县域内义务教育基本均衡基础上，进一步推进优质均衡。

二、义务教育的特征

(一)强制性

强制性也称为义务性，是义务教育最本质的特征，是指义务教育是国家通过立法实施的。此处义务是指法律义务，即依据国家制定的法律规范产生的、以国家强制力保障其必须履行的、教育法律关系主体必须作出或不得作出的一定行为，否则承担法律责任。例如，《中华人民共和国义务教育法》确定了适龄儿童、少年接受义务教育的义务，国家举办、发展、管理义务教育的义务，适龄儿童、少年的父母或其他法定监护人保障适龄儿童、少年接受义务教育的义务；学校和教师保证适龄儿童、少年完成义务教育的义务；用人单位不得招用义务教育阶段儿童、少年的义务等。同时，该法第五十一条至第六十条也明确规定了各方主体违反相关规定须承担的法律责任。

(二)全民性

全民性也称为普及性，是指义务教育在全体适龄儿童、少年中普及。

《中华人民共和国义务教育法》第四条规定，“凡具有中华人民共和国国籍的适龄儿童、少年，不分性别、民族、种族、家庭财产状况、宗教信仰等，依法享有平等接受义务教育的权利，并履行接受义务教育的义务”。义务教育与选拔教育、精英教育最根本的区别就在于教育对象的全民性，以提高全民素质为根本宗旨。义务教育以全民为教育对象，是因为义务教育具有巨大的社会效益，对社会发展具有重要的基础性影响，也是公民履行责任之必需。就经济效益而言，义务教育是形成人力资源的基础，对经济增长有着重要的推动作用；就社会效益而言，普及义务教育可以提高国民文化科技水平和道德水准，有利于形成良好的社会秩序和社会环境，保证社会健康、稳定、有序发展；就个人效益而言，义务教育是公民基本的生存权利，

---

① 闫建璋：《发达国家义务教育年限演变及其对我国的政策启示》，载《现代教育论丛》，2011(5)。

一个人要融入现代社会生活、具有从事社会实践活动的机会与能力、履行公民责任和义务、实现自身价值，就必须接受一定年限的义务教育。

（三）公益性

公益性是指义务教育必须符合国家和社会的公共利益。

在我国古代社会，学校的特征是“学在官府”“官守学业”，学校是为统治阶级服务的；而在欧洲，历史上教会曾控制学校教育，教育为宗教服务。自国家积极举办学校并以公立学校为主体实施义务教育以来，义务教育从实施到完善经历了比较长的时期，并逐步发展成一种公益性事业。例如，《中华人民共和国义务教育法》第二条规定，“义务教育是国家统一实施的所有适龄儿童、少年必须接受的教育，是国家必须予以保障的公益性事业”。

在我国，义务教育的公益性主要表现为：第一，免费。一个国家在推行义务教育的过程中，在哪一个阶段、哪一个范围、哪一种程度上实行免费政策，取决于国家的经济发展水平和国家财政支付能力。例如：1986 年颁布的《中华人民共和国义务教育法》第十条规定“国家对接受义务教育的学生免收学费”；2006 年修订后的《中华人民共和国义务教育法》第二条则规定“实施义务教育，不收学费、杂费”，并在第四十四条规定“各级人民政府对家庭经济困难的适龄儿童、少年免费提供教科书”。第二，不得以营利为目的。由于义务教育属于公益性事业，实施义务教育的学校不得以营利为目的。国家是实施义务教育的最重要的主体，为此建立义务教育经费保障机制，保证义务教育制度实施，但并不排除民办学校承担义务教育的任务。民办学校是一个国家学校教育系统中的重要组成部分，在义务教育阶段也占有相当大的比例，国家对其教育教学诸方面的管理与公立学校基本一视同仁，意味着即便是民办学校，其公益性不得有丝毫改变。① 第三，与宗教相分离。任何组织和个人不得利用宗教进行妨碍义务教育的活动。

（四）基础性

基础性是指义务教育在国民教育系统中属于基础教育，对受教育者而言处于其终身发展的奠基阶段。义务教育的基础性决定了义务教育的根本目标在于提高整个国民的素质，其教育对象是全体国民而不是一部分人，更不是少数人；义务教育的任务是为提高国民的素质奠定基础，强调的是基本素质的培养，而不是专业或某些专门人才的培养。具体而言，义务教育既不是为了发现、培养和选拔人才，充当其他教育的附庸，也不能发展成为职业定向教育或某一方面的专门教育。它的根本任务是培养和提高全体国民的一般素养、基础学力，着眼于全体受教育者的全面发展，为各级各类教育及人才培养奠定基础，为国民素质整体提高奠定基础。因此，义务

---

① 教育部、人力资源和社会保障部、工商总局（现为国家市场监督管理总局）于 2016 年发布的《营利性民办学校监督管理实施细则》第二条规定“不得设立实施义务教育的营利性民办学校”，第三条规定“营利性民办学校应当坚持教育的公益性，始终把培养高素质人才、服务经济社会发展放在首位，实现社会效益与经济效益相统一”。

教育的课程设置、课程内容的筛选、教育教学理念、教育教学方法及评价等，都必须服从这样一个根本任务。

人们接受义务教育，目的在于开发潜能，形成健康个性，初步形成为适应未来社会发展变化所必需的终身学习的能力，为人生的发展奠定基础。

《中华人民共和国义务教育法》第三条充分体现了义务教育的基础性："义务教育必须贯彻国家的教育方针，实施素质教育，提高教育质量，使适龄儿童、少年在品德、智力、体质等方面全面发展，为培养有理想、有道德、有文化、有纪律的社会主义建设者和接班人奠定基础。"

（五）统一性

义务教育的统一性主要表现为：第一，义务教育是通过学校教育的形式实施的，对于特殊儿童、少年，也要提供相适宜的义务教育。《中华人民共和国义务教育法》第五条规定："适龄儿童、少年的父母或者其他法定监护人应当依法保证其按时入学接受并完成义务教育。依法实施义务教育的学校应当按照规定标准完成教育教学任务，保证教育教学质量。"第十一条规定："凡年满六周岁的儿童，其父母或者其他法定监护人应当送其入学接受并完成义务教育；条件不具备的地区的儿童，可以推迟到七周岁。适龄儿童、少年因身体状况需要延缓入学或者休学的，其父母或者其他法定监护人应当提出申请，由当地乡镇人民政府或者县级人民政府教育行政部门批准。"第十四条规定："根据国家有关规定经批准招收适龄儿童、少年进行文艺、体育等专业训练的社会组织，应当保证所招收的适龄儿童、少年接受义务教育；自行实施义务教育的，应当经县级人民政府教育行政部门批准。"第二，实施义务教育的学校执行统一的培养目标、课程计划、课程标准、教师编制标准和工资标准、建设标准、学生人均公用经费标准、学校管理标准等。我国已制定的有关义务教育学校的标准主要有：义务教育课程方案和课程标准（2022 年版）和《城市普通中小学校校舍建设标准》《农村普通中小学校建设标准》《义务教育学校管理标准》《中小学校教室采光和照明卫生标准》等。各地也在积极制定并推进义务教育学校标准化建设，如河北省颁布了《河北省义务教育学校办学基本标准（试行）》。

（六）平等性

平等性是指人们接受义务教育的权利是平等的。

人们接受教育，不但为了个体的需要，而且为了社会发展的需要，教育在人的发展和社会发展中的重要性越来越被人们认识。人人享有教育权、平等地获得教育机会是人的基本权利，各国宪法中都有规定，如我国《宪法》第四十六条规定"中华人民共和国公民有受教育的权利和义务"。义务教育是一个国家教育系统的重要组成部分，义务教育的根本任务及其全民性、公益性、基础性等特点，决定了义务教育的平等性；义务教育的平等性也是国家保证公民拥有平等的受教育权和受教育机会的最集中的反映。

法律规定的平等地接受义务教育的权利能否得以实现，取决于教育资源是否均衡配置。为了实现义务教育的平等性，《中华人民共和国义务教育法》有专门规定，如：第六条“国务院和县级以上地方人民政府应当合理配置教育资源，促进义务教育均衡发展，改善薄弱学校的办学条件，并采取措施，保障农村地区、民族地区实施义务教育，保障家庭经济困难的和残疾的适龄儿童、少年接受义务教育”；第四十五条“县级人民政府编制预算，除向农村地区学校和薄弱学校倾斜外，应当均衡安排义务教育经费”；第五十三条规定了“将学校分为重点学校和非重点学校”须承担的法律责任；第五十七条规定了学校不得“分设重点班和非重点班”。

接受义务教育的权利是现代社会公认的基本权利，完全平等地享受教育不但是每个公民的基本权利，也是国家的基本任务，是教育政策制定的基本原则。教育政策是国家公共部门的教育价值选择行为，是对教育资源的权威分配，以及对教育系统与整个社会系统各种利益关系的协调，目的是将教育资源合理有效地在它所服务的公众中进行分配。[①] 义务教育的内在平等性是国家制定、执行、评估教育政策的根本依据。

本章小结

1. 教育制度是指一个国家为实现其教育目的而确定的各级各类教育机构及其管理规则，具有客观性、历史性、规范性和强制性。教育制度的建立和发展受政治经济制度、社会生产力发展水平、文化传统，以及受教育者身心发展规律的制约，国内外教育制度改革的经验也是教育制度创新必须考量的因素。

2. 学校教育制度是现代教育制度的核心部分，简称学制，是指一个国家各级各类学校教育机构及其管理规则，它规定着各级各类学校的性质、培养目标、入学条件、修业年限及它们之间横向、纵向的关系。在现代学校教育制度的发展过程中，各级各类学校教育都发生了巨大变化。

3. 现代学制主要有三种类型，分别是以英国为代表的双轨学制、以美国为代表的单轨学制和以苏联为代表的分支型学制。这三种学制类型，形成、发展的历史条件不同，各自的优点和局限性也不尽相同。双轨学制的优点是学术性一轨具有较高的水平，但是不利于教育的普及，尤其是中等教育的普及；单轨学制具有利于教育逐级普及的优点；分支型学制既具有单轨学制有利于教育普及的优点，也具有双轨学制中学术性一轨高水平和职业教育扎实的优点，但是由于过于强调统一性，其缺乏一定的灵活性。现代学制的发展

① 朱永坤：《教育政策公平性研究：基于义务教育公平问题的分析》，博士学位论文，东北师范大学，2008。

趋势主要表现为由双轨学制向分支型学制、单轨学制方向发展，建立并逐步完善终身教育体系。

4. 我国现代学制的建立是从清末开始的。经历百余年的发展，已建立起多层次、多类型的比较完善的现代学制。进入21世纪，我国确定了新的学校教育制度改革目标，以便适应社会发展对教育的要求。

5. 义务教育也称为强迫教育，是指依照法律规定，适龄儿童和青少年必须接受的，国家、社会、学校、家庭必须予以保证的国民教育，具有强制性、全民性、公益性、基础性、统一性、平等性等特点。义务教育普及程度既是衡量一个国家教育发展水平的重要标志，也是现代社会衡量一个国家文明程度的标志。

关键术语

1. 教育制度
2. 教育制度创新
3. 学校教育制度
4. 双轨学制
5. 义务教育

思考题

1. 以我国现行学制为例，说明教育制度的基本特征。
2. 现代学制有哪些主要类型？我国现行学制属于哪种类型？说明理由。
3. 结合实例，说明义务教育的特征。

案例分析

某市教育局最近出台了一项改革措施，审查义务教育学校的办学效益，对效益高的学校实行倾斜政策，加大投资的力度。市教育局先制定出以学生学业成绩、升学率等为主要指标的评价体系，然后依据这一指标体系，由教育行政部门、教育评估专家和学校三方组成评估小组，对全市义务教育学校的办学效益进行评估，再由政府出面对这些学校加大投资力度，以确保有限的教育资源得到最大限度的利用。据市教育局有关人士称，这项措施的出台将改变以往那种重点学校“近水楼台先得月”的局面，因为评估的结果很有可能表明，重点学校不一定等于办学效益高的学校，一般学校也并不一定是办学效益低的学校。

引自教育部考试中心教师资格考试《教育知识与能力(中学)》2017年下半年试卷。

问题：

试运用义务教育的特征及《中华人民共和国义务教育法》的有关规定，评论该市教育局的这项改革措施。

第七章　教师与学生

学习目标

1. 了解教师职业的历史和当代教师的使命，树立从教的志向。

2. 了解教师的角色和教师劳动的特点，形成对教师职业的正确认识。

3. 了解教师的专业素养和专业发展，形成专业意识，初步思考自身专业发展的规划。

4. 了解教师与学生的权利和义务，做到依法从教。

5. 了解学生的地位和作用，树立正确的学生观。

6. 了解师生关系及良好师生关系的特征，学习如何建立和发展良好的师生关系。

问题导入

一次别开生面的演讲

陶行知非常善于演讲，他的语言幽默风趣，生动形象，谁听了都会被他深深吸引，为他演讲中强大的逻辑力量所折服。在他一生无数次的演讲中，有一次别开生面的演讲，最是令人拍案叫绝、回味无穷。

那是陶先生 1938 年在武汉大学作的一次演讲。那一天，大礼堂里挤得满满的，不仅全校师生都来听，连附近学校的师生和各界人士都闻讯赶来。他们都知道，陶行知先生是著名的教育家，都想来一睹他的风采，并听他说些什么。

会议开始后，有几位先生先后上台作了演讲。轮到陶行知时，会场上响起了一阵热烈的掌声。只见他不慌不忙地夹着一个皮包走上了讲台。他戴着眼镜，穿着西服，未曾开口，先向全场扫视了一遍。大家屏息凝神，都望着他，等他开口说话。有的人还打开速记本，准备把陶行知讲的每一句话都记下来。

出乎大家意料的是，陶行知并没有讲话。他从包里抓出一只活蹦乱跳的大公鸡。公鸡喔喔地乱叫。台下听众一个个目瞪口呆，不知他葫芦里卖的什么药。接着，陶行知从口袋里掏出一把米，放在桌上。他左手按住鸡的头，逼它吃米。鸡直叫不吃。陶行知又掰开鸡的嘴，把米硬塞进去。鸡挣扎着仍不肯吃。接着，陶行知轻轻松开手，把鸡放在桌子上，自己后退了几步。只见大公鸡抖了抖翅膀，伸头四处张望了一下，便从容地低下头吃起米来。

这时，陶行知说话了："各位，你们都看到了吧。你逼鸡吃米，或者把米硬塞到它的嘴里，它都不肯吃。但是，如果你换一种方式，让它自由自在，它就会主动地自己去吃米。"陶行知又向会场扫视了一圈，加重语气说："我认为，教育就跟喂鸡一样。先生强迫学生去学习，把知识硬灌给他们，他们是不情愿学的，即使去学也是食而不化的，过不了多久，他还会把知识还给先生的。但是，如果让学生主动去学习，充分发挥他们的主观能动性，那么，效果一定会好得多！"

陶行知讲完，把公鸡装进皮包，又向大家鞠了一躬，说："我的话讲完了。"便退下场去了。听众们一时还没有反应过来。但只是过了一会儿，会场上便爆发出雷鸣般的掌声。很多人边鼓掌边喊："好！陶先生讲得好！讲得好！"

教师和学生是学校教育活动的主要参与者。素质教育的实施、学校教育教学质量的提高，最终是通过教师和学生积极主动的参与来实现的。作为未来的教师，了解教师工作的意义，认识教师职业角色和劳动的特点，研究教师应具备的职业素质，实现自身自觉能动的专业发展，对于把自己培养成一名合格的人民教师具有重要的意义。

学校教育活动主要是教师对学生施加教育影响，引导学生自主发展的过程。作为未来的教师，正确认识学生的地位和作用，研究学生的本质属性和身心发展特点，了解和保障学生的基本权利和义务，是正确、有效地开展教育活动，实现教育目的的基本条件。

师生关系是学校教育活动中的基本社会关系。师生关系如何直接决定着教育活动的开展、教育活动的效果。作为未来的教师，应当从教育科学和时代发展的需要出发，研究当代学校教育中师生关系的意义和定位，建立良好的师生关系，为实现自身的社会使命，实现学生全面和谐发展奠定基础。

第一节　教　师

教师是学校教育工作的主要承担者。现代教师是具有一定任职资格、受到一定社会的委托，在专门化的学校教育场所，以教育学生为主要职责的专门的教育工作者。《中华人民共和国教师法》第三条规定，教师是履行教育教学职责的专业人员，承担教书育人、培养社会主义事业建设者和接班人、提高民族素质的使命。

本节我们主要了解教师在社会发展、人的发展与学校教育工作中的地位和作用；认识新课改和新时代背景下的教师角色要求和教师工作的基本内容，形成对教师工作的正确理解；明确教师的基本权利和义务；了解一名合格教师应具备的基本素养，形成对教师工作专业性质的认识，树立教师专业发展的基本理念，懂得从教师专业发展角度进行职业规划。

一、教师职业和当代教师的使命

教师是一种古老的职业，从学校教育产生开始，就逐渐产生了教师职业。随着社会的发展和学校教育的发展，教师职业的社会地位和作用及从业要求也随之发生了重大变化。现代教师的职业使命是建立在现代社会发展和学校教育发展的基础上的。

(一)教师职业的历史

一般我们把教师限定为学校教育中的专门教育者，所以并不是所有的教育者都能够称为教师。教师职业的产生与学校教育的产生相联系，并随着学校教育的发展而发展。教师这种专门的教育者，并不是从有了人类教育的时候就有的。远古时代，人类有教育但没有教师，只有当人类教育发展到一定阶段，出现了学校教育，才逐渐产生了教师这一职业。

1. 能者为师的时代

自从人类产生，就出现了人类的教育；有了人类教育，就必然有教育者。但当时的教育者并不是教师，因为人类最初的教育还不是一种专门的工作，只是具有一定知识和技能的人(一般是成人)在生活和劳动中抚育后代和传播知识、技能的自发活动。教育者的社会身份并不固定，往往是长者为师、能者为师，并不存在专门化的教师。例如，古代传说中的燧人氏教人钻木取火，有巢氏教人构木为巢，包牺氏教人以渔，伏羲氏教人以猎，神农氏教人稼穑等。

2. 官师、巫师的时代

随着人类进入奴隶社会，由于生产力的发展、语言文化的积累和阶级统治的需要，开始出现学校教育的萌芽。学校教育中的教育者从一般的长者、能者逐渐集中到少数巫师和官吏的身上，其职责使命相对比较固定。但这些巫师、官师还不是专门化的教师。教育者的本职工作或为巫，或为吏，为师只是其附属职能。在我国的夏商周时期，有着“学在官府”“以吏为师”的传统，官吏即为教师、教师即为官吏，官师一体、官师不分。“师”“傅”在夏商周时期均是礼教官员的称谓，后来才被借用来指教师。古代埃及的所谓职官学校也大体如此。在古代印度，教师和婆罗门教士是一体的，学校教育为婆罗门种姓所垄断。

3. 职业教师的时代

到奴隶社会繁荣时期，才逐渐出现了专门以教书谋生的职业教师。随着社会发展和教育需求扩大，学校数量开始逐步增长，教师从一般的长者、巫师、官师的身份中逐渐分离出来，正式成为一种专门的职业。在我国春秋战国时期，随着周王室的衰落和群雄竞起，出现了文化下移，诸侯和民间逐渐形成文化的主导意识，出现“百家争鸣”的局面。官府供养的礼教官员流落民间，形成广大的士阶层。这些士阶层的成员有一部分就成为通过办私学实现社会理想和谋生的专门教师。在西方，古希腊繁荣时期的雅典出现了经济和民主政治的发展，经济政治的发展又激发了人们对文化教育的热情。海外移民的到来，为雅典带来了异域的发达文明和教师(也就是智者)，为职业教师的产生创造了条件。这些智者由于是异邦人，没有雅典公民身份，没有自己的土地和奴隶，只能以授徒谋生，他们成为西方最早的教师。

在职业教师出现后的封建社会，教师工作主要建立在个体经验基础上。虽然也产生了不少教育思想家，但总体来看教师工作还没有专门化的科学基础，教师职业主要还是作为一种自然职业而存在。在我国隋唐以后的封建社会，学校教育受到科举制的深刻影响，到明清以后很多学校和教师甚至沦落为科举应试的附庸。在西方，由于学校教育的衰落和基督教神学的统治，教师的工作被宗教事务所遮蔽，更谈不上教师职业的独立性和教师工作的科学化。

4. 教师专业化的开端

到文艺复兴时期，西方学者重新认识了教育的本质，将教育从宗教神学的附庸身份中解放出来，重新规划了教师的角色。宗教改革运动使得建立国民教育制度和普及教育提到议事日程上来，尤其是在19世纪，随着工业革命的推动，这一日程逐步得以落实。一些教育家开始研究教育学和心理学理论，推进教师工作的科学化进程，教师工作开始具有了一定的专门化知识和方法基础。在教师专业化过程中，夸美纽斯、裴斯泰洛齐、赫尔巴特、福禄培尔、第斯多惠、乌申斯基等人作出了重要贡献。[①] 随着普及义务教育的实施和对教师工作科学化要求的提高，18 世纪开始出现专门培养教师的师范学校，后来还建立了高等师范学校。师范教育的发展意味着教师专业化发展时代的到来。

5. 教师专业化时代

到 19 世纪末，西方发达国家逐步完成了现代学校教育制度的建设，学校教育已经成为一国重要的社会基础设施，重视教师培养、研究教育科学、推动教育改革成为社会的共识。一些发达国家率先掀起了教育革新的浪潮，成立了教师的行业组织，开展了教师培养模式的改革。到 20 世纪后半叶，随着第三次技术革命的开展，科学技术成为一国发展的重要推动力，科教兴国成为各国公认的重要发展战略。教育科学研究、教育改革和教师教育的发展越来越上升为一种国家行为。各国普遍开始建立教师资格制度和现代教师教育制度，要求从事教师工作的人员不仅要接受专门化的职前教育，具有必要的职业知识和技能，而且要求他们在工作中不断实现专业发展、自主发展。教师工作不再被认为是一种简单的重复性劳动，而被视为一种专业工作。教师成为专业人员，成为教育的研究者、终身学习者。

(二)当代教师的使命

自古以来，中华民族就有尊师重教、崇德尚学的优良传统，将教师工作视为实现国家教化的重要工具，正所谓“国将兴，必贵师而重傅；贵师而重傅，则法度存”(《荀子·大略》)。当今时代，尊师重教仍然是国家弘扬的风尚，但赋予教师的使命和职责有着根本性的不同。当代教师不同于传统社会的教师，教师职业不再只是一种自由职业或个体谋生的手段。当代教师是依存于当代学校教育的专业人员，承担着更多的社会责任和使命。当代教师不再主要依靠个人经验开展工作，而是要接受专业的教育和培训，获得一定的教师资格，并在教育实际中不断实现自身的专业发展。当代教师不仅向学生传递文化知识，而且还要面向未来，全面育人，促进学生身心的全面发展。

1. 培养合格社会成员的使命

当代教师不属于自由职业者，而是国家教育体制中的专业人员。他们的工作必然受到社会制度的制约，要服务于国家和社会对人才培养的要求，而不能按照自己的意愿来培养人。教师通过人才培养为社会政治、经济、文化、科技和生态文明的进步提供人力资源保障，通过广泛传播科学文化知识提高国民素质，促进社会的文明和进步。教师工作直接决定着社会的人才供给质量和数量，进而决定着社会发展

---

① 夸美纽斯提出“教育适应自然原则”，裴斯泰洛齐提出“教育心理学化”主张，赫尔巴特提出“教育科学化”的伦理学和心理学基础，福禄培尔研制了幼儿园的教具——“恩物”，第斯多惠提出了“师范教育”理论并出版《莱茵教育杂志》，乌申斯基提出设立教育系，对教育科学进行广泛的研究。

的水平。教师要认识到自己工作的社会职责，努力满足社会对人才培养的需求。

2. 实现人的全面发展的使命

教师的工作对于受教育者个体来说，是其实现身心和谐全面发展的重要途径。个体的发展虽然受遗传、环境和自身生活等因素的影响，但只有教育活动对个体发展起主导作用。它反映了社会对人才的需求，遵循人的身心发展的客观规律，能够提升人的发展的水平和效率。离开了教师的工作，人的全面发展必然会受到极大的影响。因此，我们可以说受教育是现代人不可剥夺的一项基本人权。

3. 传承和发展科学文化的使命

教师的工作不仅是培养人，为社会提供合格的人才，而且通过对科学文化的探索、选择、解读和传播，实现重要的文化功能。一方面，教育的文化功能是传播中外的优秀科学文化成果，实现优秀文化的传承，实现文化的社会发展；另一方面，教师也在不断地修正传统文化，发展人类最新的文化成果，促进文化的丰富和发展。

4. 促进教育科学发展的使命

教师的工作促进社会生活的进步，为了更好地实现这一目标，教师有必要将发展教育作为一项重要的任务和使命。教师要探索和研究人的发展规律和需求，探索教育的科学原则和方法，提高教育工作的有效性和效率，提升自己的教育水平，努力实现自身职业的社会价值。

二、教师劳动的特点和教师角色

（一）教师劳动的特点

教师劳动是社会劳动的重要组成部分，是为社会提供劳动价值和劳动量的社会活动。教师通过教育教学工作为学生提供知识产品从而为其发展服务，以满足他们成长的需要；同时完成社会所赋予的人才培养任务。我们认为教师的劳动是一种复杂的专业服务。

1. 价值性

教师劳动具有巨大的社会价值和个体发展价值。教师劳动价值的核心问题是培养什么人的问题。习近平总书记指出："培养什么人，是教育的首要问题。……我国是中国共产党领导的社会主义国家，这就决定了我们的教育必须把培养社会主义建设者和接班人作为根本任务，培养一代又一代拥护中国共产党领导和我国社会主义制度、立志为中国特色社会主义奋斗终身的有用人才。"①"我们的教育是为人民服务、为中国特色社会主义服务、为改革开放和社会主义现代化建设服务的，党和人民需要培养的是社会主义建设者和接班人。好老师的理想信念应该以这一要求为基准。广大教师要始终同党和人民站在一起，自觉做中国特色社会主义的坚定信仰者

① 中共中央党史和文献研究院：《十九大以来重要文献选编（上）》，647页，北京，中央文献出版社，2019。

和忠实实践者，忠诚于党和人民的教育事业，自觉把党的教育方针贯彻到教学管理工作全过程，严肃认真对待自己的职责。”①广大教师要认清肩负的使命和责任，努力为发展具有中国特色、世界水平的现代教育，培养社会主义建设者和接班人作出更大贡献。

2. 伦理性

教师劳动是一种通过师生互动促进个体发展的社会劳动。教师劳动不同于一般的社会劳动，它的劳动对象是人，是通过人际互动实现学生发展，进而实现自身价值的。雅思贝尔斯在《什么是教育》中写道：“真正的教育是用一棵树去摇动另一棵树，用一朵云去推动另一朵云，用一个灵魂去唤醒另一个灵魂。”②由于教师劳动的人际互动性和育人性，教师承担着重要的伦理责任。夏丏尊说：“爱对于教育，犹如池塘之于水，没有水，便不能成为池塘；没有爱，便不能称其为教育。”③教师要将自己的身心完全投入对学生身心发展的关爱之中，用自己的情感去感化和教育学生，全心全意地做好教育工作。由于教师的工作是培养人的工作，肩负着重大的社会责任，教师的劳动被赋予高度的伦理道德责任。教师不仅要向学生传授知识和技能，而且要教会学生做人做事，成为对社会有用的人，实现自身的幸福和社会福祉的统一。教师要关注自身劳动的伦理性，并合理用好它。

3. 育人性

教师的工作简单来说就是教书育人。教书只是手段，教书是为了育人，育人才是教师劳动的根本目的。为了育人，也为了国家的发展，我们需要通过教书使学生掌握先进的科学技术，掌握先进的生产力，为思想品德的发展奠定良好的基础。所以，教学在教师工作中是很重要的。但教师的工作不能仅停留在教书上，要通过教书实现育人的目的。离开了育人，教书就是盲目的，也是缺乏效率的。就像赫尔巴特说的，教学应当具有教育性，离开教学的教育是缺乏手段的，而离开教育的教学是缺乏目的的。做好育人工作，不仅有利于学生思想品德的发展，而且可以为学生的学习提供持久的强大动力。在应试教育等错误思想的影响下，有的教师可能会忘记教育的这一根本目的，或者没有坚持这一根本目的的坚定决心。育人性的缺失会使教师的工作失去正确方向，极大损害学生的全面发展，造成学生的“高分低能”，使其成为“精致的利己主义者”。我们的教育是培育中国特色社会主义的建设者和接班人，而不是抽象的人。教师要时刻以“育人为本”的思想指导自己的教育教学工作，将教学和育人密切结合起来。

---

① 习近平：《做党和人民满意的好老师：同北京师范大学师生代表座谈时的讲话》，5页，北京，人民出版社，2014。

② 高莹徽：《积累·淬炼·提升：第四届全国师范类院校师范生教学技能大赛反思》，载《中学语文》，2017(12)。

③ 徐俊：《我和我的校园》，147页，宁波，宁波出版社，2021。

4. 复杂性

教育过程是一个复杂的矛盾运动过程。一方面，学生身心发展的复杂性决定了教师劳动的复杂性。教师劳动的对象是人，他们的年龄不同，性格各异，有着不同的生活经验。因此，培养一个人要比按照固定程序和标准生产一件物品复杂很多。另一方面，教师劳动的复杂性还源于它是一种综合性脑力劳动。教师承担着各种任务：他们既要教书，又要育人；既要传授知识，又要发展学生的智力与体力；既要使学生在将来能满足社会发展的要求，又要使他们能够承受现有的社会关系以适应社会生活，而且学生在接受教师教育的同时还要受到家庭、学校、社会多方面的影响。教师任务的多方面性也就决定了教师劳动的艰巨性和复杂性。

5. 创造性

教育活动的复杂性与教育性决定了教师职业的创造性。由于教育活动的复杂性和不确定性，教育工作不可能有一种固定的模式和方法，需要教师发挥自己的主观能动性，创造性地解决教育问题。第一，教师劳动的创造性表现在因材施教方面。学生是有思想、有感情的活生生的人，他们在不断变化着的客观环境和教育条件的影响下成长与变化着。教师必须从学生的实际出发，因人因事因地制宜地进行创造性的劳动，把学生塑造成对社会有用的人才。第二，教师劳动的创造性还表现在发挥教育智慧方面。教师劳动的创造性不仅要遵循一般的、普遍的教育规律，还要创造性地、灵活地运用这些规律，进行教育工作的不断改进，追求教育工作质量的不断提高。经验证明，因循守旧、墨守成规是完不成教育教学任务的，是不可能成为优秀教师的。优秀教师之所以优秀，缘于他们的创造性工作，缘于他们重视既有的理论和经验，又善于反省反思和改造这些理论和经验，进行新的教育改革和发展尝试。

此外，教师的劳动还具有示范性、长期性、连续性和广延性的特点。

教师劳动的示范性主要有两方面原因：一是教师是学生的导师和引路人，无论是知识的传授还是道德的培养，都需要教师作出表率；二是学生易于对教师的言谈举止产生模仿，对教师的情感具有“向师性”，这使得教师劳动对学生而言具有强烈的示范作用。教师的示范作用是一种无声而强有力的教育力量，它对于学生起着潜移默化的作用。

教师劳动的长期性包括两层含义：一是教师对学生施加的教育影响是复杂的，需要一个长期的过程；二是教师对学生的教育影响是长期的，具有长效性的特点，会持续对学生产生影响。任何寄希望于毕其功于一役的想法都是不现实的，任何对教育长期作用的怀疑都是不恰当的。

基于学生的发展和学习活动的特点，教师劳动是循序渐进的，具有环环相扣的特点。这就是教师劳动的连续性。教师在工作中不要急于求成，陵节而施，要根据学生发展的需要和教学活动的需要，做好每个环节的工作，使学生得到稳步发展。

教书育人需要教师的全身心、全时空投入，这就使得教师的劳动失去了严格的时空限制：课堂教学是工作，课后指导学生、批改作业也是工作；上课是工作，备课也是工作；在学校的时间在工作，回家后仍然需要继续工作；工作日需要工作，节假日仍需要工作。这体现了教师劳动的广延性。

(二)教师角色

教师角色指社会对教师职能和地位的期望和要求。它规定了教师在教育情境中所应该表现的心理和行为方式。不同时代、不同社会制度对教师角色有不同的要求。

1. 古代教师的角色

我国是一个尊师重教的国家，教师在传统社会中具有崇高的社会地位，承载着重要的社会角色。

先秦时期的孔子树立了中国传统教师的经典形象。教师是求学之人、尚德之人、教化之人。他勤奋好学，“学而不厌，诲人不倦”，“发愤忘食，乐以忘忧，不知老之将至云尔”；他重视修德，“德之不修，学之不讲，闻义不能徙，不善不能改，是吾忧也”；他重视责任担当，“当仁，不让于师”(《论语》)。

统治者也很重视教师的作用，把教师看作阶级统治的重要组成部分。荀子将“天地君亲师”并列，将“上事天，下事地，尊先祖而隆君师”(《荀子·礼论》)作为礼之三本。《学记》将教师提高到了很高的地位：“师也者，所以学为君也。”在我国封建社会，随着儒家学说成为国家统治的主导意识形态，教师逐渐被神圣化，教师被看作正统思想的维护者和传承者。

在传统文化中，人们也探讨了教师的专业素养问题。例如，韩愈在《师说》中说：“师者，所以传道受业解惑者也。”《学记》中讨论了“经师”和“人师”的问题。“君子既知教之所由兴，又知教之所由废，然后可以为人师也”，“记问之学，不足以为人师”。

2. 新课改背景下的教师角色

2001年，在中共中央、国务院领导下，教育部启动了新一轮基础教育课程改革，颁布了《基础教育课程改革纲要(试行)》。这是中华人民共和国成立后的第八轮基础教育课程改革，与以往课程改革不同的是，它不仅有对教材和课程标准(教学大纲)的改革，而且深入对课程理念、课程评价和学习方式的改革。新一轮基础教育课程改革带来了教师角色的深刻转变。

(1)传道、授业、解惑者的角色

教师的使命就是培养合格的建设者和开拓者，传承和发展人类文明，实现人的自身发展。要实现这一目的，首先，教师要承担传道者的角色，立德树人，把正确的社会观念、政治立场、科学精神传递给学生，使学生形成修身、立命、安天下的志向，努力实现自身发展和社会发展之间最大限度的统一。其次，教师要承担授业者的角色。在立德树人的基础上，对学生进行科学教育，促进学生才能和学识的发展，将美好的远大理想落实到实践活动中去。最后，教师要承担解惑者的角色。在教育活动中教师要根据学生的不同问题提供有针对性的指导和帮助，实现因材施教的目的。

(2)学习活动的组织者、引导者、合作者的角色

新课改要求教师充分认识学生在教学过程中的主体性，要将课堂还给 学生，改变传统灌输式教学。教学过程应当被视为教师指导学生自主学习的过程，是师生合作共同完成的教育过程。教师应当根据教育目的和课程目标，为学生设计 适当的学习目标，根据学习目标创设真实的学习情境，尊重学生学习的自主性和创 造性，指导学生在真实的学习情境中通过自主探究和合作学习去获取知识、解决问 题，体验学习和实践的乐趣，实现素质的全面发展。

(3)课程开发者的角色

传统观念中的教师仅仅是课程忠实的执行者，不被赋予课程开发的权利。这限制了教师自主性和创造性的发挥。新课改要求教师在正确的教育理念的指引下，充分发挥自身的自主性和创造性，积极参与课程开发和完善，构建开放而有质量的课程体系，改变传统教育千人一面的局面。教师的课程资源开发是全方位的，既有国家课程实施过程中的课程资源开发，也有校本课程实施中的课程资源整体开发。课程开发也是推动教师专业发展的重要途径。

(4)教育教学研究者的角色

由于课程和教育研究的快速发展，教育教学改革日益表现出经常化的特点。教育教学改革的经常化，要求教师必须成为研究者，只有这样才能有效地应对教育教学改革、变革的挑战。教师作为研究者，意味着要成为终身学习者，不断获取应对教育挑战所需要的知识；教师作为研究者还意味着要将专业知识不断应用到教学实践中去，创造性地解决教育教学中的关键问题；教师作为研究者也是教师专业发展的重要途径。

(5)学生身心健康发展呵护者的角色

教师除了要帮助学生完成必要的学业外，还要关注学生的身心健康，尤其是学生的心理健康。在快速变革的社会生活冲击下，在个体教育获得前所未有重视的背景下，中小学校的学生面临着成长的压力和困惑，学生的身心负担很重，造成日益增多的身心健康问题。心理健康教育、心理咨询和指导工作越来越被中小学所重视。学生的身心健康状况不仅会影响其课业学习，也会影响学生身心素质的长期、健康发展。因此，每一位教师都要关注学生的身心健康，掌握相关的知识和技能，努力胜任呵护学生身心健康的任务。

3. 新时代教师的角色

随着脱贫攻坚和全面实现小康社会历史任务的完成，中国特色社会主义事业完成了从站起来到富起来的重大飞跃，迎来了进一步从富起来到强起来的重大历史关口。习近平总书记在党的十九大报告中提出“中国特色社会主义进入了新时代”。我国社会主要矛盾已经转化为人民日益增长的美好生活需要和不平衡不充分的发展之间的矛盾。党的十九大谋划了到 21 世纪中叶的奋斗目标，作出了优先发展教育事

业、加快教育现代化、建设教育强国的重大部署。

习近平总书记在2018年全国教育大会上强调，长期以来，广大教师贯彻党的教育方针，教书育人，呕心沥血，默默奉献，为国家发展和民族振兴作出了重大贡献。教师是人类灵魂的工程师，是人类文明的传承者，承载着传播知识、传播思想、传播真理，塑造灵魂、塑造生命、塑造新人的时代重任。

(1)教师是实现中华民族伟大复兴中国梦的重要力量

实现中华民族伟大复兴中国梦，关键在人才。人才培养的关键在教师。新时代更加需要高素质人才，高素质人才的培养离不开高素质的教师队伍。

(2)教师是推动文化传承创新的中坚力量

文化是一个国家、一个民族的灵魂。中国人民的伟大创新精神、伟大奋斗精神、伟大团结精神、伟大梦想精神，需要一代一代传承下去。教师对于中华优秀传统文化、民族精神的传承和发展具有基础性作用。

(3)教师是建设学习型社会的依靠力量

随着知识经济时代的到来，学习已经成为人们生存和发展的基本需求。这就需要学校教育向社会教育拓展，进一步构建起纵向衔接、横向贯通的终身学习体系，让教育覆盖人的整个生命周期。教师是构建终身学习体系的有机组成部分，是建设学习型社会的重要支撑。

(4)教师是教育发展的第一资源

习近平总书记在2013年教师节前夕致全国广大教师的慰问信中指出："教师是立教之本、兴教之源，承担着让每个孩子健康成长、办好人民满意教育的重任。"教师是推动教育高质量发展的根本条件。教师的质量就是教育的质量，有一流的教师才有一流的教育，有一流的教育才有一流的人才。教师是推动教育改革创新的基本力量。

(5)教师是打造中华民族"梦之队"的筑梦人

教师肩负着培养担当民族复兴大任时代新人的重任。今天的学生就是未来实现中华民族伟大复兴中国梦的主力军，教师就是打造这支中华民族"梦之队"的筑梦人。

(6)教师是学生健康成长的引路人

习近平总书记2016年在北京市八一学校考察时强调，广大教师要做学生锤炼品格的引路人，学习知识的引路人，创新思维的引路人，奉献祖国的引路人。"善之本在教，教之本在师。"(《广潜书》)教师的工作直接影响着青少年的未来发展。青少年时期处于人生积累阶段，是培养和训练科学思维方法和思维能力的关键时期。让每个青少年学会用正确的立场、观点、方法分析问题，养成历史思维、辩证思维、系统思维、创新思维的习惯，需要教师的积极引导。每个青少年都是一块玉，需要教师用真善美来雕琢，不断培养其高洁的操行和淳朴的情感，努力使其成为高尚的人。

三、教师的专业素养

任何一项社会劳动对劳动者都有一定的职业素质要求。教师作为承担教书育人使命的专业人员，应具备德、识、才三个方面的专业素养。德就是教师的职业道德和教育理念，识就是教师的专业知识素养，才就是教师的专业能力素养。

(一)职业道德和教育理念

1. 职业道德

职业道德是指在一定职业活动中应遵循的、体现一定职业特征的、调整一定职业关系的职业行为准则和规范。职业道德对于职业工作正常开展和职业目的实现具有重要作用。

2016 年 12 月，习近平总书记在全国高校思想政治工作会议上强调，教师是人类灵魂的工程师，承担着神圣使命。传道者自己首先要明道、信道。教师要坚持教育者先受教育，努力成为先进思想文化的传播者、党执政的坚定支持者，更好担起学生健康成长指导者和引路人的责任。要加强师德师风建设，坚持教书和育人相统一，坚持言传和身教相统一，坚持潜心问道和关注社会相统一，坚持学术自由和学术规范相统一，引导广大教师以德立身、以德立学、以德施教。

改革开放以来，我国多次制定过中小学教师师德规范。根据《中小学教师职业道德规范(2018 年修订)》，中小学教师应遵守如下职业道德规范。

①爱国守法。热爱祖国，热爱人民，拥护中国共产党领导，拥护社会主义。全面贯彻国家教育方针，自觉遵守教育法律法规，依法履行教师职责权利。不得有违背党和国家方针政策的言行。

②爱岗敬业。忠诚于人民教育事业，志存高远，勤恳敬业，甘为人梯，乐于奉献。对工作高度负责，认真备课上课，认真批改作业，认真辅导学生。不得敷衍塞责。

③关爱学生。关心爱护全体学生，尊重学生人格，平等公正对待学生。对学生严慈相济，做学生良师益友。保护学生安全，关心学生健康，维护学生权益。不讽刺、挖苦、歧视学生，不体罚或变相体罚学生。

④教书育人。遵循教育规律，实施素质教育。循循善诱，诲人不倦，因材施教。培养学生的良好品行，激发学生的创新精神，促进学生全面发展。不以分数作为评价学生的唯一标准。

⑤为人师表。坚守高尚情操，知荣明耻，严于律己，以身作则。衣着得体，语言规范，举止文明。关心集体，团结协作，尊重同事，尊重家长。作风正派，廉洁奉公。自觉抵制有偿家教，不利用职务之便谋取私利。

⑥终身学习。崇尚科学精神，树立终身学习理念，拓宽知识视野，更新知识结构。潜心钻研业务，勇于探索创新，不断提高专业素养和教育教学水平。

为进一步加强师德师风建设，教育部于 2018 年 11 月 8 日印发了《新时代中小学教师职业行为十项准则》。

①坚定政治方向。坚持以习近平新时代中国特色社会主义思想为指导，拥护中国共产党的领导，贯彻党的教育方针；不得在教育教学活动中及其他场合有损害党

中央权威、违背党的路线方针政策的言行。

②自觉爱国守法。忠于祖国，忠于人民，恪守宪法原则，遵守法律法规，依法履行教师职责；不得损害国家利益、社会公共利益，或违背社会公序良俗。

③传播优秀文化。带头践行社会主义核心价值观，弘扬真善美，传递正能量；不得通过课堂、论坛、讲座、信息网络及其他渠道发表、转发错误观点，或编造散布虚假信息、不良信息。

④潜心教书育人。落实立德树人根本任务，遵循教育规律和学生成长规律，因材施教，教学相长；不得违反教学纪律，敷衍教学，或擅自从事影响教育教学本职工作的兼职兼薪行为。

⑤关心爱护学生。严慈相济，诲人不倦，真心关爱学生，严格要求学生，做学生良师益友；不得歧视、侮辱学生，严禁虐待、伤害学生。

⑥加强安全防范。增强安全意识，加强安全教育，保护学生安全，防范事故风险；不得在教育教学活动中遇突发事件、面临危险时，不顾学生安危，擅离职守，自行逃离。

⑦坚持言行雅正。为人师表，以身作则，举止文明，作风正派，自重自爱；不得与学生发生任何不正当关系，严禁任何形式的猥亵、性骚扰行为。

⑧秉持公平诚信。坚持原则，处事公道，光明磊落，为人正直；不得在招生、考试、推优、保送及绩效考核、岗位聘用、职称评聘、评优评奖等工作中徇私舞弊、弄虚作假。

⑨坚守廉洁自律。严于律己，清廉从教；不得索要、收受学生及家长财物或参加由学生及家长付费的宴请、旅游、娱乐休闲等活动，不得向学生推销图书报刊、教辅材料、社会保险或利用家长资源谋取私利。

⑩规范从教行为。勤勉敬业，乐于奉献，自觉抵制不良风气；不得组织、参与有偿补课，或为校外培训机构和他人介绍生源、提供相关信息。

习近平总书记 2018 年 5 月在北京大学师生座谈会上强调，评价教师队伍素质的第一标准应该是师德师风。师德师风建设应该是每一所学校常抓不懈的工作。加强师德师风建设，除了教育管理部门要加强师德考核、监督、培训之外，更需要每位教师自觉地通过自我修养来提升师德素养。

提升师德修养的主要目标是加深师德认识和完善师德表现。提升师德修养的基本途径有三个：实践、交流和自学。教育教学工作、科学研究和教研活动及其他社会实践，是提高师德修养的根本途径。实践是师德认识的重要来源，教师可以从实践中加深对师德的认识，“纸上得来终觉浅，绝知此事要躬行”。通过实践反思，也可以形成对师德的新认识。实践是师德形成的必经阶段。单纯进行理论学习，而不努力将理论认识应用于实践，便不能形成真正的师德表现和行为价值。教师还可以通过向优秀教师学习和与其交流来加深师德认识。“三人行，必有我师”，教师要善于向优秀同事学习，善于与同事进行交流和沟通。优秀同事身上有着丰富的、生动的师德修养经验，值得我们虚心学习和借鉴，用于完善自身师德认识和师德实践。提高师德修养还有赖于教师自身的学习和道德完善。教师可以通过理论学习，系统加深自己的师德认识，为良好师德表现打下基础。道德完善是指不断检讨自己，坚持以德立身，严格要求自己。

2. 教育理念

教育理念是教育行为的先导。教师要树立正确的教育观、学生观和教师观，坚持立德树人，树立素质教育理念；坚持以人为本，服务学生发展，尊重学生，因材施教，公正对待每一个学生，促进学生全面而有个性地发展；要正确认识教师工作的责任与价值，献身教育事业，注重自身专业发展。

(二)专业知识素养

教师作为科学文化的传承者，需要具有广泛、扎实的科学文化素养。教师专业知识素养包括教育和心理知识、学科专业知识、学科教学知识、通识知识。

1. 教育和心理知识

教师要掌握教育学和心理学的一般原理和方法。要懂得教育的本质和规律，认识教育的目的和价值，了解教学和德育工作，掌握学科教学、班级管理和个别学生教育的原则和方法，了解相关教育法律法规；要了解学生身心发展的基本规律和年龄阶段特征，了解学生学习的规律和特点，掌握教育教学心理的基本原理和方法。

2. 学科专业知识

教师要具备所教学科的扎实的学科素养。具体要求有：掌握所教学科的基本概念、原理、理论、应用及相关的实验操作，了解学科的基本方法论与发展前沿；能够将所教学科与其他学科、社会生活相联系。

3. 学科教学知识

教师要熟悉所教学科的课程标准和教材，掌握学科教学的基本原理和方法，具备正确的学科教学理念，了解学生学科学习的特点和规律，了解学科教学改革的新趋势。

4. 通识知识

教师要具有一定的自然科学和人文社会科学知识。通识文化素养既可以满足教师的工作之需，也可以为学生的精神成长树立榜样。

(三)专业能力素养

1. 学科专业能力

教师要掌握所教学科的专业基本技能、基本方法论，具备学科研究能力、学科知识和技能的运用能力。

2. 学科教学能力

教师要具有学科教学设计、实施、评价的能力。

3. 德育能力

教师要具备学科德育能力、班级教育能力、教育活动组织能力、学生品德评价能力。

4. 专业发展能力

教师要具有专业规划能力、自学能力、沟通合作能力、教学反思能力、教育研究和改革能力。

在中国特色社会主义新时代，党和国家领导人非常重视教师队伍建设，并提出了“四有”好老师和“大先生”的发展要求。2013 年 9 月，习近平总书记在致全国广大教师的慰问信中强调，百年大计，教育为本。教师是立教之本、兴教之源，承担着让每个孩子健康成长、办好人民满意教育的重任。2014 年 9 月，习近平总书记在同北京师范大学师生代表座谈时强调，全国广大教师要做有理想信念、有道德情操、有扎实学识、有仁爱之心的好老师，为发展具有中国特色、世界水平的现代教育，培养社会主义事业建设者和接班人作出更大贡献。

根据国家教师资格考试大纲和《教师资格条例》的要求，中小学教师的专业素养见表 1。

表 1　中小学教师的专业素养

<table>
<tr><th colspan="2">项目</th><th>知识</th><th>能力</th><th>情感</th><th>仪表仪态</th><th>价值观</th><th>身体素质</th></tr>
<tr><td rowspan="5">学科与学科教学</td><td>学科</td><td>科学知识和原理、科学思想和方法、学科历史和价值</td><td>熟练的学科技能、应用学科知识和方法解决实际问题、进行学科研究</td><td rowspan="7">积极的心态、良好的情绪和行为控制能力、良好的人际沟通能力</td><td rowspan="7">仪表整洁、举止大方、平易近人、肢体语言得体</td><td rowspan="7">热爱教育事业、关爱尊重学生、遵守教育法律法规、遵守师德规范</td><td rowspan="7">良好的身体素质，没有传染病、精神疾病</td></tr>
<tr><td>课程</td><td>课程的性质、地位、目标、理念和方法</td><td>进行课程设计，指导课程实施，开发课程资源，实施课程评价</td></tr>
<tr><td rowspan="3">教学</td><td>教学设计的原理和方法</td><td>确定教学目标、教学重点和难点；把握教学内容，了解内容联系，渗透思想方法，体现应用创新；选择教学方法和手段，安排教学过程和内容</td></tr>
<tr><td>教学实施的环节、原则、方法</td><td>创设教学情境，组织学习活动，激发学习兴趣，运用适当的方法和手段，呈现教学内容，引导学生学习；控制教学节奏，合理运用板书，处理突发事件</td></tr>
<tr><td>教学评价的目的、方式和方法</td><td>学生发展评价，教学过程评价</td></tr>
<tr><td colspan="2">教育</td><td>教育基本理论、德育论、心理学、心理辅导方法、班级管理和课外活动组织方法、教师心理学</td><td>进行教育研究，解决实际问题；进行德育；指导学生有效学习；对学生进行心理辅导；班级管理和组织课外活动；实现自身专业发展</td></tr>
<tr><td colspan="2">通识</td><td>文化修养(科学、文化、历史、文学、艺术)，思想道德修养，信息技术修养，普通话修养</td><td>阅读理解能力，语言沟通和表达能力，逻辑思维和创新能力，信息收集、处理和应用能力</td></tr>
</table>

四、新时代“四有”好老师的基本素养[①]

党和国家教育事业发展需要一大批好老师。做好老师，是每一个老师应该认真思考和探索的问题，也是每一个老师的理想和追求。如何做一名好老师？习近平总书记 2014 年教师节前夕在同北京师范大学师生代表座谈时，提出了一名好老师的四点要求，即要有理想信念、有道德情操、有扎实学识、有仁爱之心。

（一）有理想信念

有理想信念是好老师的首要标准。好老师要做共产主义远大理想、中国特色社会主义共同理想的坚定信仰者和忠实实践者。一个抱有理想信念的教师，才会在孩子、青年的心中播下梦想的种子。在价值取向日趋多元的时代，教师尤其要以理想信念为基，用远大的志向、纯粹的心灵、高尚的节操引领学生前行。

好老师心中要有国家和民族，要明确意识到肩负的国家使命和社会责任。一名好老师，就是要始终同党和人民站在一起，注重加强习近平新时代中国特色社会主义思想的学习，加深对中国特色社会主义的思想认同、理论认同、情感认同，不断增强道路自信、理论自信、制度自信、文化自信，积极引导学生热爱祖国、热爱人民、热爱中国共产党。

如果一个老师自觉选择了为国家发展、民族复兴培养更多更好的人才，并以此为人生大乐，那么他的人生就有了永恒价值，他所从事的这一职业就获得了伟大意义。

（二）有道德情操

“师也者，教之以事而喻诸德者也。”习近平总书记强调，教师是品行之师。道德情操是好老师践行教育使命的重要品质。教师的职业特性决定了教师必须是道德高尚的人。好老师首先应该是以德施教、以德立身的楷模。教师是学生道德修养的镜子。“师者，人之模范也。”老师的一言一行都给学生以极大影响，教师思想政治状况具有很强的示范性。“教，上所施，下所效也。”《论语》亦有言：“其身正，不令而行；其身不正，虽令不从。”教师在学生眼中是为人的模范。因此，教师要取法乎上、见贤思齐，不断提高道德修养，提升人格品质，用模范的言谈举止为学生树立榜样，用高尚的人格魅力引领学生的心灵，努力成为塑造学生品格、品行、品位的“大先生”。

好老师的道德情操，需要在自我修养中不断提升。师德需要教育培养，更需要教师自我修养。做一个高尚的人、纯粹的人、脱离了低级趣味的人，应该是每一个老师的不懈追求和行为常态。好老师要有“捧着一颗心来，不带半根草去”的奉献精神，自觉坚守精神家园、坚守人格底线，带头弘扬社会主义道德和中华传统美德，以自己的模范行为影响和带动学生。师德是深厚的知识修养和文化品位的体现。教

① 本书编写组：《习近平总书记教育重要论述讲义》，206～216 页，北京，高等教育出版社，2020。

师自我修养的陶冶需要在读书上下功夫。教师要常读书、读好书，以诗书育浩然之气，进而认识和相信道德之理。教师自我修养的完善还需要在行动中磨砺，做到知行合一。教师要在教育教学实践中严于律己，用个人的行为来体现自己于国于民、于公于私的价值观；要在日常言行中“三省吾身”，自觉坚守伦理底线，见贤思齐，景行行止，唯此才能体会和展示道德之美，引领学生把握好人生的方向。

好老师的道德情操，最终要体现到对所从事职业的忠诚和热爱上来。好老师应该执着于教书育人，要热爱教育工作，不能把教育岗位仅仅作为一个养家糊口的职业。敬业者，专心致志以事其业也。有敬业爱生精神的教师，才会献身教育、心系学生，才会严于律己、为人师表，才会严谨治学、诲人不倦，才会终身学习、追求进步，才会成就自己、成就学生。

(三)有扎实学识

好老师要有扎实学识，“水之积也不厚，则其负大舟也无力”。教师应是学问之师，扎实的知识功底、过硬的教学能力、勤勉的教学态度、科学的教学方法是教师的基本素质，其中知识是根本基础。

好老师应学识渊博，视野开阔，充满智慧。掌握精深的专业知识，是教师“传道”的基本前提。教育教学知识是教师教学过程中不可或缺的基础。教师要运用教育教学知识，理解学生的认知特点，选择合适的教学方法，促进学生更好更快学习。在信息时代，教师不仅要有胜任教学的专业知识，还要有广博的通用知识和宽阔的胸怀视野。好老师还应是智慧型的老师，具备学习、处世、生活、育人的智慧，既授人以鱼，又授人以渔，能够在各个方面给学生以帮助和指导。

好老师要牢固树立终身学习理念。随着信息技术高速发展、经济全球化进程加快，社会需要具备灵活性、适应性、自主性、合作能力以及创新精神的高素质人才。教师要始终处于学习状态，站在知识发展前沿，刻苦钻研、严谨笃学，不断充实、拓展、提高自己。好老师必须与时俱进，追求卓越，不断汲取新知识，更新自己的知识结构，积极回应新的挑战。只有这样，教师才能始终站在时代前列、知识前沿，实现自身的长远发展，并引导学生走向未来。好老师要树立强烈的改革创新意识。教育要着力培养学生的创新精神和实践能力，教师要牢固树立改革创新意识，踊跃投身教育创新实践，为发展具有中国特色、世界水平的现代教育作出贡献。教师要有改革创新的自主性，持续提高教育教学质量；要有改革创新的首创性，积极吸纳科学的教育理念和前沿的科研成果，丰富教育教学内容和资源；要有改革创新的先进性，采用科学高效的教学方法，引导学生在实践操作中提升批判探究能力，使其成长为知识丰富、视野宽广、德才兼备、全面发展的国家栋梁之材。

(四)有仁爱之心

好老师应该是仁师，好老师对学生的教育和引导应该是充满爱心和信任的。好老师应该把自己的温暖和情感倾注到每一个学生身上，用欣赏增强学生的信心，用信任树立学生的自尊，让每一个学生都健康成长，让每一个学生都享受成功的喜悦。在严爱相济的前提下晓之以理、动之以情，让学生“亲其师”“信其道”。

有爱才有责任。正是因为爱教育、爱学生，很多教师才有了用一辈子备一堂课、用一辈子在三尺讲台默默奉献的力量，才有了在学生遇到危难时挺身而出的勇气，才有了敢于攻克新知新学的锐气。

好老师要尊重学生、理解学生和宽容学生。受到尊重、得到理解、得到宽容，是每一个人在人生各阶段都不可缺少的心理需要，儿童和青少年更是如此。好老师一定要平等对待每一个学生，尊重学生的个性，理解学生的情感，包容学生的缺点和不足，善于发现每一个学生的长处和闪光点，让所有学生都成长为有用之才。

五、教师专业发展

现代教师职业是一种专业工作，教师需要通过自身的专业发展，满足复杂的教育工作需要，应对社会与科学发展的挑战。教师专业发展也是教师追求自身成长，实现自己人生目标的需要。1966 年 10 月，联合国教科文组织和国际劳工组织在《关于教师地位的建议》中，提出教师工作应被视为一种专业。自此，教师的专业化成为一种国际共识。《中华人民共和国教师法》也将教师确定为履行教育教学职责的专业人员，并规定教师有不断提高思想政治觉悟和教育教学业务水平的义务。

教师专业发展的前提是“教育是一种专业工作”“教师是一种专业人员”。教师工作成为一种专业是教育事业发展的要求和结果。随着社会的发展，人们对教育工作的要求越来越高，这就需要把教师工作提升到专业化的高度，全面提高教师的专业素养。教育应被视为一种专门职业还由于教育是一种服务公众的形态，它需要教师的专业知识及特殊技能，这些都需要经过持续的努力与研究才能获得并维持。教育需要从教者对学生的教育及其福祉，产生一种个人的及团体的责任感。

(一)教师专业发展的内容

教师专业发展的内容应该涵盖现代教师专业素养的全部。这体现在职前教师教育的课程内容设置和教师在职研修的内容上，包括教师专业理念、专业精神(师德)、专业知识、专业能力、专业自主等方面。教师专业发展的一个重要参考是教师资格标准。从某种意义上来看，教师资格标准确定了实现合格教师专业化培养的基本内容要求。教师资格标准应当包括入职资格标准和不同层级教师资格标准。

(二)教师专业发展的进程

教师专业发展的进程包括职前阶段、入职阶段、在职进修和实践阶段。

职前阶段广义上包括全部入职前的教育，狭义上指职前教师教育。职前教师教育主要在综合高等学校、高等师范学校完成，包括学科专业教育、教师专业教育和教育实习三部分。职前阶段主要完成作为一名教师的一般素质培养。职前教师教育的三方面内容要融为一个整体。

入职阶段也是教师专业发展的重要阶段。从职前学习阶段转入职后工作阶段，需要对新任教师进行有针对性的指导，以实现从学习者到实践者的顺利过渡。入职教育包括了解特定岗位的任务要求、了解所教学生的一般状况、熟悉教育教学工作的一般流程。在此过程中，可以为新任教师配备导师。

教师在职进修和实践阶段是一个更长的专业发展时期。在入职教育的基础上，新任教师就可以开始自己的职业生涯了。在教师的职业生涯进程中，教师需要通过不断学习进修和实践反思，实现自己的专业素养发展。教师的在职发展受到越来越多的重视，很多对教师专业发展的研究都集中于这个阶段。

教师的在职发展是与教师职业生涯的进程相关的。教师在职发展可以分为达标发展阶段和专业自主发展阶段。在富勒的教师生涯发展理论中，称为情境关注阶段和学生关注阶段。

在达标发展阶段，教师主要是熟悉岗位工作，关注教育教学常规，着力于工作达标，还缺乏工作中的自主创新。在本阶段，需要对新任教师不断进行教学培训、指导和检查，使其尽快实现基本工作达标。

专业自主发展阶段是在做到合格教师的要求基础上向优秀教师发展的过程。在本阶段，教师基本形成自己成熟的教育思想，能够本着教书育人的原则，积极改进教育教学工作，创新教育理念、教育模式和教育方法，形成自己的教育特色。教师从关注教育教学常规转向关注学生的终身发展和个性化发展。

(三)教师专业发展的途径和方法

教师专业发展一般通过读书自学、实践反思、教育培训、教育科研、集体研讨等途径来实现。教师要根据生涯进程，基于自身实际并结合学校工作安排，制定自身专业发展规划。专业发展规划要有总目标、远期目标，也要有分目标和近期目标。根据目标制订自己的行动计划，落实行动计划，并定期对自己的计划实施情况进行评估，对下一步的行动作出安排。教师专业发展规划要具有现实性和可行性，规划的实施要有持久性，要不断为规划的落实寻找和创造有利条件，不要轻易变更原初规划。

六、教师的权利和义务

教师作为学校教育工作者，具有法定的权利和义务。教师的权利和义务是指保证教师职业劳动顺利开展的必要法律保障。教师作为公民享有普遍的权利和义务，本小节只探讨教师的职业权利和义务。

(一)《中华人民共和国教师法》中关于教师权利和义务的规定

根据《中华人民共和国教师法》第二章第七条、第八条，教师享有的职业权利和应尽的职业义务如下。

教师享有下列权利：①进行教育教学活动，开展教育教学改革和实验；②从事科学研究、学术交流，参加专业的学术团体，在学术活动中充分发表意见；③指导学生的学习和发展，评定学生的品行和学业成绩；④按时获取工资报酬，享受国家规定的福利待遇及寒暑假期的带薪休假；⑤对学校教育教学、管理工作和教育行政部门的工作提出意见和建议，通过教职工代表大会或者其他形式，参与学校的民主管理；⑥参加进修或者其他方式的培训。

教师应当履行下列义务：①遵守宪法、法律和职业道德，为人师表；②贯彻国家的教育方针，遵守规章制度，执行学校的教学计划，履行教师聘约，完成教育教学工作任务；③对学生进行宪法所规定的基本原则的教育和爱国主义、民族团结的教育，法治教育，以及思想品德、文化、科学技术教育，组织、带领学生开展有益的社会活动；④关心、爱护全体学生，尊重学生人格，促进学生在品德、智力、体质等方面全面发展；⑤制止有害于学生的行为或者其他侵犯学生合法权益的行为，批评和抵制有害于学生健康成长的现象；⑥不断提高思想政治觉悟和教育教学业务水平。

(二)对教师权利和义务的分析

根据现有的法律法规和学校实际工作需要，对我国教师应当拥有的权利和义务进行了分析。

1. 教师的权利

(1)教书育人的权利

教书育人是教师的天职，也是教师的基本职业权利。失去这一权利，教师就无法履行自己的工作职责，无法实现促进学生发展、为国家培养人才的社会职能。只要教师拥有法定的任职资格，未违反国家法律法规和各项教育工作规定，任何机构和个人都不能无故剥夺或限制教师的教书育人权利。教师备课、上课、组织班级活动、进行个别教育等方面不受外部力量的非法干扰。

(2)管理和评价学生的权利

本项权利是教师职业一项重要的附属权利。教师拥有对学生的管理权，以保障学校教育活动的正常开展。由于学生是未成年人，同时现代学校教育采用班级授课的教学组织形式，因此教师被赋予教育活动的管理者和组织者的角色，有管理学生和学生集体的权利。另外，教师拥有对学生进行公正、客观的评价的权利。教师通过对学生的评价指导学生发展，通过评价为国家选拔人才。教师在评价活动中应坚持正确的教育导向，坚持公正、客观的标准，采取民主科学的评价方法，充分发挥评价的育人功能和选拔功能，做到为学生负责、为社会负责。

(3)科学研究和专业发展的权利

我国弘扬科学精神，鼓励科学研究，倡导劳动者专业发展。科学研究和专业发展是每个中华人民共和国公民都应享有的基本权利。教师承担着向学生传播科学、培养学生科学精神和科学能力的重任，更应充分享有这一权利。教师在教育教学工作中通过科学研究不仅可以保障所传授的科学知识的质量和水平，还可以通过科学研究提升教育的质量和自身专业素养，促进科学发展。教师成为研究者是当今教师专业化的重要要求，教师专业发展是提高学校教育质量，促进教师工作专业化水平提高的重要举措。国家和学校应当为教师创造充足的专业发展机会。教师有权在完成本职工作或不影响本职工作的基础上，通过自学、教学反思、教育研究、学术交流、进修培训等形式实现自身专业发展。

(4)获取劳动报酬和福利的权利

获取适当的劳动报酬和福利是社会主义国家一切劳动者的基本权利。这项权利不仅保障了劳动者的基本生活和劳动力再生产，而且是社会劳动得以持续进行的必要保障，必须保障教师获得合法劳动报酬和福利的权利。这项权利表现为教师依法享有取得工资、保险、奖励、带薪休假等方面的基本权利，任何机构和个人不能无故剥夺。

(5)参与民主管理的权利

我国是社会主义国家，劳动者是国家的主人，依法享有参与社会民主管理的权利。教师也不例外。教师对学校的各项重大事项和日常工作享有知情权，学校和教育管理机构应加大改革，积极扩大校务公开的范围和程度，保障教师的知情权和对学校管理工作的依法监督权利。教师还依法享有通过教职工代表大会等渠道参与学校重大决策的权利，以及向学校管理部门提出合理化建议的权利。

2. 教师的义务

(1)为人师表的义务

由于教师职业的特殊性，育人者首先得是人之模范，这样才能树立教育的威信。因此，教师应自觉遵守国家的法律法规，恪守职业道德，学为人师，行为世范，言谈举止堪作世人表率。

(2)劳动履约的义务

劳动履约是每一位劳动者都必须承担的主要职责。教师承担着为国育才的重任，我国实行教师聘任制，教师应当按照国家的教育方针政策和法律法规的规定，认真履行与学校达成的聘任合同，按质按量地完成应尽的劳动职责。

(3)教书育人的义务

教师应全面贯彻党的教育方针，认真落实素质教育的要求，促进学生德智体美劳全面发展。教师在完成本职工作的过程中，要按照聘任合同要求尽职尽责，但也不仅仅局限于合同要求，要出自教师职业的良心，全面培养学生。

(4)关爱和保护学生的义务

学生是学习活动的主体，是教师开展教育活动的合作者，也是社会的未来。教师要尊重学生在教育教学工作中的主体地位，要对学生寄予充分的信心和期待，尊重学生的人格，关爱学生的成长，为学生本人和社会未来负责。中小学生是未成年人，不具有完全的自我保护能力，需要得到教师的保护和监护。教师要保护学生的人身、财产和名誉等权利，不得伤害学生，避免学生受到他人的伤害，维护学生的合法权益。

(5)专业发展的义务

教师素质是影响学校教育质量的核心要素，教师是做好学校教育工作的根本。为了搞好学校教育工作，教师有义务通过进修培训、自学、反思、科学研究，不断提高自身的专业素养。教师专业发展不仅是教师个人生涯发展的要求，也是社会对教师个人和群体的期待。

3. 教师权利和义务的关系

原则上来讲，个体所享有的权利和所承担的义务是对等的，教师依法享有相应的职业权利，也同时承担相应的职业义务。教师的权利和义务都指向保障教师工作的顺利开展和工作价值的实现。教师的权利需要社会给予保障，教师的义务需要教师尽力去承担。没有社会的有力保障，教师很难完全尽到自己的义务；没有教师的责任担当，学校教育就不能正常地实现其社会功能。从这个意义上讲，教师的权利和义务不仅是教师本人的事情，也是学校和社会的事情。

第二节　学　生

学生既是教师的劳动对象，也是未来社会的接班人，还是具有独立人格的自主发展个体。学生接受学校教育和教师的影响，按照一定社会和教育者的要求成长，同时学生也有着个体发展的权益和需求。学校教育既要满足社会发展对人才的需求，也要照顾到每个学生独特的发展需求。

通过本节内容的学习，我们要了解学生这一社会角色的独特性，树立正确的学生观，明确学生应享有的基本权利和要承担的基本义务。

一、学生的地位和作用

学生是学校中专门的受教育者。教育教学工作是由教师和学生共同完成的，做好教育工作，离不开对学生的研究以及和学生的互动。教师必须正确认识学生，对学生施以科学合理的教育影响，通过开展学生主体性活动实现教育工作的目标。

(一)学生是社会的未来和教育的对象

学生是特殊的人群，他们是未来社会生活的承担者，同时也是社会和教育的塑造对象。由于现代社会实行普及义务教育制度，所有的社会成员都必须接受学校教育，学校的学生都是未来社会的成员，教师的工作就是培养未来合格的社会成员。教师工作的好坏、学生发展的好坏在一定程度上决定着社会未来的好坏。从一般社会学意义上看，学生是未成熟的社会个体，他们享有特别的权利，承担适应于其能力发展的责任和义务。社会应当保证学生成长的需要，这种需要的满足不仅对学生而言是必需的，对社会的存在和发展而言也是必需的。同时，学生不是脱离社会的人，其发展必须受到一定社会和教育的制约，学生不能随意发展。

从学校教育的角度来看，学生是教育工作的对象和产品，学校正是通过对学生的教育和学生自觉的发展来实现学校教育自身功能的。学生接受教育并实现自身发展，既对学生自身成熟和发展是十分必要的，也是教师完成自身使命的必然要求。同时，也应当看到，学生不是教师的私有财产，不能脱离社会的要求和学生自身的利益对学生进行任意塑造。

(二)学生是教育工作的参与主体

教师的工作是通过学生的活动促进其身心健康发展，离开了学生，教师的工作就失去了存在的基础。学校教育工作不是教师的独角戏，实际上是在教师的主导下由教师和学生共同完成的。要看到，学生既是教师教育的对象，也是教师工作中的合作者和教育成效的共同实现者。

二、正确的学生观

学生观是教师对学生的态度和看法。树立正确的学生观，是教师工作的重要前提。

(一)学生是具有独立人格的人

学生虽然是教师劳动的对象，是未成熟的个体，但也是具有独立人格的人。教师要尊重学生，平等地对待学生，听取学生的意见和看法，不得侵犯学生的合法权益。

(二)学生是发展中的人

学生处于不成熟状态，是发展和形成中的人。要用发展的眼光看待学生：既要看到学生发展的不成熟性，也要看到学生巨大的发展潜能；既要对学生发展中的问题抱一种宽容的态度，也要对学生的发展寄予高度的信心和期待。

(三)学生是完整的人

学生作为发展中的个体，是一种全面发展的存在。学生的发展是身心全方位的发展，学生发展的各方面相互联系、相互促进、相互制约。不能仅仅实现学生的部分发展，要注意学生身心发展的和谐平衡与全面发展。

(四)学生是独特的人

虽然学校教育工作具有普遍性，是教师对所有学生施加的统一性影响，但教师要意识到学生是具有独特性的个体，在实现学校教育的普遍性的过程中，尽量照顾到学生的独特性，做到因材施教。

(五)学生是主体性的人

主体性本来是人的本义。考虑到学校教育易于出现教师中心化问题，加之可能存在的应试教育和传统教育的消极影响，因此有必要强调学生作为主体的存在。学生的主体性是学生发展的前提和基础，也应是学生发展追求的目标。

（六）学生是学习间接经验的人

学生是学校中的受教育者。学校教育的一大特点就是注重书本知识的学习。学生和其他受教育者的重要区别就是以学习间接经验（主要是书本知识）为主。[①]

三、学生的权利和义务

随着国家法治化的完善，依法治国、依法执教成为人们的共识。依法执教不仅有利于保护学生的合法权益，为学校教育的开展营造和谐的氛围，也有利于使学生受到法治教育，从小养成遵纪守法的观念。有关法律法规中规定了学生应享有的权利和应承担的义务，教师要了解相关的规定，依法履行教育职责。

（一）《中华人民共和国教育法》中关于受教育者权利和义务的规定

我国教育法律法规中规定了受教育者的权利和义务。

《中华人民共和国教育法》规定，受教育者享有下列权利：①参加教育教学计划安排的各种活动，使用教育教学设施、设备、图书资料；②按照国家有关规定获得奖学金、贷学金、助学金；③在学业成绩和品行上获得公正评价，完成规定的学业后获得相应的学业证书、学位证书；④对学校给予的处分不服向有关部门提出申诉，对学校、教师侵犯其人身权、财产权等合法权益，提出申诉或者依法提起诉讼；⑤法律法规规定的其他权利。

受教育者应当履行下列义务：①遵守法律法规；②遵守学生行为规范，尊敬师长，养成良好的思想品德和行为习惯；③努力学习，完成规定的学习任务；④遵守所在学校或者其他教育机构的管理制度。

（二）对学生的权利和义务的分析

学生所享有的权利是学生接受教育、实现身心健康发展的必要保证。学生作为受教育者和未来的社会成员，在享受应有的权利的同时，也应尽到作为学生的义务。根据《中华人民共和国宪法》《中华人民共和国教育法》《中华人民共和国未成年人保护法》和《中华人民共和国预防未成年人犯罪法》等法律法规的规定，学生享有下列权利和义务。

1. 学生的权利

①受教育的权利。学生作为专门的受教育者，受教育权利是其基本权利。我国公民享有全面和平等的受教育权利。学生有权参加学校教育教学计划安排的各种活动，接受教师等教育者的教育指导，实现自身健康发展。

②获得人身保护的权利。由于中小学生是未成年人，缺乏独立行为能力，需要

---

① 间接经验不等同于书本知识，还包括从他人那里通过口耳相传获得的间接经验。但在文明社会，间接经验主要表现为书本知识或学科知识。

学校和教师给予他们一定的人身保护。在法律上，教师不是学生的监护人，但学生在校期间，教师承担监护职责。

③获得尊重、关爱和资助的权利。虽然学生是发展中的个体，但基于人道主义精神和学生发展的需要，学生应当获得完全的人格尊重和社会关爱。资助学生接受教育、完成学业是国家维护社会公平的一项重要措施，学生有权按照国家有关规定获得奖学金、贷学金、助学金。

④获得公正评价和申诉的权利。学校教育评价对学生的发展和利益存在重要影响，学生拥有获得公正评价的权利。学生在学业成绩和品行上有权获得公正评价，完成规定的学业后有权获得相应的学历证书、学位证书。对学校给予的处分不服可以向有关部门提出申诉，对学校、教师侵犯其人身权、财产权等合法权益，有权提出申诉或者依法提起诉讼。

⑤法律法规规定的其他权利。

2. 学生的义务

①完成学业的义务。学习是学生的天职，学生必须按照国家和学校的要求，积极参加学习活动和社会实践，努力按质按量完成学习任务，实现各种身心发展目标。

②接受管理的义务。由于中小学生是未成年人，缺乏对自身行为的控制能力，另外也为了维护学校教育的正常秩序，学生需要遵守学校或其他教育机构制定的管理制度和行为准则。

③自觉发展的义务。学生除了接受学校和教师的教育影响外，也应当自觉努力实现自身发展。学生是自身发展的主体，要为自己负责，要有积极向上的学习和生活态度，自觉约束自己，努力完善自己。

④尊敬师长、团结同学的义务。尊师重道、与人为善是学生健康成长的必要条件。作为学生，要尊重教师的劳动，尊重每名同学，做到谦虚谨慎，见贤思齐。

3. 学生受教育权利的保障

(1)学生受教育权利的基本保障

学生的受教育权利需要得到社会各方面的保障，主要包括国家保障、学校保障、家庭保障和社会保障。国家保障包括行政机关有责任保障学生的就学权利，保障学生有学可上，保障学校教育的基本办学条件和质量公平；立法、司法、检察和公安机关有义务通过立法、执法保护学生的受教育权利。学校保障指的是学校要全面实施素质教育，保障每名学生享有平等的学习权利，获得自身最大化发展。家庭保障包括家长有义务送子女入学，保障子女接受义务教育，做好家庭教育工作。社会保障包括社区、企业和非营利机构对未成年人的教育、对学生接受学校教育的支持；非政府社会团体对学生受教育的援助和支持。现代社会对学生受教育权利的保障，按方式和手段可以分为立法司法保障、财政资金保障、行政措施保障、志愿者保障等类型。

(2)特殊学生的受教育权利保障

为促进教育公平，全面落实全民教育理念，需要对社会特殊群体施以特别的受教育权利保障。

①家庭困难学生的受教育权利保障。家庭困难包括经济困难、孤儿、单亲、家长病残等情况。针对由于经济自然条件恶劣、经营失败、家长缺失和病残等导致经济困难的家庭，国家和学校通过设立励志奖学金和助学金、减免学生学杂费、进行社会救济，改善家庭经济状况，减轻或消除家庭在子女入学方面的经济负担。社会公益团体、慈善企业和个人在资助和支持家庭困难学生接受学校教育方面发挥了重要的作用。家长离婚、病故、残疾导致儿童少年缺少正常的家庭教育的，国家、学校和社会可以提供公益性的儿童监护和家庭教育服务，保障儿童的健康成长。

②流动人口的受教育权利保障。根据《中华人民共和国宪法》《中华人民共和国教育法》《中华人民共和国义务教育法》，所有的中华人民共和国公民都享有平等的受教育权。原则上应保证流动人口中的青少年免费平等地接受义务教育的权利，平等地接受非义务教育的权利。另外，留守儿童的受教育权利，包括学校教育权利和家庭教育权利，也应得到适宜的保障。

③特殊儿童的受教育权利保障。广义上来说，特殊儿童包括智力残疾、肢体残疾、盲聋哑、情志疾患、超常儿童等。狭义上指智力超常儿童以外的特殊儿童。特殊儿童应享有和健康儿童一样的受教育权利。特殊儿童接受平等的教育不仅是特殊儿童个体的权利，也有益于减轻社会的负担，促进社会和谐。国家应大力发展特殊教育，保障特殊儿童有学可上，使特殊儿童能够学习一技之长，保障特殊儿童的基本生活。特殊教育的形式包括设置独立的特殊教育学校、在正常学校设立特殊班级或实施全纳教育。智力超常儿童的特殊受教育权利也应得到相应的关注，应提供适合于他们的教育，如超常教学、超常班、超常学校。

④女童的受教育权利保障。由于个别地区或家庭存在性别歧视或文化偏见，有些女童的受教育权利受到剥夺和侵害。国家通过相关法律与政策，通过鼓励社会慈善团体的资助行动，保障女童的受教育权利。

⑤少数民族子女受教育权利保障。少数民族是我国民族大家庭的重要组成部分，除了保障少数民族子女享有与汉族儿童少年同等的受教育权利外，还需要给予少数民族子女特殊的照顾。少数民族子女受教育权的特殊照顾包括经济资助、招生照顾、民族语和民族文化教育等。这些特殊照顾，有利于少数民族文化的保存和发展，促进我国民族文化的多样性，维护国家的统一和民族和睦局面。

⑥问题青少年的受教育权利保障。问题青少年是由于各种违法犯罪行为受到国家法律制裁的青少年。根据《中华人民共和国未成年人保护法》等法规，对于犯过错误的未成年人应坚持以“教育为主，惩罚为辅”的原则，不能剥夺其受教育的权利，应为这些未成年人提供适宜的学校教育，保障其接受教育。

第三节　师生关系

师生关系是学校教育中的基本社会关系，是教育活动存在的基础，影响着教育活动的开展和教育效果的实现。通过本节课程内容的学习，我们主要了解师生关系的内涵和意义，了解良好师生关系的基本特征，以及如何建立和发展良好的师生关系。

一、师生关系的内涵和意义

（一）师生关系的内涵

师生关系是在学校教育工作中形成的师生之间的相互地位、相互作用和相互联系。

师生关系的本质属性是教育性。离开了教育性，师生关系无异于一般的成人和未成年人的关系。在学校教育中，教师承担着对学生进行教育，将其培养成社会所需要的人的重要使命。正是在这一目的的引导下，教师积极地和学生发生互动关系，构建师生关系。从教师角度来看，师生关系并不是基于个人的兴趣、爱好和需要形成的，师生关系的构建完全是基于学校和教师的社会使命。师生关系不同于一般的人际关系。

师生关系体现在学校教育活动的各个方面。在课堂教学过程中，师生关系是经由教学内容和教学活动连接起来的教与学的关系。在班级管理过程中，师生关系是基于班级制度的管理与被管理的关系。在课外和校外活动中，师生关系是基于活动主题连接起来的组织者和参与者的关系。在个别教学过程中，师生关系是基于个体发展连接起来的指导者和被指导者的关系。

师生关系从心理要素来说，包括师生之间地位上的相互认知、情感上的相互包容和行为上的相互作用。教师要认识到学生的地位和作用，要关爱学生、尊重学生、严格要求学生；学生也要认识到教师在教育教学和实现自身发展方面的重要作用，要尊重教师、理解教师、热爱教师。

需要强调的是，师生关系是建立在一定的教育观、教师观和学生观的基础上的。师生关系受到不同社会历史时期的教育观、教师观和学生观的影响。

历史上的师生关系：①侧重于师道尊严的师生关系。我国封建社会由于受儒家思想的影响，认为教育的目的就是培养人的礼仪道德，使人遵从古训，修身养性，因此在师生关系上强调师道尊严，严格约束学生的言谈举止。教师对于学生来说居于至高无上的地位。这种师生关系是一种以教师为中心的师生关系。②侧重于以人为本的师生关系。近代西方启蒙运动中，卢梭提出教育应基于人的自然本性，遵从人的自然发展规律，反对社会和成人对儿童发展的人为干预，将学生置于自由自主发展的地位。这种师生关系是一种以学生为中心的师生关系。③对教师中心、学生中心的师生关系的反思和批判。19世纪初，瑞士教育家裴斯泰洛齐认为教育是为了学生的发展，因此教师要尊重学生，要遵循人的发展规律，但同时强调教师遵循心理科学的教育影响对学生来说是有益无害的，甚至是至关重要的。

反思以往的师生关系，我们认为师生关系中教师要尊重学生发展的主体地位，同时要努力探索科学有效的教育方法，充分发挥教师对学生发展的主导作用。学生的主体性和教师的主导性是相互联系、相互促进的，共同决定了师生关系的有效性，是构建良好师生关系和提升教育工作成效的基本原则。

（二）师生关系的意义

师生关系是学校教育工作的重要前提和影响因素。学校教育活动是在师生双方相互作用的过程中实现的，离开了师生关系，学校教育活动就不复存在了。师生关系直接影响着师生互动的效果和效率，是影响学校教育活动效能的重要因素。因此，教师应当重视和研究师生关系问题，努力建立和发展良好的师生关系。

师生关系是实现教育目的的手段。由于教育关系的存在，师生关系被赋予了一定的社会责任和义务。也正是由于这种教育关系，师生关系的主要责任方在于教师。教师从学校和社会获得构建师生关系的责任和权利，将自己和学生纳入师生关系之中，并通过师生关系对学生的约束和规范对学生形成教育性影响。所以说，正是由于师生关系的教育性，它才有重要的社会意义。

新型师生关系的构建，事实上也是在为未来的社会成员构建一种新型的社会生活经验。通过这种宝贵的早期社会生活经验，学生这种未来社会成员养成正确的社会关系意识，发展特定的社会行为规范和社会交往能力。师生关系是学生早期发展中的一种特定社会关系类型，我们并不会期待师生关系能够替代学生所有的社会关系。但是师生关系对于学生其他社会关系的形成确实有着很大的迁移塑造作用。学生如何对待教师也就意味着未来其如何对待他人。

师生关系是手段而不是目的，意味着我们要重视师生关系的教育性，不是有了师生关系就有了教育性，不应将教育性视为师生关系存在和发挥作用的必然结果。只有确保教育性的方向和属性，师生关系才是真实存在的。师生关系对教育需求的满足是第一位的，对情感需求的满足是第二位的。不能将人际关系的情感需求满足作用置于教育需求满足作用之上。同样道理，一般人际关系的其他功能的实现都不能置于教育功能实现之上。

二、良好师生关系的特征

由上可知，构建良好的师生关系是学校教育工作开展的前提条件。那么什么样的师生关系才是良好的师生关系呢？

(一)师生关系的一般特征

1. 师生关系是一种先在性的社会关系

不同于一般社会人际关系的形成，师生关系并不是人们在日常生活中自然产生的一种人际关系，它是一种制度性安排之下的人际关系。师生关系无论对于教师还是学生来说都是一种先行存在。通俗一点来讲，就是教师和学生在进入师生关系之前，都没有自主选择的权利。教师不能选择自己的学生，学生也不能选择自己的教师。这种师生关系是一种制度性安排，是由学校在开学之初就事先安排好的。可能学校在安排各班教师的时候会有所考虑，但一般不会征求学生的意见，也不会任由教师的意愿。师生关系的这种特点造成了其建立和维持的一定难度。

2. 师生关系是一种不对等的人际关系

不同于一般人际关系双方的对等性，师生关系的双方是不对等的，包括权利和地位上的不对等，双方影响力上的不对等，等等。这种不对等是客观存在的，也正是由于师生双方的不对等，所以才能产生师生之间的教育性影响的必需性。在师生交往的过程中，教师作为不对等关系中的优势一方，要承担更多的责任。师生关系的不对等性要随着学生能力的发展逐步调整，直至最终学生离开学校时能够达到一般社会人际关系对等交往的水平。师生关系的这种转变也是很重要的，不能认为师生关系的这种不对等性带来的教师的责任永远存在。要在学生有能力承担对等交往的责任的时候，及时让学生承担相应的责任。

3. 师生关系是一种多功能的人际关系

维系师生关系的功能维度不仅有教育关系，还有社会保护关系、情感生活关系、组织管理关系等。这也就意味着，教师除了按照学校和国家的要求对学生施加教育性影响外，还要承担更多的责任。从理论上来讲，师生关系不是一个纯粹的教育学概念，它也是一种法律概念、社会学概念和心理学概念。建立良好的师生关系，这些师生关系功能的实现也是不可回避的。

(二)良好师生关系的特征

根据历史上的教育思想遗产和现当代优秀教师的经验，良好的师生关系的特征可以概括为：尊师爱生、民主平等、教学相长。

1. 尊师爱生

良好的师生关系首先体现在师生之间相互的正确态度上。由于教师在教育工作中起着主导作用，而且这种主导作用指向实现学生全面发展，所以学生应该认识到这一点，尊重教师，努力按照教师的要求完成学习任务，实现自身更好的发展。只有尊师，才能重道，才能继承优秀的科学文化，完善自身。对于教师来说，由于学生是社会的未来，是发展中的个体，是自己劳动价值的体现，所以要关爱学生。只有爱学生，才能尽心尽力地为学生的发展而教，才能为社会作出最大贡献。学生尊敬教师、教师关爱学生是良好师生关系的首要前提。只有双方都能够正确地对待师生关系中的对方，才有可能保持这种关系。

为什么学生要尊重教师、教师要关爱学生呢？这主要是由于师生双方的不对等关系和教育的使命。作为成长中的个体，学生需要教师的帮助，不尊重教师，事实上就是拒绝了从教师那里获得帮助和支持。没有教师的帮助，学生要实现自身发展就失去了重要的保障。教师作为专业的教育者和教育使命的承担者，有理由获得学生的尊重。即使教师存在某种不足和问题，也不能成为学生不尊重教师的理由。教师关爱学生主要是出于对学生教育的需要和对社会的责任。教师关爱学生不应当仅仅出于一种天生的情感本能，而应当是建立在对教育的要求和学生的发展需要基础上的一种理性情感。只有关爱学生才能尽到为师的本分。关爱学生也意味着一种宽容。由于学生是成长中的个体，所以教师应给予其关爱而不是苛责。学生犯错误是难免的，不应由于学生的一时错误而对其大加斥责。要懂得原谅学生，看到学生向善的一面，要帮助学生克服困难、纠正错误，发展其向善之心。

2. 民主平等

民主平等说的是在师生交往过程中双方应有的行为方式。良好的师生关系强调尊师爱生，但尊师不是片面强调教师的权威，爱生也不是盲目地溺爱学生。尊师爱生的前提应该是民主和平等，亚里士多德说"我爱我师，我更爱真理"，强调的也是这个道理。教师也是人，不是神，不可能一切都是正确的，应当允许学生发表自己的不同见解。尤其是在当今这样的信息社会，更应当和学生一道探索真理、追求正义，这样才能实现学生的最佳发展。师生之间讲民主平等，是现代社会的要求。这种民主平等的师生关系还具有社会改造的意义。要在教育生活里培养学生的这种民主平等意识，以实现社会生活的民主化和科学化。

这里要注意的是，民主不是极端民主，平等不是绝对平等。极端民主是一种形式化的民主，注重所谓大多数原则，讲求"随大流"。这是非常愚昧的做法，历史上是有沉痛的教训的。没有科学依据的公众决策并不能保证我们行动的正确性，所以大多数原则并不总是正确的，我们的行为应当是建立在理性的基础上的。同样，绝对的平等在师生关系中也是不存在的。师生双方的不对等性决定了师生之间不可能绝对平等。决定师生关系中双方行为的应当是在科学面前的民主平等。

3. 教学相长

教学相长在这里指的是良好的师生关系所追求的目的，即实现教师和学生双方的相互促进和共同进步。[①] 判断师生关系的好坏，从师生互动的结果上看，应该看是否促进教学相长。良好的师生关系促进教师的发展，表现在教师对教学内容的认识、对教育规律的认识、教学能力和教育境界的提高诸方面。良好的师生关系促进

---

① 教学相长本义不是师生之间相互促进，而是说理论学习和实践相结合。《学记》中说："虽有嘉肴，弗食不知其旨也；虽有至道，弗学不知其善也。是故学然后知不足，教然后知困。知不足，然后能自反也；知困，然后能自强也。故曰：教学相长也。"

学生的发展，表现在学生积极心态的形成、学习成效提升、身心和谐发展、社会化程度提高等方面。师生关系的好坏最终要以教育活动结果的好坏来判断。表面上的相敬如宾、一团和气绝对不是判断良好师生关系的标准。师生关系中不可能没有矛盾，有矛盾不见得是有问题，关键要看矛盾的性质。如果是有利于教育目的的实现、有利于学生发展、有利于社会利益的最大化，这样的矛盾并不可怕。可怕的是那些不利于教育目的的实现、不利于学生发展和社会利益最大化的矛盾。这些矛盾不解决，教育就可能出现问题。有利的矛盾最终可以得到解决，形成互利双赢的局面，这才是真正良好的师生关系。教学相长指的就是师生双方都能从师生交往中获益，教师从师生关系中获得自身的成长，学生从师生关系中获得教益。

三、建立和发展良好的师生关系

建立良好师生关系是改进学校教育的重要工作。师生关系的改进可以促进教育活动的开展，为学生的发展提供良好的支持环境，使学校的教育资源发挥最大的作用。

(一)教师应当承担建立和发展良好的师生关系的主导责任

由于教师的主导地位，师生关系建立和发展的主要责任在于教师。教师是承担教书育人职责的专业人员，要充分认识良好的师生关系建立和发展的重要性，要在学校安排的基础上积极了解所在班级的学生，主动引导学生与教师配合，共同完成教育教学的任务，促进学生身心全面发展。当然，我们也应当看到，师生关系的确立不完全由教师决定。教师在接手一个新的班级的时候，是不能自由选择的。教师只能在既定的班级、既定的学生基础上进行良好师生关系的构建。另外，良好师生关系的构建也受到学生的影响，如学生是否尊敬师长、刻苦学习等。

(二)教师要将自己的工作建立在尊重学生身心发展客观规律和教育科学规律的基础上

任何有悖于科学的教育活动和行为都不可能真正促进学生的发展，不会得到学生的积极呼应，因此要构建良好的师生关系，必须保证教育活动的科学性和服务于学生发展。这是良好师生关系构建的最基本要求。教师要充分认识学生的发展本质，不要误将学生当作成熟的社会个体来看待，要本着宽容、鼓励和长善救失的态度，帮助学生克服不足，逐步成长。

(三)教师要善于与学生沟通交往，善于开展班级教育活动

良好的师生关系都是在师生互动的实践中建立和发展的，通过丰富的师生共同参与的教育活动，积极促进师生互动，促进师生之间的相互了解和情感包容。开展丰富多彩的师生互动活动是构建良好师生关系的基本途径。在丰富的师生互动过程中，师生关系的内涵和质量得以发展和提高。

(四)加强对学生的尊敬师长、爱护集体、遵守纪律、社会责任意识教育，培养学生独立自主交往的能力

除了通过科学合理的教育活动促进良好师生关系的发展外，教师还要有针对性地对学生进行社会化教育，让学生对师生关系的重要性有正确的认识并有意识地追求自身的社会化发展。教师通过对学生的管理和教育，培养其学习的自觉性，养成学生良好的人际沟通能力，逐步给予学生自主进行社会交往的权利和机会，使其成长为独立自主的社会个体。

(五)建立良好师生关系需要遵从相关的法律法规和学校规章制度的要求

法律法规和学校的规章制度是基于社群利益和智慧形成的社会活动行为规范和制度框架，对于师生双方及其利益相关方都具有约束力，提供了师生交往的理性基础。教师要充分研读和理解相关的法律法规和学校的规章制度安排，并将其贯彻于师生交往之中，这样才能实现对双方的最大保护。

本章小结

1. 教师职业伴随着学校教育的产生而产生，随着学校教育的发展而发展。当代教师承担着培养合格社会成员的使命、实现人的全面发展的使命、传承和发展科学文化的使命。

2. 教师劳动具有价值性、伦理性、育人性、复杂性、创造性，以及示范性、长期性、连续性和广延性的特点。当代教师承担着传道、授业、解惑者的角色，学习活动的组织者、引导者、合作者的角色，课程开发者的角色，教育教学研究者的角色，学生身心健康发展呵护者的角色。

3. 教师是专业人员，应当具有相应的职业道德和教育理念、专业知识素养和专业能力素养。每一位教师都应当争做新时代的“四有”好老师。教师专业发展分职前阶段、入职阶段、在职进修和实践阶段。教师专业发展的途径包括读书自学、实践反思、教育培训、教育科研、集体研讨等。

4. 教师作为学校教育工作者，享有相应的法定权利，并承担相应的法定义务。

5. 学生既是教师的劳动对象，又是学习活动的主体。正确的学生观包括：学生是具有独立人格的人、发展中的人、完整的人、独特的人、主体性的人和学习间接经验的人。

6. 学生作为学校教育中专门的受教育者，享有相应的权利，承担相应的义务。学生受教育权利保障包括国家保障、学校保障、家庭保障和社会保障。应当重视特殊学生的受教育权利保障。

7. 师生关系是学校教育中的基本社会关系。师生关系的本质属性是教育性。学生的主体性和教师的主导性相结合是确立和发展师生关系的基本原则。良好师生关系的一般特征包括尊师爱生、民主平等、教学相长。要积极建立和发展良好的师生关系。

关键术语

1. 教师
2. 学生
3. 师生关系
4. 教师角色
5. 学生观

思考题

1. 简述教师劳动的特点。
2. 简述新课改背景下的教师角色。
3. 试论述如何做一名合格的教师。
4. 什么是教师专业化，教师自身如何实现专业发展？
5. 简述教师的权利和义务及其相互关系。
6. 如何保障学生的受教育权利？
7. 简述良好师生关系的基本特征。
8. 试论述如何构建良好的师生关系。

案例分析

案例1：民办学校教师能不能带薪休假

丁某，女，23岁，2002年从某师范大学毕业后，应聘到一所民办学校担任小学英语教师。学校地处市郊，实行封闭化管理，平时不能外出，而且教学任务很重，不过每月有3000元的收入，比公办学校的教师工资高很多，这使她感到欣慰。然而，随着寒假的到来，她才知道，学校有一个规定：寒暑假期间不上课，每人每月仅发150元的生活费。丁某很是不解，为什么公办学校教师可以带薪休假，而民办学校的教师就不可以呢？150元的生活费甚至低于当地最低生活标准。

问题：

1. 从教师的权利与义务的角度分析该学校的做法是否符合《中华人民共和国教师法》的规定。

2. 你认为，教师的合法权利应该如何得到保障？

案例2：李老师的分层教学

在语文课上，李老师根据学生不同的能力和水平划分了几个等级组，定出不同的要求和评价标准，学生自动“对号入座”，如C级组的标准是“语言通顺”，符合要求的就给高分。不少学生高兴地说：“我的作文经常不及格，今天李老师给我打了100分，我觉得学好作文还是有希望的！”李老师又及时鼓励达标的学生向B级组、A级组进军。

问题：

1. 李老师的做法是否正确？体现了何种教育观？
2. 李老师的做法体现了何种评价观？

第八章 课 程

学习目标

1. 识记课程、课程方案、课程标准的含义。

2. 掌握基本的课程类型及特征。

3. 了解不同课程流派的基本观点。

4. 掌握课程实施的价值取向，具有课程开发的技能。

5. 了解我国基础教育课程改革的理念和具体的改革目标、基本的实施状况。

问题导入

课程是教育活动的核心要素，课程改革是教育改革的核心。2001年，我国正式启动了新一轮基础教育课程改革——第八次基础教育课程改革。这是我国现代教育史上规模最大、投入最多、历时最长、影响深远的一次课程改革。那么，什么是课程？我国政府为什么要下大力气对基础教育课程进行改革？这次课程改革的基本理念和改革目标是什么？在追求人的全面发展和个性发展的新背景下，这次课程改革到底进行得如何？本章将带你一起探讨这一课题。

据说，拉尔夫·泰勒(Ralph W. Tyler)主持了著名的“八年研究”后声名大振。在一次午餐时，有个学校的校长向他请教，到底怎样才能使课程教学有效。泰勒当即想了四句话，想把它们写下来却找不到纸，只好在一张餐巾纸上写下了那四句话。校长看后很满意。后来，泰勒在这四句话的基础上，进一步发挥，写成了一本书。这本书后来成了课程理论的经典，而以那四句话为核心所构成的“泰勒原理”则成为课程理论难以逾越的高峰。可以说，学习和研究课程理论的人，没有人不知道那四句话，也没有人不知道那本书。泰勒到底说了什么样的四句话呢？他又写了一本什么样的书呢？

第一节　课程概述

一、课程的含义

课程一词在我国始见于唐宋期间。唐朝孔颖达为《诗经》作注：“维护课程，必君子监之，乃依法制。”这是我国历史上最早出现的课程一词。但这里所说的课程并不是现代意义上的课程。宋朝朱熹在《朱子全书·论学》中多次提及课程，如“宽著期限，紧著课程”，这里的课程即指功课及其进程。

在西方，最早提出课程(curriculum)一词的是英国教育家斯宾塞，他在《什么知识最有价值?》一文中提出了这一概念，意指“教学内容的系统组织”。该词来源于拉丁文，原意为跑道(race course)，即学生学习的路线、学习的进程。根据这一词源，西方最常见的课程定义是“学习的进程”，简称学程。

课程作为一个独立的研究领域是20世纪以后的事。一般认为，美国课程论专家博比特(F. Bobbitt) 1918年出版的《课程》一书，标志着课程作为一个独立的研究领域的确立；博比特《课程》一书也是教育史上第一本课程理论专著。

学术界关于课程的定义仍众说纷纭，仔细梳理一下，大致可归为以下三类。[①]

(一)课程即学科

这是最普遍也是最常识化的课程定义。例如，《中国大百科全书・教育》中的课程是这样定义的：课程是指所有学科(教学科目)的总和，或学生在教师指导下各种活动的总和，这通常被称为广义的课程；狭义的课程则是指一门学科或一类活动。[②]

这种课程定义把课程内容和课程过程割裂开来，并片面强调内容，而且把课程内容仅限于源自文化遗产的学科知识，其最大的缺陷是把课程视为外在于学习者的静态的东西，对学习者的经验重视不够。

(二)课程即目标或计划

这种课程定义把课程视为教学过程中要达到的目标、教学的预期结果或教学的预先计划。例如，课程论专家塔巴(H. Taba)认为课程是学习的计划，奥利沃(P. Oliva)认为课程是一组行为目标，约翰逊(M. Johnson)认为课程是一系列有组织的、有意识的学习结果，等等。

这种课程定义把它视为教学过程之前或教育情境之外的东西，把课程目标、计划与课程过程、手段割裂开来，并片面强调前者，其缺陷也是忽略了学习者的现实经验。

(三)课程即学习者的经验或体验

这种课程定义把它视为学生在教师指导下所获得的经验或体验，以及学生自发获得的经验或体验。例如，美国教育家杜威认为课程即学生的学习经验，美国课程论专家卡斯威尔(H. L. Caswell)和坎贝尔(D. S. Campbell)认为课程是儿童在教师指导下所获得的一切经验。

这种课程定义的突出特点是把学生的直接经验置于课程的中心位置，从而消除了“见物不见人”的倾向，消除了内容与过程、目标与手段的二元对立。但这种课程定义有忽略系统知识在儿童发展中的意义的倾向。

我们认为要明确课程的内涵必须注意以下几点。

一是课程是某一类学校所要进行的德智体美劳等全部教育内容的总和。

二是课程不仅包括各门学科的正规课堂教学内容，还包括课外活动、家庭作业和社会实践活动。

三是课程编排既要符合知识本身的逻辑体系，还要符合学生认识发展的逻辑体系。

四是课程不仅要有利于知识的传递、经验的积累，还要有利于学生创新。

五是课程应有一个明确的目标体系。

---

① 张华：《课程与教学论》，67～72页，上海，上海教育出版社，2000。

② 中国大百科全书出版社编辑部：《中国大百科全书・教育》，207页，北京，中国大百科全书出版社，1985。

综上所述，我们认为课程有狭义和广义之分。狭义的课程是指一门学科或一类活动，即各级各类学校为了实现培养目标而开设的学科及其目的、内容、范围、活动、进程等的总和。广义的课程是指按照一定的教育目的，在教育者有计划、有组织的指导下，受教育者在与教育情境相互作用中获得的全部经验。

二、课程的作用

课程是任何一种教育理论研究的重要问题之一。因为教育目的必须依赖一定的课程安排来实现；教学方法、教学组织形式等，都受课程制约并为课程服务；教学的质量、水平及教学评价的标准，也主要看由课程所决定的教学内容的实施状况。因此，课程既是教育理论关注的焦点，也是教育改革的核心。在学校教育中，课程的作用可以概括为以下几个方面。

(一)课程是实现教育目的、培养全面发展的人才的保证

学校是培养人才的摇篮，兴办学校首先要设计人才培养的蓝图，制定相应的教育目的和培养目标，规定相应的教学任务，而课程是人才培养蓝图的具体体现，是实现教育目的和培养目标的基础，它规定着学校最基本的问题——教什么和学什么。课程内容及其顺序结构构成了学生达到教育目标与培养目标所应学习的基本内容体系。学校课程不仅决定着所培养人才的知识结构，而且决定着所培养人才的技能、技巧水平和思想态度。

(二)课程是教师从事教学活动的基本依据

课程主要体现在课程方案、课程标准和教材上，为规范教师的教学活动提供了准绳和依据。为避免备课和讲授的随意性，教师不仅要依据课程方案、课程标准和教材确定教学的基本内容，而且要据此选择适当的教学方法。

(三)课程是学生汲取知识的主要渠道

教学活动是学生的一种特殊的认识活动，其特殊性之一就是这种活动具有间接性。在教学活动中，学生的主要任务是掌握人类在千百年历史中已经获得的，并且编入教材的知识经验。由于学生在校学习时间的有限性和人类知识总量的无限性，学生只有把经过加工、提炼、浓缩、改造的书本知识作为自己的主要学习材料，才有可能完成社会所赋予他们的使命。所以说，课程是学生汲取知识的主要渠道和重要来源。

(四)课程是教学方法选择、教学组织形式确定和教学手段应用的依据

在学校教育中，教学方法选择、教学组织形式确定和教学手段应用，既要考虑学生的年龄特点，也要考虑课程，即课程标准和教材本身的要求。不同的课程内容要运用不同的教学方法和教学手段以便学生有效掌握。

(五)课程是评估学校教学质量的重要尺度

教学质量评估是教学过程的重要组成部分。虽然教学质量评估可从多方位、多

层次进行，但最主要的还是通过对学生的学业成绩考评来实现。通过对学生学业成绩的考评，教育主管部门可以洞察学校教育教学工作的动态，把握教育质量；教师可以全面了解教学效果，得到反馈信息；学生可以发现自己在学习中的优缺点和差距，从而调节努力方向。对学生学业成绩的考评，无论是常模参照测验，还是目标参照测验，其考评的依据和标准都主要是所开设的课程，从命题到评分都必须体现该课程目标所规定的三个方面，即知识和技能、过程和方法、情感态度和价值观，离开了这个尺度就无法评定教学质量的优劣。

三、课程的类型

根据不同的分类标准可以把课程分为不同的类型。根据课程任务，可把课程分为基础课程、拓展课程、研究课程；根据课程的设计方式，可把课程分为学科课程与活动课程；根据课程的综合程度，可把课程分为分科课程和综合课程；根据对学生的学习要求，可把课程分为必修课程和选修课程；根据课程的呈现方式，可把课程分为显性课程与隐性课程；根据课程设计、开发、管理的主体，可把课程分为国家课程、地方课程、校本课程。不同类型的课程具有不同的特征，也有不同的功能和作用。在实际教育工作中，通常把不同类型的课程加以组合，以实现学生的全面发展。

（一）根据课程任务分：基础课程、拓展课程、研究课程

基础课程是以培养学生的基础学力和作为一个公民的基本技能为中心的基础教育课程，是中小学课程的主要组成部分。拓展课程注重拓展学生的知识与能力，开拓学生的知识视野，发展学生各种不同的特殊能力，并迁移到其他方面的学习中。研究课程注重培养学生的探究态度与能力，这类课程给学生一定的目标，让其自己探究，从而得出结论。

（二）根据课程的设计方式分：学科课程与活动课程

学科课程是指从各门科学领域选择部分内容、分门别类地组织起来的课程体系。我国古代的“六艺”和“四书”“五经”都是学科课程。学科课程分科设置，重视学科内容的内在逻辑联系，但不重视学科之间的联系；重视对知识的系统学习，但不重视儿童的兴趣和需要，且忽视学习的过程。活动课程，又称儿童中心课程、经验课程，是指打破学科逻辑组织的界限，从儿童的兴趣和需要出发，以活动为中心组织的课程。活动课程的代表人物是杜威。活动课程具有过程的实践性、活动的自主性、内容的开放性、形式的多样性等特点，把教学的重心由教师转向了学生。

（三）根据课程的综合程度分：分科课程和综合课程

分科课程是指从不同门类的学科中选取一定的知识，按照知识的逻辑体系，以分科教学的形式向学生传授知识的课程。分科课程与学科课程基本上是一致的。综合课程是指打破传统分科课程的知识领域，组合两个或两个以上的学科领域构成的

课程。根据综合课程的综合程度及其发展轨迹，又可将综合课程分为相关课程、融合课程、广域课程、核心课程。相关课程即在保留原来学科独立性的基础上，寻找两个或多个学科之间的共同点，使这些学科的教学内容能够相互照应、相互联系、穿插进行。融合课程即把部分科目统合兼并于范围较广的新科目中，选择对学生有意义的论题或概括的问题进行教学。广域课程即合并数个相邻学科的教学内容而形成的综合性课程。核心课程则是打破原有的学科界限，围绕一些重大的社会问题，以解决实际问题的逻辑顺序为主线来组织教学内容的综合性课程。

(四)根据对学生的学习要求分：必修课程和选修课程

必修课程是由国家、地方或学校根据人的发展和社会发展需要制定的，所有学生必须学习的课程。必修课程是个体社会化的基础，其主导价值在于培养和发展学生的共性。就我国基础教育课程现状而言，必修课程可分为国家必修课程、地方必修课程和校本必修课程等。必修课程的根本特征是强制性。选修课程是针对必修课程的不足之处提出来的，是学生根据自己的人生规划或个人兴趣，自主选择的课程。选修课程的主导价值在于满足学生的需要、兴趣和爱好，发展学生的个性。选修课程不是要求每个学生都必须掌握的课程。

(五)根据课程的呈现方式分：显性课程与隐性课程

显性课程亦称公开课程，是指在学校情境中以直接、明显的方式呈现的课程。显性课程的主要特征是计划性、组织性和可预期性，其主导价值是使学生以有意识的方式获得学术性经验。隐性课程亦称潜在课程、隐蔽课程，是学校情境中以间接的、内隐的方式呈现的课程，如师生关系、校风、学风等。隐性课程带有非计划性、非预期性和随机性的特点，其主导价值是使学生在学校情境中以无意识的方式获得非学术性经验。隐性课程是伴随显性课程而生的，没有显性课程也就没有隐性课程。

(六)根据课程设计、开发、管理的主体分：国家课程、地方课程、校本课程

国家课程是指由国家统一组织开发并在全国范围内实施的课程，具有权威性、多样性、强制性的特点。

地方课程是指地方自主开发实施的课程，即由地方根据国家教育方针、教学机构管理政策和课程计划，在关注学生共同发展的同时，结合本地的优势和传统，充分利用本地的课程资源，直接反映地方社会经济、文化发展的需求，自主开发并实施、管理的课程。

校本课程是指由学校根据本校实际自主开发并在本校实施的课程，其主导价值在于创建学校办学特色，提升学校的办学水平，并有助于学生的个性发展。

四、制约课程的主要因素

社会需求、学科知识水平、学习者身心发展特点和课程理论是制约学校课程的四大因素。

(一)社会需求

教育总是为一定的社会培养所需要的人才的，因此在选择课程内容时，就必须考虑现实社会与未来社会发展的需求。社会需求包括经济、政治、道德、文化、科技等多方面。学校课程直接受制于教育目的和培养目标、社会时代发展的状态与需要。社会需求也是形成不同时代学校教育课程总体结构体系重大差别的重要原因。

(二)学科知识水平

课程内容的基本要素是知识。因此，课程内容必须反映各门学科中那些具有高度科学价值和实践价值的基本理论、法则和基本要领。课程的编制应考虑学科体系的完整性、知识结构的内在逻辑性，反映现代科学技术发展的水平，以保证学校课程的科学性、系统性。

(三)学习者身心发展特点

学习者既是教育的对象，又是学习的主体，课程的基本功能是促进其发展。学习者身心发展的需要既具有年龄阶段的差异性，又具有个体间的差异性。因此，课程的设计与实施必然要考虑学习者的身心发展水平、发展特点及其需求，把发展个性、提高整体素质放在突出的位置上。

(四)课程理论

不同的课程理论对学校课程的方方面面都有不同的理解，所关注的核心问题也有重大差别。所以，建立在不同的教育哲学理论基础上的课程论及课程的历史传统，对课程产生重要的结构性影响，对课程的制定和开发起着理论导向作用。

第二节 课程理论

学校课程归根结底不外乎三个问题：学什么？谁来学？为什么学？围绕这三个问题，形成了学科中心课程理论、学生中心课程理论和社会改造课程理论三大流派。

一、学科中心课程理论

学科中心课程理论也称知识中心课程理论。学科中心课程理论是出现最早、影响最广泛的课程理论。学科中心课程理论主张从不同的科学领域选择基本知识组成相应的学科，根据教育教学需要分科编排课程进行教学。

(一)代表人物

夸美纽斯、赫尔巴特、斯宾塞、赫钦斯(R. Hutchins)、布鲁纳、巴格莱(W. C. Bagley)、施瓦布(J. J. Schwab)等都是学科中心课程理论的代表人物，要素主义、结构主义和永恒主义是其代表理论。

(二)基本观点

①知识是课程的核心。

②学校课程应以学科分类为基础。

③学校教学应以分科教学为核心。

④以对学科基本结构(组织结构、实质结构、句法结构)的掌握为目标。

⑤学科专家在课程开发中起重要作用。

(三)理论评价

1. 优点

①分科组织教材，有助于学生系统地掌握文化遗产。

②有条理地系统学习，能够充分发展人的智力。

③课程的构成比较简单，易于评价。

2. 缺点

①由于教材注重知识的逻辑性和系统性，学生学习时往往偏重记忆而忽视理解。

②教学强调知识的传授，容易忽视过程和方法，从而不利于学生学习兴趣的激发和独立解决问题能力的培养。

③条块分割和学科众多，既容易造成知识的割裂，也不利于学生对所学知识的整合。

二、学生中心课程理论

学生中心课程理论，又称经验课程论或活动中心课程理论，是由20世纪初美国教育家杜威提出的。学生中心课程理论主张以儿童的社会活动为中心来组织课程，强调学生的兴趣、爱好等心理因素，注重学生学习的主动性和与社会的联系。

(一)代表人物

杜威、克伯屈、马斯洛(A. H. Maslow)、罗杰斯(C. Rogers)、皮亚杰等是学生中心课程理论的代表人物。实用主义、人本主义、建构主义是其理论代表。

(二)基本观点

①学生是课程的核心。

②学校课程应以学生的兴趣或生活为基础。

③学校教学应以活动和问题反思为核心。

④学生在课程开发中起重要作用。

⑤教材编排应注意儿童的心理结构。

(三)理论评价

1. 优点

①儿童(学生)从感兴趣的问题出发，学习是积极主动的。

②注意将学习与社会生活环境密切联系，将生活、经验、社会课题和其他丰富的内容吸收到学校课程中来，有利于丰富学校的教学内容。

③注意从生活、经验中学习，有利于培养学生解决问题的能力，促进其身心

发展。

2. 缺点

①将课程内容局限于儿童的日常生活经验，忽视前人创造和积累的科学文化，不利于人类文化的传承。

②偏重课程建构的心理结构，忽视知识的体系和科学的逻辑结构，不利于学生掌握系统的科学知识和基本技能。

③以儿童为中心，容易轻视教育的社会功能。

三、社会改造课程理论

社会改造课程理论也称社会中心课程理论，是以适应社会需要为中心编制课程的理论。它强调社会对教育的制约作用，主张根据社会需要确定教育目的和课程内容，重视道德教育和社会权威的作用。

(一)代表人物

布拉梅尔德(S. Brameld)、金蒂斯(Gintis)、弗莱雷(P. Freire)、布迪厄(P. Bourdieu)等是社会改造课程理论的代表人物。

(二)基本观点

①社会改造是课程的核心。教育的目的不是让学生适应现存社会，而是培养学生的批判精神和改造现实的技能，让学生创造和建立一种新的社会。

②学校课程应以建造新的社会秩序为方向，应该把学生看作社会的一员。

③课程知识应该有助于学生的社会反思。课程的价值既不能根据学科知识本身的逻辑来判断，也不能根据学生的兴趣、需要来判断，而应该有助于学生的社会反思，唤醒学生的社会意识、社会责任和社会使命。

④社会问题而非知识问题才是课程的核心问题。

⑤吸收不同社会群体参与到课程开发中来。

(三)理论评价

1. 优点

①强调课程建设要关注社会焦点，反映社会政治经济变革的客观需求。

②强调课程结构有意义的统一性，要深刻认识社会因素对教育的制约作用。

2. 缺点

①容易走向另一个极端，即夸大学校变革社会的作用，把课程设置的重心完全放在适应或改造社会之上。

②容易忽视学生的主体性，阻碍学生主体意识和能力的发展，使预想的课程目标难以实现。

第三节 课程的组织

所谓课程的组织是在一定的教育价值观的指导下，将所选出的多种课程要素妥善地组织起来，使多种课程要素在动态运行的系统结构中产生合力，以有效地实现课程目标的过程。

20世纪30年代，美国进步教育协会发起了一项对美国乃至世界教育极有影响的“八年研究”(1933—1941年)。参与这项研究的，除专业人员外，还有横贯美国的300所大学、学院和经过挑选的30所实验中学。这项研究不仅对美国的课程产生了深远影响，还孕育了拉尔夫·泰勒的课程原理。泰勒在1949年出版了《课程与教学的基本原理》，这部书被公认为现代课程论的奠基石，是现代课程研究领域最有影响的理论框架。

泰勒在书中提出的四个基本问题构成了考察课程与教学问题的基本原理，既为课程开发提供了坚实的理论基础，又为现代课程研究提供了范式。这四个问题即本章开篇提到的四句话，它们是：

①学校应力求实现哪些教育目标?

②提供什么样的教育经验才能实现这些目标?

③怎样才能有效地组织这些教育经验?

④我们怎样才能确定这些目标正在得到实现?

不管人们是否赞同“泰勒原理”，也不管人们持何种哲学观点，如果不探讨泰勒提出的这四个基本问题，就不可能全面地探讨课程问题，也不能全面地理解课程。这四句话后来被高度地概括为课程目标、课程内容、课程实施和课程评价四个方面。①

一、课程目标

(一)课程目标的含义

课程目标是课程要实现的具体目标和意图。课程目标是指导整个课程编制的准则，也是指导教学的重要准则。

课程目标与教学目标的联系最为紧密，常有人把二者混为一谈，甚至使用“课程与教学目标”这样含混的说法。但二者的区别是明显的。这主要体现在目标制定者、目标使用范围和目标功能三个方面。②

①课程目标主要由教育行政部门和课程工作者完成，具有较强的方向性和规定

---

① 郑金洲：《教育基础》，135页，上海，华东师范大学出版社，2012。

② 高孝传、杨宝山、刘明才：《课程目标研究》，5～7页，北京，教育科学出版社，2001。

性；教学目标主要由教师来制定，具有较强的务实性和灵活性。

②课程目标的首要作用是为课程编制提供依据和参考，其次是为教师的教和学生的学提供参考；教学目标主要是为教师的教和学生的学提供依据。

③教学目标是最具实践性和实效性的教育目标，它是教学活动的起点和终点，也是教学评价的重要依据；课程目标是培养目标和教学目标的桥梁，其衔接作用和指导意义是其他教育目标无法替代的。

(二)课程目标的制定

学生、社会和学科是课程目标的三个基本来源。泰勒在《课程与教学的基本原理》一书中，把学生的需求、当代社会生活的需求和学科的发展作为课程目标的三个来源。他认为，任何单一的信息来源，都不足以让学校全面且理智地决定其教育目标。发现学生的学习现状和学习兴趣是制定课程目标的基础，了解社会生活的需求是制定课程目标的依据，而尊重学科专家的建议、选择最有价值的知识是达成课程目标的保证。

1. 对学生的研究

学生是课程目标指向的对象，对学生的研究就是要明确教育者期望在学生身上所要达到的预期结果。它通常包括三个方面的内容。

①了解学生身心发展的现状，并把它与理想的常模加以比较，确认其中存在的差距。

②了解学生个体的需要。

③了解学生的兴趣和个性差异。

2. 对社会的研究

在课程领域里通常采用的方法是把社会生活划分为若干有意义的方面，再分别对各个方面进行研究。

泰勒介绍的一种可行的分类是：健康、家庭、娱乐、职业、宗教、消费、公民。

课程编制者需要对“学校课程能够给予适当满足的社会需求”与“只有通过与社会上其他机构的合力才能完成的社会需求”两者之间作出区分。例如，学生健康的问题，学校课程可以使学生获得必要的知识、习惯和态度，但这需要家长和社会各界的全力配合。

3. 对学科的研究

学校课程所要传递的知识很难通过其他社会经验获得，而学科是知识的最主要的支柱。

由于学科专家熟悉本学科领域的基本要领、逻辑结构、探究方式、发展趋势，以及本学科的一般功能及其与相关学科的联系，因此，学科专家的建议是制定课程目标的重要依据之一。

(三)课程目标的类型

1. 行为取向性目标

学习前事先规定的学生要达到的学习结果，具有操作性，适合技能课和训练课。例如，关于阅读，可以规定“学生能用普通话朗读、不读错字，能比较流畅地朗读，能在朗读时读出感情”等，都是具体的行为目标。主张学习要培养学生的行为取向性目标的教育学家有泰勒和布卢姆等。

泰勒主张课程目标必须指出学习后学生身上的变化，因此他认为确定的课程目标必须包括三点：可观察的行为、行为发生的条件、可接受的行为标准。

布卢姆把教学目标分为认知领域目标、情感领域目标、动作技能领域目标。认知领域目标由低到高分为识记、理解、应用、分析、综合、评价，情感领域目标分为接受、反应、价值评价、价值组织、价值形成，技能领域目标分为知觉、准备、机械动作、适应、创作。

2. 生成性取向目标

不是事先规定的目标，而是随着学习活动的展开自然生成的目标。

3. 表现性取向目标

教育过程中每个学生的创造性能力的表现，适合以学生活动为主的课程。

二、课程内容

课程是学校教育的核心，涉及教学过程中教师教什么和学生学什么的问题。在我国，中小学课程内容主要体现在课程方案、课程标准、教材之中。

(一)课程方案

1. 课程方案的概念

课程方案又称课程计划，是根据一定的教育目的和培养目标，由教育行政部门制定的有关学校教育和教学工作的指导性文件。它具体规定了教学科目的设置、学科顺序、课时分配、学年编制和学周安排。其中，开设哪些科目是课程计划的中心问题。

我国自废科举、兴学堂以来，就有这种关于课程的总体规划，当时叫作“学校课程标准”，新中国成立后受苏联影响改称“教学计划”。1992 年，国家教委(现为教育部)在制定九年义务教育的教学计划时，把“教学计划”更名为“课程计划”。指导我国最近一次课程改革的《基础教育课程改革纲要(试行)》仍用“课程计划”这一术语。自 2022 年秋季学期开始，我国基础教育实施中华人民共和国教育部制定的义务教育课程方案(2022 年版)。

2. 我国当前义务教育课程方案

我国当前义务教育课程方案以习近平新时代中国特色社会主义思想为指导，在坚持目标导向、坚持问题导向和坚持创新导向的修订原则基础上，对我国义务教育的课程设置进行了重新规划。该方案分为培养目标、基本原则、课程设置、课程标准编制与教材编写、课程实施五个部分。

(1)在培养目标方面

该方案完善了培养目标。方案明确指出义务教育要在坚定理想信念、厚植爱国主义情怀、加强品德修养、增长知识见识、培养奋斗精神、增强综合素质上下功夫，使学生有理想、有本领、有担当，培养德智体美劳全面发展的社会主义建设者和接班人。

(2)在基本原则方面

该方案指出义务教育课程应遵循以下基本原则：一是坚持全面发展，育人为本；二是面向全体学生，因材施教；三是聚焦核心素养，面向未来；四是加强课程综合，注重关联；五是变革育人方式，突出实践。

(3)在课程设置方面

新的课程方案从课程类别、科目设置、教学时间三个方面明确了课程设置要求。一是以国家课程为主体，以地方课程和校本课程为拓展补充，突出国家课程主体地位。二是按“六三”学制或“五四”学制九年一贯设置课程。科学、综合实践活动开设起始年级提前至一年级，将劳动、信息科技及其所占课时从综合实践活动中独立出来。改革艺术课程设置：艺术包括一至二年级设置唱游·音乐、造型·美术；三至七年级以音乐、美术为主，融入舞蹈、戏剧(含戏曲)、影视(含数字媒体艺术)相关内容；八至九年级包括音乐、美术、舞蹈、戏剧(含戏曲)、影视(含数字媒体艺术)等，学生至少选择两项学习。艺术课程设置首次兼顾“六三”“五四”两种学制。初中设物理、化学、生物学分科课程和科学综合课程，供地方、学校选择。同时优化课程设置，减少了一些科目，如整合品德与生活、品德与社会和思想品德为道德与法治，九年一体化设计；倡导跨学科研究性学习；专题教育渗透，不独立设课。三是体现学段差异，推进课程治理，提倡各地因地制宜、激发活力。新方案规定义务教育每学年共39周。一至八年级新授课时间35周，复习考试时间2周，学校机动时间2周；九年级新授课时间33周，第一学期复习考试时间1周，第二学期毕业复习考试时间3周，学校机动时间2周。学校机动时间可安排劳动、科技文体活动等。一至二年级每周26课时，三至六年级每周30课时，七至九年级每周34课时；九年新授课总课时数为9522。各省教育行政部门和各学校在保证九年总时长和周总时长不变的情况下，可自行确定各科目周课时数和每节课的具体时长。

(4)在课程标准编制与教材编写方面

《义务教育课程方案(2022年版)》明确提出：课程标准编制要坚持正确的政治方向和价值导向，加强思想性；坚持素养导向，体现育人为本；注重学段衔接与科目分工，加强课程一体化设计。[①] 关于教材编写，《义务教育课程方案(2022年版)》要

① 中华人民共和国教育部：《义务教育课程方案(2022年版)》，11～12页，北京，北京师范大学出版社，2022。

求：教材编写须落实课程标准的基本要求，基于核心素养精选素材，确保内容的思想性、科学性、适宜性与时代性；创新体例，吸收学习科学的最新成果，强化内容间的内在联系；创新教材呈现方式，注重联系学生学习、生活、思想实际，用小故事说明大道理，用生动案例阐释抽象概念，增强吸引力和感染力；加强情境创设和问题设计，引导学习方式和教学方式变革；充分利用新技术优势，探索数字教材建设；关注学生认知发展特点，强化教材学段衔接。①

(5)在课程实施方面

在课程实施方面，《义务教育课程方案(2022年版)》提出了科学规划课程实施、深化教学改革、改进教育评价、强化专业支持、健全实施机制等基本要求。②

(二)课程标准

1. 课程标准的概念

课程标准是国家教育行政部门制定的某一学科或学习领域的纲领性文件，它规定这门学科的性质、理念、目标、内容框架、学业质量，并提出教学建议和评价建议。课程标准是国家课程计划的具体化，是教科书编写、教学考试评价以及课程实施管理的直接依据。

2. 课程标准的意义

课程标准规定了学科的教学目的、任务，知识的范围、深度和结构，教学进度及有关教学方法的基本要求，是编写教科书和教师进行教学的直接依据，也是评估和衡量各科教学质量和考试命题的依据。国家课程标准是整个基础教育课程改革系统工程中的一个重要枢纽。

对课程标准的界定和理解，应把握以下几个方面。③

①课程标准主要是对学生在经过某一学段学习之后的结果的行为描述，而不是对教学内容的具体规定(如教学大纲或教科书)。

②它是国家(有些是地方)制定的某一学段的共同的、统一的基本要求，而不是最高要求。

③对学生学习行为和结果的描述应该尽可能是可理解的、可达到的、可评估的，而不是模糊不清的、可望而不可即的。

④教师不是教科书的执行者，而是教学方案(课程)的开发者，即教师是“用教科书教，而不是教教科书”。

⑤课程标准的范围应该涉及作为一个完整个体发展的三个领域——认知、情感

---

① 中华人民共和国教育部：《义务教育课程方案(2022年版)》，12页，北京，北京师范大学出版社，2022。

② 中华人民共和国教育部：《义务教育课程方案(2022年版)》，13～16页，北京，北京师范大学出版社，2022。

③ 钟启泉、崔允漷、张华：《为了中华民族的复兴　为了每位学生的发展：基础教育课程改革纲要(试行)解读》，172页，上海，华东师范大学出版社，2001。

与动作技能，而不仅仅涉及知识方面的要求。

3. 我国当前义务教育课程标准

2022 年 3 月，教育部印发义务教育课程方案和课程标准(2022 年版)。根据义务教育课程方案(2022 年版)所规定的此阶段应开设的学科门类，新的课程标准涵盖道德与法治、语文、数学、历史等 16 个学科，并要求于 2022 年秋季学期开始执行。

新修订的义务教育课程标准要求各科教学都要以习近平新时代中国特色社会主义思想为指导，全面贯彻党的教育方针，遵循教育教学规律，落实立德树人根本任务，发展素质教育。以人民为中心，扎根中国大地办教育。坚持德育为先，提升智育水平，加强体育美育，落实劳动教育。反映时代特征，努力构建具有中国特色、世界水准的义务教育课程体系。聚焦中国学生发展核心素养，培养学生适应未来发展的正确价值观、必备品格和关键能力，引导学生明确人生发展方向，成为德智体美劳全面发展的社会主义建设者和接班人。

新课程标准的主要特点如下。

(1)强化了课程育人导向

各课程标准基于义务教育培养目标，将党的教育方针具体化细化为本课程应着力培养的核心素养，体现正确价值观、必备品格和关键能力的培养要求。全面体现了培养有理想、有本领、有担当的时代新人要求，突出课程育人宗旨。

(2)优化了课程设置

落实“五育并举”和创新性人才培养要求，九年一贯设置课程，一体化设计道德与法治课程，设置劳动、信息科技课程。

(3)完善了课程内容结构

围绕发展学生核心素养，精选和设计课程内容，设置“跨学科主题”学习活动，强化学科间的相互关联，增强了课程的综合性和实践性。

(4)研制了学业质量标准

各课程标准根据核心素养发展水平结合课程内容，明确学业质量标准，整体刻画不同学段学生学业成就的具体表现特征，引导和帮助教师把握教学深度、广度，为教学设计和教学评价提供依据。设置教学提示，增加教学和评价案例，不仅明确了“为什么教”“教什么”“教到什么程度”，而且强化“如何教”的具体指导，做到好学、管用。

(5)加强了学段衔接

注重幼小衔接，基于对学生在健康、语言、社会、科学、艺术领域发展水平的评估，合理设计小学一至二年级课程，注重活动化、游戏化、生活化的学习设计。依据学生从小学到初中在认知、情感、社会性等方面的发展需要，合理安排不同学段内容，体现学习目标的连续性和进阶性，为学生进一步学习做好准备。

(三)教材

1. 教材的含义

教材是根据学科课程标准系统阐述学科内容的教学用书，它是知识授受活动的主要信息媒介，是课程标准的进一步展开和具体化。教材可以是印刷品(包括教科书、教学指导用书、补充读物、图表等)，也可以是声像制品(包括幻灯片、影视、光盘等)。教科书是教材的主体，是学生获取系统知识的重要工具，也是教师进行教学的主要依据。

新的课程计划和课程标准为教学活动预留了充分的空间，视教材为案例，开放教材，鼓励教师充实并超越教材。教师应将教材视为教学活动的“跳板”，使之成为学生学习和创新的有利凭借物。

2. 教材的组织方法

①逻辑式组织：按照有关科学知识的内在逻辑顺序组织教材。

②心理式组织：以学生为本，注重学生的兴趣、需要和能力，强调将学生的经验作为教材组织的出发点，逐步扩大教材的内容范围，使学生愿学、乐学，而较少考虑知识完整性。

③折中式组织：兼顾学科与学生两方面的需要与情况，择二者之长。不过在兼顾学科与学生两方面时，在不同学科和不同的学习阶段又有所侧重。

3. 教材的排列方式

(1)直线式排列

直线式排列是对一科教材内容采取环环相扣、直线推进、不予重复的排列方式。也就是说，在教材的内容排列中，前后内容基本不重复，课程内容直线前进，前面安排过的内容在后面不再呈现。

(2)螺旋式排列

螺旋式排列是指在不同阶段、单元或不同课程门类中，课程内容反复出现，逐渐扩大知识面，加深知识难度，即同一课程内容前后反复出现，前面呈现的内容是后面学习内容的基础，后面的学习内容是对前面学习内容的不断扩展与加深，层层递进。

(3)过渡式排列

过渡式排列是为跨入新学段和升入高年级学生学好新知识、掌握新方法而适当提前安排有关奠基内容的排列方式。

三、课程实施

(一)课程实施的概念

课程实施即将已经编好的课程付诸实践，它是达到预期的课程目标的基本途径。一般来说，课程设计得越好，实施起来就越容易，效果也就越好。课程实施是一个动态的序列化的实践过程。

(二)课程实施的基本取向

辛德等人关于课程实施取向的分类研究受到了课程学者的普遍认同。他们将课程实施或研究课程实施的取向分为三种：忠实取向、相互调适取向和课程缔造取向。

1. 忠实取向

持忠实取向的教师认为课程实施过程是忠实地执行课程计划的过程。衡量课程实施状况的基本标准是所实施的课程与预定的课程计划之间的符合程度，符合程度越高则课程实施越成功。在忠实取向看来，课程一词的含义是指体现在学程、教科书、教学指导用书、教师的教案或课程改革方案中的有计划的内容。课程是一些具体的东西，这些东西教师能够实现，也能评价，通过评价可以确定预定的目标是否完成。相应地，课程实施的含义则是指教师在实践中执行课程计划的过程。持这种取向的教师在具体的课程实施过程中显得呆板、僵化，缺乏创造性，与我国新课程改革的要求不相适应，是被批判的实施取向。

2. 相互调适取向

持相互调适取向的教师认为课程实施过程是课程变革计划与班级或学校实际情境在课程目标、内容、方法、组织模式诸方面相互调整、改变与适应的过程。一个课程计划付诸实施之后会发生两个方面的变化：一方面，既定的课程计划会发生变化，以适应具体实践环境的特殊需要；另一方面，既有的课程实践会发生变化，以适应课程计划的要求。在相互调适取向看来，课程不仅包括体现在学程、教科书或变革方案中的有计划的具体内容，而且包括学校或社区中的各种情境因素，这些因素会对课程变革方案产生影响。课程实施绝不是教育计划或技术在课程实践中简单地“装配”，它应当包括变革方案在目标或方法上的调整，参与者在需要、兴趣和技能方面的变化，以及组织的适应。所以，在课程实施过程中发生相互调适现象在某种意义上具有必然性和必要性。相互调适取向又可分为两种倾向：实用性倾向和批判性倾向。前者更接近忠实取向的观点，后者则显得更为重视互动和情境的影响。

3. 课程缔造取向

课程缔造取向是课程实施研究中的新取向。持课程缔造取向的教师认为，真正的课程是教师与学生联合缔造的教育经验，课程实施本质上是在具体教育情境中缔造新的教育经验的过程。既有课程计划只是这个经验缔造过程中可供选择的媒介之一，课程实施更看重参与者共同建构教育经验。既然课程缔造取向视野中的课程是教师与学生联合创造并实际体验到的经验，那么课程的性质就是地道的“经验课程”。这种课程是情境化的、人格化的，因此，课程采用及课程实施的技术化、程序化的特质就彻底消失了，课程实施再也不是就原初的课程计划“按图索骥”的过程或稍事修改的过程，而是一个真正创造的过程。

上述三种取向尽管各有其存在的价值和局限性，但这三种取向的层次性又是十分清晰的。从忠实取向到相互调适取向，再到课程缔造取向，随着层次的提升，每个层次都是对前面层次的超越，这意味着人们对课程改革本质的认识不断深入。课程改革绝不是改革策动者对改革计划实施者的控制过程，而是课程改革的各方参与者(包括教师和学生)的交互作用过程。在这一民主交往过程中，课程变革的内涵不断被揭示和深化，意义和价值不断显现，每个参与者的主体性都得到尊重与提升。这也是衡量课程改革成功与否的基本标准。

(三)课程实施的结构

1. 安排课程表

课程表的安排应遵循以下几条原则。

①整体性原则。在安排课程表的过程中，学校要从全局着眼，统筹安排好课程计划所规定的每一门课程，使每一门课程都处在能发挥最佳效果的恰当位置。

②迁移性原则。在安排课程表时要充分考虑各门学科之间相互影响的性质和特点，利用心理学上的迁移规律，促使课程之间产生正迁移，防止负迁移现象的发生。

③生理适宜原则。课程表的安排，要考虑到学生的生理特点，使学生的大脑功能和体能处于高度优化状态。

2. 分析教学任务

教学任务通常包括三个方面。

①学生所要掌握的基础知识和基本技能。

②学生所要形成和发展的体力、智力和能力。

③学生所要养成的情感、态度、品德和个性心理品质。

3. 研究学生的学习特点

学生的学习特点有四方面的特性：独特性、稳定性、发展性和灵活性。

4. 选择并确定教学模式

教学模式是指在一定的教学思想或理论指导下，为完成特定的教学任务，实现预期的课程目标所形成的相对稳定的、系统化的教学活动的基本范型。为实现预期的课程目标，可以根据教学内容、教学任务和学生学习特点选择适宜的教学模式。

5. 规划教学单元和课

教学单元通常是指某门课程的教材内容中的一个比较完整的部分。在对教学单元进行规划时，需要对教学单元中的主要原理、主要概念、技能、态度、诊断性测验和评价等方面加以考虑。课是教学单元的组成部分，所要解决的是课堂教学活动如何安排的问题。

6. 组织教学活动

组织教学活动是课程实施的展开过程。

7. 评价教学活动的过程与结果

评价教学活动的过程与结果是课程实施最后的任务或环节。

(四)有效实施课程的条件

1. 课程方案本身的特点

一是合理性，即课程设计及课程方案的编写具有正确的指导思想和理论基础，并且确实改进了已有的课程；二是和谐性，即课程方案的制定不仅要考虑未来人和社会的发展，还要考虑当下人和社会的要求；三是明确性，如果缺乏明确性，容易造成使用者的混淆，以致增加困惑和挫折感；四是简约性，过于复杂的课程设计可能不易被理解或无法被接受，导致实施困难；五是可操作性，即课程方案向各地学校推行的难易程度及实施、使用的方便程度要适当。

2. 教师的特征

教师对课程有效实施的影响主要体现在以下几个方面。

第一，教师的参与。教师根据课程方案、课程标准，设计教学活动，确定教学策略，实施课程。让教师参与课程方案、课程标准的拟定，可以增强其实施课程的自觉性和主动性。

第二，教师的态度。采取封闭态度的教师对课程改革缺乏关注，也不易接受新的理念和方法，对课程的实施会产生负面影响。采取开放态度的教师关注改革的进程，乐意接受新理念、新方法，有利于课程方案的实施。

第三，教师的能力。课程实施效果的差异除了取决于教师对课程的认识、态度，更重要的是还取决于教师的个人背景、智力水平、学历层次所造成的能力差异。

第四，交流与合作。交流与合作可能是教育决策者、课程设计者与教师之间的，也可能是教师与教师之间的。这有助于加强相互间的理解与支持，有利于课程的实施。

3. 学校的特点

①学校领导和行政部门的态度与工作。②学校支持系统的保障。③学校环境的氛围支撑，包括学校所形成的心理环境和物理环境。

4. 校外环境

校外环境包括政府机构和社会各界。政府机构是影响课程实施的重要力量，学校的课程方案与学校所在地的需要越一致，就越能得到当地政府的支持。社会各界如新闻媒介、社会团体、学生家长的理解和支持，也可以成为推动课程实施的无形动力。

四、课程评价

课程评价是以一定的方法、途径对课程的目标、实施和结果等有关问题的价值和特点作出判断的过程。课程评价的概念最早由泰勒提出，他认为："评估的过程，从本质上讲，就是判断课程和教学计划在多大程度上实现了教育目标的过程。"[①]可

① [美]泰勒：《课程与教学的基本原理》英文对照版，罗康、张阅译，96页，北京，中国轻工业出版社，2008。

见，泰勒把课程评价看作对课程与教学目标实际达成程度的描述，即把课程评价看成确定行为与目标之间一致性的操作。随后，这一概念被广泛运用于课程理论与实践之中，并形成了不同的评价模式。

（一）目标评价模式

目标评价模式是泰勒提出的。这种模式以目标为中心展开。该评价原理可概括为七个步骤或阶段。

①确定教育计划的目标。

②根据行为和内容来界定每一个目标。

③确定使用目标的情境。

④设计呈现情境的方式。

⑤设计获取记录的方式。

⑥确定评定时使用的计分单位。

⑦设计获取代表性样本的手段。

其中，确定目标是最为关键的一步，因为其他所有步骤都是围绕目标展开的。目标评价模式强调要用明确的、具体的行为方式来陈述目标，并以预先规定和界说的目标为中心来设计、组织和实施评价，从而确定学生通过课程教学所取得的进步，亦即确定学生达到目标的程度，找出实际结果与课程目标之间的差距，并利用这种信息反馈作为修改课程计划或更新课程目标的依据。

由于目标评价模式既便于操作又容易见效，所以很长时间里都在课程领域占主导地位。目标评价模式的优点主要有四个。

①目标评价模式注重目标、效率和行为控制，强调通过控制学生的学习行为和教师的教学过程来促进学生对知识和技能的获得，是一种有条理的、系统的课程设计的过程。

②目标评价模式把评价融入课程设计过程，提供了可用于修改课程计划的反馈方式。

③目标评价模式结构紧凑，逻辑脉络简洁清晰，在具体的教学活动中师生有据可依，课程设计容易实施，因而具有很强的可操作性。

④目标评价模式把评价关注的焦点从学生身上转向整个课程方案，是一种突破。

但目标评价模式也存在一定的局限性。目标评价模式强调课程目标的预先计划，使其具有严密的逻辑体系和确定性，强调教学过程的可控性、可预期性方面，却忽视了根据实际教学情况进行调整，忽视了在一定情况下点滴改进的必要性，降低了师生在教育过程中对各种现象进行处理和解释的自主性。

另外，目标评价模式中，课程目标都以显性行为来界定。因此，像理解力、鉴赏力、情感、态度、情趣、价值观等一些不能完满转化成可测量的和可清楚地被观察到的行为的目标就会丢失。

（二）目的游离评价模式

该评价模式是由美国学者斯克里文（M. Scriven）针对目标评价模式的弊病而提出的。他认为，评价者在评价过程中应该注意的是课程计划的实际作用，而不是其预先确定的目标或预期效应。他主张评价活动从检查方案的结果来判定其价值，即主张把评价的重点从“课程计划预期的结果”转向“课程计划实际的结果”上来，由“方案想干什么”改为“方案实际干了什么”。

目的游离评价模式虽然注重师生在教育过程中的创造性和教育教学活动目标的生成性，但也存在一定的问题：如果在评价过程中把预期目标放在一边去寻找各种实际效果，结果很可能顾此失彼，背离评价的主要目的。此外，目的完全“游离”的评价是不存在的。因为评价者总会用一定的标准去评价，游离于课程编制者的目的，评价者很可能会用自己的目的取而代之。严格地说，目的游离评价不是一个完善的评价模式，因为它没有一套完整的评价标准，所以有人把它当作一种评价的原则。

（三）CIPP 评价模式

CIPP 评价模式是美国教育评价家斯塔弗尔比姆倡导的课程评价模式。他认为课程评价不应局限在评定目标达到的程度上，而是针对一种过程，旨在描述、取得及提供有用的资料，为判断各种课程方案服务。这种评价模式由背景评价（context evaluation）、输入评价（input evaluation）、过程评价（process evaluation）、成果评价（product evaluation）四个步骤构成，CIPP 就是这几个步骤英文名称的第一个字母组成的缩略语。其构成步骤如下。

第一，背景评价，即确定课程计划实施机构的背景，明确评价对象及其需要，明确满足需要的机会，诊断需要的基本问题，判断目标是否反映了这些需要。背景评价强调根据评价对象的需要对课程目标本身作出判断，看两者是否一致。

第二，输入评价，主要是为了帮助决策者选择达到目标的最佳手段，而对各种可供选择的课程方案进行评价。

第三，过程评价，主要是通过描述实际过程来确定或预测课程方案本身或实施过程中存在的问题，从而为决策者提供修正课程方案的有效信息。

第四，成果评价，即测量、解释和评判课程方案的成绩。它要收集与结果有关的各种描述与判断，把它们与目标及背景、输入和过程方面的信息联系起来，并对它们的价值和优点作出解释。

CIPP 评价模式考虑到了影响课程方案的种种因素，可以弥补其他评价模式的不足，相对来说比较全面，但由于它的操作过程比较复杂，难以被一般人所掌握。

（四）CSE 评价模式

CSE（Center for the Study of Evaluation）是美国加利福尼亚大学洛杉矶分校评价研究中心的简称。CSE 提出了一种更加务实的评价模式，在美国得到了广泛运用。这种评价模式分为四个前后相连的评价阶段，即对需要进行评估、对方案或计划的选择、形成性评价和总结性评价。

该模式最主要的特点是把问题而不是目标和假设作为评价的先行者。在此基础上，评价者再进行系统的观察、调查、访问、测验，或其他任何有助于理解并解决有关问题的评价活动。这种评价的优点在于：不再单纯从理论出发，而是从听取人的需要出发，注重满足他们的需要；评价的形成性职能和总结性职能得到了有机的统一；评价活动贯穿于教育改革全过程。它较好地适应了多元社会的现实和具有不同观点的评价听取人的需要，其结果具有相当的弹性和应变性。因此，CSE评价模式受到了广泛的欢迎和好评，一些学者甚至认为该模式是迄今为止所有评价模式中最全面、最有效的。

第四节　我国基础教育课程改革

学校课程是把教育理想转化为教育现实的纽带，在我国将“科教兴国”作为在新世纪谋求国家富强与民族振兴的重要战略的背景下，课程改革成了全面推进素质教育的主旋律。为了贯彻《中共中央、国务院关于深化教育改革全面推进素质教育的决定》和《国务院关于基础教育改革与发展的决定》，2001年6月，教育部印发了《基础教育课程改革纲要(试行)》，指出：教育部决定大力推进基础教育课程改革，调整和改革基础教育的课程体系、结构、内容，构建符合素质教育要求的新的基础教育课程体系。

一、我国基础教育课程改革的基本理念

贯穿于第八次课程改革的核心理念是：为了中华民族的复兴，为了每一位学生的发展。新课程改革的基本理念是：走出知识传授的目标取向，确立培养“整体的人”的课程目标；破除书本知识的桎梏，构筑具有生活意义的课程内容；摆脱被知识奴役的处境，恢复个体在知识生成中的合法身份；改变单一的终极性评价方式，构建发展性的评价模式；改变学校个性缺失的现实，创建富有个性的学校文化。

(一)关注学生作为“整体的人”的发展

学生是教育的对象，怎样看待学生是教育工作者首先要面对的问题。关注学生作为“整体的人”的发展包括两个层面的内容：一是谋求学生智力与人格的协调发展，二是追求个体、自然与社会的和谐发展。

1. 谋求学生智力与人格的协调发展

从个体角度看，学生是智力与人格协调发展的有机整体，学生在教育过程中既有求知的需要，也有追求人格完善的需要。这次课程改革的一个重要目标就是改变过去过于偏重“双基”的倾向，把“过程与方法”“情感、态度与价值观”看成和“知识与

技能”同等重要的目标加以阐述，承认过程本身既有手段性价值，也有目的性价值。

2. 追求个体、自然与社会的和谐发展

从社会角度看，学生既是独立的个体，也是自然和社会中的一员。为实现“整体的人”的发展目标，新课程从学生与自我、学生与他人、学生与社会三个视角规划培养目标，致力于人的自然性、社会性和自主性的和谐发展。它强调学生既要具有健康的体魄和良好的心理素质，还要具有初步的创造精神和实践能力，同时还必须具备科学素养、人文素养及环境意识等。

（二）统整学生的生活世界与科学世界

为了学生的发展，新课程改革呼唤学校教育踏上回归生活世界的旅途，统整学生的生活世界与科学世界。

统整学生的生活世界与科学世界就要增强课程的生活化，凸显课程的综合化。这就要求课程教学应该在学生的生活世界中关注教育意义的建构，在现实生活中关注师生之间的对话与理解，追求富有意义的、充满人性的教育，使得学生所建构的不再是分科的、割裂的学科知识，而是跨学科的、统整的知识与学问，保证每名学生都得到全面、均衡、和谐的发展。

（三）寻求学生主体对知识的建构

新课程确立了新的知识观。人类知识既有客观性的外在知识，也有“只可意会，不可言传”的“缄默知识”。外在知识只是冰山一角，“缄默知识”才是整座冰山的根基。新课程倡导个性化的知识生成方式。新课程要求在学科领域的教学中渗透“自主、探究与合作的学习方式”，视知识为一种探索的行动或创造的过程。这就扭转了以“知识授受”为特征的教学局面，把转变学生的学习方式作为重要的着眼点，以尊重学生学习方式的独特性和个性化为基本信条，从而重建了教、学、师生关系等概念，使人摆脱传统知识观的钳制，走向对知识的理解与建构。

（四）构建发展性的评价模式

传统的教学评价以甄别为目的，以外在的预设目标为唯一的标准，对所有学生采取一刀切的方式，忽视了学生的个性和实际发展情况。新课程力图构建具有个人发展价值的评价方式，以保障知识生成方式的个性化，凸显学生在评价中的主体地位，为学生提供自我展示的机会和平台，成为激励学生不断进步的有效方式。

（五）创建富有个性的学校文化

课程改革不仅仅意味着内容的更新、完善与平衡，更为重要的是意味着理想的学校文化的创造。学校文化的变革是课程与教学改革中最深层次的改革，创建富有个性的学校文化正是课程改革的核心课题。富有个性的学校文化既包括实施国家、地方、学校三级课程管理的民主氛围，也包括全体教师参与课程开发的团队文化，还包括注重隐性课程在塑造人、培养人方面的作用的环境文化。

二、我国基础教育课程改革的目标

（一）总体目标

这次课程改革在培养目标上体现了新时代的要求：使学生具有爱国主义、集体主义精神，热爱社会主义，继承和发扬中华民族的优秀传统和革命传统；具有社会主义民主法治意识，遵守国家法律和社会公德；逐步形成正确的世界观、人生观、价值观；具有社会责任感，努力为人民服务；具有初步的创新精神、实践能力、科学和人文素养，以及环境意识；具有适应终身学习的基础知识、基本技能和方法；具有健壮的体魄和良好的心理素质，养成健康的审美情趣和生活方式，成为有理想、有道德、有文化、有纪律的一代新人。

（二）具体目标

①改变课程过于注重知识传授的倾向，强调形成积极主动的学习态度，使获得基础知识与基本技能的过程同时成为学会学习和形成正确价值观的过程。

②改变课程结构过于强调学科本位、科目过多和缺乏整合的状况，整体设置九年一贯的课程门类和课时比例，并设置综合课程，以适应不同地区和学生发展的需求，体现课程结构的均衡性、综合性和选择性。

③改变课程内容“难、繁、偏、旧”和过于注重书本知识的状况，加强课程内容与学生生活及现代社会和科技发展的联系，关注学生的学习兴趣和经验，精选终身学习必备的基础知识和技能。

④改变课程实施过于强调接受学习、死记硬背、机械训练的状况，倡导学生主动参与、乐于探究、勤于动手，培养学生收集和处理信息的能力、获取新知识的能力、分析和解决问题的能力，以及交流与合作的能力。

⑤改变课程评价过分强调甄别与选拔的功能，发挥评价促进学生发展、教师提高和改进教学实践的功能。

⑥改变课程管理过于集中的状况，实行国家、地方、学校三级课程管理，增强课程对地方、学校及学生的适应性。

三、我国基础教育课程改革取得的成就

（一）课程结构的变化

1. 对课程类型的调整

①整体设置九年一贯的义务教育课程：小学阶段以综合课程为主，初中阶段设置分科与综合相结合的课程，高中阶段以分科课程为主。

②从小学到高中设置综合实践活动并作为必修课程。

③农村中学课程要为当地社会经济发展服务。

2. 综合实践活动课程

《中小学综合实践活动课程指导纲要》规定，综合实践活动是国家义务教育和普

通高中课程方案规定的必修课程，与学科课程并列设置，是基础教育课程体系的重要组成部分。该课程由地方统筹管理和指导，具体内容以学校开发为主，自小学一年级至高中三年级全面实施。小学 1～2 年级，平均每周不少于 1 课时；小学 3～6 年级和初中，平均每周不少于 2 课时；高中执行课程方案相关要求，完成规定学分。所谓综合实践活动，指以学生的兴趣和直接经验为基础，以与学生学习生活和社会生活密切相关的各类现实性、综合性、实践性问题为内容，以研究性学习为主导学习方式，以培养学生的创新精神、实践能力及体现对知识的综合运用为主要目的的一类新型课程。综合实践活动课程的开设使得我国的基础教育课程从单一的分科课程走向综合化，实现了结构性突破。

中小学综合实践活动课程以考察探究、社会服务、设计制作、职业体验为活动形式，内容涉及研究性学习、社区服务与社会实践、劳动与技术教育、信息技术教育等许多领域。此外，党、团、队教育活动和博物馆参观、节日活动及学校的某些传统活动等都可以与综合实践活动的主要领域结合开展。这样就形成了指定领域与非指定领域互为补充，内容丰富、形式多样的综合实践活动特色。

①研究性学习是指学生基于自身兴趣，在教师指导下，从自然、社会和学生自身生活中选择和确定研究专题，主动地获取知识、应用知识、解决问题的学习活动。

②社区服务与社会实践是指学生在教师指导下，走出教室，参与社区和社会实践活动，以获取直接经验、发展实践能力、增强社会责任感为主旨的学习领域。

③劳动与技术教育是以学生获得积极劳动体验、形成良好技术素养为主的多方面发展为目标，且以操作性学习为特征的学习领域。

④信息技术不仅是综合实践活动有效实施的重要手段，而且是综合实践活动探究的重要内容。

(二)课堂的变化

“三维”目标观被广大教师接受，注重知识与技能，过程与方法，情感、态度与价值观三者的有机结合，把学生从诸多的限制中解放出来，赋予他们独立思考、个性化理解、自由表达、质问、怀疑的自由和权利。课堂教学由过去强调课堂常规向重视创设教学情境的转变，对学生提出的创意和设想不但不轻易否定，而且给予足够的关注、认同，甚至欣赏。学生的解放，教材的开放，教学过程的改革，使课堂教学呈现出丰富性、复杂性和灵活性，充满了对智慧的挑战和好奇心，焕发了师生的生命活力，一种崭新的课堂生态系统正在形成。

(三)教师的变化

本次课程改革对教师而言是教育思想观念的一次“启蒙运动”，通过新课程理念的学习和培训、实践与反思，新思想被接纳和认同，教师的观念、角色及教学行为等都发生了变化。

①在对待师生关系上，学生主体观普遍得到认同，“以人为本”的学生观和尊重

个别差异的发展观深入人心，尊重学生、赞赏学生的教育理念逐渐成为共识。

②在对待教学关系上，教师开始由原来单一的知识传授者、灌输者、拥有者转向教学的组织者、帮助者、引导者、合作者。

③在对待自我上，“学而不厌，诲人不倦”，严谨治学，为人师表的优良传统得以继承和发扬，善于自我反思的习惯和终身发展的新观念正在形成。

④在对待与其他教育者的关系上，新的合作、启发关系替代了竞争和对手关系，对某部分教学内容的“同质异构”成为促进教师专业发展和校本教研的重要手段。

(四)学生的变化

学生的学习态度变化较大，学习主动性增强，学习方式更加多样化和个性化，综合素质明显提高。学生的交流与合作能力、表达能力、收集和处理信息的能力、获取新知识的能力、分析和解决问题的能力，以及质疑和创新的能力、动手实践的能力都有较大提升。

(五)课程管理的变化

新课程改革背景下实行国家、地方、学校三级课程管理模式，建立以校为本的教学研究制度和民主科学的教学管理机制。这不仅激发了学校和教师课程开发的积极性，也形成了各学校浓郁的地方特色和传统优势，突出了教育为当地经济和社会发展服务的强大生命力。

(六)课程评价的变化

①重视采用灵活多样的方法，建立了促进学生全面发展的具有开放性的质性评价体系。新课程评价不仅要关注学生的学业成绩，而且要发现和发展学生多方面的潜能，了解学生发展中的需求，帮助学生认识自我，建立自信，促进每一个学生在原有基础上有所发展。

②建立了促进教师不断提高的评价体系，打破“唯学生学业成绩论”教师工作业绩的做法；强调以“自评”方式促进教师教育教学反思能力的提高，倡导建立教师、学生、家长和管理者共同参与的，体现多渠道信息反馈的教师评价体系。

③建立了促进课程不断发展的评价体系。周期性对学校课程实施的情况、课程实施中的问题进行分析评估，调整教学内容，改进教学管理，形成了不断革新课程的机制。

④建立了“以学定教”的发展性课堂教学评价模式。强调教师保护学生的隐私权，不排名公布考试成绩，教师要对每名学生的考试成绩作出具体的分析指导；教育行政部门减少不必要的统考，并形成了中考命题和考试管理制度，规范了考试方法和考试结果的处理，强调考试命题要依据课程标准，杜绝难题怪题的出现。

本章小结

1. 课程有狭义和广义之分。狭义的课程是指一门学科或一类活动，即各级各类学校为了实现培养目标而开设的学科及其目的、内容、范围、活动、进程等的总和。广义的课程是指按照一定的教育目的，在教育者有计划、有组织的指导下，受教育者在与教育情境相互作用中获得的全部经验。

2. 课程既是教育理论关注的焦点，也是教育改革的核心。在学校教育中，课程是实现教育目的、培养全面发展的人才的保证，是教师从事教学活动的基本依据，是学生汲取知识的主要渠道，是教学方法选择、教学组织形式确定和教学手段应用的依据，是评估学校教学质量的重要尺度。

3. 根据不同的分类标准可以把课程分为不同的类型。根据课程任务，可把课程分为基础课程、拓展课程、研究课程；根据课程的设计方式，可把课程分为学科课程与活动课程；根据课程的综合程度，可把课程分为分科课程和综合课程；根据对学生的学习要求，可把课程分为必修课程和选修课程；根据课程的呈现方式，可把课程分为显性课程与隐性课程；根据课程设计、开发、管理的主体，可把课程分为国家课程、地方课程、校本课程。

4. 社会、知识和儿童是制约学校课程的三大要素，围绕这三大要素形成了学科中心课程理论、学生中心课程理论、社会改造课程理论三大流派。不同的课程流派强调的要素不同，但在强调某一要素的同时忽略了其他因素，因此都具有一定的理论缺陷。

5.“学校应力求实现哪些教育目标?”“提供什么样的教育经验才能实现这些目标?”“怎样才能有效地组织这些教育经验?”“我们怎样才能确定这些目标正在得到实现”这四个问题构成了泰勒原理的核心。这四句话也被高度地概括为课程目标、课程内容、课程实施和课程评价四个方面。泰勒原理既为课程开发提供了坚实的理论基础，又为现代课程研究提供了范式。

6. 课程目标是课程要实现的具体目标和意图。发现学生的学习现状和学习兴趣是制定课程目标的基础，了解社会生活的需求是制定课程目标的依据，而尊重学科专家的建议、选择最有价值的知识是达成课程目标的保证。

7. 我国中小学课程内容主要体现在课程方案、课程标准、教材之中。课程方案又称课程计划，是根据一定的教育目的和培养目标，由教育行政部门制定的有关学校教育和教学工作的指导性文件。它具体规定了教学科目的设置、学科顺序、课时分配、学年编制和学周安排。其中，开设哪些科目是课程计划的中心问题。课程标准是国家教育行政部门制定的某一学科或学习领域的纲领性文件，它规定这门学科的性质、理念、目标、内容框架、学业质量，并提出教学建议和评价建议。课程标准是国家课程计划的具体化，是教科书编写、教学考试评价以及课程实施管理的直接依据。教材是根据学科课程标准系统阐述学科内容的教学用书，它是知识授受活动的主要信息媒介，是课程标准的进一步展开和具体化。

8. 课程实施即将已经编好的课程付诸实践，它是达到预期的课程目标的基本途径。学者们将课程实施分为忠实取向、相互调适取向和课程缔造取向。

9. 课程评价是以一定的方法、途径对课程的目标、实施和结果等有关问题的价值和特点作出判断的过程。在课程评价方面比较著名的模式有目标评价模式、目的游离评价模式、CIPP 评价模式和 CSE 评价模式。其中，CSE 评价模式是迄今为止所有评价模式中最全面、最有效的。

10. 我国新课程改革的基本理念是：走出知识传授的目标取向，确立培养“整体的人”的课程目标；破除书本知识的桎梏，构筑具有生活意义的课程内容；摆脱被知识奴役的处境，恢复个体在知识生成中的合法身份；改变单一的终极性评价方式，构建发展性的评价模式；改变学校个性缺失的现实，创建富有个性的学校文化。

关键术语

1. 课程
2. 课程流派
3. 课程类别
4. 课程方案与课程标准
5. 课程评价模式

思考题

1. 影响课程开发的因素有哪些？
2. 试述不同课程流派的基本观点，并进行简要评析。
3. 基本的课程类型及主要特征有哪些？
4. 我国当前基础教育课程改革的理念是什么？
5. 怎样理解我国基础教育课程改革的具体目标？

案例分析

据报道：上海某中学推出“个性课程体系”，高中开设选修课 23 门，活动课 34 门。除必修课外，将原来的选修课和活动课分为 5 个层次的“个性课程”，即“讲座型”“发展型”“课题型”“竞赛型”和“补缺型”。每周按文、理和综合科开 4～5 个讲座，以社会热点和传播新信息为主，聘请专家学者担任主讲，学生可自由选择。对学有余力和有特长的学生，通过组织发展兴趣小组、“导师带研究生”、强化训练等方式，施以个性化教育。对个别学习有困难的学生进行学业再辅导，以帮助他们顺利完成高中的学习任务。

问题：

请运用学习的有关课程理论分析这所学校的课程设置。

附表 1：义务教育课程类别与科目设置

附表 1　义务教育课程类别与科目设置①

类别	科目	年级
国家课程	道德与法治	一至九年级
	语文	一至九年级
	数学	一至九年级
	外语	三至九年级
	历史、地理	七至九年级
	科学	一至六年级
	物理、化学、生物学(或科学)	七至九年级
	信息科技	三至八年级
	体育与健康	一至九年级
	艺术	一至九年级
	劳动	一至九年级
	综合实践活动	一至九年级
地方课程	由省级教育行政部门规划设置	
校本课程	由学校按规定设置	

说明：本表按“六三”学制安排，“五四”学制可参考确定。

① 中华人民共和国教育部：《义务教育课程方案(2022 年版)》，8 页，北京，北京师范大学出版社，2022。

附表 2：各科目安排及占九年总课时比例

附表 2　各科目安排及占九年总课时比例①

<table>
<tr><td rowspan="2"></td><td colspan="9">年级</td><td rowspan="2">九年总课时
（比例）</td></tr>
<tr><td>一</td><td>二</td><td>三</td><td>四</td><td>五</td><td>六</td><td>七</td><td>八</td><td>九</td></tr>
<tr><td rowspan="11">国家课程</td><td colspan="9">道德与法治</td><td>6%～8%</td></tr>
<tr><td colspan="9">语文</td><td>20%～22%</td></tr>
<tr><td colspan="9">数学</td><td>13%～15%</td></tr>
<tr><td></td><td></td><td colspan="7">外语</td><td>6%～8%</td></tr>
<tr><td></td><td></td><td></td><td></td><td></td><td></td><td colspan="3">历史、地理</td><td>3%～4%</td></tr>
<tr><td colspan="6">科学</td><td colspan="3">物理、化学、
生物学（或科学）</td><td>8%～10%</td></tr>
<tr><td></td><td></td><td colspan="6">信息科技</td><td></td><td>1%～3%</td></tr>
<tr><td colspan="9">体育与健康</td><td>10%～11%</td></tr>
<tr><td colspan="9">艺术</td><td>9%～11%</td></tr>
<tr><td colspan="9">劳动</td><td rowspan="4">14%～18%</td></tr>
<tr><td colspan="9">综合实践活动</td></tr>
<tr><td>地方课程</td><td colspan="9">由省级教育行政部门规划设置</td></tr>
<tr><td>校本课程</td><td colspan="9">由学校按规定设置</td></tr>
<tr><td>周课时</td><td>26</td><td>26</td><td>30</td><td>30</td><td>30</td><td>30</td><td>34</td><td>34</td><td>34</td><td></td></tr>
<tr><td>新授课
总课时</td><td>910</td><td>910</td><td>1050</td><td>1050</td><td>1050</td><td>1050</td><td>1190</td><td>1190</td><td>1122</td><td>9522</td></tr>
</table>

说明：本表按“六三”学制安排，“五四”学制可参考确定。

① 中华人民共和国教育部：《义务教育课程方案（2022 年版）》，9 页，北京，北京师范大学出版社，2022。

第九章　教学论

学习目标

1. 理解教学的内涵。
2. 了解教学过程的本质、规律及阶段。
3. 掌握教学工作的基本环节。
4. 掌握教学原则的运用。
5. 掌握教学方法在教学中的应用。
6. 理解教学组织形式的主要类型。

问题导入 ▶

某高校教育学专业的新生到中学进行了一次参观学习，回到课堂上，老师就什么是“教学”让他们发表观点。学生 A：教学就是教师讲授教材的过程。学生 B：教学就是教师和学生一起完成的课堂活动。学生 C：教学就是教师和学生共同参与的，一切有利于学生身心发展的各种活动的总和。

理解教学的内涵是学习教学论的前提。作为大学生，你和这些新生一样，对教学并不陌生，基于自己独特的求学经历，也对教学有深浅不一的理解。不妨把自己对教学的理解和困惑一一记录下来，并带着这些认识和问题，一起来学习本章教学论的内容。

第一节　教学概述

“什么是教学?”是教学原理中的一个基本理论问题，也是一个不能回避的问题。辨析教学的内涵，确认教学的意义与任务，将有益于教学理论的构建和教学实践的深化。

一、教学的含义

教学是教师教学生认识客观世界并促进学生身心发展的教育活动，是学校教育中最基本的活动。通过这种活动，学生在教师有目的、有计划的指导下，积极主动地掌握系统的科学文化基础知识和基本技能，实现德智体美劳的全面发展，形成适应未来发展的正确价值观、必备品格和关键能力。为了很好地理解这一定义，需要把握以下几点。

(一)教学是教师教学生认识客观世界的活动

教学是师生双方共同参与的活动，是教师的教与学生的学的行为同时发生且相统一的过程。例如，教师讲授学生倾听、教师展示学生观察、学生提问教师回答等。教师所教、学生所学的内容是经过选择和加工的人类文化的精华。通过教学，人类文化得以不断传递，同时能在短时间内转化为学生个人的精神财富并达到人类发展的一般水平，从而实现个人认识世界和人类文化传承的统一。

(二)教学是促进学生身心发展的活动

教学始终是为人的成长服务的，教学的立足点和归宿是培养人，即丰富人的知识和技能，发展人的能力，提升人的品格。教学的基本功能是促进人的身心发展，形成适应终身发展需要的核心素养，从而能很好地适应社会生活、创造社会价值，实现个人的社会价值。

(三)教学是学校教育活动的基本形式

学校教育活动有多种形式，最基本、最主要的活动形式就是教学。在学校教育中，培养人的基本途径即通过教学将人类积累的优秀文化知识内化为个人的思想、能力和品格。随着社会发展对人才的要求更加全面，学校教学的目标、内容也在不断变化，更加注重人的核心素养即正确的价值观、关键能力和必备品格的发展。

二、教学的意义

教学在整个教育体系中居于中心地位，发挥着核心作用，它既是教育的主体部分，又是教育的基本途径。教学不仅是智育的主要途径，也是德育、体育、美育和劳动教育的基本途径。教学的意义表现在两个方面。

(一)教学是全面发展素质教育、实现教育目的的基本途径

教学能够为个人全面以及终身发展提供科学的理论基础和实践经验，能够有目的、有计划地将教育的各个组成部分包括智育、德育、体育、美育、劳动教育等基本知识和基本技能传授给学生，促进学生向适应现代生活以及进一步学习的预期的方向发展。具体表现为：第一，教学使智育突破了时间、空间和个体直接经验的局限，扩大了学生的认识范围，帮助学生提高了认识的速度；第二，教学使德育获得最重要的手段，即科学和认识的基础，整个教学活动本身又是强有力的德育活动阵地；第三，教学为体育、美育、劳动教育提供了特有的条件，即提供了科学认识体系和学习方法的基础。教学是对学生进行全面发展的素质教育，也是把学生培养成为能适应当下、面向未来的合格建设者和接班人的基本途径。

(二)学校工作要以教学为主，全面安排

在学校教育中，教学是计划性、系统性最强的工作，处于特殊地位，也是需要优先保障落实的工作，因此，学校的其他工作要以教学为主，进行合理统筹。在时间上，学校教育的大部分时间用于教学，其他工作安排不能干扰、影响教学活动的正常秩序；在内容上，教学活动以间接知识为主，更有利于知识与经验的高效传递；在组织形式上，普遍采用班级授课制，以课堂教学为主。学校建立正常的教学秩序，实施合理的教学计划，从而保障教学工作开展，并不断提升教育水平，全面提高教育的质量。

三、教学的基本任务

教学，作为最主要的学校活动，承担着为党育人、为国育才的重要任务。各级各类学校的教学工作都要以习近平新时代中国特色社会主义思想为指导，贯彻党的教育方针，遵循教学规律，以人民为中心，坚持德育为先，厚植爱国主义情怀；努力培养具备坚定理想信念、德智体美劳全面发展的社会主义建设者和接班人。

(一)引导学生掌握科学文化基础知识和基本技能

基础知识，一般指一门学科中最基本的概念、原理、法则、公式等及其所构成

的体系。所谓基本技能，是指各门学科中形成复杂技能所必备的最重要的、最常用的起始性技能。知识是培养技能的基础，而技能的掌握又能加深对知识的理解和巩固，并为学习新知识提供条件。教学的首要任务是引导学生掌握科学文化基础知识和基本技能，为进一步学习奠定坚实的基础，保证教学质量。

（二）发展学生智力，培养学生的创造能力

智力是指个人在认识过程中表现出来的稳定心理特征的综合，是认识能力的总称。在教学中发展学生的智力，就是要使学生善于学习和运用知识，善于分析和解决问题，不断提高各种认识能力，它是学生个人的求知欲、进取心、首创精神、意志力与自我实现决心的综合体现。现代教学要自觉发挥学生的智力，还要重视发展学生探索、创造能力，以更好应对日益发展的社会和不断变化的世界。

（三）增强学生体力，提高学生的健康水平

体力主要指身体的正常发育成长与身体各个器官的活动能力。发展学生的体力，不仅仅是体育课的任务，而是各学科教学的共同任务。教学与学生身心健康有着极为密切的关系，讲究教学卫生，关心学生健康，发展学生体力，提高学生的健康水平，应该成为教学任务的重要组成部分。教学不但要适应学生的发展水平需要，防止学生课业负担过重，还要通过跨学科主题学习活动、实践活动等加强学科间的相互关联来传授体育、卫生等方面的知识，使学生养成锻炼身体和讲究卫生的良好习惯，保持旺盛的精力，发展健康的体魄，具备艰苦奋斗的精神，承担民族复兴的大任。

（四）培养学生高尚的审美情趣，养成良好的思想品德，形成科学的世界观

教学永远具有教育性，它在任何时候也不可能脱离教育而独立存在。通过教学，可以培养学生正确的审美观和感受美、鉴赏美、创造美的能力，促进学生身心健康发展，同时，还能使学生形成正确的政治观、道德观和世界观。习近平总书记强调，实现中华民族伟大复兴，基础在教育。要落实立德树人的根本任务，厚植爱党、爱国、爱人民、爱社会主义的情感。要不断深化教育教学改革，强化学校教育主阵地作用。①

（五）培养学生正确的劳动价值观，具备基本的劳动能力，形成良好的劳动习惯

劳动教育是中国特色社会主义教育制度的重要内容，直接决定社会主义建设者和接班人的劳动精神面貌、劳动价值取向和劳动技能水平。劳动教育是国民教育体系的重要内容，是学生成长的必要途径，具有树德、增智、强体、育美的综合育人价值。我国把劳动教育纳入人才培养全过程，贯通大中小学各学段，贯穿家庭、学校、社会各方面，与德育、智育、体育、美育相融合，成为教学的基本任务之一。

教学的根本任务在于全面贯彻党的教育方针，扎根中国大地，解决好为党育人、为国育才的根本问题，培养担当民族复兴大任的时代新人，聚焦核心素养，培养有理想、有本领、有担当的德智体美劳全面发展的社会主义建设者和接班人。

---

① 《解放思想改革创新再接再厉谱写陕西高质量发展新篇章》，载《人民日报》，2021-09-16。

第二节 教学过程

现代教学论认为，教学过程不单是传授与学习科学文化知识的过程，同时也是促进学生全面发展的过程。在教学过程中，教师、学生和教学内容是三个要素。了解教学过程的本质及基本规律，掌握教学过程的基本环节，是上一节“好课”的关键。

一、教学过程的本质观

(一)教学过程的定义

教学过程就是教学诸要素之间结构关系的动态展开，是教学活动展开所经历的阶段、环节与步骤的总和。教学过程是教师遵循教育教学规律并在课程标准的指导下通过有目的、有计划地指导学生系统地掌握科学文化的基础知识和基本技能，从德智体美劳各方面得到全面提升，并具备适应未来发展的正确价值观、必备品格和关键能力的实践活动过程。

(二)教学过程的本质

20 世纪 80 年代以来，我国教学论界围绕教学过程的本质问题，提出了十多种不同主张。我国比较认同的看法是把“教学过程看成一种特殊的认识过程”，是实现学生身心全面、和谐发展的过程，其主要观点如下。

1. 教学过程首先是一种认识过程

教学过程首先是一种认识过程，主要是学生在教师指导和带领下，掌握人类文化经验的认识过程。在这一过程中，学生从不知到知，再到不断积累知识，同时也伴随着教师教学生怎样认识世界的过程，是教师的教与学生的学相统一的活动，实现了学生从被动认识到主动认识。教学过程同样受一般认识过程的普遍规律的制约，认识的普遍规律为揭示教学过程的规律指明了总的方向。因此，把教学过程理解为认识过程，符合教学的历史与实践。

2. 教学过程是一种特殊的认识过程

教学是人类诸多认识活动类型中的一种具体形式，有其特殊性。教学过程的特殊性在于：它是学生的个体认识，是充满教育意义的认识。教师带领学生通过学习间接经验的方式掌握人类文化与经验，不仅使学生获得知识，也使学生个体获得发展。其特殊性可以概括为：间接性、领导性、教育性。

(1)认识的间接性

教学认识内容的间接性即学生个体认识的间接经验。间接经验是个人通过学习和交往等活动获得的别人已有的经验。在教学过程中，学生主要是学习那些已经确定并纳入课程、教学大纲和教科书中的内容。学生以书本知识学习为主，可以节省时间和精力，大大提高认识效率。

(2)认识的领导性

学生的个体认识始终是在教师的指导下进行的，这是教学认识过程区别于一般认识过程的突出特点。教学过程作为一种特殊的认识过程，存在着特殊的三体结构，即由学生、教师和教学内容所构成的“三体结构”。

(3)认识的教育性

教学作为学生个体的认识活动，其根本宗旨和主要功能是促进学生身心发展。如果说人类一般认识活动的宗旨和功能是探求新知，那么，教学认识过程的宗旨和功能就是培育新人。学生认识世界的过程，就是接受德智体美劳全面发展教育的过程。

二、教学过程的基本规律

教学规律就是教学现象中客观存在的、本质的、必然的联系，对教学活动具有规约作用，是制定教学原则的重要依据。教学过程内部的各种因素相互依存、相互作用，形成了一些稳定的、必然的联系，正是教学过程规律性的体现。

(一)直接经验与间接经验相结合的规律

教学活动是学生认识客观世界的过程，是直接经验与间接经验相结合的过程。直接经验是个人在自身活动中体悟、感知和概括出来的经验。间接经验是个人通过学习和交往等活动获得的别人已有的经验。间接经验与直接经验相统一，反映教学中传授系统的科学文化知识与丰富学生感性知识的关系、理论与实践的关系、知与行的关系。

1. 学生以学习间接经验为主

在教学过程中，学生学习的主要是间接经验，是经过了系统选择和组织加工的人类文明成果。学生的认识对象主要是以书本知识的形式出现。这种教学内容可以使学生不受个体的时间和空间的限制，缩短了对客观世界的认识过程，提升了学习的效率。

2. 学生学习间接经验必须以直接经验为基础

学习间接经验不能离开直接经验，直接经验是学生掌握间接经验的起点。学生要把间接的理性的知识转化为自己的知识、实现能力的提升、形成核心素养，必须有一定的直接经验为基础，进行必要的实践活动以丰富感性认识。

(二)掌握知识与发展能力相统一的规律

现代教学论认为，掌握知识与发展能力相互依存、相互促进，二者统一在同一教学活动中。

1. 掌握知识是发展能力的坚实基础

学生能力的发展有赖于知识的掌握，知识一方面是人类积累的认识世界的成果，另一方面还含有人类探索、认识世界的各种方法。掌握的知识越多，经历掌握知识的经验越丰富，就越容易较快地理解新知识和解决新问题。因此，如果离开掌握知识的活动去谈发展能力，能力也就无从谈起。

2. 能力发展是掌握知识的重要条件

学生对知识的掌握依赖于一定的认知能力。在教学过程中，学生如果没有最基本的认识能力，不进行一定的智力活动，就很难掌握所学的有关知识。能力的发展不但可以提高学生的学习效率和质量，还有利于帮助学生将所学知识运用于实践中，提升对所学知识的掌握程度，同时为知识的进一步创新与发展提供可能。

3. 掌握知识与发展能力相互转化的内在机制

知识不等于能力，学生掌握知识的多少并不对应着能力的高低，掌握知识的过程中能力也不一定自然发展。系统的有规律的知识才具备发展能力的价值，学生能力的发展不是一个自发的过程，从知识的积累到能力的发展存在内在的转化机制。在促进学生掌握知识与发展能力相互转化时应注意：①传授给学生的知识应该是具有科学规律性的知识。②必须科学组织教学过程。③重视教学中学生的操作与活动。④培养学生良好的个性品质，重视学生的个别差异。

(三)传授知识与思想教育相统一的规律

在教学过程中，学生在掌握科学文化知识的同时还要注意提高思想品德修养，二者是相辅相成的两个方面。教师在教学过程中要注意教书、育人二者的统一。具体体现在以下两点。

1. 知识是思想品德形成的基础

学生良好的思想品德的形成以一定的文化知识为基础。在教学中向学生传授科学文化知识，不仅可以帮助学生增长知识、发展能力，还可以帮助学生树立高尚的人生观、科学的世界观、正确的价值观，加深学生对“道德修养影响终身发展”的认识。

2. 学生思想品德的提高又为他们积极学习知识奠定了基础

在教学过程中，教师在知识传递的过程中不断端正学生的学习态度，提高他们的思想品德水平，引导学生将个人学习与社会发展、祖国前途联系起来，激发学生学习的热情，充分调动学生学习的积极性，从而能坚定前进的信心，立大志、明大德、成大才、担大任，努力成为堪当民族复兴重任的时代新人。加强道德修养，能够帮助学生明辨是非曲直，增强自我定力，矢志追求更有高度、更有境界、更有品位的人生，敢为人先、敢于突破，在攀登知识高峰中追求卓越，在肩负时代重任时行胜于言，在真刀真枪的实干中成就一番事业。教师通过教学培养“四有”型人才，同时激发学生学习的热情，充分调动学生学习的积极性。

(四)教师主导作用与学生主体地位相统一的规律

现代教学论强调教学活动是教师的教和学生的学组成的双边活动，强调教与学的辩证关系，教学过程中既要发挥教师教的主导作用，又要发挥学生学的主体作用。

1. 教师在教学过程中处于组织者的地位，应充分发挥教师的主导作用

教师在教学过程中处于组织者、领导者的地位，教师“闻道在先”，受过专业的培养和训练，有着较高的思想觉悟和丰富的生活经验。通过教师有计划、有组织、有目的的传授和指导，学生能较为间接高效地获取知识、提升能力，形成继续发展的核心素养。要想以简捷又高效的方法获取知识，必须依靠教师有计划、有组织、有目的的传授。因此，教师能够并应当在教学过程中发挥主导作用。

2. 学生在教学过程中处于学习主体的地位，应充分发挥学生的主观能动性

学生是学习活动的主体，是受教育的对象。在教学过程中，只有调动学生学习的主动性，充分发挥其作为主体的主观能动性，才能实现更多的学习方式，更加高效、深入地把知识转化为学生的精神财富，提升学生的认识能力，促进学生个性的全面发展。

三、教学过程的基本阶段

按照教师组织教学活动中所要求实现的不同认识任务，可以划分出教学过程中学生认识的不同阶段。

(一)产生学习动机

在教学过程中，学生作为认识的主体，浓厚的求知欲和学习兴趣是进行学习的基本条件和心理起点。激发学生产生学习动机的方法很多。例如，学生在教师创设的真实的情境中学习，教师围绕教学内容提出引人思考的问题，教师讲述与教学内容有关的趣事，演示引人注目、给人以新知的材料等，都能够帮助学生产生学习动机。

(二)感知教材

感知教材即对所学教材内容获得感性认识。教材是人类实践经验的载体，是书本知识的集中体现。学生理解书本知识的过程，是感性认识和理性认识结合的过程。学生想要准确地理解书本知识，就要充分地感知教材。

(三)理解教材

理解教材是指教师引导学生在感知的基础上，经过思维加工，形成概念、原理，真正认识事物的本质和规律。理解教材有两种思维途径：一是引导学生对事物和现象进行分析与综合、抽象和概括、比较和对照、归纳和演绎；二是在上述思维活动的基础上，找出概念的内涵和外延，用确切的语言给概念下定义。

(四)巩固知识

巩固知识就是使学生在理解知识的基础上运用知识，形成技能技巧，为继续获取新知识打好基础，是教学过程的一个必要环节。巩固知识的一般途径是复习。复习包括学习新教材过程中的复习，也包括总结性复习。

(五)运用知识

掌握知识是为了能够更好地运用知识。运用知识是引导学生把知识转变为技能技巧的阶段，主要是通过教学实践来实现的。例如，完成书面或口头作业。学生只有运用知识，做一定量的练习和作业，或进行实习、实验、操作和社会实践，才能实现这一转化。新课程改革提倡鼓励与帮助学生将所学知识在真实的情境中进行实践应用，不单能实现运用知识的效果，还能取得应用、创新等多重效果，并产生积极的学习体验。

(六)评价学习效果

评价学习效果的目的在于：教师能够及时了解学生掌握知识的质量，获得教学效果的反馈，从而调整教学进程与要求，调动学生学习的积极性；学生通过参与评价和了解评价结果对自己的学习进行反思，改进学习方法、提高学习效率等。在教学过程中的各个阶段都要做好这项工作。教师主要通过作业、测验、提问等方式来检验学生知识的掌握程度。评价学生学习效果要注意“教—学—评”的一致性，防止人为提高评价水平造成学业压力；采用多元的评价主体和多样的评价方式，并鼓励学生自我监控学习的过程和结果。

第三节 教学工作的基本环节

教师教学工作的基本环节包括五个：备课、上课、布置课外作业、课外辅导、学生学业成绩评价。

一、备课

备课是教师根据课程标准的要求和本门课程的特点，结合学生的具体情况，选择最合适的教学方法和顺序，以保证学生有效学习。备好课可以加强教师教学的计划性、流程性，同时有利于教师主导作用的充分发挥。教师备课一般要做好下列工作。

(一)做好四方面的工作

1. 钻研课标

课程在教育教学中具有非常重要的作用，是实现育人目标的重要载体，也是教材编写、教师教、学生学、质量评价的直接依据。义务教育课程标准体现了国家意志，在立德树人中发挥着关键作用。课程标准是检查和评定学生学业成绩、衡量教师教学质量的重要依据。

2. 钻研教材

钻研教材包括钻研教科书和阅读相关的参考资料。

教科书是教师备课和上课的重要依据。教师首先要通读教科书，系统熟练地掌握教科书的全部内容，对基础知识、基本技能进行初步编排；然后，厘清各章节知识结构、逻辑关系以及重难点；最后，根据每一课时的具体情况，将要讲的内容、实验、习题等按教学要求进行详细的安排，指向学生学科素养的形成。

教师阅读参考资料也很重要。参考资料除了专供教师用的一些教学参考资料(如教材的教师用书)外，还包括核心素养、课程标准解读和教师日常积累的参考资料。教师可以将阅读所得随时补充到教案、教学笔记中，以便上课时参考使用。

3. 了解学生

了解学生包括了解学生共性、特性的基本情况，如知识基础、学习能力、个性特点和身体状况等。同时，作为教师，还需要了解学生的认知特点与学习方式等，并不断结合日常对学生发展情况的最新了解，研究学生学习新任务的先决条件或预备状态，以及可能遇到的问题。通过细致全面不间断的了解，教师能更好地针对学生情况和教学特点进行启发、引导等具体的教学行为，乃至细化到可以计划由哪些学生在某一教学阶段进行问答、操作、演示等活动。教师要能够把这些观察、研究、分析的结果和积累的经验进行总结，并纳入课时计划。

4. 设计教法

如何把已经掌握的教材内容传授给学生则需要结合相应的教法。设计教法要考虑学生情况、教学内容特点、教师自身特点等因素。设计教法的过程包括：组织教材、确定上课的类型、安排好每一节课的具体环节和活动等，以及运用各种方法开展教学活动。设计优秀的教法能够实现开启学生思维、培养学生能力、激发学生学习兴趣、保持学生学习热情等多种效果。

(二)写好三个计划

1. 学期教学进度计划

学期教学进度计划，是教师基于对教学内容、学生的充分了解而对一学期教学工作所作的总体的安排和准备。它一般在学期开始前编制，内容主要包括：学生情况的简要分析，学期教学的总体要求，根据课程标准制定本学期的教学目标，根据教材内容列出本学期的主要教学内容，如章节、课题，以及单元的教学时数，需要用的教具，参观、实验等重要的实际活动的安排，符合教学改革发展方向、促进学生核心素养形式的具体教学设想等。

2. 单元(课题)计划

单元(课题)计划，指一个单元(课题)教学开始前，教师需要对这个单元(课题)的教学进行全面考虑和准备，并制订出相应的单元(课题)计划。单元(课题)计划的内容包括单元(课题)名称、教学目标、课时划分、课时与单元(课题)的逻辑关系、每课时相应的教学任务和内容、课时的类型与主要教学方法。

3. 课时计划

课时计划即教案。课时计划往往与单元(课题)计划一起编写。编写课时计划时，一般按如下步骤进行：首先，分析学生学情，特别是学生近期的学习、生活、情绪状态；其次，进一步研究教材，确定本课时的教学目标，发现知识的生长点，确定教学重点，注意待解决的难点等；再次，考虑课时进行的步骤，确定本课的结构，分配教学进程中各个步骤的时间，考虑教学方法的运用、教具的准备和使用方法及板书设计；最后，将以上内容进行汇总并编写出详细、可操作的课时计划。

二、上课

上课是教学工作诸多环节中的中心环节，是教师教和学生学的最直接的体现，也是实现教书与育人、提高教学质量的关键。教师上好一节课的基本标准有 8 个。

(一)目标明确

一是教学目标制定得当，符合课程标准的要求和学生的实际情况；二是课堂上的一切教学活动都是围绕教学目标来进行的。

(二)内容正确

保证教学内容的科学性和思想性。在教学过程中，教师要突出教材的重难点及关键点，还要考虑教材的整体性和连贯性。讲授时，教师对概念、定理等的表述要准确无误，对原理、定律的论证要确切无疑，同时对学生回答问题时所反映出的思想和观点要进行细致的分析。

(三)方法得当

教师在进行教学时，应根据教学任务、内容和学生的特点选择最合适的教学方法。教学有法，但无定法。教师应善于选择方法，创造性地加以运用，力争取得较好的教学效果。

(四)表达清楚

教师应坚持用普通话进行教学，声音响亮，言语表达的速度要便于学生接受，语言要流畅、生动、明白易懂，板书(或幻灯片等)要规范、准确、明了。同时，教师在教授时应严格遵循学科的要求，语言要紧扣教学中心，具有科学性和专业性。

(五)组织严密

课程的进度要次序分明，课要紧凑，过渡自然，课堂秩序良好，教学步骤能够有条不紊地进行。在整个教学的过程中，要提高师生双方的积极性，表现出教与学的辩证统一。

(六)气氛热烈

课应该自始至终在教师的指导下，让学生充分发挥主动学习的积极性。教师应因材施教，使每个学生都能积极地动脑、动口、动手，使民主的氛围充满整个课堂，形成生动活泼的教学局面。

(七)板书有序

教师在进行板书时应注意字迹规范清楚、布局合理、位置适宜；内容上应突出重点，条理清晰。教师板书必不可少，贵在精，不在多。教师的板书既要体现课堂的组织思路，给人一目了然的感觉，又要给予学生一定的提示或者启发。

(八)态度从容

教师应充满自信。适当地运用肢体语言可使教师更加具有激情，课堂气氛更加活跃，使学生在快乐轻松的氛围中学习，从而达到“教师乐教，学生乐学”的目的。

三、布置课外作业

课外作业是课堂教学的延续，是教学活动的有机组成部分。课外作业的质量将直接影响学生对知识的掌握和运用，从而影响到班级授课质量。教师通过对学生作业的检查和批改，可以及时发现学生掌握知识或技能的不足，并加以弥补，对学生的进一步学习提出建议。同时，学生完成作业的过程是独立学习能力得到锻炼的过程。通过教师批改作业的反馈，学生能够反思自己独立学习的效果并进行改进。

(一)课外作业的形式

①阅读教科书和参考书，如复习、预习教科书等。

②各种口头作业，如朗读、阅读、复述等。

③各种书面作业，如书面练习、演算习题、作文、绘图等。

④各种实践作业，如观察、实验、测量、社会调查等。

(二)布置课外作业时应注意的几点

第一，作业内容符合学科课程标准规定的范围和深度，有助于学生发展核心素养；选题要有代表性、趣味性、生活化，难度要适中，并严格控制作业量。2021年，中共中央办公厅和国务院办公厅印发的《关于进一步减轻义务教育阶段学生作业负担和校外培训负担的意见》中明确指出：全面压减作业总量和时长，减轻学生过重作业负担，确保小学一、二年级不布置家庭书面作业，小学三至六年级书面作业平均完成时间不超过60分钟。

第二，作业内容应与教科书的内容有逻辑联系，但不能照搬教科书中的例题或材料。作业还应具有典型意义与举一反三的作用，进一步发展学生对所学内容的应用意识。

第三，作业应有助于启发学生思维，含有鼓励学生独立探索并进行创造性思维的因素。

第四，作业应尽量同现代生产和社会生活中的实际问题相结合，力求实现理论联系实际，但不可牵强附会。

第五，作业类型多样，如分层作业、单元作业、实践作业等，可根据学生的能力和学习速度，给不同程度的学生分别布置分量、难度各异的作业，并给予必要的指导、提示或帮助。

四、课外辅导

课外辅导是上课的必要补充。其目的在于因材施教，满足学生个性化的学习需求，以及对学生进行学习目的、学习态度和学习方法等方面的个别教育和指导。辅导的方式有指导学生课外作业，解答学生学习中的疑难，给学习基础差的学生和因病缺课的学生补课，给成绩优异的学生个别辅导等。对课外辅导有以下几点要求。

第一，从辅导对象实际出发，确定辅导内容和措施。辅导效果和需要加强的辅导内容，要及时告知家长(或其他监护人)。

第二，辅导只是对课堂教学的补充，不能将主要精力放在辅导上。

第三，辅导要目的明确，采用启发式，充分调动学生的主动性和积极性。

第四，教师要注意态度，师生平等相处，共同讨论，鼓励学生主动提出问题；不得体罚和变相体罚学生。

第五，加强思想教育和学习方法的指导，增强辅导效果。

第六，课外辅导主要是培优帮困工作，辅导学生时要因材施教，要结合本学科教材，进行知识的巩固与延伸辅导。

五、学生学业成绩评价

学生学业成绩评价是教学工作不可缺少的环节，是诊断学生学习状况和反馈教师教学效果、调控教学的重要手段。

(一)学生学业成绩评价的方法

1. 观察法

观察法是直接认知被评价者的最好方法，适用于在教学中评价那些不易量化的行为表现(如兴趣、爱好、态度)和技能性(如绘画、手工制作和体育技巧)的成绩。如果所采用的观察方法并不完全科学可靠，又或者被观察者觉察到被人观察时，他的行为便不同于平常，这些原因会造成观察的结果不完全可靠。为了保证观察的可靠性与精确度，可采取如下措施：一方面观察要科学化、经常化，用日志或报告形式记录学生的一些行为或逸事，使评价所依据的资料更全面；另一方面可采用或创设一些经过验证的具有信度、效度的观察等级量表，力求观察精确、全面。同时，基于课程改革中评价主体多元化的发展方向，可以增加观察主体，将家长、同学等合理纳入其中。

2. 测验法

测验法主要以笔试进行，是考核、测定学生成绩的最基本的方法。它适用于评价学生对科学文化知识的掌握程度。常用的测验有论文式测验、客观性测验、问题情境测验和标准化测验。测验的质量指标主要有信度、效度、难度与区分度。

2021 年，教育部办公厅发布的《关于加强义务教育学校考试管理的通知》中指出："必要的考试是学校教育教学工作的重要环节。义务教育学校考试面对的是未成年学生，主要发挥诊断学情教情、改进加强教学、评价教学质量等方面功能，除初中毕业生升高中考试(学业水平考试)外，其他考试不具有甄别、选拔功能。""小学一二年级不进行纸笔考试，义务教育其他年级由学校每学期组织一次期末考试，初中年级从不同学科的实际出发，可适当安排一次期中考试。"

3. 调查法

调查法是了解学生的学习情况，为进行学生成绩评定收集资料的一种方法。它一般通过问卷、交谈进行。问卷要简明扼要，只提出问卷者希望知道的问题；进行问卷调查要给答卷人对所问之题以自由评论和自由选择的条件；问卷所获得资料要经过统计和分析才能科学地利用。交谈是了解学生学习的兴趣、需要、态度和课后学习情况的重要方法。交谈的有效实施需要一定的计划，如安排一定的时间，交谈前要有所准备，即使短促较为随机的交谈也要有的放矢。

4. 自我评价法

自我评价就是学生自己对自己的评价。自我评价可以帮助学生更好地理解教学目标，正确地评价自己，认识自己的优点与缺点，肯定成绩，明确努力方向，不断提高自我评价的能力，从而自觉地改进。主要方法有运用标准答案、运用核对表、运用录音机等辅助评价。《义务教育课程方案(2022 年版)》提出"注重提高学生自我评价、自我反思的能力"，学生能参与到评价当中也是自身核心素养中理性思维、批判质疑素养的体现和落实。

(二)学生学业成绩评价的要求

教师进行学生学业成绩评价时应做到以下三点。

①客观公正，必须严格遵循科学合理的评定标准。学生学业成绩评价要以课程标准为依据，遵循学生的心理特点和学习规律，注重多方面的过程评价，在确定评价的内容、方式和手段时都必须遵循科学性原则。

②方向明确。要向学生指出学习上的优缺点和努力方向，这是评价学生学业成绩的主要目的。在评价中，教师要善于发现学生的特长，然后，给予适当的鼓励，以激发学生的内在潜能，让学业成绩评价成为解放学生的起点，使每一个学生都拥有自信心，得到全面健康的个性发展。

③在评价中，不仅要关注学生学习结果，还要关注学习过程，应重视解题思路和学生思维的创造性。教师要处处寻找学生的闪光点，适时对他们的进步、新见解、创新思维等进行表扬，充分发挥评价激励学生学习的作用。学生在不断体验成功的喜悦时，能更好调动学习的积极性，继续投入学习，树立终身学习的理念。

第四节 教学原则

一、教学原则的含义

教学原则是根据对已有的教学规律和实践经验的总结，为了实现教育教学目的而制定的指导教学工作的基本要求，它既指导教师的教，也指导学生的学，应贯彻于教学过程的各个方面和始终。

教学原则是从人们的教学实践中总结出来的。例如，我国古代《学记》中便总结了“教学相长”“启发诱导”“藏息相辅”“豫”“时”“孙”“摩”“长善救失”等宝贵的教学经验，这些都属于教学原则范畴。近代以来随着科学与教学实践的发展，教育界对教学原则的探讨日益深入。在西方，17 世纪捷克教育家夸美纽斯在《大教学论》中提出了 37 条教学原则，并试图给予论证。此后，各国的教育家如裴斯泰洛齐、赫尔巴特、第斯多惠、乌申斯基等都对教学原则作了深入的研究。这样，在教学理论中，逐步形成了讲求直观性、系统性、巩固性、可接受性、因材施教等基本的教学原则。

随着教育的发展，人们对教学原则的研究更加深入，依据哲学、心理学等科学提出了一些新的教学原则。例如，布鲁纳基于心理学提出了动机原则、结构原则、程序原则、反馈原则。赞科夫着眼于儿童发展提出了教学的高难度、教学的高速度、理论知识起主导作用、使学生了解学习的过程等原则。巴班斯基运用系统论的整体观点提出了 11 条原则。这些研究都值得借鉴与吸收。

教学原则反映了人们对教学活动本质性特点和内在规律性的认识，是指导教学工作有效进行的原理和行为准则。教学原则在教学活动中的正确和灵活运用，对提高教学质量和教学效率发挥重要的保障性作用。随着科技进步、网络新媒体的普及，以及义务教育全面普及，新时代我们对教学原则的阐释也要与时俱进，使之更加全面而准确地反映教学目的与任务、教学内容，以及现代教学的特点与发展趋向、人的认识规律、儿童的天性与身心发展特点及其个别差异、学校教学与社会生活的联系等各个方面的要求，以便使其在教学过程中真正发挥引领、激励与规范的作用。

二、主要的教学原则

我国中小学常用的教学原则体系，是在苏联凯洛夫教育学的教学原则体系基础上发展起来的。其内容由我国教学理论和实际工作者不断结合我国的教学实践而有所发展，并根据我国不同阶段的教学状况与需要补充了一些新的原则。应当特别指出，这一原则体系主要针对师生系统地传授和学习书本知识的教学模式。如果教学采用教师辅导学生从活动中自己学习的模式(如活动课程)，则这一原则体系并不适用，有待进一步改善和创新。

(一)直观性原则

1. 含义

直观性原则坚持根据教学活动的需要，教师通过多种手段让学生直接感知学习对象。

2. 直观的具体手段

(1)实物直观

实物直观是通过实物进行的，教师直接将学习对象呈现在学生面前。在学习与学生日常生活较远、学生没有接触过的教学内容时，实物的直观展示和观察能够最为真实、有效、充分地为学生提供观察、理解、掌握知识所必需的感性经验。

(2)模像直观

模像直观是运用各种手段对实物予以模拟后进行展示或体验，包括图片、图表、模型、幻灯、录音、录像等。实物直观虽然具有真实、有效的特点，但往往由于受到实际条件的限制而无法使用。模像直观则能够有效地弥补实物直观的缺憾，特别是现代化技术手段在教育领域的应用，使得模像直观的范围更加广阔。大到宇宙天体，小到分子结构，都能够借助如虚拟成像、星空投影仪等多种现代化技术手段，达到直观的效果。

(3)语言直观

语言直观是教师运用自己的语言、借助学生已有的知识经验进行比喻描述，引起学生的感性认识，达到直观的效果。与前两种直观相比，语言直观可以最大限度地摆脱时间、空间、物质条件的限制，是最为便利和最为经济的，特别是在情感共鸣、品德教育中有突出的表现。语言直观的运用效果主要取决于教师本人的素质和修养，需要教师进行提前准备和积累。

3. 要求

(1)正确选择教具和现代化教学手段

在制作和运用教具或多媒体课件时，应当注意使其与教材内容和教学内容相适合；要注意放大所学部分，呈现所学事物的运动、变化和发展，以获得最佳的直观效果。

(2)与讲解相结合

教学中的直观不是让学生自发地看，而是要使学生在教师的指导下有目的地观察。教师通过提出问题和解答问题，帮助学生把握事物的特征。

(3)重视运用形象生动的语言

教师用语言对所学内容进行形象的描述、生动的讲解、通俗的比喻，都能够起到直观的作用。能熟练使用语言直观是教师教学素质的一种表现。

(二)启发性原则

1. 含义

启发性原则认为，在教学中教师要承认并坚持学生是学习的主体，注意从学生的实际情况出发分析学生的兴趣、需要等来调动学生学习的主动性、积极性，引导他们独立思考，积极探索，生动活泼地学习，自觉掌握学科的基础知识、基本技能、基本思想、基本活动经验，提高发现、提出、分析、解决问题的能力。

2. 要求

(1)调动学生学习的主动性

调动学生学习的主动性是启发的首要问题。在教学中，教师要不断观察学生从而积累对学生的了解，不断丰富自己的教学方法和手段，进而能够善于因势利导，不断将学生的兴趣、现实的需要转化为推动学生学习的持久动力。

(2)善于提问激疑，引导教学步步深入

教师在教学中要善于提问激疑，使学生茅塞顿开、思想活跃。在教学中，找到学习内容的“关键问题”，再通过追问、讨论等引导学生步步深入、获取新知，并使他们的思维能力在解决问题的过程中得到真正的锻炼与提高。

(3)通过解决实际问题启发学生获取知识

在教学中，教师要注重为学生提供必要的设备与条件，组织和引导学生通过观察操作、动手完成与解决实际的学习任务和问题。解决实际问题对学生更具挑战性也更有意义。一方面，实际问题能使他们积极主动地完成预定的学习任务；另一方面，解决实际问题能够帮助学生提升实践能力和创新能力，这也是当下教学的重要目标之一。

(4)发扬教学民主

要创造宽松、和谐、民主、平等、活跃的课堂教学氛围，这是启发教学的重要条件，有利于学生聪明才智的充分发挥。“教学相长”“闻道有先后，术业有专攻”体现了教学民主，也是我国悠久的传统。同时，发扬教学民主落实了学生发展“培根铸魂”的目标，帮助学生从小树立和谐、民主、平等的观念。

(三)系统性原则(循序渐进原则)

1. 含义

系统性原则认为，教学活动应当持续、连贯、系统地进行。学科知识的组成、学生能力的发展、核心素养的形成有其客观存在的、系统的体系和规律，通过系统性教学才能帮助学生高效率、高质量地掌握知识、提升能力、形成核心素养。

2. 要求

(1)按教材的系统性进行教学

教师要深入领会教材的系统性，结合学生年龄的认识特点和本班学生的特殊情况，编写相应的教学计划或教学提纲，以组织、指导教学的具体进程。

(2)抓主要矛盾，解决好教学中的重点与难点

教学循序渐进并不意味着教学要面面俱到、平均用力，而是要求区别主次、分清难易、有详有略地进行，这样可以提高教学质量。

(3)由浅入深、由易到难、由简到繁

教学不可“跃进”，如果不顾学生认识的循序性，那必定是“欲速则不达”。相反，如果循序进行教学，学生基础打好了，学习进度自然会由慢变快，效率自然会提高。

一般来说，学科课程体系和学生身心发展规律是非常重要的，教学活动的顺序必须以这两个方面为依据，按照这两个方面的要求持续、连贯地进行。同时，教师要了解作为课程基础的科学理论本身的发展变化，从而能够自觉地安排、处理教学，使教学活动的顺序科学、合理。

(四)巩固性原则

1. 含义

巩固性原则认为，在教学中要引导学生通过练习、应用、实践等活动不断对知识与技能进行专门的复习，使学生牢固地掌握所学的知识与技能，克服遗忘，为进一步的实践和创新奠定基础。

2. 要求

(1)在理解的基础上巩固

理解知识是巩固知识的基础。在教学中，教师要引导学生把理解知识和巩固、记忆知识有效联系起来，帮助学生有效识记。

(2)重视组织各种复习

复习就是重温已学过的知识。它可以使知识在记忆中强化、熟练，加深学生对知识的理解，提高学生的再造与创造能力。教学过程中，教师应根据需要适时地组织多种形式的复习活动，如及时反馈、联系生活、跨学科应用等。

(3)在扩充、改组和运用知识中积极巩固

在教学中，许多教师非常重视引导学生通过努力学习新知识，扩充、改组原有知识，以及积极运用所学知识于实际来巩固知识。相较于复习而言，这是一种更为积极的巩固。

(五)量力性原则(可接受性原则)

1. 含义

量力性原则认为，在教学过程中教师确定的教学内容、方法和进度要适合学生身心发展的现状和特点，既是学生能够接受的，又要有一定的难度，需要他们经过努力才能掌握。

2. 要求

(1)了解学生的发展水平，从实际出发进行教学

教师在教学过程中，要随时了解学生的发展水平、已有的知识与能力状况。这

些是教学的基点与起点，也是学生知识的生长点。教学只有符合学生发展水平，才能更好地被学生理解、接受。

(2)考虑学生认识发展的时代特点

随着科技的迅猛发展和互联网的快速普及，学生的知识来源不断增多，获得的信息量很大，他们的思考能力、接受能力很强。因此，对学生发展水平的估计，也要与时俱进，改变传统教学的旧观念，适当提高教学的起点。同时，因为社会的发展，学生的物质生活较为丰富，学生思想、精神、意志品质等方面也有新的变化，需要教师在教学中加以考虑。

(六)科学性与思想性统一原则

1. 含义

科学性与思想性统一原则认为，教学要以马克思主义为指导，传授学生以科学知识，并结合知识教学对学生进行品德、价值观与世界观的教育，始终坚持德育为先，落实立德树人根本任务，发展素质教育。科学性与思想性统一原则是培养德智体美劳全面发展的社会主义建设者和接班人的要求，是建设社会主义物质文明和精神文明的要求，体现了我国教学的根本方向和质量标准。科学性与思想性统一原则也是知识的思想性、教学的教育性规律的反映。科学性与思想性统一原则，体现了教育对民族振兴、增强中华民族创新和创造活力、实现中华民族伟大复兴具有重要意义。

2. 要求

(1)保证教学的科学性

在教学中，教师要以马克思主义的观点和方法以及马克思主义中国化最新成果来分析教材，使选择和补充的教学内容切合时代的需求，反映学科的发展；力求传授给学生的知识及传授过程都是科学的、准确无误的、富有教益的，且能促进学生终身发展。

(2)发掘教学的思想性，注意在教学中对学生进行品德教育

社会学科具有鲜明的政治思想性。在教学中，如能深入发掘教材内在的思想性，结合知识的传授，联系实际、有的放矢地向学生进行思想教育，体现国家和民族基本价值观，体现人类文化知识积累和创新成果，就能强有力地感染学生，引导学生明确人生发展方向。

(3)要重视补充有价值的资料、事例

一般来说，教材的思想性寓于科学知识之中，教师若能根据教学需要补充有价值的时事热点资料，将开启学生的心智，震撼学生的心灵，使他们既能得到学识的增长还能增加时事见闻，获益匪浅。

(4)教师要不断提高自己的专业水平和思想修养

教学的科学性与思想性主要依靠教师的教学水平和素养来保证，因此教师要具

备科学性与思想性统一的意识，并且不断充实与更新知识，提高理论水平和思想修养。

(七)理论联系实际原则

1. 含义

理论联系实际原则认为，教学中既要注重理论知识的系统学习，也要密切联系实际的应用与实践。坚持这一原则，一方面是科学文化知识要在现实中产生效益、实现价值；另一方面要以学习基础知识为主导，从理论与实际的联系上去理解知识，并注重学以致用，帮助学生更好地发展动手能力和实践能力，领悟知识的价值。

2. 要求

(1)书本知识的教学要注重联系实际

教师在指导学生学习理论知识时要善于联系实际。通过理论联系实际，教学可以变得生动活泼，使抽象的书本知识贴近学生生活并易于学生理解、吸收，转化为他们自己的精神财富，而不至于造成学生囫囵吞枣，食而不化。

(2)重视引导学生运用知识

我国传统的教学观念注重对知识的传授，忽视知识的运用，导致学生动手实践能力较弱，容易造成“四体不勤，五谷不分”等片面发展的现象，而实践、创新也是核心素养的重要组成部分。因此，我们必须转变传统教学观念，注重学以致用，激励学生勤于动手，提高解决实际问题的能力，实现学生的全面发展。

(3)逐步培养与形成学生综合运用知识的能力

学生综合运用知识的能力的形成并非一蹴而就，需要经过反复领悟与运用、总结与提高。教师在教学过程中要根据学生的年龄、认知水平、能力发展情况进行综合考量，也要善于家校协同，抓住日常的偶发性事件进行引导和培养。

(4)补充必要的乡土教材

我国幅员广阔，南方与北方、沿海与内地在自然条件、经济和文化发展等各方面都有很大差异，即使在一个省内，城市与乡村甚至不同区县在许多方面也都存在差异，何况每个地方都有特有的历史文化、风土人情。因此，在使用统一教材时，必须适当补充乡土教材、教学资源，使学生能根植故土，不脱离地区实际，发挥教育教学为地区的经济建设服务的作用。

(八)因材施教原则

1. 含义

因材施教原则认为，教师要在整体的教学活动下，从学生的实际情况、个别差异与个性特点出发，有的放矢地进行有区别的教学，使每个学生都能扬长避短、长善救失、获得最佳发展。

由于遗传素质、家庭环境和个人成长经历的不同，在同一班级中的学生，虽然有着共同的年龄特征，但是在学习成绩、学习态度和方法、兴趣和爱好、气质和性格、禀赋和潜能方面都会存在很大的差异。教师不仅要面对由个性完全不同的学生组成的集体进行教学，而且要适应每个学生的不同需要尽可能进行有针对性的教育。

因材施教在我国有着悠久的历史传统，春秋时期孔子的教学实践就为后人提供了这方面的典范，值得我们学习。例如，他说“求也退，故进之；由也兼人，故退之”(《论语·先进篇》)。意思是“冉求老是退缩，因此我要鼓励他上前；仲由呢，他胆子大，敢作敢为，因此我要压压他”。朱熹总结孔子的教学经验为“夫子教人，各因其才”。

2. 要求

了解学生特点是实现因材施教的基础。教师应当从日常的诸多方面了解每个学生德智体美劳乃至综合实践、应用创新、性格气质、家庭情况等各方面的现状和特点，然后进行归纳综合后有目的、有计划地实施因材施教。

第五节　教学方法

一、教学方法概述

教学方法即为达到教学目标，运用教学手段进行的，由教学原则指导的，师生共同围绕教学内容相互作用的一整套行为方式。

它具有以下本质特征。

①目的性。教学方法的选择依赖于要实现的教学目标、要完成的教学任务或待解决的教学问题等，是为教学目标、任务服务，并受其制约的。

②双边性。教学方法始终运用于教师与学生为传授知识、探索真知而共同进行的教与学双边互动的活动中，如讲解与听讲、演示与观察。双边性是教学方法独有的重要特点。

二、主要教学方法

(一)以语言传递为主的教学方法

1. 讲授法

讲授法是教师通过口头语言系统地向学生传授知识，发展其智力的方法。讲授法是教学中应用时间最长、应用范围最广的一种基本的教学方法。

在实际的教学中，讲授法又表现为讲述、讲解、讲读、讲演四种不同的形式。

讲述，是教师运用具体生动的语言对教学内容作系统叙述和形象描绘的一种讲授形式。

讲解，是教师运用通俗易懂的语言对教材内容进行解释、说明、论证的一种讲授形式。

讲读，是教师把讲述、讲解同阅读教材有机结合，讲、读、练、思考结合的一种讲授形式。

讲演，是教师以演说和报告的形式在较长的时间里系统地讲授教材内容，条分缕析，广征博引，科学论证，从而得出科学结论的一种讲授形式。

讲授法的优点是有利于充分发挥教师的主导作用，有利于节省教学时间，提高教学效率，有利于学生在短时间内系统地掌握知识；缺点是影响学生学习主动性的发挥。

运用讲授法的要求如下。

①讲授的内容要有科学性、思想性和系统性。运用概念要精确，论证原理、结论要严密，定理、定律的证明要充分，引用材料要确凿可靠。

②讲授条理要清楚，讲课安排要合乎规律，讲授内容要少而精，注意培养学生专心听讲的能力。

③讲授要注意启发性，激发学生开展积极思维活动，引导学生自己得出结论。

④讲授语言要准确、简练、生动形象、通俗易懂，语调和谐、抑扬顿挫、富有感染力。

2. 谈话法

谈话法也叫问答法，是教师按一定的教学目标、内容、要求等向学生提出问题，引导学生积极思考，回答问题，并通过问答的形式来引导学生获取或巩固知识的教学方法。

谈话法的优点是能集中学生的注意力，激发学生的思维活动，使学生通过独立思考来获取知识，同时有利于发展学生的智力和语言表达能力。

谈话法根据目的和效果不同可分为复习性谈话、启发性谈话、总结性谈话、研究性谈话等。例如：复习性谈话是根据学生已学知识提出一系列问题，通过师生问答形式帮助学生复习、深化、系统化已学的知识。启发性谈话则是通过向学生提出未思考过的问题，一步一步引导他们深入思考和探索新知识。根据谈话对象的不同还可以分为个别谈话和集体谈话。

运用谈话法的要求如下。

①谈话前，教师要做好准备，基于谈话的中心和内容等设计好问题和谈话计划。教师要对谈话的中心和提问内容进行充足准备，所提问题要从学生实际出发，是学生通过思考可以回答并解决的问题，不宜过难过偏影响学生的积极体验。

②谈话中，要面向全体学生。提问要富有启发性，所提问题能激发学生的学习兴趣，引起积极主动的思维；提问方式、方法要具有灵活性；教师提问时态度要和蔼、真诚。

③谈话结束后，教师要及时做好归纳总结，反馈谈话的结果和积累谈话经验，

为以后的教学奠定基础。

3. 讨论法

讨论法是根据教学的需要，学生在教师的指导下为解决某个问题而进行探讨、辨明是非真伪以获取知识的方法。

讨论法的优点是有利于学生集思广益，互相启发，加深对学习内容的理解，激发学习的兴趣，提高学习的动机；缺点是运用时需要学生具备一定的基础和理解力。因此，在高年级运用较多。

运用讨论法的要求如下。

①讨论的问题要有吸引力。教师要精心准备讨论的问题，使其紧扣学生的兴趣与需要，力求让教学达到最优的效果。

②要善于在讨论中对学生进行启发引导。教师创设讨论情境，想办法通过平等、和谐、积极的讨论氛围来激发学生的兴趣，鼓励学生自主思考，引导学生积极参与讨论。

③做好讨论小结。教师要做好讨论后的总结工作，及时对各种意见和观点进行分析与综合，并得出科学的结论。

4. 读书指导法

读书指导法是教师指导学生认真阅读教科书、参考书和其他书籍，使他们独立获取知识，扩大知识面，掌握读书方法，养成读书习惯的教学方法。

读书指导法包括指导学生预习、复习、阅读参考书、自学教材等。

指导预习，要向学生提出要求，进行启发，扫除某些阅读障碍，使学生通过阅读能初步了解课文，为学新课做好准备。

指导复习，要提出明确的任务，布置一定的作业，以便加深学生对课本知识的理解和巩固。

指导阅读参考书，要精选适合的读物与内容，因人而异地提出要求，给予指导。

指导学生自学教材，是在教师启发和辅导下，学生以自学的形式学习新课。它有助于调动学习的主动性和培养、提高学生的自学能力。

运用读书指导法的要求如下。

①提出明确的目的、要求和思考题。结合实际设计思考题，使学生带着问题去看书，引导学生在读书中多思、能思、深思。

②教给学生读书的方法。指导学生在阅读过程中做好读书笔记，使他们在阅读时对所学内容进行再加工，增强学习的效果。

③加强评价和辅导。有评价才有落实，有辅导才有进步。发挥评价反馈、调控学生学习的作用。在学生阅读过程中进行评价和辅导，可以使学生有效提高阅读效率和能力，积极参与阅读类的学习，巩固已有的成果，进而提高阅读水平。

④适当组织学生交流读书心得。学生之间相互交流、相互借鉴，既培养了学生

积累运用的能力，又丰富了学生的学习经历，增强了同学间互帮互助、团结合作的意识。

(二)以直观感知为主的教学方法

1. 演示法

演示法是教师通过展示实物、直观教具，为学生做示范实验，使学生获得知识或巩固知识的教学方法。

运用演示法的要求如下。

①要根据教材内容考虑演示的目的，用什么直观教具，什么时候演示，事先要检查直观教具，要预先做一次示范实验。

②要把演示法同讲授、谈话等方法结合起来。

③要明确提出观察的要求，引导学生运用各种感官，集中注意力，仔细地观察实物、直观教具或示范实验。

2. 参观法

参观法是根据教学目的和任务，组织学生到现场对实际事物进行观察和研究，从而获得实践知识和理论知识的一种教学方法。

运用参观法的要求如下。

①做好参观的准备。教师在采用参观法时，必须根据教学的需求做好准备工作。提前制订出参观的计划与流程，明晰参观的目的与要求等内容。

②参观时要及时对学生进行具体指导。教师要提出问题，让学生有目的、有意识地去观察；同时，教师引导学生把注意力集中到观察对象上，以此更好地理解所要掌握的内容。

③参观后及时总结。参观结束后，教师要引导学生通过多种方式，把观察的结果与理论相结合，以便验证和更好地运用所学知识。

(三)以实际训练为主的教学方法

1. 练习法

练习法是在教师指导下，学生通过独立的智力、体力活动，运用知识解决问题，以深化理解、巩固知识，培养各种学习技能和形成良好的学习习惯的基本方法。练习法也是小学阶段较为常用的教学方法之一。

练习的种类很多。按练习的形式不同，分为口头练习、书面练习、实际操作练习；按学生掌握技能的进程，分为模仿性练习、独立性练习、创造性练习。

运用练习法的要求如下。

①要使学生明确练习的目的和要求，掌握有关练习的基础知识。这样才能保证练习的效果，增强学生练习的积极性与自觉性，保证练习的质量。

②要系统且循序渐进地练习。对学生练习的难度、熟练度等的要求，要逐步提高，使学生能力逐渐得到发展。

③要精选练习题，注意类型的多样性、代表性和针对性，提高练习质量，避免题海战术，造成学业负担影响学生的身心健康和家校关系。

④要及时评价练习结果。在练习中和练习后，教师要针对练习中出现的问题，进行及时的讲解和订正，以提高练习效率。

⑤组织练习要因材施教，重视创造性练习的组织与指导。教师针对不同学生的发展情况布置相应的练习，以提高练习效率。创造性练习需要学生具有一定的发散思维、联想思维、逆向思维等。重视创造性练习的组织，并在学生需要时给予一定指导，培养学生的创新思维和能力。

2. 实验法

实验法是在教师指导下，学生利用一定的仪器、设备等，独立控制一定条件，作用于学习对象，从观察和记录引起事物或现象变化、收集具体数据、分析原因等过程中获取直接知识的一种教学方法。

运用实验法的要求如下。

①实验前教师要编制实验计划，做好实验用品的准备，将学生分组，使学生明确实验目的及操作过程，写出实验安排等。

②学生独立实验。教师要充分发挥学生的独立性和主动性，加强巡视、指导，切忌越俎代庖。

③实验结束后，教师应要求学生制作实验报告，并对作业进行检查。最后，教师要进行小结。

3. 实习作业法

实习作业法是根据教学大纲的要求，在校内或校外组织学生进行实际操作，将书本知识运用于实践的一种教学方法。

实习作业法是劳动教育课的主要方法，也是中学自然类学科中常用的教学方法。这种方法的作用与练习法、实验法相似，但其实践性、综合性、独立性、创造性更强。它能培养学生运用书本知识解决实际问题的能力，对促进教育与生产劳动相结合，培养学生的劳动观念和劳动技能，都有重要意义。《义务教育劳动课程标准(2022 年版)》指出，劳动教育是中国特色社会主义教育制度的重要内容。教师掌握实习作业法是落实劳动教育的重要保证。

运用实习作业法的要求如下。

①明确实习作业的目的。教师在实习前要制订计划，比如确定地点、准备器具等，还要使学生明确实习作业的目的、任务、程序等，增强实习的自觉性。

②教师要加强指导。在实习中教师要认真巡视，及时发现、解决出现的问题，对学生进行辅导。

③实习结束后，教师对实习活动要进行总结，并依据课程目标、学生相关素养发展情况等作出科学、有效的评定，以促进学生的继续学习。

第六节　教学组织形式

一、教学组织形式的概念

教学总是以一定的组织形式进行的。教学组织形式是指为完成特定的教学任务，教师和学生按一定的要求组合起来进行活动的结构。教学组织形式是教学活动的依托和落脚点，合理地使用有助于教学活动的开展和教学任务的有效落实。

二、常见的教学组织形式

(一)个别教学

所谓个别教学，是指教师分别对个别学生进行教学的形式。在个别教学中，学生所学的内容和进度有所不同，教师教授每名学生的方法和提出的要求也有所不同，而每名学生学习的成效亦各不一样。个别教学的优点在于，教师能够根据每名学生的特点和实际需要因材施教，加强教学的针对性，充分发挥每名学生的潜能、特长和个性。缺点是不利于学生间的交流、合作，不利于教师对学生身心发展规律的深入认识，不利于教学经验的总结及教师自身专业化的发展。

在教学组织形式的发展历程中，个别教学是最早产生的，但由于难以完成系统化、程序化传递知识的任务而逐渐淡出。《义务教育课程方案(2022 年版)》在深化教学改革的要求中提出“加强个别化指导，满足学生多样化学习需求”，个别教学也超越了原有狭义的理念，发展成为满足学生个性化学习需要的新型教学组织形式，并呈现出与其他教学组织形式补充、并存、共同发展的趋势。

(二)班级授课制

1. 班级授课制的由来及发展

15 世纪末起，近代资本主义兴起、工商业的逐步发展和科学文化的进步，使学校教学内容显著增多，课程逐步增加，要求学校扩大教育规模、提高教学效率，培养更多的人才以推动生产力进一步发展。这时，个别教学便不能满足社会发展对人才增长的需求了，需要一种能与工业化发展相适应的教学组织形式，班级授课制便应运而生。

班级授课制萌芽于 16 世纪西欧一些国家创办的古典中学，兴起于 17 世纪乌克兰、俄罗斯、捷克兄弟会学校。捷克教育家夸美纽斯总结、改进了已有的实践经验并进行了理论升华，在其著作《大教学论》中第一次提出班级授课制理论，初步形成了班级授课制。18 世纪后，在产业革命和教育民主化的发展中，服务于大众的国民教育制度确立，使得班级授课制得到普及。19 世纪后半叶，班级授课制已经发展为西方学校教学的基本组织形式。它提高了教学效率，适应了社会发展的要求，符合现代学校和普及教育的发展趋势。

我国采用班级授课制的时间较晚，始于清代同治元年(1862 年)于北京开办的京师同文馆。1904 年清政府颁布《癸卯学制》以及随后 1905 年“废科举，兴学堂”后，班级授课制才得以真正普及，成为我国学校教学的基本组织形式。20 世纪以来，许多国家的教育界人士都致力于改革班级授课制。

2. 班级授课制的主要特征

学生固定：学生按一定的年龄和文化程度编成有固定人数的班级，班级是教学的基本单位。班级成员完成一学年的学习后升入下一学年的班级。

内容固定：向全班学生传授的教学内容是统一的，课表进度也是统一的，同时注意学年间教学内容的相互衔接。《义务教育课程方案(2022 年版)》中提到“加强了学段衔接……合理安排不同学段内容，体现学习目标的连续性和进阶性”。

教师固定：学校按照教师的业务专长和工作能力分配教学任务，进行分科教学。教师以系统的讲授、练习为主，根据教学需要兼用其他方法，有效发挥教师对学生“培根铸魂、启智增慧”的主导作用，培养学生适应未来发展的正确价值观、必备品格和关键能力。

时间固定：学年、学期和学日课业的始末时间相同，全校有固定的作息时间表。教学以课时为单位，国家课程计划规定了各学科每周、每学期的教学课时数。我国义务教育小学阶段每课时为 40 分钟、初中阶段每课时为 45 分钟，九年的总课时数为 9522 课时。

3. 对班级授课制的评价

总体来说，班级授课制适应于现代社会大规模、高质量培养人才的需要，体现了教学活动的基本规律，是一种富有生命力且高效实用的教学组织形式。它的优点主要有以下几点。

①有利于我国教育事业的发展。教师按固定的时间表同时对几十名学生进行教学，扩大了教育对象，节约了教育经费，加快了教学进度，是使学生在较短时间内有系统、有重点地学习人类知识体系的一种经济、有效的形式，大大提高了单位时间的教学效率。班级授课制的实施能在短时间内输送大量建设人才，对国家、社会、教育的发展具有重要意义。

②有利于发挥教师的主导作用。在教学中，各学科教师按照课程标准、教科书内容、学校教学安排，有目的、有计划、有组织地进行教学，全面发挥教师自身教学和各科教师协同育人的优势，保证班级内的学生能自始至终在教师的有效指导下进行学习，极大地提高了教师育人工作和学生全面发展的效率。

③有利于发挥班集体的教育作用，促进学生全面发展。良好的班集体对学生的发展具有积极作用。学生在班集体中学习，因彼此程度相近、学习内容相同，易于

同学之间相互讨论、互相竞争、共同进步，形成协同学习，有利于学生核心素养发展；学生在班集体中成长，基于共同的发展目标形成共同体，有利于学生间互助关爱、公平竞争的态度和集体主义精神的形成。班级授课制下形成的良好的班集体能够促进学生个性的健康发展和社会化发展。

任何事物都是一体两面、有利有弊的，班级授课制也是如此。其局限性主要表现在：分科教学和过于强调系统的书本知识传授，容易产生理论与实际脱节的问题；学生以接受式学习为主，难以发展创新精神和实践能力；过于强调教学内容的统一和教学过程的标准、同步，难以照顾到学生的个别差异以及随之而来的个性化的学习需要；不利于教师进行因材施教，如关注学生个性化、多样化的学习和发展需求。

(三)分组教学

为了弥补班级授课制难以照顾学生个别差异的弊病，19 世纪末 20 世纪初，分组教学在一些国家出现。所谓分组教学，就是在班级的基础上把学生按能力、学习成绩、兴趣、愿望等分为不同的组进行教学。分组教学也是集体教学的一种形式，一般可分为两类：外部分组和内部分组。

1. 外部分组

外部分组是指打乱传统的按年龄编班的做法，按学生的能力、学习成绩或兴趣等重新编组成班。外部分组主要有学科能力分组、跨学科能力分组、选修课分组、综合学校多轨分组等。[①] 学科能力分组是指，依据某一年级的学生在某门学科中的不同发展水平，将其分成不同的组别进行教学。跨学科能力分组是指，把一个年级的学生，按发展水平的不同，分成不同组别进行有针对性的教学。选修课分组，也称为兴趣分组，主要依据学生的兴趣，让学生在学校学习校本课程或活动而选择成组。综合学校多轨分组是指，依据学生的学习能力、发展水平等进行分组，并教授年限、内容、发展目标不同的课程。

2. 内部分组

内部分组是指在传统的按年龄编班的班级内，按学生能力、学习成绩、学习速度、学习兴趣等编组。一般情况下依据学生能力发展程度和成绩水平分组，对不同组别进行有针对性的教学，最大限度地实现对学生个性化、多样化学习需要的满足。

三、教学组织形式的发展与变革

班级授课制虽然仍是世界各国学校教育中教学的主要组织形式，但因其自身固有的局限性，对它的批判与改善从未停止。自 19 世纪末以来，人们针对班级授课制的弊端，在世界范围内对教学组织形式不断进行改革与探索，特别是对适应个别差异的教学组织形式的探索日益增多。这些改革与探索一方面在于进一步具体完善班级授课制，另一方面又创造和实践了大量的教学组织形式。多种教学组织形式的广

① 钟启泉：《课程与教学论》，158 页，上海，华东师范大学出版社，2008。

泛实践、互相补充，使其进入了多样化、综合化的新时代。

（一）巴塔维亚制

巴塔维亚制是美国纽约州巴塔维亚地区的学校试行的教学组织形式。该教学组织形式仍以班级教学为主，规定一个班级的学生不得超过 50 名。教师的工作一半用于教学，一半用于个别指导。学生数量如果超过 50 名，增设一名辅导教师，对学生进行个别指导。该教学组织形式的特点是在完全坚持班级授课制的前提下，增设辅导教师以加强对学生的个别指导。个别指导一方面能够帮助教师更好地实现教学目标；另一方面促使教师考虑学生的个性化学习需要，提升教师因材施教的能力。

（二）圣巴巴拉制

圣巴巴拉制是在美国加利福尼亚州圣巴巴拉地区的学校试行的教学组织形式。该组织形式在同一班级中设置三种程度不同的课程，实行分组教学。这种教学组织形式的特点是在班级框架内，对学生进行分组，实行分组教学。各组学习年限相同，课程则各不相同。虽然是在班级框架内，但是课程设置与教学内容突破了原有的统一设置，而是根据各组学生的需要进行安排。

（三）生活学校

1907 年，比利时教育学家德可乐利在布鲁塞尔郊区创设了"依据生活，为了生活的学校"，人称生活学校。德可乐利指定了理解生活、参与生活的合科教学方案。他从人类本原的需求的关系中，从自然乃至社会环境中选出儿童的"主要兴趣"，以此为核心，整理和综合各种材料作为学习计划。其特点是不一定要打破班级授课制框架，主张以活动课程取代学科课程，从而突破了班级授课制中的分科教学模式。活动课程的实施符合学生的身心发展需要，能够促进学生创新和实践能力的提升。

以上几种教学组织形式是基于对班级授课制不断完善的改革与实践。同时，还有在否定班级授课制的情况下，创设新的教学组织形式的。

（四）道尔顿制

1920 年，美国的赫尔帕斯特在马萨诸塞州的道尔顿中学创建了一种新的个别教学的教学组织形式，人们称之为道尔顿制。道尔顿制的特点在于采用自学辅导的方式，教师不再向学生系统讲授教材，而是为学生分别指定自学参考书目、布置作业、提供实验室或作业室，由学生依据自己的能力进行自学并独立完成作业，有疑难时再请教师辅导。教师公布每学年、每月的学习任务，学生完成一定阶段的学习任务后接受考查。

道尔顿制的两个重要的原则是自由与合作，既强调儿童自由学习，养成独立作业的能力，又强调合作精神的形成，以培养学生的社会意识。但是道尔顿制也存在一些问题：过于强调个别差异，对教师的要求过多，实施时易导致放任自流；将教室完全改为实验室不太现实。

（五）文纳特卡制

文纳特卡制是美国教育家华虚朋于 1919 年在芝加哥郊外的文纳特卡镇的 4 所中

小学实施的一种个别化教学制度。其指导思想和道尔顿制大体相同，但做法不完全一样，在追求教学个别化方面更加激进。文纳特卡制是把课程分为两部分：一部分按学科进行，由学生自学读、写、算和历史、地理等方面的知识和技能；另一部分是团体和创造性活动，通过艺术、运动、集会，以及开办商店、编辑、出版、组织自治会来培养和发展学生的社会意识。前者是运用个别教学形式，后者是通过团体活动并吸取设计教学法的因素开展教学。

文纳特卡制的显著特点是：重视学生对书本知识学习的同时，也重视能力的培养，兼顾了在教学中发挥教师的个别指导、学生自主学习的作用；重视对学生学习目标、内容的规定，采用诊断性评价，达成既定的学习目标后转入另一个学习任务。文纳特卡制一方面追求教学个别化，另一方面吸收了设计教学的思想，同时追求学校社会化，并重视两者的统一。

(六)设计教学法

这是一种实用主义的教学组织形式，由杜威的学生克伯屈所创。这种教学组织形式认为应当把建立在学生的兴趣和需要之上的有目的的活动作为教育过程的核心，主张根据学生的生活经验和偶发兴趣来制定学习单元，由学生自发地决定学习的目的、内容，开展实际活动并检查结果，教师的作用在于从旁指导。设计教学法废除班级授课制，打破学科界限，摒弃教科书，强调教师的任务在于利用环境激发学生的学习动机，帮助学生选择活动所需要的教材等。由于目的不同，设计活动分创作、欣赏、问题研究、技能训练等，一般程序为决定目的(包括引起动机)、制订计划、施行、评价。这种教学组织形式在克服班级授课制的不足方面有积极作用，特别是有助于发挥学生的主动性、积极性，有助于学生能力的培养。缺点是很难教授系统的文化知识和大规模培养人才。

本章小结

1. 教学是教师教学生认识客观世界并促进学生身心发展的教育活动。教学在整个教育体系中居于中心地位，发挥着核心作用，它既是教育的主体部分，又是教育的基本途径。

2. 教学规律就是教学现象中客观存在的、本质的、必然的联系，对教学活动具有规约作用，是制定教学原则的重要依据。在教育过程中，要遵循教学规律，坚持直接经验与间接经验相结合，掌握知识与发展能力相统一，传授知识与思想教育相统一，教师主导作用与学生主体地位相统一。

3. 教学工作的基本环节包括备课、上课、布置课外作业、课外辅导、学业成绩评价。

4. 教学原则是根据对已有的教学规律和实践经验的总结，为了实现教育教学目的而制定的指导教学工作的基本要求。它反映了人们对教学活动本质性特点和内在规律性的认识，是指导教学工作有效进行的原理和行为准则。教学原则在教学活动中的正确和灵活运用，对提高教学质量和教学效率发挥重要的保障性作用。

5. 教学方法即为达到教学目标，运用教学手段进行的，由教学原则指导的，师生共同围绕教学内容相互作用的一整套行为方式，具有目的性和双边性的特点。在教学过程中，根据不同的教学情境，教师灵活采用不同的教学方法，实现教学效果最优化。

6. 教学组织形式是为完成特定的教学任务，教师和学生按一定的要求组合起来进行活动的结构。教学组织形式不是固定不变的东西。随着社会政治经济和科学文化的发展及其对培养人才要求的不断提高，教学组织形式在不断发展和改进。

关键术语

1. 教学
2. 教学过程
3. 教学工作的基本环节
4. 教学原则
5. 教学方法
6. 教学组织形式

思考题

1. 什么是教学？
2. 简述教学过程的基本阶段。
3. 简述学校教学工作的基本环节。
4. 我国中小学有哪些常用的教学原则？
5. 简述讲授法的优缺点，并提出改进方法。
6. 论述班级授课制的优缺点，并提出改进方法。

案例分析

材料一：

今天刚刚上课，老师拿出了四幅图片挂在黑板上。

老师：亲爱的同学们，大家看下图片，知道这是哪个地方吗？

学生：是黄山。

老师：这几幅图片上面都是什么呢？

学生：奇松、云海、怪石、温泉。

老师：大家可以用什么词来形容一下云海？

学生：波涛汹涌的云海。

学生：波澜壮阔的云海。

老师：大家回答得不错。大家可以试试当个小导游吗？

学生：好！

老师：大家好好想一想，该怎么表达你想要给游客介绍的景观。大家可以先整理一下，写个稿子，然后开始演示。

问题：

1. 材料中体现了教学过程中的什么规律？
2. 材料中贯彻了哪些教学原则？
3. 材料中使用了哪种教学方法？

材料二：

红星中学的小明一直对学习提不起兴趣，上课经常开小差，各科学习成绩非常不理想，班主任与家长做了大量的辅导工作但依旧没有太大成效。直到有一天，全校开展板报比赛，班主任发现小明拥有很强的绘画天赋，进一步了解得知小明非常喜爱绘画。于是班主任与家长沟通，帮助小明申请转班成为美术特长生，以便发挥小明的优势，培养小明的兴趣。后来，小明凭借自己的努力和天赋考上了心仪的大学。

问题：

上面的论述体现了哪些教育主张，对教学有哪些启示？

第十章　德育论

学习目标▶

1. 理解品德的本质、结构、发展及其基本规律。

2. 理解德育的概念、现代德育的特点，关注学生德育主体性培养。

3. 了解德育工作的地位、任务和内容，树立立德树人思想。

4. 掌握德育过程的本质和规律，能运用相关知识分析德育问题。

5. 了解德育的主要原则及其要求，能运用德育原则进行德育活动设计。

6. 熟悉德育的主要方法及其要求，能熟练使用德育方法进行德育教学活动。

7. 了解德育工作的主要途径，能通过多种途径开展学校德育工作。

问题导入

陶行知和四块糖的故事

有一天，学生王友在打一个学生。陶行知匆忙走过去喝止，对王友说："你下午三点到我办公室来!"

下午三点，王友诚惶诚恐地来到陶行知的办公室，准备接受严厉的惩罚。不料，陶行知微笑着迎上前去拉住他的手，亲切地让其坐到自己的身边，并从自己的口袋里掏出一块糖来。"让你三点到，你就准时到，说明你很遵守时间，这很好，"陶行知说，"这块糖就是对你的奖励。"王友接过糖，满脸疑惑。

这时，陶行知又掏出一块糖。"我了解过了，是他欺负女同学你才打他的。"陶行知将第二块糖轻轻地递过去说，"这说明你很有正义感，也应该奖励。"当王友接过第二块糖时，疑惑的脸上开始有了笑容，眼睛里闪烁着一种喜悦的光芒。

陶行知掏出第三块糖。"你很懂得尊重别人!"陶行知接着说，"你打架时，我走过去让你住手你就不打了，这很好嘛，我就喜欢你尊重别人这一点，也应该奖励。"王友接过第三块糖后，开始不好意思起来。他眼睛里的喜悦，渐渐被自责、后悔和羞愧所代替，面对这样的校长，他不得不垂下自己的头来。

"打人——毕竟是不对的，"王友低垂着头，小声表态说，"校长，我错了，我愿意向他道歉!""好!"陶行知立即从衣袋里掏出第四块糖，高兴地说，"我就知道你是一个知错能改的好学生，更应该奖励!"

王友离开陶行知办公室时，眼睛里含满了感动的泪水，而陶行知的脸上，则始终带着微笑。

选自郑立平：《把班级还给学生：班集体建设与管理的创新艺术》，204～205页，北京，中国轻工业出版社，2010。

德育是全面发展教育的重要组成部分，学校教育要坚持立德树人，促进学生全面发展。学校德育工作不仅对青少年的身心发展具有导向和塑型的作用，而且对社会的进步和发展具有基础性影响。了解学校德育的目的、内容、方法，做好德育工作，是每一位学校教育工作者的必备素养。

第一节　品德发展及其规律

德育工作在促进学生德智体美劳全面发展方面起着导向性、基础性的作用，德育工作的目的是促进受教育者品德素养的形成和发展。德育工作必须建立在人的品德发展的客观规律基础上。要做好德育工作，需要先了解人的品德及其发展的客观规律。

一、品德作为人的基本素质

品德是道德品质的简称，是个体依据一定的社会观念和行为规范行动时所表现出来的稳固的个体倾向与心理特征。就其内容来说，品德是社会意识形态及其行为规范内化的产物，是个体自身生活经验积累的结果；就其功能来说，它是个体内部思想观念与外部行为表现的调节机制，是个体社会行为的调节机制。

(一)品德是社会意识形态及其行为规范内化的产物

品德是人的社会属性，从内容上来看，它来源于特定的社会意识形态及其行为规范，是社会意识形态及其行为规范内化的产物。虽然人的遗传本能存在类品德的行为表现，但一般我们不认为品德来自人的遗传。个体品德取决于其所处的社会关系，而不取决于其遗传特质。社会意识形态及其行为规范是人类在长期生活基础上形成的生存智慧，具有超个体经验的价值。继承和应用这些人类精神文化遗产，实现人类个体和社会的递进式发展，是人类相对于其他物种的先天优势。

社会意识形态及其行为规范具有可传承性、可内化性，这使得个体品德培养成为可能。这些社会意识形态及其行为规范源于人类生活，具有对生活的亲和力。只要一个人参与现实生活，这些意识形态及其行为规范就会自发地渗透进他的意识之中。对于一些超出个体生活经验的领域，个体也可以通过认识活动实现对相应观念和行为规范的认可，从而形成相应的品德预设，以促进品德的完善。

个体存在于一定的社会生活环境之中，受到特定社会意识形态及其行为规范的约束。人如果不能真实地经历这种生活，不能接纳或服从这些外在约束，就不能获得社会为个体生存和发展提供的保障。所以，相对于人类个体来说，社会意识形态及其行为规范具有一定的强制性。当然，从本质上来说，社会意识形态及其行为规范与个体的生活经验应当是一致的，两者的相互矛盾一般只是由于社会意识形态及其行为规范暂时没有被个体所认识和接受。① 社会生活规范是建立在个体对生活经验理性思考的基础上的。人只有认识到了其合理性，才能将其作为自己观点和行为的指南。所以，品德的内化过程应当是一种批判的过程，不是简单的接受过程。

(二)品德是个体社会行为的调节机制

品德不仅意味着个体获得特定社会的意识形态及其行为规范，更重要的是运用这些意识形态及其行为规范实现自身的主体生活。品德所调节的行为从根本上来说是社会行为，它会赋予这些行为正确的社会目的、合理的行为方式、深刻的价值情感，促进个体行为社会意义的生成。

---

① 当然，也不排除由于社会意识形态与生产力和经济基础发展不适应，社会意识形态偏离人类的终极目的。在这种情况下，需要的不是个体适应意识形态，而是变革意识形态。

首先，品德作为个体社会行为的调节机制，基于个体的社会角色认同，以及对相关社会生活的观念和行为规范的认可。正确的社会角色认知和扎实的社会知识，是个体进行社会行为调节的出发点和基础。其次，品德作为一种调节机制，需要个体具有相应的品德执行能力，包括道德认识能力、道德情感、道德意志、道德践行能力。最后，品德作为一种调节机制，还需要个体不断反省自我，完善修养，逐步推进个体与社会的一致性。

在德育工作中，只是注重受教育者对既定意识形态观念的记忆和规则的顺从，而不注重受教育者清楚的社会角色意识、道德实践和反省能力的培养，就不能使受教育者形成真正的品德，反而使受教育者在作为人的素养方面存在重大欠缺，甚至成为社会意识形态的盲从者或异化者。

品德作为个体社会行为的一种调节机制，需要在社会生活中得以自我实现，也需要教育者给予积极的引导和塑造。德育工作要注意两个重要问题。一是德育的生活化，二是德育要有鲜明的意识形态导向。要引导受教育者将鲜明的意识形态导向和生活实践、自我批判相结合，实现德育工作的正确性和实效性。

二、品德的基本结构

(一)品德的心理要素结构

个体的品德素养涉及道德认识、道德情感、道德意志和道德行为四项基本的心理要素。个体品德心理要素虽然不直接涉及品德的内容构成，但它们是影响品德表现的重要因素。尤其是前文提到的品德作为一种个体社会行为调节机制，是离不开这些心理要素的作用的。

1. 道德认识

道德认识是指人们形成的有关自我、社会和世界的知识和经验，以及基于这些知识和经验形成的道德信条和对行为规范的认识。它包括内容维度和能力维度。道德认识在品德形成中具有重要作用：①道德认识是道德行为的基础。道德认识影响道德行为目标的选择、行为程序的制定及其有效性的保障。古希腊哲学家苏格拉底说，智慧即美德。有了正确的认识，才可能实现人的美德。道德认识虽然不是德行形成的充分条件，但绝对是德行得以完善的必要条件。②道德认识是道德情感的基础。瑞士心理学家皮亚杰的研究发现，要使儿童对“祖国”产生情感必须以使他们获得“祖国”这一概念为前提，也就是说道德情感的发展与他们的道德认识发展有依存关系。当然，道德情感的养成也需要一定专门的情商培养。③道德认识对道德意志产生重要作用。个体对德行价值重要性的认识决定其行为的意志坚持力。如果一个人不知道德行的重要性，也就不会全力以赴地坚持，从而极有可能半途而废。

2. 道德情感

道德情感是人们运用一定的标准评价自身或他人的行为时所产生的爱憎、好恶等情绪体验。它伴随着道德认识而产生并对道德认识和行为起着激励和调节作用。道德情感在个体品德形成中的作用表现在：①道德情感体验是学习道德规范的一种重要形式。我们可以通过榜样、舆论、奖惩引发的亲近感、认同感、自豪感或内疚感等来加深对某种道德规范的认识。②道德情感可以引发和调节道德行为。人不断积累一定的积极的道德情感体验后，会产生某种道德行为的偏爱和定向。人认识到将要实施的行为会遭到社会否认而使自己体验到消极情感时，便不会付诸实施。

3. 道德意志

道德意志是指人们在实施一定的道德行为的过程中，表现出努力克服阻力和困难，朝向行为目标实现的自觉性和持久性。道德意志并不独立存在，它是人们道德行为表现的一种特征。道德意志表现为个体道德活动中自我控制、自我约束的能力。道德意志在品德形成中的作用表现在：①道德意志能调节和控制各种道德情感与行为。个体实现确定的品德目的时，不可避免地会面临一系列的内外挑战，如外部的诱惑、威胁、压力和内部的个体选择、恐惧、焦虑等。这些内外挑战会干扰甚至误导个体的目标选择和行为指向，导致其行为偏离预期目标。较高水平的道德意志能够在一定程度上帮助个体抵制这些不利影响，维持行为的正确方向。②道德意志能保证道德行为的持久性。不能仅从一时一事对一个人的品德作出判断，要看他的行为的一贯性。道德实践是很艰难的，会遇到很多的外部干扰，很难保持道德行为的一贯性。具有良好道德意志的人更容易做到品德上的一贯性和慎独。③道德意志可以保证道德行为的高质量和高强度。要实施高质量的道德行为，个体需要付出很多努力，这对个体的意志力提出了较高要求。因此，在道德实践中保证道德行为的高质量和高强度，离不开道德意志的作用。

4. 道德行为

道德行为是个体品德的外在表现，也是品德社会价值实现的根本途径，还是品德评价的重要判断内容。品德发展的最终目的是形成人的亲社会行为，评价品德的标准主要是个体道德行为表现出的社会利他性。道德认识的提高、道德情感和意志的完善离不开个体的道德实践。“听其言，观其行”，判断一个人的品德，不仅要看其道德认识，还要看其道德行为表现。道德行为在个体品德形成中的作用主要表现在：①道德行为是品德形成的最终结果之一。如果没有最终形成外在行为表现，所谓“品德”就只是存在于个体的思想认识之中，我们就很难判断个体是否会在真实生活中实现德行。因此，一切品德教育的最终目的都是实现受教育者道德行为的外显化。②道德行为是强化道德认识、情感和意志的重要途径。在道德行为实践中，个体要综合运用自己的道德认识、情感和意志来实现行为目的。道德实践会对个体的道德认识、情感和意志产生巩固、促进作用。③道德行为有利于个体品德的统整化。在道德行为实践中，个体对品德心理要素的综合运用，能够提供丰富和适宜的道德统整体验。正是在道德行为实践中，品德诸心理要素得到了有效的磨合，构成一个和谐的品德体系结构。

品德诸心理要素之间既相互区别，又相互联系，共同构成个体的品德心理结构。品德诸心理要素既需要单独锻炼和培养，也需要全面和谐发展。因此，在德育工作中我们既要做好学生具体品德心理要素的培养工作，又要积极促进学生综合性的道德实践。在个体身上，品德诸心理要素有着独特的表现和结合方式。在德育工作中，教育者要充分了解受教育者的品德现状，采取有针对性的教育策略和方法，实现个体品德的全面和谐发展。德育的实施路线和侧重点是多样化的，德育工作的多种开端性正是源于这样一个道理。

(二)品德的内容

品德的内容是内化到个体身上的社会意识形态及其行为规范，原则上涵盖了个体和社会生活的各方面，并与其具有同构性。为了实现对社会生活的全面适应，人需要针对社会生活的意识形态及其行为规范要求来塑造自己的社会性品德结构。

我们认为，个体的社会性品德结构包括私德和公德素养两个方面。私德素养主要是围绕私生活而存在的品德规范，通常以个体私德、家庭美德和人际交往品德为核心。私德是以公德为前提的，不能与社会公德相冲突。公德素养指的是在公共生活领域中个体应当遵循的道德行为规范。社会公德素养要求个体明确社会角色，并积极承担相应的角色责任。公德能够指导个体正确地去应对社会公共生活，对于公共利益起到保护作用。

根据《中小学德育工作指南》，中小学阶段个体品德发展的主要内容包括：政治素质、道德品质、法治意识和行为习惯、积极健康的人格和良好的心理品质等。《义务教育道德与法治课程标准(2022 年版)》提出义务教育阶段学生品德发展核心素养包括：政治认同(政治方向、价值取向、家国情怀)，道德修养(个人品德、家庭美德、社会公德、职业道德)，法治观念(宪法法律至上、法律面前人人平等、权利义务相统一、守法用法意识和行为、生命安全意识和自我保护能力)，健全人格(自尊自信、理性平和、积极向上、友爱互助)，责任意识(主人翁意识、担当精神、有序参与)等几个方面。《普通高中思想政治课程标准(2017 年版 2020 年修订)》提出普通高中学生品德发展核心素养包括政治认同、科学精神、法治意识和公共参与。

由于个体品德发展具有年龄阶段性和个体差异性，在确定品德发展的内容时，要在坚持德育统一目标的基础上，从个体的实际生活出发，按照社会的期待和要求来具体确定品德的内容领域，使其构成一个完善而又具有发展性的目标体系。

三、品德发展的影响因素

个体的品德发展是一个长期和复杂的过程，受到多种因素的影响。探讨影响个体品德发展的因素及各因素在品德发展中的独特作用，有助于我们了解个体品德发展的一般规律。

(一)遗传[①]

遗传为人的品德发展提供了一定的物质基础。人的有些本能行为自发地具有一定的利他性。在这些利他性本能行为的基础上，加以适当的引导和改造，可以形成某些有利于社会的品德。某些不具有利他性的本能行为则构成了后天个体道德塑造的主要着力点，经过社会意义的附加和改造，可以将这些本能行为塑造成人类的道德行为。孟子讲的“性本善”夸大了人的生物性本能和社会性道德的一致性，荀子讲的“性本恶”又夸大了生物性本能和社会性道德的对立。事实上，人性无所谓善恶。只不过有些本能行为与社会道德要求表现得一致性多一些，更容易发展成为某种道德行为；而有些本能行为与社会道德要求表现得对立性多一些，需要花费较大的力气去构建其道德性。

遗传带来的一些基本的身心差异和发展阶段性，会在个体后天品德发展中成为一种基本的背景。比如个体智力遗传差异，必然会影响到个体道德认识的发展、道德行为的有效性等。遗传造成的个体机体成熟在某些阶段会给个体带来强烈的本能和社会性冲突，对个体品德发展造成影响。遗传对品德发展造成的这种影响是客观存在的，完全无视是不合理的。

在肯定遗传对个体品德发展的客观影响的同时，我们也要看到道德的社会本质。任何本能行为本身都不具备道德性，人的行为的道德性完全是后天社会化改造的结果。所以，我们说个体的品德发展受遗传的影响，但人的品德绝对不是通过遗传得来的。

(二)社会环境

环境是个体成长的场域，包括自然环境和社会环境。对个体社会成长和品德发展的影响主要来自其生活的社会环境。在社会生活中，受教育者通过自我建构或习得某种意识形态和行为规范，实现自身的品德发展。下面就几个主要因素进行分析。

1. 家庭

家庭是个体品德形成的最初的影响因素，也是贯穿人一生的影响因素。正如裴斯泰洛齐认为的，儿童对母亲的爱是个体道德发展的起始性基本要素[②]，儿童从对母亲的爱发展到对家人的爱，从对家人的爱发展到对社区的爱、对国家的爱，乃至对整个人类的爱、对世界的爱。家庭生活和教养的内容、方式及家庭成员的榜样示范，对个体早期的人格、价值观和社会行为表现都起到至关重要的作用。可以说，家庭是个体品德发展的最初源泉，也是个体品德发展的长久影响源。家庭生活对儿童品德造成的影响，会持续至其后来的学校生活和社会生活。

2. 学校

学校教育是现代人必经的成长经历，学校中的学习活动、社会交往、集体生活

---

① 米满月：《基因与利他行为：道德的生物学解释》，载《湘南学院学报》，2008(1)。

② 陈锋、何蓉：《德国古典教育家研究》，252页，太原，山西人民出版社，2020。

对学生的道德认识和行为习惯养成起着重要的作用。由于学校教育的社会正确性和对学生品德发展影响的科学性，学校教育对学生的品德发展起着规范性和主导性作用。学校的课程学习和德育训导塑造着学生的道德认识，学生行为管理和班集体生活规范着学生的社会行为，教师的品行对学生的品德形成具有示范作用。

3. 公共生活

学生除了受家庭和学校的影响外，也受到社会公共生活的影响。社会成员、公共机构和公众媒体为学生提供了大量的品德观点和个体案例，对学生会产生一定的教化作用。学生通过公共生活中的社会互动也会生成大量的个体品德经验，塑造自己的价值观和社会行为方式。社会因素对学生品德的影响是很重要的，但也要注意，由于其不可预期性和不纯粹性，不良社会观念和现象对学生的品德发展会产生一定的干扰作用和负面影响。

4. 同伴群体

在学校和社区生活中，同伴群体对学生的品德发展发挥着独特的作用。第一，同伴群体为学生品德直接经验的生成提供了绝佳的机会。由于学生是未成年人，在与家长、教师和其他成人的交往中，学生往往受到特别的关照和宽容，使其不能够形成真实的社会平等交往。学生在同伴群体的交往中，不会得到无原则的宽容，这种交往更接近于成年后的社会交往，有利于学生品德的自我生成和建构。第二，同伴群体形成的团体价值观和行为规范对个体会产生强大的作用，是形式化的正规组织所欠缺的。由于同伴群体的自发性，教育者需要关注同伴群体，积极引导和干预同伴群体的发展，为个体品德发展创造良好的空间。

(三)个体主观能动性

品德发展受到遗传和环境的影响，同时也受到个体主观能动性的影响。遗传和环境要通过个体自身的主观能动性才能产生作用，个体主观能动性在某种程度上决定着外部环境起不起作用、起多大作用。

1. 个体的道德认识

个体品德发展首先受到自身道德认识的影响。这种认识可能是后天教养和灌输的结果，也可能是自我认识生成的结果。个体的道德认识既是以往品德学习和发展的结果，也是品德进一步发展的基础。个体道德认识的程度会影响道德认识的进一步发展和道德行为的实施。个体的道德认识包括对自身、社会、世界的全面认识，也包括对正确的价值观和行为方式的习得，并集中体现在个体对道德理想的选择与追求上。

2. 个体的道德实践

道德实践是实现个体品德发展的根本途径，道德实践有助于形成个体的道德认识、丰富个体的道德情感、增强个体的道德意志、完善个体道德实践的能力。个体丰富多彩的实践生活，可以为个体品德发展提供源头活水和锤炼的平台。道德实践对品德发展的影响不仅取决于实践的丰富性，还取决于个体道德实践的自觉性和批判性。德育工作要坚持以实践为基础开展丰富的独立自主的品德活动，以使学生逐步形成勇于实践的习惯和能力，促进自身品德心理素养的有效完善和发展。

3. 个体的道德反思

一个人品德发展的两翼——道德认识和道德实践，需要一个自我道德的结合点。追求品德自我完善是个体品德发展的最高目标，是通过不断的道德认识和实践相结合，以及对道德认识和实践的自我反思而实现的。单纯的认识和实践不一定能有效地促进个体品德的真正形成和发展，要促进个体品德的可持续发展，个体要有道德认识和实践的自觉意识，在道德认识和实践中不断反省自我，时刻把握自我的定位和发展，确保实现道德认识和实践在品德自我完善终极目标之下的结合。

四、品德发展的过程和机制

个体品德既不是通过遗传得来的，也不是一成不变的。品德会随着个体生长和社会生活而逐步形成和发展。个体品德发展过程经历了前道德阶段、道德依从阶段、道德认同阶段和道德内化阶段。个体品德主要是通过自我形成和教化形成两种机制形成的。

(一)品德发展的过程

品德发展是从社会生活开始的，是一个逐步深化的过程。

1. 前道德阶段

在人生发展的最初阶段，个体对外在行为规范基本上没有意识，也不会从社会关系角度考虑自己的行为。其行为受本能或行为结果的利害关系支配。这个阶段主要是婴幼儿时期。

2. 道德依从阶段(也称外部道德约束阶段)

个体逐渐成长，深入各种社会生活，逐渐意识到社会行为规范的存在，并受这些行为规范的约束。在这个阶段，个体对外部行为规范的合理性还缺乏深入理解，只是把规范本身的存在和要求作为自己行为的指导。这个阶段主要是儿童时期。

3. 道德认同阶段(也称理性化道德阶段)

随着个体道德认识的丰富和发展，个体逐步形成对价值观和行为规范合理性的理解，初步形成相对完整的价值观和行为规范体系，并运用这些价值观和行为规范指导自己的行为。个体基本能够应对所有社会生活的道德要求。这个阶段主要是少年、青年和成年时期。

4. 道德内化阶段(也称内化道德形成阶段)

个体对社会价值观和行为规范形成批判性认识，不再只是固守既有的社会价值观和行为规范，而是能够根据自己的独立判断行事，并有改进社会的意识。这一阶段主要是青年和成年时期。不是所有人都能够达到这一品德发展阶段，只有具有深刻道德认识和社会改造意识的人才可以达到。

个体在品德发展的不同阶段表现出不同的发展特点和规律，德育工作应当根据品德发展的阶段性和客观规律培养学生的品德。

(二)品德发展的机制

品德发展是个体品德自我建构的过程，也是个体品德社会化的过程。

1. 品德自我形成

品德自我形成是个体在社会生活中，通过探索正确的社会行为方式，逐步形成道德认识和行为规范的过程。品德自我形成的初始动力是完成某种社会行为，满足自己的各种需要；品德自我形成的基本矛盾是社会行为规范要求与个体行为规范缺失之间的矛盾。个体通过形成和调整自身行为方式来解决这对矛盾。个体品德的形成意味着个体社会行为规范的获得。

比如，一个小孩想要获得另一个小孩的玩具，这就推动他采取一定的行为来实现这一目的。想要获得对方的玩具和缺乏有效的行为方式就构成这个孩子的内在矛盾。开始的时候，他会尝试通过抢夺的方式解决这对矛盾，但并不成功。要想达到自己的目的，只有更改自己的行为策略，如采取交换玩具的方法，有可能解决这一目的-行为矛盾。一旦达成了行为目的，这个孩子就会记住这种目的-行为策略，并将其固化为一种行为范式。这种正确行为策略的形成可能出自这个孩子的顿悟，也可能来自家长的指导。

随着个体社会生活的扩展和深化，个体面临的具体矛盾在不断扩展和复杂化。为了应对未来的社会生活挑战，个体也可能提前建构自己的道德认识和行为方式。这也是人的品德自我形成的一种动力。其基本矛盾就是个体对未来社会生活的认识与自身品德不成熟之间的矛盾。化解这一矛盾，个体需要通过按照自己的品德理想进行自我修养。

2. 品德教化形成

品德教化形成是通过师长的训导，使个体习得某种正确的道德认识和有效的行为方式的过程。获得外部输入的道德认识和行为规范是品德教化形成的基本动力，品德的外部要求与个体品德现有发展水平之间的矛盾是品德教化形成中的基本矛盾。解决这一矛盾的唯一办法是改变学生现有道德认识和行为规范，使之向教师的要求看齐。

比如，教师教育学生在交友过程中要相互学习、相互帮助，先要通过摆事实、讲道理，让学生意识到这一行为准则的重要性，建立学习的积极性和指向性。然后，引导学生通过思考和讨论弄明白这一原则的正确性和必要性，并通过社会交往将这一原则转化为自己的现实行为表现。

在品德教化形成过程中，教师要遵循教育的规律，将外在要求转化为学生品德发展的内在要求。只有这样，才能实现学生品德的自我形成和转化。如果没有这种要求的转化，教师的要求也可能影响学生的品德形成，只不过这种影响仅仅是一种外部强制，容易形成其道德行为表现的反复；即使通过教师的要求，学生形成了某种道德行为习惯，但由于缺乏深刻的道德认识，在道德行为表现上也做不到彻底化。

五、品德发展的基本规律

个体品德发展存在着一定的必然规定性和必然趋势，这些必然规定性和必然趋势不以人的意志为转移，个体品德发展遵循着这些必然规定性和必然趋势。

（一）理性化和内化的规律

从本质上来说，品德是一种理性①。品德发展的过程就是个体品德理性形成的过程，是将外在的社会价值观和行为规范内化到个体身上的过程。个体品德形成之初可能只是行为的训练，而不具有理性认识，但它不应只停留在行为的一致性上，还要建立行为的理性基础，否则就不是一种真正的恒久性的品德。社会存在的价值观和行为规范是一种集体理性，个体品德是将这种集体理性内化为个体理性的结果。一般来说，集体理性高于个体理性，个体品德理性化只能是从集体理性向个体理性转化，即内化。

（二）知情意行和谐发展的规律

个体品德的发展包括知情意行各种要素的发展，任何一种要素发展的欠缺都会影响到个体品德的完善，造成个体品德发展的问题，形成虚假品德。个体品德发展的这个规律也体现了一种必然性。知与行是最基本的要素，而情与意要素会影响从知到行的转变。

（三）品德发展的社会化规律

品德发展的具体内容反映了特定历史时期的社会存在。只有具有特定社会品德的人才能适应特定社会生活。个体品德的社会化是整体社会化的组成部分，是个体适应社会生活的必然要求。所以，尽管从现代立场来看，以前的人的品德有这样或那样的不足，但放在那个时代，他们的品德都有其社会历史的合理性。

（四）品德发展的用进废退规律

个体品德是在社会生活中得以形成和发展的，离开了社会实践，个体的品德不可能形成，即使形成了也会逐步退化。保持和社会要求的一致性，就需要个体不断地参与社会生活，紧跟时代的步伐。脱离社会生活太久就会使人表现得落后于社会群体的品德水平。

六、品德发展的若干理论

人们对品德问题的关注由来已久，自从人类有了教育思想，就有了对德育问题、

---

① 康德称之为“实践理性”。

个体品德发展问题的关注。我国古代一般认为道德是遵循天道，三纲五常是天理，人的道德的形成乃是个人自我反省的产物，是对天道的遵循。在西方，古希腊有苏格拉底等人的主知主义德育观，认为人的品德主要受认识的影响，无知便无德，有知便有德。中世纪有神学的道德观，认为信奉上帝是唯一值得称道的美德，人的美德的形成便是通过信仰得来的。近代产生了对信仰道德的批判，主张道德是人的一种天性，受理性和功利主义的影响。

随着心理学和教育学的发展，当代品德发展理论主要分为三个流派。一是认知心理学流派的品德发展理论，二是行为主义心理学流派的品德发展理论，三是社会学习心理学流派的品德发展理论。这里主要介绍认知心理学流派的道德认知发展理论和社会学习心理学流派的社会学习理论。

(一)道德认知发展理论

道德认知发展理论注重道德认识在儿童道德发展中的作用，将道德认识视为个体品德的核心，根据儿童道德认识的发展变化对儿童道德发展阶段进行划分。比较著名的道德认知发展理论有皮亚杰的道德认知发展理论和科尔伯格的道德发展阶段论。

1. 皮亚杰的道德认知发展理论

皮亚杰对儿童道德发展的研究成果主要体现在《儿童的道德判断》一书中。他认为儿童道德认识的发展是在与伙伴的交往过程中通过知识的重新建构实现的，是一个从他律到自律的过程。儿童道德认识的发展主要取决于其认知的成熟和社会的交往。皮亚杰通过对偶故事法和半治疗式访谈来研究儿童道德认识的发展。他将儿童道德认识发展分为四个阶段。

(1)自我中心阶段(前道德阶段，0～2岁)

这一阶段可以说是他律道德的原始阶段，不过他律的依据是行为的后果而不是社会规则。儿童以自我为中心，对规则缺乏意识，不理解规则的意义，只是从行为的目的达成与否和行为是否受到惩罚来作出行为好坏的判断。

(2)权威阶段(他律道德阶段，2～8岁)

儿童开始意识到外部规则的存在，并不得不对其作出应对，形成对外部权威的绝对服从。他们从行为结果是否符合外部权威的要求和违背的程度来作出道德判断，具有追求做“好孩子”的倾向，仍然不理解规则的实际意义。

(3)可逆性阶段(自律道德阶段，8～12岁)

儿童认识到规则不是外部强加的和绝对的，而是同伴间的共同约定，是可以改变的。儿童认识到规则是保证互动进行的必要条件，是具有互动双方对等性的。儿童判断行为好坏是根据行为是否符合共同约定和共同利益。皮亚杰认为，儿童的道德判断从他律向自律阶段发展的年龄是10岁。

(4)公正阶段(12岁以后)

这一阶段是道德自律发展的更高阶段。儿童形成公平、正义的观念，道德判断的依据是超出个人利益的，是普遍性的。儿童更多地从行为的动机是否符合公平正义的标准，来判断行为的好坏。儿童的道德观念开始具有普遍性，对他人的规则要求不再盲目崇拜和服从。

2. 科尔伯格的道德发展阶段论

科尔伯格继承和发展了皮亚杰的道德认知发展理论，提出了道德发展阶段论。科尔伯格运用的研究方法是两难故事法，代表作是《道德发展论文集》(第一卷为《道德发展哲学》，第二卷为《道德发展心理学》)。科尔伯格认为皮亚杰对自律道德缺乏深入研究。他的博士论文《10～16 岁道德思维和选择的模式研究》中重点研究了 10～16 岁少年儿童道德认识发展的问题，不仅关注道德判断是他律还是自律，还对道德判断的依据进行深入细致的分析。科尔伯格将儿童道德发展分为三个水平六个阶段。

(1)前习俗水平(0～9 岁)

处于这一水平的儿童，为了免受惩罚或获得奖励而采取行动，根据行为的直接后果或利害关系来判断好坏。

①服从和惩罚取向。儿童根据行为是否会受到奖惩来进行道德优劣的判断。

②功利取向。儿童根据行为是否符合自己的利益来进行道德优劣的判断。

(2)习俗水平(9～15 岁)

处于这一水平的儿童少年，开始产生规则意识，认识到个体的行为必须符合社会的准则要求，依据行为是否符合社会的准则要求来进行道德优劣的判断。科尔伯格认为大多数青少年和成人处于习俗道德水平。

①寻求认可取向。以人际关系的和谐为导向，按是否得到他人的认可进行道德优劣的判断。

②权威和社会秩序保持取向。以服从权威为导向，遵循权威和相关规范去行动。

(3)后习俗水平(15 岁以后)

处于这一水平的人具有普遍的公平、正义观念，并以此进行道德判断。

①社会契约取向。处于该阶段的人认为法律和规范是一种社会契约，是维护公众的普遍利益的，是可以改变的。

②普遍伦理准则。处于该阶段的人对规则的认识超出了具体利益的范畴，产生了普遍的公平、正义、良心的观念，认为普遍的道义高于一切。

除了皮亚杰和科尔伯格的道德认知发展理论，我们还需要重视维果茨基关于品德发展的内化理论。

(二)社会学习理论

班杜拉(Albert Bandura，1925—2021)将行为主义和认知主义学习理论[①]结合起来，提出了所谓“社会学习”理论。社会学习理论是一种强调通过观察和替代强化来

---

① 事实上，现代心理学的几乎所有理论在个体品德发展研究方面都会得到一定的应用，如弗洛伊德的精神分析理论、斯金纳的行为主义观点等。

获得新的社会行为的学习理论。儿童可以通过观察获得的替代强化习得道德行为。环境、社会文化以及他人榜样直接影响儿童的道德形成和发展。

观察学习又称替代性学习，个体可以通过观察他人所表现的行为及其结果来学习。班杜拉将强化分为三种：直接强化、替代强化和自我强化。观察学习的本质是一种替代强化。不仅环境决定人的行为，人的认知也能影响个体的行为。儿童学会了制定标准和引起条件性的自我反应之后，他们就可以通过自我生成来控制自己的行为。自我反应机能使人获得了自我指导能力。教育者可以借助于儿童的认知能力，保持和提高儿童的动机水平，促进儿童提高自我调节、自我管理水平，自觉地进行自我教育。

班杜拉的社会学习理论反映了一种交互式的道德教育观，强调社会环境和内部因素的双向影响，为德育实践指明了方向：重视榜样示范和自我调节在德育工作中的作用。

第二节　德育概述

一、德育的含义

(一)道德的词源学考察

德字的本字是“悳”，《说文解字》解释为：“悳，外得于人，内得于己也。从直，从心。”《段注》中说：“内得于己，谓身心所自得也；外得于人，谓惠泽使人得之也。”德的对象是道，道是事物运行的规律和规则，包括处理人与人、人与社会、人与自然之间关系的行为规范。人们认识了道，转化为自己的思想情感，外化为自己的行为，施与人，便称为德。就像孟子所言“仁也者，人也。合而言之，道也”(《孟子·尽心下》)。“仁”然后能“义”，“仁者人也……义者宜也”(《中庸》)。这样就能理解孟子为什么强调“杀身成仁，舍生取义”了。认识为人之道，践行仁义之德，即是我国古人最高的道德。我国传统文化非常注重对人的品德的培养，甚至将为政建立在立德基础上。“道之以政，齐之以刑，民免而无耻；道之以德，齐之以礼，有耻且格。”(《论语·为政》)德育即是育德，是培养人的良知、善心和善行的活动。

18 世纪 70 年代，康德把遵从道德法则、培养自由人的教育称为道德教育，简称德育。斯宾塞在 19 世纪 60 年代提出将教育分为德育、智育和体育。1904 年，王国维将德育概念引入我国。在介绍叔本华的教育思想时，他提出教育分为体育和心育，心育包括德育、智育和美育。

(二)德育的概念

德育概念有狭义和广义之分。狭义的德育与道德教育同义，是道德教育的简称。

广义的德育包括思想教育、政治教育、道德教育。鉴于现代汉语中，“道德”一词做狭义理解，因此我们不会以为德育就仅仅是道德教育。当前我们所说的德育，大多指广义德育。①

德育是教育者通过有目的地提供社会意识形态和行为规范，制定社会生活制度，组织道德实践活动，并经由受教育者的学习、实践和反思，形成知情意行相统一的个体品德素养的教育活动。

德育的目的在于通过个体品德社会化，促进受教育者身心全面发展。有无目的性是德育区别于环境影响的根本标志；而目的在于育德，这是德育区别于其他诸育的主要标志。德育目的性的存在，意味着学校德育是具有价值导向性的。虽然每个人都可以有自己的品德修养目的，但学校德育的目的主要还是一种超个体的强制性社会目的。

(三)现代德育

传统德育强调既有社会意识形态及其行为规范的灌输和训练，是一种外部塑造型的德育观。现代德育在认识到外部塑造灌输的合理性的同时，更强调受教育者的自主学习、自我建构和品德主体人格的养成。现代德育是教育者和受教育者共同参与的过程；是在教育者的组织下，教育者的启发、引导、指导与受教育者的认识、体验、践行相结合的过程；是教育者与受教育者互动与自我教育活动的统一；是教育者与受教育者之间的“精神契合”和相互的心灵沟通。

现代德育以促进人的品德现代化为中心，以促进个体德性主体发展为根本。主体性、发展性是现代德育的本质规定。“主体-发展性”体现了现代德育以人为本的精神，突出了主体德性的发展。“主体-发展性”是现代德育的整体特征，而不仅仅是德育活动的某个阶段或某个部分、某个方面的特征。作为现代德育的根本指导思想，它是贯穿在德育活动的始终，贯穿在德育活动的各个方面的。

二、学校德育的地位和作用

从理论上讲，学校德育只是德育工作的一种特殊形式。广义上讲的德育工作包括家庭德育、社会德育②和学校德育。学校德育是教育者按照一定的社会或阶级要求，有目的、有计划、有系统地对受教育者施加思想、政治和道德等方面的影响，并通过受教育者积极的认识、体验与践行，以使其形成一定社会或阶级所需要的品德的教育活动。

---

① 顾明远主编的《教育大辞典·教育学》中的解释是：“德育旨在形成受教育者一定思想品德的教育。在社会主义中国，包括思想教育、政治教育、道德教育。”(上海教育出版社，1990年版，97页)我国教育理论界大多数认同广义德育所包含的内容范围，但是道德教育与思想教育、政治教育是有区别的。我们对三者各自的特殊性研究不够，对其认识尚不充分，一般德育原理教材未将三者进行严格区分。

② “社会德育”主要包括党和政府的思想政治教育工作，社会教育工作(如社会主义核心价值观教育、文明社区教育、环保教育、文明出行教育等)，公司的规章制度和公司文化教育，等等。

(一)德育是学校教育工作的灵魂

“育人为本，德育为先”“立德树人”是当前我国学校教育的基本指导原则。[①] 一个人的培养，立德处于首要地位，德立好了，才有学习和实践的动力，才能把握好人生发展的方向。

1. 有助于学校教育的政治定位

学校教育是现代社会培养合格社会成员的基础工程。合格社会成员的首要标准就是要拥护当前的社会制度、意识形态，促进当前社会的发展。任何一个社会都不可能放弃这一要求。学校教育通过培养符合政治定位的人才，实现社会的稳定和发展，实现学校教育的建设功能而不是破坏功能。实现这些功能和要求，离不开有效的学校德育工作。

2. 有助于德才兼备人才的培养

从个体的发展角度来看，也离不开学校德育的影响。“德”是个体发展的动力和方向，“才”是个体发展的手段和能力，只有德才兼备，才符合优秀人才的标准。有德而无才是庸人，有才而无德是恶人。一个人可以无才，但万万不能无德，只有德才兼备才是我们理想的追求。

(二)学校德育对于其他各育的影响

我国学校教育是一种全面发展的教育，包括德育、智育、体育、美育、劳动教育等各方面。德育在全面发展教育中起着导向作用和动力作用。应以德育为引领，实现各育并举。不重视德育，只专注于其他各育，是做不好或不容易做好其他各育工作的。

例如，学生品德发展对于课业学习不是可有可无的，而是至关重要的。一旦学生通过德育确立了远大的人生理想、明确的学习目标、坚定的学习意志，学生的学习就不再是被动的，而是自觉的、积极主动的，教师的教学影响才会更有效地被学生接受，产生更好的教育效果和更高的学习效率。德育对于智育来说，是符合“工欲善其事，必先利其器”的道理的。

对于其他各育来说，德育的影响作用也是同样重要的。当然，其他各育的发展也对学生品德的发展产生一定的推动作用。这样形成良性互动，实现学生身心的和谐全面发展。

三、学校德育的任务和内容

德育作为学校教育的重要组成部分，承担着区别于其他各育的特殊教育任务。德育工作的首要任务就是育德，也就是培养学生的良好品德。德育任务包括多方面的内容，包括了人的思想、政治、道德素养的培养，以及品德主体人格的养成。

---

① 党的十七大报告提出“育人为本、德育为先”。党的十八大报告提出“把立德树人作为教育的根本任务”。党的十九大报告提出“落实立德树人根本任务”。党的二十大报告提出“育人的根本在于立德”。

(一)学校德育的任务

《中小学德育工作指南》给出了中小学德育的总体目标：培养学生爱党爱国爱人民，增强国家意识和社会责任意识，教育学生理解、认同和拥护国家政治制度，了解中华优秀传统文化和革命文化、社会主义先进文化，增强中国特色社会主义道路自信、理论自信、制度自信、文化自信，引导学生准确理解和把握社会主义核心价值观的深刻内涵和实践要求，养成良好的政治素质、道德品质、法治意识和行为习惯，形成积极健康的人格和良好心理品质，促进学生核心素养提升和全面发展，为学生一生成长奠定坚实的思想基础。

《中小学德育工作指南》要求，中小学德育工作“以培养学生良好思想品德和健全人格为根本，以促进学生形成良好行为习惯为重点”。德育工作以“育人”为本，不仅要培养学生正确的思想观点、成熟的社会行为，而且要培养学生的品德主体意识和品德自我发展能力。品德主体养成的重点在于帮助学生形成自身品德发展的需要、制定自身品德发展的规划、建构和反思自己的道德认识、形成自身道德行为习惯和自制力。

(二)学校德育的内容

根据《中小学德育工作指南》，中小学德育工作包括如下内容。

1. 理想信念教育

开展马列主义、毛泽东思想学习教育，加强中国特色社会主义理论体系学习教育，引导学生深入学习习近平总书记系列重要讲话精神，领会党中央治国理政新理念、新思想、新战略。加强中国历史特别是近现代史教育、革命文化教育、中国特色社会主义宣传教育、中国梦主题宣传教育、时事政策教育，引导学生深入了解中国革命史、中国共产党史、改革开放史和社会主义发展史，继承革命传统，传承红色基因，深刻领会实现中华民族伟大复兴是中华民族近代以来最伟大的梦想，培养学生对党的政治认同、情感认同、价值认同，不断树立为共产主义远大理想和中国特色社会主义共同理想而奋斗的信念和信心。

2. 社会主义核心价值观教育

把社会主义核心价值观融入国民教育全过程，落实到中小学教育教学和管理服务各环节，深入开展爱国主义教育、国情教育、国家安全教育、民族团结教育、法治教育、诚信教育、文明礼仪教育等，引导学生牢牢把握富强、民主、文明、和谐作为国家层面的价值目标，深刻理解自由、平等、公正、法治作为社会层面的价值取向，自觉遵守爱国、敬业、诚信、友善作为公民层面的价值准则，将社会主义核心价值观内化于心、外化于行。

3. 中华优秀传统文化教育

开展家国情怀教育、社会关爱教育和人格修养教育，传承和发展中华优秀传统文化，大力弘扬核心思想理念、中华传统美德、中华人文精神，引导学生了解中华优秀传统文化的历史渊源、发展脉络、精神内涵，增强文化自觉和文化自信。

4. 生态文明教育

加强节约教育和环境保护教育，开展关于大气、土地、水、粮食等资源的基本国情教育，帮助学生了解祖国的大好河山和地理地貌，开展节粮、节水、节电教育活动。推动实行垃圾分类，倡导绿色消费。引导学生树立尊重自然、顺应自然、保护自然的发展理念，养成勤俭节约、低碳环保、自觉劳动的生活习惯，形成健康文明的生活方式。

5. 心理健康教育

开展认识自我、尊重生命、学会学习、人际交往、情绪调适、升学择业、人生规划及适应社会生活等方面的教育，引导学生增强调控心理、自主自助、应对挫折、适应环境的能力，培养学生健全的人格、积极的心态和良好的个性心理品质。

根据《义务教育道德与法治课程标准(2022 年版)》，义务教育道德与法治课程以发展学生的核心素养为导向，以“成长中的我”为原点，由“自我认识”到“我与自然”“我与家庭”“我与社会”“我与国家和人类文明”，不断扩展学生的认识和生活范围。以道德与法治教育为框架，有机融入国家安全教育、生命安全与健康教育、劳动教育，以及信息素养教育、金融素养教育等相关主题，强化中华民族传统美德、革命传统和法治教育。

根据《普通高中思想政治课程标准(2017 年版 2020 年修订)》，普通高中思想政治课的内容包括中国特色社会主义、经济与社会、政治与法治、哲学与文化等必修课，当代国际政治与经济、法律与生活、逻辑与思维等选择性必修课，以及财经与生活、法官与律师、历史上的哲学家等选修课。

第三节　德育过程和规律

一、德育过程

(一)德育过程的本质

德育过程就是品德教育过程，是教育者对受教育者施加一定的德育影响，指导受教育者围绕一定的德育任务目标，开展独立自主的学习和道德实践，以实现受教育者的品德培养和发展的过程。

德育过程和其他教育过程相比，教育目的和目标不同、教育内容和材料不同、教育手段和方法不同。德育过程的目标主要指向受教育者品德素质的形成，主要采用与个体品德生活有关的教育材料，教育的方法和手段具有“知行合一”的特点，注重调动学生知情意行多方面的心理因素，促进个体品德的全面发展。

（二）学校德育工作的基本机制

学校德育工作主要有两种实施机制，一是教育者对受教育者的直接训育、示范和熏陶，二是在教育者指导下受教育者品德的自我生成。这两种机制之间会有重叠和穿插。

第一种机制主要是为受教育者构建一个特定的品德生活环境，使受教育者产生品德直觉。思想道德观念方面的某些信条，通过天天讲、月月讲，对受教育者产生一种灌输性影响，久而久之就会将其作为行动和价值判断的准则。教育者一贯以良好的言谈举止出现在受教育者眼前，久而久之也会对受教育者的行为产生影响。通过整洁、健康、有秩序、积极向上的教育环境建设，使环境对受教育者产生潜移默化的暗示和熏陶，对受教育者的品德发展也会产生积极的影响。

第二种机制是德育工作的核心机制。所谓教育者指导包括两层含义：一是对品德发展目标的指导，二是对品德形成的指导。前者是在社会的要求和受教育者品德发展需要的基础上，帮助受教育者选择品德发展的目标。品德的社会要求一方面体现在国家、社会和学校对个体品德发展诉求方面；另一方面体现在教育者根据第一方面的要求，通过自己的理解和解读向受教育者呈现的教育要求上。这些品德发展要求都具有一定的合理性，其合理性的根源在于社会发展的现实需求和历史阶段特征。但这些外在的要求不会必然成为发展中的受教育者的内在需求，需要教育者通过调动受教育者的积极性来实现德育目标的转化——从外在目标向内在目标的转化。这是做好德育工作首先要解决的一个重要问题。

在对品德发展目标指导的基础上，德育工作所要面临的第二个重要问题就是对品德形成的指导。受教育者在教育者的引导下产生品德发展的目标指向后，就会产生相应的品德发展动力，会通过自己的道德认识、道德实践、情感体验和习惯养成等活动，努力实现自身品德的构建。教育者应根据受教育者品德构建的具体过程，为受教育者提供相应的帮助和指导，如提供或帮助获得相关学习材料、提供实践活动的建议或帮助受教育者制订出实践体验和锻炼的计划、鼓励受教育者的正确行为或对受教育者的错误行为提出批评指正、为受教育者答疑解惑等。

二、德育过程的基本规律

德育过程有其必然的规律和特点，教育者应认识并遵循这些规律。

（一）德育过程是学生知情意行的培养提高过程

由于学生品德心理结构的复杂性，对学生品德的培养就不能只是教给学生正确的思想观点，或只是训练学生的行为习惯，要注意促进学生品德的知情意行全方面发展。只有这样才能够保障学生品德发展的完善性和稳定性。学生品德发展中心理要素发展的不平衡会形成不同的德育起点。有的学生主要是道德认识方面存在不足，有的学生主要是道德行为方面存在不足，有的学生是在道德情感方面存在不足，有的则是在道德意志方面存在不足。根据学生品德发展中所面临的不同心理要素欠缺，可以将德育的起点设定为不同的心理要素的养成。这体现了德育工作的多种开端性。

（二）德育过程是一个促进学生思想内部矛盾运动的过程

德育过程的关键是要引起学生品德发展的内部矛盾，教师应引导其向特定方向转化，以促进学生品德发展。离开了学生品德内部矛盾的转化，教师施加的外部教育影响就不会真正起作用。在此过程中，关键是要通过教师的引导将外在的教育要求转化为学生内在的品德发展需要，并帮助学生实现品德能力的发展，以消除学生品德发展中内在的发展需要和能力之间的矛盾。完成了这种内部矛盾的转化，学生的品德就得到了相应的提高。学生的品德发展正是在这种外部要求→内部需要→学生努力→品德提高，然后再提出新的外部要求→新的内部需要→学生再次努力→新的品德提高的过程中完成的。

（三）德育过程是组织学生的活动和交往、统一多方面教育影响的过程

学生品德是通过学校和教师或学生自发组织的各种学习和实践活动、社会交往过程得到发展的。学生正是在这些活动和交往过程中，形成新的品德发展需要，克服自身认识和能力的不足，实现自身品德水平的不断提高的。德育过程不能只是学习理论知识，还要通过活动和交往，丰富学生的情感体验、完善学生的道德行为表现、锻炼学生的道德意志。只有这样才能够实现学生品德心理要素的全面和谐发展。

相比于课业学习，学生品德的发展更易受到多方面因素的影响。家长不一定能指导中学生的课业，但完全可以影响学生的价值观和做人方式；社会可能较少提供给学生系统的科学知识教育，但社会风气和社会生活中的人或事足以对学生的思想观念和社会观念产生重要影响。因此，学校德育工作者要注意动员和引导学校内外的各种影响因素，将其统一起来，按照正确的方向和方式来影响学生的品德发展。

（四）德育过程是一个长期、反复和不断提高的过程

学生的品德要完善、要固化为学生的“第二天性”，需要一个长期的过程。教师要认识到德育工作的长期性和艰巨性，要有打持久战的准备，不能寄希望于一蹴而就。另外，由于学生品德心理结构的复杂性和学生品德发展的长期性，各种心理要素发展不均衡，在相对较长的品德形成过程中不可避免会产生一定的反复。教师要正确看待学生品德发展过程中的反复现象，不要轻易放弃信心或对学生苛责，应当帮助学生克服反复现象。总的来看，虽然学生品德发展不会是一帆风顺的，但最终是会朝向品德的完美化方向发展的。可以说德育工作的道路是坎坷的，前途是光明的。

第四节 德育原则

一、德育原则概述

德育原则是德育工作中应遵循的基本要求。由于德育工作的复杂性，不可能有固定的操作程序和方法。我们只能为教师的德育工作提供一定的原则性要求，需要教师在实际的德育工作中根据一定的原则进行创造性工作。德育原则源自对德育过程规律的遵循，也来自我们德育工作经验的总结和社会时代的需要。

二、学校德育的主要原则

（一）方向性原则

我国学校教育的目的是培养社会主义建设者和接班人，德育工作要将培养人的正确政治方向放在首位。认识和坚持这一原则是真正的实事求是，是坚持政治性和党性。贯彻这一原则的基本要求有三个。第一，要深入理解我国学校德育的价值取向，坚持德育工作的正确导向、培养人才的正确政治倾向，增强对社会政治、文化的认同感。第二，德育内容要包含党和国家的路线、方针、政策、社会主义核心价值观和中华优秀传统文化教育。第三，德育工作要将价值观的正确性和社会现实生活、学生的日常生活相联系。

（二）知行统一原则

知行统一原则强调的是学生的道德认识和道德行为表现的一致性，既要提高学生的道德认识，也要关注对学生道德行为的培养。知行统一也是传统教育思想的重要内容。《论语》中说要“仕而优则学，学而优则仕”，将理论学习和为政实践相结合，判断一个人的德行，要“听其言，观其行”。知行统一的德育工作，可以促进学生品德素养的全面发展，实现学校德育的根本目的。贯彻这一原则的基本要求有三个。第一，要结合实际实施学生道德认识教育，培养其正确的思想、政治和道德观念，提高学生的道德认识能力。第二，要结合学生道德认识的发展，开展相关的道德实践活动。在实践活动中完善学生的道德行为表现，培养学生的实践能力。第三，教师要做到言行一致，做学生的榜样，要对学生的品德发展进行全面评价。

（三）正面疏导原则

道德认识是品德形成的基础，德育工作首先就是要做人的思想工作，所以要求教师循循善诱，以理服人，从提高学生认识入手，调动学生的主动性和积极性，促进其品德发展。“故君子之教，喻也。道而弗牵，强而弗抑，开而弗达。道而弗牵则和，强而弗抑则易，开而弗达则思。和易以思，可谓善喻矣。”（《礼记·学记》）“夫子循循然善诱人，博我以文，约我以礼，欲罢不能。”(《论语·子罕》)贯彻这一原则的基本要求有三个。第一，要深入浅出，启发诱导，讲明道理，疏通思想。第二，要因势利导，促进学生思想认识向正确的方向转化。第三，要以表扬、鼓励为主，以坚持正面教育为主。

(四)发扬积极因素、克服消极因素原则

这一原则也称为长善救失原则。学生品德发展的过程就是发扬积极因素、克服消极因素的过程，通过两种因素的此消彼长，实现学生品德的发展和完善。“教也者，长善而救其失者也。”(《礼记·学记》)树立正确的品德很重要，克服不良品德也很重要。“为学日益，为道日损。损之又损，以至于无为。无为而无不为。”(《道德经·四十八章》)贯彻这一原则的基本要求有三个。第一，要全面、辩证地认识学生，既要看到学生品德发展中的缺点，也要看到学生品德发展中的优点。第二，要鼓励学生发扬优点，树立学生的自信心，激发学生品德成长的积极性，帮助学生克服品德缺点。第三，要引导学生自我教育，培养学生自我修养的习惯和能力。

(五)尊重信任与严格要求相结合原则

这一原则的最早提出者是苏联教育家马卡连柯。他反对一味地强调以儿童为中心和教育中的“目中无人”。一方面，教师要尊重学生作为未来社会主人的地位，要相信学生的向善之心，要对其抱有极大的期望和信任；另一方面，要看到学生是要通过正确的教育才能得到发展的，只有在教师严格要求下，学生经过刻苦努力，才能够实现成才的目标。在教育工作中只有将两者结合起来，才能实现对学生的真正尊重和学生的更好发展。贯彻这一原则的基本要求有三个。第一，要关心爱护学生，要对学生寄予高度的期待，要把他们看作祖国的未来。第二，要依据国家的教育要求和学生身心发展实际，有针对性地提出尽可能高的要求，并帮助学生实现最大化发展。第三，要使学生体会到教师的严格要求对自身发展的价值。

(六)因材施教原则

“因材施教”是教育的一般性原则，是我国优秀教育思想的结晶。“夫子教人，各因其才。”(《论语集注》)孔子在自己的教育实践中为后人树立了因材施教的榜样。在学生的品德发展上也存在着个体差异，因此教师需要根据学生的不同特点，有针对性地进行因材施教，以增强德育工作的实效。贯彻这一原则的基本要求有三个。第一，要深入了解学生的品德发展状况，尤其是存在的问题及其原因。第二，根据学生品德发展的个体差异和德育工作的规律，有针对性地对学生施以教育影响。第三，要将对学生的因材施教和对学生的集体教育相结合。

(七)集体教育原则

学生集体是对学生进行德育的对象，集体教育是对学生进行德育的有效途径。集体唤起的强大舆论力量，是支配儿童行为并使它纪律化的一种教育因素。① 通过

① [苏联]马卡连柯：《论共产主义教育》，刘长松、杨慕之译，292～293页，北京，人民教育出版社，1962。

班集体对学生进行德育不仅可以提高德育工作的效率，也可以使班集体对学生个体品德的发展形成影响，培养学生的集体意识和社会意识。贯彻这一原则的基本要求有三个。第一，教师要努力培养和发展良好的班集体。第二，充分发挥集体的教育作用。第三，要处理好集体教育和个别教育的关系。

(八)一致性与连贯性原则

由于学生的品德发展受多种因素的影响，因此有必要保持各种因素对学生品德影响的一致性；由于学生品德的形成具有长期性的特点，因此教育影响要保持连贯性，以免造成学生品德发展的前后矛盾，抵消积极的德育效果。贯彻这一原则的基本要求有三个。第一，保持学校内部各种德育影响的一致性。第二，保持学校教育和家庭教育、社会教育对学生品德影响的一致性。第三，德育工作要有计划性、方向性和系统性，要做好教育衔接工作，保持德育影响的连贯性。

第五节 德育的方法

一、德育方法概述

德育方法是师生为完成德育任务所采取的活动方式的总和。德育方法应基于德育工作的需要，依据学生身心发展的规律和特点、品德发展的具体内容、教师自身的条件和不同方法的优缺点加以选择和运用。德育方法不单纯是教师教育的方法或学生学习的方法，而是教师教和学生学有机统一的方法。

二、学校德育的主要方法①

(一)说服教育法

中小学阶段正是个体品德初步塑型的阶段，就像在一张白纸上描绘一幅完整的图画，需要教育者输入各种正确的思想观点、培养各种正确的行为习惯、陶冶各种健康的道德情操、完善个体健全的人格。学校教育最大的优势就是能够以快速有效的间接经验的学习加快学生身心的健康发展。通过正确的思想观念和行为规范的传授完善学生的道德认识，进而促进学生全面品德的形成，正是说服教育的本质。说服教育法是以影响学生道德认识发展为主的方法，是学校教育中主要的德育方法之一。说服教育法包括以下具体方法。

1. 讲授法

讲授法是通过教师对各种正确的理论、原则、规范的讲授和学生独立自主的批判思考，将社会意识和规范转化成学生认可的价值判断和行为方式的方法。讲授法

---

① 班集体教育的方法在“德育途径”部分介绍。

的主要特征是教育者直接向受教育者群体施以道德认识的影响。讲授法可以是思想政治课和其他科目教学、德育班会上教师的训诫，也可以是德育讲座中的观点阐述等，既可以是口头讲解，也可以是书面呈现。

2. 讨论法

讨论法是通过学生(或教师和学生)就某些品德相关问题进行观点表达、相互辩驳，最终形成一定品德共识的方法。讨论法通过不同品德观点之间的相互补充和完善，促进学生道德认识的发展，同时提高学生的道德批判和思辨能力。如果说讲授法是教师对学生的说服，那么讨论法就是学生之间的相互说服。

3. 谈话法

谈话是教师做学生个体的思想政治工作，转变个别学生的思想认识、品行表现的方法。谈话中的说服有其特殊性，教师不是对学生进行系统的思想政治教育，往往是针对学生的具体问题进行耐心细致的开导，以实现学生观念认识上的转变。在谈话中，教师需要和学生进行思想互动，了解学生思想问题的根源，听取学生的看法和意见，再进行有针对性的说服教育。

运用说服教育的基本要求：①说服教育要有的放矢。要根据国家和学校的德育要求，结合学生的品德发展需要，确定说服教育的内容重点。不要漫无目的、目中无人地进行道德说教，要使说服教育真正解决学生的思想困惑。②要说服而不是压服。说服教育要站在公正的立场上，要以诚待人，真正做到以理服人，不要以势压人。要让学生不仅口服而且心服，要避免学生口是心非的现象。③要讲究说服的艺术。说服教育要深入浅出，要摆事实讲道理，尽量做到幽默风趣，以理服人，以情感人。让学生喜闻乐见，如沐春风，有豁然开朗之感。④要把握教育的时机。要结合学生品德发展的阶段性和学生道德行为表现施以说服教育，要在学生产生困惑的时候及时进行帮助和指导，要因时而教，不要错过教育的时机，也不要拔苗助长。

(二)实践锻炼法

实践锻炼法是教师有目的地组织学生参加各种实践活动，使其在实践活动中提高思想认识、发展品德能力、加深情感体验、形成良好习惯的方法。促进学生从道德认识到道德实践的转变，是实现学生品德培养的关键。开展多样化的品德实践活动，是促进学生从知到行发展的重要途径。学校德育的两项主要的工作就是品德观念的灌输和道德行为的锻炼，两者缺一不可，所以实践锻炼法也是学校德育工作的主要方法之一。实践锻炼包括道德行为练习、遵守学校和班级制度、委托学生品德任务、组织专题实践活动等具体方式。

运用实践锻炼法的基本要求：①明确实践锻炼的目标。目标的确定要有针对性，要符合学生品德发展的需要和实际。要使学生了解实践锻炼的目的，明确实践锻炼的基本要求。②激发学生的积极性。实践锻炼活动的安排要结合学生实际，使学生感兴趣。要加强对品德实践的指导，加深学生对品德实践活动重要性的认识，激发学生努力践行的动机。③注重实践活动的指导和评价。为了保证品德实践锻炼的成效，使其不至流于形式，教师需要对学生的实践活动进行具体明确的指导和评价。④品德实践要经常化、生活化。品德实践成效的形成不在于一时一事，而在于长期的坚持。品德实践要融入学生的日常生活，使其经常化和生活化。

（三）榜样示范法

榜样示范法是通过教师引导学生对榜样进行观察、了解，激发学生学习榜样的动力，并参照榜样的表现完善和提升自身品德的方法。[①] 榜样是学生的学习榜样，也是社会的榜样人物，代表着德育中理想的品德标准。对榜样的学习和模仿，有助于提高学生的品德水平。在向学生摆事实讲道理和开展丰富多彩的实践活动的同时，为学生提供真实生动的榜样，引导学生向榜样看齐，可以辅助学生的品德发展。榜样示范法也是学校德育工作中常用的方法之一。

运用榜样示范法的基本要求：①要为学生提供适宜的榜样。运用榜样示范法首先要考虑的是榜样选择的问题。在榜样选择上，要反映学校德育目标的要求，要结合学生发展实际，尽量做到榜样典型、易于学生理解和模仿。②要激发学生对榜样的积极认同。“亲其师，信其道”，只有认同了榜样的价值观和行为方式，才能乐于向榜样学习。③要指导学生对榜样进行正确认知。榜样示范法要在模仿的基础上提高学生的道德认识，并在提高认识的基础上，进一步效仿。④要鼓励学生按照榜样的标准严格要求自己。榜样往往是学生心目中的“英雄”“楷模”，要运用榜样的感召力激励学生的理想追求和道德自律。⑤要注重教师的榜样示范作用。低年级学生有明显的“向师性”，教师是其品德发展的“权威”，可以利用学生的这种特点充分发挥教师的榜样示范作用。青春期的学生经历着心理发展上的“反叛期”，教师尤其要重视自身的言行给学生带来的影响，积极拉近和学生的关系，成为青春期学生的良师益友。

（四）情境陶冶法[②]

情境陶冶法是通过创设良好的环境，使学生不知不觉地受到环境的影响，潜移默化地培养学生品德的方法。环境对人的性情和行为有自发的影响作用，德育工作要重视环境的这种作用，让学生常闻其声、常见其形，日久自变。情境陶冶法的关键是建立一种良好的人文生活环境。在学校和家庭中，教师和家长应有意识地为学生的健康成长创造富有精神文化内涵的生活环境，使学生在其中受到潜移默化的影响。

运用情境陶冶法的基本要求：①要创设有教育意义的物质和人文环境。环境的创设要综合运用物质和精神文化元素，体现积极向上的思想价值观念，营造对学生

---

① 从理论上来讲，也可以有反面榜样、反面典型的存在。教师也可以利用反面典型来对学生进行负面强化教育，使学生能够规避反面典型的错误。总的来说，应教育学生趋向正面榜样，远离反面典型。

② 陶冶一词本义是陶铸和冶炼，此处比喻颐养性情，强调教育影响的耳濡目染、潜移默化的特点。

友好的环境氛围。②要使学生浸润于这种环境之中。要引导学生爱护良好的学习和生活环境，利用好良好的学习和生活环境，充分参与对环境的感知和完善。③要辅之以适当的道德宣教。要时刻按照立德树人和社会主义核心价值观的要求进行环境的创设，对学生进行思想政治引导。④要让学生参与到对环境的维护和建设之中。这样既可以使环境更好地适应于学生，也可以培养学生的主人翁意识和责任感。

（五）自我修养法

自我修养法是指在教师指导下，学生自主确立目标，通过自主的思想学习、实践践行、自我批评和调控，发展自身品德的方法。指导学生自修品德是实现学校德育工作目标的必然要求，它不仅有利于德育目标的实现，还有利于发展学生品德自修能力，为学生品德的终身发展奠定基础。品德自修活动包括自觉的品德学习、自主的社会体验和调查、自主的社会服务、自觉的道德反省等。

运用自我修养法的基本要求：①培养学生的自我修养意识。引导学生自我修养，首先要培养他们的自我修养意识，乐于自我修养。可以通过对学生摆事实讲道理，提供自修榜样的办法实现这一目的。②提出学生自我修养要求。通过提要求帮助学生加深道德认识，明确道德行为规范。③引导学生积极参加社会实践活动。实践活动是良好品德的最终来源，引导学生参加丰富的社会实践活动，有助于促进学生的自我修养。④养成自省和慎独意识。在思维层面上，反思自省是自我修养的核心。通过反思自省，对自身和他人品行进行批判性思考，有利于形成自身品德信念。慎独是自我修养的理想状态，也是自我修养的手段，体现了品德主体的道德意志，是自我修养要追求的目标。

（六）纪律约束法

纪律约束法是指通过构建合理的规章制度和纪律，协助学生参照它们来塑造自身道德行为表现的方法。规章制度和纪律是社会行为规范的表现，是外在于学生个体，制约学生个体行为的重要存在。规章制度和纪律应体现德育的要求，对学生行为起到塑型和规制作用。教育部颁布的《中小学生守则（2015 年修订）》是纪律约束法实施的重要依据，教师要充分利用它对学生施加德育影响。

运用纪律约束法的基本要求：①学校的规章制度和纪律要合法。学校的规章制度和纪律要符合国家的法律法规，要服务于学校教育教学工作。②要充分发扬民主。规章制度和纪律并不单纯是对个体的约束，也是对个体和群体权利的保护。在规章制度和纪律的制定和实施过程中，要充分发扬民主，引导学生参与，养成学生自我约束、自我管理的习惯。③纪律约束要公正公平，始终如一。规章制度和纪律是一种公共规则，要保证其权威性，必须做到公平公正。学生品德行为的塑造不是一朝一夕的事情，需要一个长期的约束规范过程。

（七）品德评价法

品德评价法是指教师通过对学生的品德评价，促使学生品德发展的方法。品德评价有助于学生的自我评价，有助于帮助学生发现品德问题，树立品德发展的信心，明确品德发展的方向，找到品德发展的路径。品德评价包括对学生的表扬和批评、奖励和处罚、单项评比和综合操行评定等方式。

运用品德评价法的基本要求：①品德评价要全面、公平、合理。品德评价全面、公平、合理，有利于形成品德评价的权威性，有利于学生接受评价的指导。②品德评价既要发扬民主，也要体现教育的要求。尊重学生的意见，鼓励学生参与，营造民主氛围，有利于充分发挥评价对学生品德发展的指导作用，也有利于培养学生的民主意识和能力。在发扬民主的同时，要坚持德育工作的正确导向，要和品德指导相结合。③培养学生自我评价能力和习惯。自我评价有利于实现品德评价的多元化，也有利于学生品德自我修养能力的提高。要鼓励和指导学生对自身品德发展进行评价，掌握品德评价的标准和方法，养成自我评价的意识和习惯。④要讲究品德评价的艺术。品德评价要多奖励、少惩罚，要将评价和指导相结合，要结合学生的个性特点、把握评价的尺度和时机。

运用德育方法要考虑德育目标和内容、学生品德发展的特点，要有针对性。另外，要注意多种方法的综合运用。

第六节　德育途径

一、德育途径概述

德育途径就是德育目标实现的路径，也就是通过何种教育活动实现德育的目标。德育途径既有专门的途径，也有普遍性的途径。从德育工作的普遍性来说，学校的全部生活、学生参与的各种活动和交往，都是德育的途径，学校的全部生活、学生参与的各种活动和交往都具有德育价值。

二、学校德育的主要途径

(一)思想政治课①与其他课程教学

教学是学校的中心工作，担负着教书育人的使命。在教学过程中，既要传授科学文化知识，又要培养学生健康的人格和社会道德品质，因此可以说，教学是德育的第一途径。其中思想政治课是主阵地，围绕着学生道德认识的发展，通过丰富多彩的课堂教育活动，塑造学生的价值观、道德情感和行为习惯。其他课程教学也都

---

① 《教育部办公厅关于2016年中小学教学用书有关事项的通知》要求，从2016年起，将义务教育小学和初中起始年级“品德与生活”“思想品德”等教材名称统一更改为“道德与法治”。《义务教育课程方案(2022年版)》明确了义务教育阶段设置道德与法治课。《普通高中课程方案(2017年版2020年修订)》规定，普通高中设置思想政治课。

有独具特色的德育价值，尤其是语文、历史等课程能够为学生提供丰富的社会历史文化道德知识，极大地影响着学生品德的发展。其他诸如数理化等课程教学，虽然不像语文、历史课程那样为学生提供大量的品德知识，但通过课堂教学活动过程和适当的课程内容扩展，对学生的品德发展也有着重要的作用。这也就是所谓“课程思政”的含义。

课程思政主要通过以下方式得以实现。一是发掘和运用课程教学内容中的德育因素，丰富学生的道德认识。二是通过教学活动锻炼学生的品德能力，深化学生的情感体验，强化学生的道德意志。三是通过教师的言传身教，对学生的品德发展起到榜样示范和引导作用。

(二)班集体教育

班集体是学生学校生活的主要组织载体。班集体生活对学生个体品德的发展起着塑造作用。班集体有着一定的群体价值导向和行为规范，班集体通过班级纪律和班级活动，对个体的价值观和行为规范起着引导和制约作用。总体而言，学生个体为了实现对班集体的归属，必须接受集体的价值观和行为规范约定，从而实现外在观念和行为方式向学生个体的内化。

为实现班集体对学生个体品德发展的正确引导和塑造，需要加强班集体的建设和发展工作。作为班级的主要负责人的班主任有责任和义务建立和发展一个良好的班集体，并运用班集体的力量对学生开展德育。如果班集体建设不好，不仅不能起到对学生品德的教育作用，甚至会对学生的品德产生恶劣影响。

班集体对学生品德发展的影响主要通过以下方式得以实现。一是通过班级目标和规章制度的建设，树立学生的正确价值观，明确正确的道德行为规范。二是通过班级活动践行德育要求，培养学生品德主体意识。三是通过班级日常管理工作，塑造学生良好的道德行为习惯。

(三)个别教育

教师通过教学、班级工作，能够实现基本的德育任务目标。但考虑到学生的个别差异和特殊情况，个别教育的途径也是不可或缺的。做好学生的个别教育工作，一方面有利于因材施教，另一方面有利于保障集体教育活动的开展。个别教育没有定规，原则上要求做到有针对性，因材施教，适时适当；可以将个别教育和集体教育相结合，以取得最大化的教育效果。

(四)社区和家校共育

社区和家庭是学生成长的重要环境，将社区和家庭教育纳入德育系统，使之能够与学校德育相配合，构建社区、学校和家庭德育网络，能够更好地保障学生品德发展。承担这项任务的主体是教师和在教师指导下的社区机关、家长。教师应当和家长就学校的德育工作安排和要求进行及时沟通，并指导家长做好孩子的德育工作。为了丰富学校的德育资源，教师还可以将学生带到社区生活中，丰富学生的道德生活体验，也可以邀请家长和社区人士参与学校的德育活动。

(五)自我教育

在自我教育中，教师有意识地引导学生自我规范、积极践行、慎独反思，以形成正确的道德认识和行为习惯，并养成其自我修养能力。培养学生自我教育习惯和能力，一方面要在日常教育活动中，训练学生自我反思和教育的意识与能力；另一方面，要帮助学生制定适当的自我修养计划和规程，并按照计划和规程坚持不懈地践行，以形成自我修养的习惯。

(六)团、队教育

共青团和少先队是我国重要的青少年组织。我国中小学普遍建立了共青团和少先队的组织机构，充分利用这些团、队组织，使学校德育工作与团、队活动相结合，实现教育合力，有利于青少年学生品德的发展。尤其是在青少年的政治思想教育、人生理想教育、社会教育等方面，共青团和少先队组织能够发挥独特的作用。学校和教师要加强对共青团和少先队工作的指导，要为团、队开展教育活动提供良好的支持。

(七)课外、校外活动和校园文化建设

生活是德育的源泉，学校开展的课外、校外活动是学生生活的重要组成部分。通过组织丰富多彩的课外、校外活动，引导学生体验生活、反思自我、践行道德，可以提高学生参与德育活动的积极性，实现学生品德的自我生长。

校园文化是指以学校的价值引导为中心的物质文化、精神文化和制度文化。校园文化通过学校的精神价值理念(办学理念、教风、学风)，环境文化建设，校园生活体现出来。校园文化一旦形成，就会对全校师生形成潜移默化的影响，积极向上的精神理念会逐渐渗透到学生的心灵之中，对其一生的发展具有重要引导和支撑作用。因此，学校要加强校园文化建设，丰富学校环境和生活的文化价值内涵。

(八)心理健康教育

心理健康教育是培养学生健康心理品质的有效途径。青少年品德的发展既取决于品德内容的输入，也受制于学生健康成熟的心理机制。心理咨询、心理辅导、心理治疗和心理讲座，既可以直接解决学生的心理健康问题，又可以为纠正学生错误的心理机制、为学校德育工作奠定良好的基础。学校应该配备相应的心理健康教育专业人员，制定科学合理的心理健康教育机制，关注学生心理健康状况，及时通过专业的心理咨询和矫治帮助学生解决心理健康问题。

(九)朋辈生活指导

朋辈指的是学生在人际交往过程中形成的同龄人群体。群体中的个体往往有相似的年龄、兴趣、价值观，或相互存在较高的个体依赖，他们之间容易形成较强的群体认同感。一旦形成朋辈群体，群体本身又会对成员形成制约作用。教师应当利用这一重要的机制，引导学生的社会化和品德发展。考虑到朋辈群体是自然形成的，其对学生的引导可能会存在一些自身不可克服的问题，因此学生的朋辈生活也需要教师加以引导和监控。

(十)网络教育

网络已经是现代青少年生活不可或缺的组成部分。网络在为人们的生活和学习提供便利的同时，也是青少年品德发展重要的外部环境。由于网络的虚拟性和开放性，难免将一些不适合青少年的内容呈现在公共网络平台上，如果没有合理的网络控制和教育，就会对青少年的发展产生不可避免的错误引导作用。有的学校禁止学生使用手机尤其是智能手机，禁止学生上网和玩游戏，都不是理性的做法。对于网络，不适宜一禁了之，否则就有因噎废食的意味了。

学校在应对网络带来的挑战方面可以采取的措施包括：一是建设好校园网，让学生便利地使用校园网。校园网是局域网，便于教师控制，一般不存在公共网络带来的威胁，可以大力发展。如果校园网能够给学生提供极为丰富有利的信息，就可以减少学生对公共网络的依赖，同时可以满足学生学习和发展的需要。二是要对学生进行网络应用教育，增强学生的选择能力和免疫能力。三是要和社会相关部门合作整顿学校周边网络环境，尤其是取缔非法经营的网吧，避免学生受其影响，沉溺其中。四是充分发掘和利用网络带来的教育便利，增强学校的德育影响。比如，构建德育性质的公众群、网站，利用网络工具进行个别教育等。

本章小结

1. 品德是个体依据一定的社会观念和行为规范行动时所表现出来的稳固的个体倾向与心理特征。品德是社会意识形态及其行为规范内化的产物，是个体社会行为的调节机制。

2. 品德的心理要素包括道德认识、道德情感、道德意志和道德行为。品德的内容与社会意识形态及其行为规范具有同构性，包括政治素质、道德品质、法治意识和行为习惯、积极健康的人格和良好的心理品质等。

3. 品德发展的影响因素包括遗传、社会环境、个体主观能动性。学校教育在人的品德发展中起主导性作用。

4. 品德发展的过程包括前道德阶段、道德依从阶段、道德认同阶段和道德内化阶段。

5. 品德发展包括自我形成和教化形成两种机制。

6. 品德发展的基本规律包括理性化和内化的规律、知情意行和谐发展的规律、品德发展的社会化规律、品德发展的用进废退规律。

7. 品德发展的重要理论包括皮亚杰的道德认知发展理论、科尔伯格的道德发展阶段论、班杜拉的社会学习理论。

8. 德育是教育者通过有目的地提供社会意识形态和行为规范，制定社会生活制度，组织道德实践活动，并经由受教育者的学习、实践和反思，形成知情意行相统一的个体品德素养的教育活动。

9. 现代德育是一种“主体-发展性”德育。德育是学校教育工作的灵魂，对其他各育起着导向和动力作用。

10. 学校德育的任务是培养学生良好的品德，包括对人的思想、政治、道德素养的培养，以及品德主体人格的养成。

11. 德育过程的本质是一种促进受教育者品德形成的教育过程。

12. 德育工作有两种实施机制：教育者对受教育者的直接训育、示范和熏陶，在教育者指导下受教育者品德的自我生成。

13. 德育过程的基本规律包括：德育过程是学生知情意行的培养提高过程，德育过程是一个促进学生思想内部矛盾运动的过程，德育过程是组织学生的活动和交往、统一多方面教育影响的过程，德育过程是一个长期、反复和不断提高的过程。

14. 学校德育的主要原则包括方向性原则、知行统一原则、正面疏导原则、长善救失原则、尊重信任与严格要求相结合原则、因材施教原则、集体教育原则、一致性与连贯性原则。

15. 学校德育的主要方法包括说服教育法、实践锻炼法、榜样示范法、情境陶冶法、自我修养法、纪律约束法、品德评价法。

16. 学校德育的主要途径包括思想政治课与其他课程教学，班集体教育，个别教育，社区和家校共育，自我教育，团、队教育，课外、校外活动和校园文化建设，心理健康教育，朋辈生活指导，网络教育。

关键术语

1. 品德
2. 德育
3. 德育过程
4. 德育原则
5. 德育方法
6. 德育途径

思考题

1. 简述品德的含义和本质。
2. 简述品德的基本心理要素及其对德育工作的意义。
3. 简述品德发展的影响因素及其在学生品德发展中的作用。
4. 简述品德发展的一般过程和基本机制。
5. 简述品德发展的基本规律及其对德育工作的要求。
6. 简述德育的概念及其意义。
7. 试论学校德育的任务和内容。
8. 简述德育过程的本质及其基本规律。
9. 简述中小学主要德育原则及其要求。
10. 简述中小学主要德育方法及其要求。
11. 简述中小学主要德育途径及建立社区、学校、家庭德育网络的重要性。

案例分析

案例1：特别的爱给特别的你

小钮在小学就是一个小有“名气”的后进生，不遵守纪律，与教师顶撞，迷恋电子游戏，成绩较差。我接手这个班后，曾找他长谈了一次。我陈述了不遵守纪律、不尊重教师、沉迷于电子游戏的种种危害，但他只是冷漠地说了声：“我知道。”过后我意识到，小钮恐怕并不缺少这方面的教育和训斥。为什么老让他觉得教师们都只记得他的错误并总是指责他呢？于是，我决定换一种方式来改变这种紧张、对立的师生关系。

一天，我很诚恳地告诉他，我刚接手这个班级，许多工作需要帮助，所以请他当我的数学课代表。小钮感觉到意外，但也没有说什么。在往后的课代表工作中，他表现得很认真负责。每次少哪几本作业本，以及没交上来的原因全写在小纸条上，清清楚楚。班会课上我及时表扬了他的认真负责。小钮的劲头更大了，从此无一次顶撞教师，上课专心听讲，成绩也有很大进步。

问题：

1. 案例中的“我”对小钮采取的教育措施遵循了什么德育原则，运用了何种德育方法？

2. 通过本案例，你得到何种启示？

案例2：唐老师的实验

班里发生了一起失窃事件，尽管只是一元钱，但在班主任唐老师眼里，却非同小可。唐老师给孩子们讲了关于小偷的故事，并告诉他们，很多小偷是从偷一块橡皮开始的。唐老师对学生说:“让我们一同做一个实验,等待着一元钱回来吧!”

于是唐老师请一个学生换回十元零钱,并把它们放在讲台抽屉里。然后对学生讲,如果谁需要钱用,随便拿,有钱的时候再还上。学生纷纷对唐老师的举措拍手称好。

时间一天天过去,唐老师几乎忘了自己放在抽屉里的十元钱了。一天,班长告诉唐老师,抽屉里的钱非但没有少,反而还多了呢!唐老师有点奇怪,后来才知道学生把捡到的钱也放了进去。凭着自己的直觉,唐老师知道这里面一定有那丢失的一元钱。为此,唐老师开了“一元钱回来了”的主题班会。

她对学生讲:“唐老师很高兴,放在抽屉里的十元钱生出了小娃娃,其中有一个是早先丢失的一元钱。我想是它太想回来了,怕自己变脏了,对不起主人……”唐老师把这一元钱还给了失主,并表示感谢这位学生,他使老师认识到他们班有勇于认错的好学生,也使老师认识到钱本身不会丢失,但会改变一个人的道理。第二天,唐老师收到了一张字条,一名学生承认自己拿了钱,他明白自己错了,放回了钱,并请老师为他保密。看着字条,唐老师由衷地感到欣慰,自己放在抽屉里的十元钱已经远远超出了它本身的价值。

问题:

1. 本案例中唐老师的实验有什么意义?

2. 如果你遇到这种情况,会如何处理?唐老师的做法对你有何启发?

第十一章　教育组织管理

学习目标

1. 了解组织与组织管理的概念。
2. 了解组织管理理论的发展。
3. 掌握学校主要的组织机构及其职能。
4. 掌握学校的主要规章制度。
5. 了解班级和班级管理的概念。
6. 理解班级管理的意义。
7. 掌握班级管理的内容。
8. 掌握班主任的概念。
9. 掌握班主任的职责与任务。
10. 掌握班集体的概念。
11. 掌握班集体的形成阶段和培养途径。
12. 掌握课堂管理的概念及其影响因素。
13. 了解课堂气氛的概念及其影响因素。
14. 了解课堂纪律的发展。
15. 掌握课堂问题行为产生的原因及其处置和矫正方法。

问题导入

公平是最好的尺子

教师要用好一把尺子，一把在所有学生身上测量的长度都相等的尺子。教师不应因为知识能力、相貌性格及家庭背景等方面的差异而将学生分为三六九等，而应切实做到一视同仁，平等地关怀和帮助所有学生。对于一些性格比较孤僻或成绩偏弱的学生，教师或许可以在上课时跟他们开一些善意的玩笑，使他们获得较多的关注，激发他们学习与交流的兴趣。要知道，教师的看法与态度对学生发展的影响是不容忽视的，直接影响到学生学习的积极性。班主任要是偏爱所谓绩优生，就会失去广大学生的信任。那么，这个班集体自然是一盘散沙。

第一节　组织管理概述

组织管理，可以使人们明确组织中有什么工作，谁去做，工作者承担什么责任，具有什么权力，与组织结构中上下左右的关系如何。只有这样，才能避免职责不清造成的执行中的障碍，保证组织目标的实现。

一、组织与组织管理

组织是人们为了实现共同的目标而形成的一个协作系统，学校、工厂、政府机关、社会团体等都是组织。组织是人类群体存在的高级形式。

学校是社会领域中的一类特定的组织系统，它的构成既不同于政府与企业，也不同于其他的社会性公益机构。学校组织的性质非常复杂，它虽然属于社会性的公益组织，但同时还具有一定的类似于政治与经济组织的特性。学校组织或许是最复杂的社会产物了。一方面，如同其他正式组织一样，学校必须对复杂的人力、物力资源的混合体作出诸如组织、管理、指挥等方面的处理。另一方面，它又与大多数其他正式组织不同，作为培养人才的机构，学校有独特的组织与管理问题。

组织管理是社会组织为了达到组织目标而有意识、有计划地协调组织内部的人力、物力的过程。组织管理的工作内容，包括四个方面。

①确定实现组织目标所需要的活动，并按专业化分工的原则进行分类，按类别设立相应的工作岗位。

②根据组织的特点、外部环境和目标需要划分工作部门，设计组织机构和结构。

③规定组织结构中的各种职务或职位，明确各自的责任，并授予相应的权力。

④制定规章制度，建立和健全组织结构中纵横各方面的相互关系。

二、组织管理理论及其对教育的影响

(一)古典组织理论

古典组织理论又称为经典组织理论，它产生于资本主义工业化时代，既反映了人类几千年各政府官僚制度的基本组织原理，又揭示了社会化大生产对组织结构及其运行机制的要求。其代表人物是亚当·斯密和马克斯·韦伯。

古典组织理论主张：第一，要建立专业分工，把组织的全部活动划分为若干基本内容，作为公务分给组织成员。第二，形成等级化的指挥系统。第三，理性地进行人事安排，人员的任用完全根据职务的要求。规定每一职位的从业人员必须具备的能力范围，根据个人所具备的技术资格进行任命，并通过考试来进行。所任用的人员要进行专业训练。第四，组织中的人际关系非人格化。以理性为准则，决策只受规章左右，不受个人情感影响。第五，建立相对稳定、详尽的规章制度和办事程序，任何人都不能违反组织纪律。第六，管理人员有固定的薪金和明文规定的升迁制度。第七，建立文牍制度。

古典组织理论无论是在理论的延伸还是对实践的指导方面，都对今天的教育管理活动有着不可忽视的影响。例如，教育组织中普遍实施的劳动分工制度，专业教学人员、管理人员、教辅人员等依据其职能进行详细分工。采用自上而下的层级式领导方式和沟通渠道，是组织中权力等级序列的应用。学校中教学操作过程和教学评估、教育技术等的规范化正是古典组织理论中标准化程序的应用。学校内部的各项规章制度、教育管理的民主监督机制、学校领导体制等保障学校正常运行的各项机制都是组织纪律性应用。当然古典组织理论也在随着时代的发展而发展。

(二)人际关系组织理论

它由美国心理学者梅奥在20世纪20年代首创。人际关系组织理论认为：人是组织的主导因素，人控制着组织活动各种要素的运作；组织建设和工作任务分派要考虑人的需要的特点；建立新的权威概念和领导能力概念，以上下级的协作态度和协作制度为基础建设起新的组织秩序；重视和推动非正式组织发挥积极作用。与工作环境中的物质条件相比，员工的认同感、归属感、安全感、尊重感等需要更能影响员工的工作热情和工作效率。员工个体的世界观、人生观、价值观，以及动机、感知觉、对挫折的认知反应等都会影响员工的行为。

基于学校教育工作的特殊性，在学校管理中，应关注教职工的内在需求，重视构建基于专业的领导权威，在组织内部的等级系列之间建立起有效的沟通机制，发挥民主的而非专制的领导作用。

(三)社会系统组织理论

社会系统组织理论代表人物是巴纳德，他将科学管理理论和行为科学理论联系到一起，所以有人称其为现代管理理论的集大成者。在对组织进行分析时，这一流派分析了组织中起作用的力量的种类和性质，以及它们相互作用的方式。

社会系统组织理论将组织看作活动的协作系统，认为社会就是一个巨大的协作系统，任何组织都是这个系统中的一部分，而不是由有限成员组成的孤立系统。人与人、组织与组织只有在协作中才能发挥作用，一个协作系统的效率尺度就是它满足其成员需要，并使他们为实现组织目标而奋斗的能力。

该理论引入教育管理领域后，学校组织开始被视为开放系统中的一种动态组织，认为社会上各种因素都对学校的教育质量和工作秩序、效率发生影响。影响学校管理质量和效率的有确定性的因素，也有偶然性的因素。该理论的引入，使教育管理的科学化和现代化进入了一个新阶段。教育管理上使用的教育预测、教育规划、教育决策、教育质量管理、教育评价等新技术、新方法都是根据社会系统组织理论的原则设计出来的。

(四)现代权变组织理论

这是建立在系统理论基础上的组织理论。从系统理论来看，组织是开放的、有机的、权变的系统，与环境之间存在着交换的关系，要适应并在一定程度上改造环境。组织是在具体环境下运行的，没有一种适用于一切系统的组织结构模式。

美国管理专家卡斯特和罗森茨威格列举了运用权变法对组织进行分析的一些结论。

当下列条件成立时，适合采用稳定的、集中性强的、等级关系严格的机械组织：①目标规定详尽并持久；②技术连贯而稳定；③环境相对稳定；④决策有计划；⑤活动是例行公事，生产效率是主要目标。

当下列条件成立时，适合采用分权决策、低度正规化、重视横向协调的有机组织：①目标多样而不断变化；②技术复杂且在发展；③环境不稳定；④活动创新性较强；⑤决策中的灵活性和创造性较强。

学校管理显然是更注重灵活创新的有机组织。要提高学校管理效能，必须使管理方式与管理环境相匹配；重视发挥校长的非权力性影响力，尊重教师，根据教师的生涯成熟度选择合适的管理方式；要以人为本，重视管理的人性化和制度的灵活性，善于综合运用各种激励手段。

第二节　学校组织管理

学校是由科层化行政组织与扁平化的专业组织构成的人才培养机构。两者相互作用、相互影响，形成了学校内部复杂的管理组织结构系统。科层化行政组织与扁平化的专业组织在学校内部管理中承担的任务与功能是不同的。

一、学校的组织机构

学校的组织机构是按照学校一定工作的任务和目标，将学校成员按照不同的工作性质、职务和岗位组合起来，形成层次恰当、结构合理的有机整体。学校建立组织机构应从实际出发，依据学校规模的大小等实际状况设置。一方面为了加强学校各方面工作的管理，机构设置要求健全，否则会造成管理工作的顾此失彼，影响教育方针的全面贯彻；另一方面，学校组织机构的设置还应力求精简，尽量减少管理层次，明确职责功能，以保证上下及时沟通信息，提高工作效率。

学校科层组织系统主要包括教学管理组织、德育管理组织、科研管理组织、人事管理组织与总务管理组织等。其中，每一类科层系统都可以划分为三个垂直层次：最高层是决策层，中间层为管理层，最低层为执行层。决策层主要由党(包括共青团和少先队)、政、工三大部门的主要领导构成，管理层主要由学校各职能部门的领导组成，执行层主要由各个学科组与年级组构成。

扁平化的专业组织是以学科与专业为核心建立起来的专业组织机构，它主要包括教学组织、科研组织与学习组织三种类型。教学组织主要由学科组与备课组构成。科研组织主要由参与到不同科研任务中的人员构成。学习组织主要由不同年级、班级与兴趣小组的学生构成。

学校主要的组织机构及其职能如下。

(一)行政组织

学校一般设教导处和总务处，规模较大的学校将教导处分设为教务处和思想政治教育处。教导处是学校管理教育教学工作的职能部门，在校长的直接领导下，协助完成德育、教学、教务和科研工作。总务处是在校长领导下，分管学校总务工作的职能部门，其主要职责包括校舍、校产、学生宿舍、食堂等方面的管理工作。

有的学校还设有校办工厂和农场，也属于行政组织。其隶属关系在实践中存在多种情况。有的直属校部领导，由校长或副校长直接分管；有的由教导处和总务处按具体工作分工管理；有的放在总务处下，设立专门机构进行管理。

(二)业务组织

学校所设的业务组织主要是学科教研组，如果单科人数少一般会将邻近学科并为一组，如音体美教研组，政史教研组，理化生教研组等。

有的学校设年级组，由同年级的班主任和任课教师组成。其主要任务是负责这一年级的全面工作，包括学习、生活、思想品德等各个方面。

有的学校还设有教育科学研究室，主要任务是开展教育科学研究，推动教学改革，进行教学实验、总结教育教学的经验等工作。

(三)党群组织

我国中小学校设有党支部，在党组织领导的校长负责制下，全面领导学校工作，履行把方向、管大局、作决策、抓班子、带队伍、保落实的领导职责。党支部领导下的共青团、少先队是党和行政组织对学生进行思想政治工作的有力助手，它们同时接受上级团委的领导，也接受以校长为首的学校行政组织的指导。

学生会是全体学生的群众性组织，是学生行使权利、执行自我管理的组织机构。它主要协助和配合学校团组织开展有益的课外活动，协助班主任领导各班班委会，及时向学校反映学生的意见和要求。

工会是教职工的群众性组织，接受上级工会的领导，同时在学校党支部的领导和行政组织的指导下开展各项活动。其主要任务是协助学校党支部和行政组织做好教职工的政治、文化和业务学习工作，搞好团结，并负责生活福利工作。

（四）其他组织

有的学校根据工作需要还设有爱国卫生运动委员会（小组）、治安保卫委员会（小组）、家长委员会等组织，主要是为了配合学校更好地完成各种教育任务。

二、学校的规章制度

学校的规章制度是以条文形式对学校成员必须遵守的行为规则所做的规定。建立健全学校的规章制度，对保证学校各项工作有序、有效运转具有重大意义。在制定规章制度时，一方面不能违背上级有关规章制度的精神，另一方面要结合本校实际情况，因地制宜地制定校内规章制度。

一般来说，学校的规章制度主要包括以下几类。

（一）教育行政部门制定的相关制度

上级教育行政部门制定的制度主要有《小学管理规程》《中等职业学校管理规程》《中小学幼儿园安全管理办法》《中小学教育惩戒规则（试行）》等；教学方面的制度包括课程计划、各学科的课程标准等；人员管理的制度主要是各级工作人员的职责及工作条例，如《中小学校领导人员管理暂行办法》等；学生方面的制度主要是《中小学生学籍管理办法》。

（二）学校制定的规章制度

学校自行制定的规章制度涉及学校的方方面面，主要有四大类。一是会议制度，包括校务会议、行政会议、教研组长会议、年级组长会议、班主任会议、家长会议、教职工代表会议和学生代表会议等。二是资料、档案保管制度，包括有关教职工和学生情况的资料、档案。例如：有关教职工情况的资料、档案，教师业务档案、教师考核登记表、优秀教师名单、优秀教案档案、学校教职工分工一览表等；有关学生情况的资料、档案，学生学籍册、各种成绩统计表、奖惩登记表、毕业证书发放存根和毕业去向、健康档案、优秀作业等；学校各方面工作情况的资料、档案，学校工作计划和总结、学校大事记、会议记录、校历、作息时间表等。三是教职工工作制度。四是各种常规细则，包括课堂规则、宿舍规则、图书室规则、实验室规则等。

建立健全学校组织机构和各项规章制度是学校有效运行的基础，切实发挥组织机构的作用，认真贯彻执行各项规章制度才能保证学校工作正常运行。

(三)学校管理的基本制度

1. 党组织领导的校长负责制

为全面贯彻新时代党的组织路线和党的教育方针，坚持和加强党对中小学校的全面领导，2022年，中共中央办公厅印发了《关于建立中小学校党组织领导的校长负责制的意见(试行)》。建立中小学校党组织领导的校长负责制，是坚持为党育人、为国育才，保证党的教育方针和党中央决策部署在中小学校得到贯彻落实的必然要求。

党组织领导的校长负责制是集党组织集体领导和校长行政负责两个优势于一体，在党组织的集体领导下充分发挥校长积极性的领导体制。党支部是学校一切工作的领导核心，对学校工作实行集体领导、科学民主决策。党支部书记是学校党支部的第一责任人，是集体领导的一把手。校长是学校的法人代表，是行政第一责任人，全面负责本校的教育教学和行政管理工作。

贯彻落实党组织领导的校长负责制，党组织必须坚持民主集中制原则，实行集体领导，重大问题由党组织进行决策。在实施过程中，校长按照教育法规赋予的职责，在党组织的集体领导下认真做好教育教学和行政管理工作，党组织要监督、保证和支持校长正确行使职权。

2. 绩效工资制

“多劳多得，少劳少得，不劳不得”，这是社会主义的基本分配原则。分配制度直接关系到人们的工作动力。2008年发布的《关于义务教育学校实施绩效工资的指导意见》要求：“按国家规定执行事业单位岗位绩效工资制度的义务教育学校正式工作人员，从2009年1月1日起实施绩效工资。”义务教育学校绩效工资总量暂按学校工作人员上年度12月基本工资额度和规范后的津贴补贴水平核定。其中，义务教育学校教师规范后的津贴补贴平均水平由县级以上人民政府人事、财政部门按照教师平均工资水平不低于当地公务员平均工资水平的原则确定。绩效工资制的主要构成：义务教育学校绩效工资总量的70%作为基础性部分，具体项目和标准由县级以上人民政府人事、财政、教育部门确定，一般按月发放。绩效工资总量的30%作为奖励性绩效工资，由学校按照规范的程序和办法自主分配，主要体现工作量和实际贡献等因素。在绩效考核的基础上，由学校确定分配方式和办法。

实施绩效工资制的初衷是维护教职工利益，构建科学合理、公平公正的激励机制，体现干与不干不一样，干多干少不一样，干好干坏不一样，激励教职工爱岗敬业、扎实工作、开拓进取、积极主动完成各项工作任务，推动教育事业又好又快发展。教师绩效工资制在推行初期遇到了一些问题，其激励效果未能在实际操作中很好地发挥出来。业绩考核是绩效工资制的核心。考核不科学、不合理或者不公正都不可能发挥绩效工资制度的优势，工资的激励作用就会大打折扣。因此，要发挥绩效工资制的激励作用，首先应该建立公正的绩效考核体系，这是顺利实施绩效工资制的前提和基础。其次，实施绩效工资制应坚持“按劳分配、效率优先、兼顾公平”的原则，严格程序，强化监督。制定的分配方案，应确保科学性和可操作性，突出“责、权、利”相结合的原则；要严格考核，及时公开考核制度、考核办法、考核结果、运作程序等，一旦发现问题，及时讨论修正。最后，必须强化监督检查。各学校实行绩效工资制，方案必须经教职工代表大会通过，由行业主管部门审批，报人事、财政部门备案。纪检、组织、人事、财政、审计部门要加大检查、审核、监督力度，对违纪违规现象及时纠正。还可以通过公开举报电话、设立意见箱和意见簿、聘请社会监督员等形式接受社会监督，并经常召开座谈会，听取单位工作人员的意见和建议，以便及时修改方案中不合理的地方，保证学校绩效工资分配的公平合理。

3. 岗位目标责任制

岗位目标责任制是指学校对学校工作总目标、总任务、完成时限、要达到的结果等进行科学规定，并按照各个岗位逐级进行目标分解，以引导和激励全体教职工朝着总目标共同努力，以求获得预期目标最优效益的管理制度。具体来说，它是以一定学校的总目标为依据，按照职位分类和职责分工原则，科学地进行目标分解，落实到人，最终保证总目标实现的一种管理制度。岗位目标责任制要求对履行岗位职责和完成目标情况进行严格的考核，然后根据考核结果进行相应的奖惩。

岗位目标责任制体现了学校各层级组织机构与岗位间的行政隶属关系。上级规定的任务、目标必须完成，否则就会受到惩罚。它的基本特点是：第一，岗位、目标、责任三者有机结合。即对某一岗位的职责范围，应完成工作任务的各项指标、措施，以及承担者的责任、应有的权利等，都有明确具体的规定。第二，总目标、分目标、个人目标有机结合。岗位目标管理以总目标为核心，通过对目标逐级分解，落实到分目标和个人目标上，从而形成一个严密控制、互为保证的管理监督体系。第三，岗位目标的具体量化，为教职工考核工作的有序性和科学性提供了保证。

4. 校务公开制度

2002 年，教育部和中华全国总工会联合下发《关于全面推进校务公开工作的意见》。校务公开是指对学校管理的一切事务，特别是一些涉及广大教职工及学生利益的重要事务，实行民主决策与公开评议，从而保障广大群众依法享有知情权、监督权和建议权。

校务公开包括对内和对外两个方面。对内(师生员工)公开的主要内容包括：学校的发展规划、学期工作计划、学校整体改革方案；学校章程、学校内部管理的各项制度；学校财务收支，包括上级拨款、社会捐资、杂费等项收入和办公费支出、福利性支出及招待费支出等情况；校园经济、校办企业收入分配制度；学校基建、教学设备添置的计划及实施方案；教职工工资晋级、职称评定、评先评优等有关政策规定和程序；学校内部改革方案、教职工聘任、结构工资及奖金分配等；校长任期目标、年度述职、各类人员岗位责任及落实情况；领导干部党风廉政制度及执行情况；领导干部的住房和出差、通信工具及有关补贴的规定等。对外（家长、社会）公开的主要内容包括：学校发展规划、办学目标、学校章程及办学成果等；有关办学的制度规定，对家长、社会的承诺等；招生任务、招生办法及有关规定等；收费项目的依据及收费标准等。

虽然中小学校务公开制度已全面推行，但是还存在着思想认识不够、制度不规范、形式简单、效果不理想、监管跟不上等问题。因此，要充分发挥校务公开制度的作用，还必须从以下方面不断完善。首先，扩大校务公开的参与范围。校务公开要面向全体教师、学生及家长，对事件全程进行公开，特别是重大的财经问题、涉及敏感利益的问题，一定要全程公开，保证民主性，使广大师生和社会有关群众享有知情权，能够真正参与介入和发挥作用。其次，创新校务公开形式。在传统的教职工代表大会、教师例会、家长会、座谈会、听证会、接待日、公示栏、公示墙、公开信、明白卡、办事指南及文件通知等载体的基础上，充分利用网络技术开设校务公开网页、设立电子信箱、创建网上留言板等，提高工作透明度，拓展对公众公开的校务范围和内容。再次，协调、全面、统一的公开。坚持对内和对外公开相结合，部分公开与全面公开相结合，过程公开与结果公开相协调，校务公开与解释说明相统一，做到把握整体性，避免单一和粗略。最后，要公开“要害”，更要公开“真实”。要把与学校教育管理、改革密切相关和涉及教职工、学生切身利益的事项全部公开，把教职工最为关心、反映最为强烈、最为敏感、容易引发矛盾的热点作为公开的重点。在公开的同时，必须注意加大监督力度，力求公开全面、真实。

5. 校务委员会制度

实行校长负责制要求建立校长主持下的校务委员会，作为学校行政工作的审议机构，即议事监督机构。

校务委员会的基本功能包括：一是建议参谋功能。校务委员会委员可以提出有关学校管理、师生发展和涉及家长切身利益的相关事项的意见和建议。二是审议决定功能。校务委员会具有对学校发展规划、年度工作计划、重大改革项目、重要管理规章等重大事项的审议权，并可以做出相应决定。三是沟通协调功能。争取学校所在社区、相关企业、社会各界及家长等对学校办学的关心和支持，整合各种教育资源，丰富学生实践活动内容，增强学校办学活力。四是监督评价功能。通过参与学校教育教学活动，充分发挥校务委员会对学校办学行为、教师教学行为和学校管理水平的监督评价作用，促使教师规范教育行为，提高学校规范管理水平，服务学生全面发展。

校务委员会一般可由学校领导、教师代表、学生代表、家长代表、所在社区代表及教育专家等组成，学校领导代表总人数不超过校务委员会总人数的三分之一。校务委员会委员任期由学校确定，一般为两到三年。

第三节　班级管理

班级是学校进行教育教学活动的基本单位。作为学校管理系统的基层组织，其作用重大。通过班级组织与管理工作，为学生创建和谐发展的基本环境，是教育教学活动高效进行的基础和保证。班主任是班级组织与管理的主导者，起着非常重要的作用。

一、班级管理的意义

（一）班级

班级是学校为实现一定的教育目的，将年龄相同、文化程度大体相同的学生按一定的人数规模建立起来的教育组织。班级不仅是学生接受知识教育的资源、学生社会化的资源，也是学生进行自我教育的资源。班级是学校工作的基本单位，也是学生学习生活的基本单位。

班级是历史发展的产物。在古代社会，学校教育采用个别教学的形式。16世纪，资本主义工商业的发展要求学校培养工业生产所需要的劳动力。教育对象的扩大，需要新的教学组织形式，于是班级应运而生。最早使用“班级”一词的是埃拉斯莫斯。17世纪，夸美纽斯在《大教学论》中论述了班级组织，从而奠定了班级组织的理论基础。我国采用班级授课制形式，始于1862年的京师同文馆。

（二）班级管理及其意义

1. 班级管理的概念

班级管理是教师根据一定的教育目的、培养目标，运用一定的手段和措施，带领全班学生，对班级中的各种资源进行规划、组织、协调、控制，以实现教育目的和培养目标的组织活动过程。

2. 班级管理的意义

(1)促进学生的社会化，实现育人功能

从功能的角度上，班级可以被看作一个社会化的机构，它要帮助学生为成为一个自主的人做好准备。班级的一个重要任务是促进学生的社会化，即班主任要按照一定的社会要求，以班级目标为导向，通过教育教学等各种途径，将社会系统的价值观念灌输给学生，使学生从一个“自然人”转化为“社会人”，也就是促进学生的社会化，包括传递社会文化、内化价值观念、培养社会角色、促进学生的个性发展等。实现育人功能，还必须明确育人目标的问题。班主任是直接的施教者，必须将其融入日常的班级管理工作中，在潜移默化中实现育人功能。

(2)保证学校培养目标的落实

班级管理要依据学校培养目标和管理目标来制定目标，班级计划是班级管理的具体化。班主任要通过创设优良的班级秩序、环境、班风和班级活动等，保证班级各项工作贯彻落实。

(3)协调任课教师、家长及社区等各方面共同做好班级工作

班级是学校的基本单位，它与学校的任课教师和各部门及社区发生联系，也需要与家长、学校及社区共同做好协调工作，形成教育合力。

(4)促进学生各方面素质的发展

在班级管理中，班主任有意识地通过规章制度的建立和班级活动的组织实施，培养学生现代社会的政治意识、公民意识、效率意识、民主意识、公关意识，使学生能科学地分配时间，合理利用各种长期条件促进自身发展，学会在学习和活动中处理各种人际关系，发展交往能力，学会与他人友好相处、团结协作、互相支持、互相尊重，培养自主管理和自我管理的能力。同时，使管理过程成为学生自主管理和自我管理的过程，促进学生自我塑造身心发展的过程。

二、班级管理的内容

(一)班级常规管理

班级常规管理的基本内容与要求如下。

1. 班级纪律管理

学期开始时，班主任要做好座位编排工作。建立正常稳定的教学秩序，抓好学生的学习，严明考试纪律。建立请假制度，对学生的出勤情况进行统计，将其填写在学籍卡和成绩报告单上。抓好日常管理工作，形成有效的班级纪律，规范学生在教室内的行为。对学生进行交通安全教育及做好交通工具和交通行为的规范管理。做好值日和值周安排，培养学生自我教育的能力。

2. 班级环境与卫生管理

教室作为师生活动的重要场所，其布置应为师生创造一个具有教育功能的、优美舒适的文化环境。布置教室应遵循几项原则：一是突出教室的教育功能，考虑环境对学生潜移默化的熏陶作用。二是了解学生的心理特征，满足学生的心理需求，设法将教室变成生动、温馨、有助于缓解心理压力的场所。三是充分发挥学生的主体作用和参与意识，适当放手让学生设计和管理，以达到使学生产生归属感的目的。

班级公物包括课桌椅、门窗、讲台桌、卫生角和图书角设施等。班级公物管理要采取一定的措施，建立健全制度。例如，设立公物管理小组，由专人保管，或实行岗位责任制，落实到个人保管，并定期检查评比。加强思想政治教育，制定爱护公物公约，损坏者应照价赔偿。

班级卫生管理是班级精神文明的重要方面。其主要内容包括：健全卫生轮流值

日制度，一般以小组为单位负责清理班级卫生，除教室外还要负责校园内班级清洁区的打扫。设立卫生角，做好课间操和眼保健操的组织管理。协助医务室建立学生健康卡片，定期组织学生体检，做好常见疾病的防治工作。

3. 班级文档管理

班级文档是各种与班级工作密切相关的资料。主要包括如下几个方面。

(1)学生成绩报告单

每学期或学年结束的时候，班主任都要向学生家长递交成绩报告单。这是沟通学校和家庭，开展协作教育的重要渠道。学生成绩报告单主要包括学业成绩、操行评语、考勤情况、奖惩情况等内容，由班主任负责填写。操行评语，是对学生的思想品德及各方面表现作出的评定，内容主要是对学生的思想状态、学习、劳动、社会工作、文体活动等各方面表现及其发展情况作出的描述、分析及评价。操行评语不仅要肯定学生的进步，也要指出其不足，为学校对学生的奖惩提供依据，也为高一级学校录取新生、有关部门挑选人才提供参考。班主任写操行评语时应注意端正态度，以发展的眼光看待学生，以鼓励为主，同时做到实事求是，措辞恰如其分。

(2)学生档案

学生档案是班主任积累并保存的关于学生各方面情况的材料。班主任应重视建立学生档案，从入学开始，逐步积累，一直坚持到学生毕业。学生档案记载的内容包括：学籍、考试成绩、健康状况、考勤记录、德智体美劳各方面的表现和奖惩情况，以及学生的性格分析、心理素质、兴趣特长、家庭情况等内容。可以使用列表和描述相结合的方式记录。

(3)班级日志

班级日志也称教室日志，是考查各班任课教师教学情况和各班学生学习情况的文书。一般由学校统一印发，由班长或值日班长保管。班级日志中的课外活动、学生出勤情况等栏目由班干部负责填写；学科教师负责填写教学情况，包括科目进度、内容、学生在课堂上的表现及纪律情况等。班主任要经常查阅班级日志，遇到重要情况及时做好记录，对出现的问题进行分析和研究，制定改进措施。班级日志可定期送德育处、教学处、校长室等部门审阅。

4. 班级工作计划和总结

班级工作面广，事务繁多，要提高管理的效能，就要求班主任认真做好班级工作计划和总结。班级计划是学校工作计划的具体化。其主要内容包括班级情况分析、班级发展目标设定、具体措施及活动安排等内容。班级总结是对一段时间内班级工作的反思，以及对计划落实情况的梳理和概括。按时间来分，班级工作计划和总结可分为周、月、学期、学年等类型；按内容来分，可分为全面计划(总结)和专题计划(总结)。

(二)班级非常规管理

班级非常规管理通常是指对偶发事件的处理。偶发事件是指在教育过程中遇到的，事先难以预料的，出现频率较低，但必须迅速作出反应和处理的事件。在班主任的工作中，偶发事件是难以完全避免的。

偶发事件有很多种，主要有不可避免的自然原因带来的天灾人祸，外来人员的干扰产生的安全和秩序问题，人际冲突、恶作剧等造成的学生意外伤害，心理原因造成的学生出走、自残、自伤或自杀事件等。

偶发事件一般有几个特征：一是偶然性，事件出乎意料，发生频率比常规管理的各种问题低得多。二是突发性，在教师缺乏足够思想准备的情况下突然发生。三是爆炸性，一旦发生，就会产生爆炸效应，引起连锁反应，对正常秩序的冲击极强。四是紧迫性，发生偶发事件往往要求班主任迅速作出反应，当机立断，抓住时机，妥善解决。偶发事件因其特殊性，故而不能依赖常规办法解决，需要班主任快速、机智地给予特殊处理。

处理偶发事件的基本原则有以下几个。

首先是控制感情，沉着冷静。偶发事件往往容易引起学生情绪的波动，有些偶发事件是在行为失控的情况下发生的。班主任要以冷静的态度采取果断措施，有效控制事态的发展。

其次是了解情况，掌握分寸。在稳定事态或控制局面之后，班主任要多方调查，了解事件发生的原因及过程，审时度势采取灵活的方式解决问题。同时注意把握分寸，不能滥用奖惩手段。

最后是依靠集体，教育学生。班主任要按照偶发事件处理程序，及时与年级或学校管理者取得联系，汇报事件的基本情况，借助学校集体的力量共同解决，而不是孤军作战。同时，认真总结，从偶然中找出必然，减少工作的盲目性，并把偶发事件当作教育契机，使全班学生从事件及事件处理中受到教育。

三、班主任与班集体建设

(一)班主任

班主任是班集体的组织者、教育者和指导者，是学校领导进行管理工作、完成教学任务的得力助手，是对学生进行思想品德教育的骨干，是教师之间、师生之间相互联系的纽带，是沟通学校、家庭、社会的桥梁。

班主任是学校任命、委派，全面负责一个教学班学生的思想、学习、健康和生活等方面工作的教师。

1. 班主任的配备与选聘

《中小学班主任工作规定》明确规定中小学每个班级应当配备一名班主任。班主任由学校从班级任课教师中选聘。聘期由学校确定，担任一个班级的班主任时间一般应连续 1 学年以上。教师初次担任班主任应接受岗前培训，符合选聘条件后学校方可聘用。选聘班主任应当在教师任职条件的基础上突出考查以下条件：一是作风正派，心理健康，为人师表；二是热爱学生，善于与学生、学生家长及其他任课教师沟通；三是爱岗敬业，具有较强的教育引导和组织管理能力。尤其是第一点，强调了对班主任德的要求。习近平总书记2014年在同北京师范大学师生代表座谈时指出："好老师首先应该是以德施教、以德立身的楷模。"鉴于班主任比其他任课教师对学生具有更大的影响力，选聘班主任必须把师德作为首要条件。

2. 班主任的职责与任务

《中小学班主任工作规定》明确了班主任的工作职责和任务。

全面了解班级内每一个学生，深入分析学生思想、心理、学习、生活状况。关心爱护全体学生，平等对待每一个学生，尊重学生人格。采取多种方式与学生沟通，有针对性地进行思想政治和道德教育，促进学生德智体美劳全面发展。

认真做好班级的日常管理工作，维护班级良好秩序，培养学生的规则意识、责任意识和集体荣誉感，营造民主和谐、团结互助、健康向上的集体氛围。

指导班委会和团队工作。组织、指导开展班会、团队会(日)、文体娱乐、社会实践、春(秋)游等形式多样的班级活动，注重调动学生的积极性和主动性，并做好安全防护工作。

组织做好学生的综合素质评价工作，指导学生认真完成成长记录，实事求是地评定学生操行，向学校提出奖惩建议。

经常与任课教师和其他教职工沟通，主动与学生家长、学生所在社区联系，努力形成教育合力。

3. 班主任的角色定位

(1)班主任是班级管理的设计师

通常以为，班主任是班级管理的组织者和领导者。这是有一定道理的。然而，班主任对班级的管理是通过培养坚强的班级核心，组织井然有序的课堂教学和开展丰富多彩的教学活动进行的。班主任工作的这些特点，决定了班级管理不能采用"事无巨细，一概包揽"，或者"头痛医头，脚痛医脚"的直接管理方式，而要注重精心策划，周密设计，调动和发挥各个方面的积极性，共同做好班级工作。这就要求班主任要扮演好班级管理的设计师的角色，把立足点从直接管理转移到设计管理上来。

(2)班主任是学生成长的引路人

青少年时期是人成长的黄金时期，是长身体、长才干、励德睿智、立志广知的关键时期。国家把青少年一代委托给教师，家长将子女送到学校，是希望教师能承担起对学生教育、培养和塑造的任务，使他们成为社会主义现代化建设者和接班人。毫无疑问，在学校教育工作中，班主任肩负着光荣和艰巨的任务。班主任不仅应该是一名好的教师，同所有教师一样成为学生的良师益友，而且要特别关心学生的全面发展，加强对每一个学生的素质教育，真正成为学生成长的引路人。

(3)班主任是优良班风的培育者

班主任既要通过各种有效途径教育和引导学生，又要通过优良的班风建设来影响和感染学生。优良班风能起到和风化雨、润物无声的特殊教育作用。它既可以激励先进，扶植正气，也可以带动落后，抑制不良。因此，班主任的工作目标之一就是培育优良班风，他们自然也就承担着优良班风培育者的角色。

(4)班主任是协调多方关系的艺术家

在现代班级管理中，协调好各个方面的关系，也是班主任的职责之一。就班级管理来说，主要是同人打交道。所以，班主任还应成为协调各个方面的人际关系的艺术家。

首先，班主任要正确处理与班级学生的关系。学生对教师的态度格外敏感，甚至依据教师的态度来决定自己的反应。班主任的关心与友善能唤起学生的感激心理，相反，班主任对学生的挖苦讥讽，只能触发他们的逆反与对立情绪。其次，班主任要协调好与本班其他任课教师的关系。同在一所学校工作，又同在一个班级任课，应该和睦相处，互相帮助。班主任与任课教师产生矛盾时，需要彼此体谅，互相协调。班主任应该定期召开班级任课教师联席会，经常主动征求任课教师对班级管理的意见，虚心听取他们对班级情况的反映，并争取得到他们的支持与配合，同心协力地做好班级管理工作。再次，班主任还要协调好同学校领导及主管部门领导的关系。班级是学校的最小管理单位，班级管理直接影响整个学校的教育管理。最后，班主任还要协调好同社会各界、学生家长的关系，发挥好纽带和桥梁作用。班主任通过协调各种社会教育力量、合理使用社会资源、发挥社区人才优势、服务社区文明活动、排除社会不利影响等方式，加强学校、班级与社会的协调与合作。班级管理工作离不开社会各界的大力支持，更需要各位学生家长的积极配合。班主任可以通过家访、书面联系、召开家长会、成立家长委员会、举办家长学校、组织学校开放日等，加强与学生家庭的沟通与联系，抓住家长都希望孩子成才的共同愿望，同家长保持平等、友善的联系，以利于班级管理工作。

(二)班集体的建设

优秀班集体是以集体主义思想为导向，具有正确的奋斗目标，有较强的核心和骨干力量，具有良好的纪律、舆论、班风，具有良好的人际关系，能够促进班级全体成员各方面素质不断提高的班级群体。它是班级发展的最高阶段。

1. 班集体的构成要素

(1)共同的目标

就班级而言，其成员在文化上表现出同质性，原因在于集体追求共同的目标，或者说正是因为共同目标的吸引力，班级中的每个成员才可能紧密地团结在一起。

(2)一定的组织结构

班级中存在一定的组织结构，如班委会、小组等。在我国，由于学生规模较大，通常表现得更为明显。比如，一个班被分为几个学习小组，有班委和小组长，不同的学科有相应的课代表，在班级中还有团队组织等。

(3)共同生活的准则

班级中有一定的共同生活的准则，如规章制度、班级守则等。由于是正式的集体组织，班级中通常会有各种比较严格的关于考试、考勤、作业等方面的一系列的规章制度，这是班级得以顺利开展活动的前提和保障。

(4)一定的心理氛围、情感纽带

班级的互动往往是在直接的、面对面的情况下发生的。在这个过程中，情感起着相当重要的维系作用，对集体的归属感、对某种制度或荣誉的维护、对本班成员的亲近感等都是班级不可或缺的重要因素。

2. 班集体的形成

班集体从初步形成到巩固成熟是一个连续的动态过程。一个优秀班集体的形成，一般要经过如下阶段。

(1)组建阶段

学生初进学校，尽管形式上同属一个班级，实际上是一个个孤立的个体。此时的班集体是松散的，班级靠教师组织指挥。集体意识和集体精神尚未形成，需要教育者为主导，采取有效措施，建立班级组织机构和相应的规范，使班级工作逐步展开，培养集体的有序感。

(2)形成核心阶段

班级有了组织机制并基本稳定后，同学之间开始相互了解。在班主任的引导和培养下，涌现出一批积极分子，班集体有了核心人物，协助班主任开展各项工作。但是，班级仍然受班主任的指挥，正确的舆论与良好的班风尚未形成。

(3)发展阶段

这一阶段班集体已成为教育主体。不仅学生干部，多数学生也能互相严格要求。教育要求已转化为集体成员的自觉需要，无须外在监督，已能自己管理和教育自己。同学之间团结友爱，形成强有力的舆论与良好的班风，各项活动合作良好。

(4)成熟阶段

这一阶段是班集体建设趋向成熟的时期，集体的特征得到充分体现，并为集体成员所内化。全班已成为一个组织制度健全的有机整体，整个班级洋溢着一种平等、和谐、上进、合作的氛围，学生积极参与班级活动，并使自己的个性特长得到发展。

3. 班集体的培养过程

班集体不是自然形成的，任何一个班集体都会经历组建、形成、发展的过程，这实际上也是教育培养与社会化的过程。

(1)提出共同的奋斗目标

共同的奋斗目标是班集体形成和发展的前提。明确了奋斗目标，学生就有了思想和行动的方向。围绕共同目标，才能形成强大的集体凝聚力。在制定目标时应注意：一是要符合学生的年龄特点，符合班级的实际情况，体现全班学生的共同愿望；二是班级目标应具有激励作用，目标应有一定的挑战性。

(2)选择和培养班干部

正确选用和培养班干部是班主任搞好班级管理的关键。要把全班学生组织起来，班主任需要善于发现和培养积极分子，挑选和培养班干部，建立班集体的领导核心。充分发挥班委会的作用，在班干部的带领下让学生学会自我管理、自我教育。

(3)培养正确的集体舆论和优良的班风

集体舆论是在集体中为大多数人所赞同的言论和意见。班主任可通过语言说理、榜样示范、情景陶冶、活动锻炼、品行评价等几种方法来培养正确的集体舆论。班风是一个班级具有自身特色的稳定的集体作风。正确的集体舆论和优良的班风会形成一种巨大的教育力量，对每个成员都有熏陶、感染和制约的作用，在管理班集体的过程中发挥着巨大的作用。

(4)建立班集体的正常秩序

班集体的正常秩序是维持和保障学生在校生活的基本条件，是教师开展工作的重要保证。班集体的正常秩序包括必要的规章制度、共同的生活准则、一定的活动节律。教师在班集体组建阶段就应该着手正常秩序的建立工作，特别是遇到问题较多的班时。在建立班集体正常秩序时，要依靠班干部的力量带动全班学生；一旦初步形成班级秩序，不要轻易改变；要让学生体验到正常秩序给他们的学习和生活带来的便利与成效。

(5)组织多样的教育活动

班集体是在活动中形成、发展、巩固起来的。只有在活动中，全班学生才能充分交往、相互了解、建立友谊，为形成班集体奠定感情基础。通过集体活动，学生可以焕发精神，开阔眼界，增长知识，促进才能、特长的发挥和相互团结。因此，班主任组织或指导学生参加适当的活动是必不可少的。

课外活动是课堂教学活动的补充与延伸，具有自愿选择性、内容和形式的多样性、活动组织上的自主性等特点，在学生发展中具有重要的意义和作用。课外活动可以丰富学生的课余生活；适应学生个别差异和多样需求，有利于培养、发现和选拔专门人才；能够促使学生多渠道获得信息，开阔视野；培养学生独立性、创造性等。

课外活动的内容是多方面的，包括学科活动、科技活动、社会活动、文学艺术活动、文娱体育活动、劳动技术活动等。课外活动的组织形式也是多样化的，如群众性活动、小组活动、个人活动等。

课外活动的组织应符合下列要求：活动应该丰富多彩、富有吸引力，充分发挥学生的积极性，课堂教学和课外活动相互配合、相互促进，符合学生年龄特征、兴趣和特长，因地因校制宜。

(6)引导非正式群体成为班集体的积极力量

非正式群体是以个人感情为基础自发形成的小群体。每个班级都会有非正式群体。非正式群体对班级的影响有大有小，有好有坏。对于非正式群体，既不能视而不见，也不能一概否认，要积极引导、善于利用积极因素，使其对班集体的建设起到积极作用。

第四节　课堂管理与课堂纪律管理

一、课堂管理

(一)课堂管理的含义及其基本原则

课堂管理是指教师通过协调课堂内外各种人际关系而有效地实现预定教学目标的过程。一般而言，影响课堂教学质量、效率的主要是教师、学生和课堂情境等因素的协调程度。

课堂管理的基本原则包括：第一，目标原则，即课堂管理应有正确的目标，为教学目标的实现提供保障；第二，激励原则，即在课堂管理过程中，通过各种手段最大限度地激发学生的学习兴趣和学习动机；第三，反馈原则，即运用反馈信息，对课堂教学进行主动而自觉的调节和修正。

(二)影响课堂管理的因素

1. 教师的领导风格

教师的领导风格对课堂管理有直接的影响。参与式领导和监督式领导对课堂管理有不同的影响。参与式领导注重创造自由风气，鼓励自由发表意见，不把自己的意见强加于人。监督式领导则待人冷淡，只注重集体讨论的进程，经常监督人的行为有无越轨。教师如果选择参与式领导，课堂管理的效果就会高一些；如果选择监督式领导，就会形成一种假象，表面上课堂被管理得井然有序，实际上被管理者并非自愿接受监督。

2. 班级规模

班级规模是影响课堂管理的重要因素。首先，班级规模会影响班级成员间的情感关系。班级规模越大，情感纽带的力量越弱。其次，班内的学生越多，学生间的个别差异就越大，课堂管理所遇到的阻力也可能越大。再次，班级规模也会影响交往模式。班级规模越大，成员之间相互交往的频率就越低，对课堂管理技能的要求也就越高。最后，班级规模越大，内部越容易形成非正式群体，而这些群体会影响课堂教学目标的实现。

3. 班级的性质

不同的班级往往有不同的群体规范和不同的凝聚力，即所谓班风。教师不能用固定不变的管理模式对待不同性质的班级，而应在深入了解的基础上，掌握班级的特点，运用高度的技巧，获得理想的管理效果。

4. 对教师的期望

人们对教师在学校情境中执行任务往往有比较固定的看法，即使某一位教师的言谈举止并不符合这种固定的看法，人们还是会按照这种固定的看法去看待和解释教师的行为，这就是定型的期望。它包括人们对教师理应表现的行为及其所具有的动机和意向的期望。班内学生对教师的课堂管理行为同样会形成定型的期望。他们期望教师以某种方式进行教学和课堂管理。当期望与现实发生冲突时，这种定型的期望必然影响课堂管理。

(三)课堂气氛

课堂气氛是指课堂里占优势的某种态度和情感的综合状态。一般分为积极的、消极的和对抗的三种类型。积极的课堂气氛是高效课堂的保证。

影响课堂气氛的因素主要有：教师的领导方式、教师的威信、教师对学生的期望以及教师的情绪状态。

首先，教师的领导方式直接影响着课堂气氛的形成。不同的领导方式自然形成不同的课堂气氛。在专制型领导、民主型领导和放任型领导这三种不同的领导方式中，民主型领导方式的课堂气氛最好，而专制型领导方式对课堂秩序混乱、人际关系紧张的班级的管理比较有效。

其次，教师的威信能够通过对学生情感体验的直接影响来制约课堂气氛。当有威信的、受学生尊重的教师上课时，学生就会情绪饱满、精神振奋、专心听讲；反之，学生则表现出无精打采或过度紧张的状态。

再次，教师对学生的高期望能够对学生产生激励作用，激发学生的学习兴趣，增强对教师的信赖感；而教师对学生的低期望则可能导致学生自暴自弃、降低学习兴趣，从而影响课堂气氛。

最后，教师的情绪状态也会影响课堂气氛。教师积极的情绪状态往往会投射到学生身上，使教师与学生的意图、观点和情感联结起来，从而在师生间产生共鸣性的情感反应，有利于创造良好的课堂气氛。教师适度的焦虑能够激发其努力改变课堂现状的动机，避免呆板或恐慌反应，从而推动教师不断努力以谋求最佳课堂气氛的行为。然而，过高或过低的焦虑都会对课堂气氛产生不良的影响。

创设良好的课堂气氛，需要以下条件：一是教师要具备一定的课堂管理能力，针对不同的班级特点选择不同的领导方式。二是提升教师的威信。教师要学会共情，即教师在感受到对方的某种情绪时，也能体验相应的情绪，设身处地从对方的角度去体察其心情，理解学生，帮助学生，不断提升自己在学生心目中的威信。三是教师的积极期望。教师应发现每一个学生的优点，并对其在这些方面寄予较高的发展期望，激发学生的学习兴趣。四是教师的适度焦虑。

二、课堂纪律管理

(一)课堂纪律

课堂教学活动的进行、目标的实现，以教学秩序为保证。良好的教学秩序，需要课堂纪律规范学生的课堂行为。所谓课堂纪律，是指对学生课堂行为进行规范与调控的规则。

课堂纪律的类型主要包括：①教师促成的纪律。即需要教师给予较多监督与指导的纪律，如小学生入学时的纪律。②集体促成的纪律。即学生共同认可并约定规则，如同辈人形成的集体在学生社会化方面起着越来越大的作用。③任务促成的纪律。指因某一项任务引起学生的高度注意，从而对其他诱人的活动置之不理形成的纪律。④学生个人促成的纪律。外部的纪律控制被个体内化以后，成为个体自觉的行为准则而形成的自律。

(二)课堂纪律的发展

不同年龄阶段的学生，其道德认识和判断能力不同。依据学生道德认识和判断能力的发展水平，学生课堂纪律的发展一般会经历四个阶段。

1. 反抗行为阶段

4岁之前的儿童，行为中经常表现出对抗性，拒绝遵循他人的指示、要求，需要给予大量的注意；但是会因为畏于斥责而遵循他人的要求。主要表现为当教师或家长盯住他们时，他们会表现得中规中矩。但是稍微不注意，他们就会失去控制。

在这一阶段，对维持纪律发挥作用的是儿童和权威人物之间的权力不平衡。当教师或父母向儿童展示出强有力的控制时，儿童的不良行为可以很有效地得到约束；反之，他们就可能表现出不良行为。

2. 自我服务阶段

5～7岁的儿童是以自我为中心的，但是在课堂上比较容易管理，因为他们关心的是自己的行为是会得到奖励还是惩罚。他们做出某些行为，要么是想得到某些奖励，如糖果、休息时间等，要么是不喜欢违反纪律带来的后果。

这一阶段的儿童很少具有自我纪律感，表现不稳定，可能在这节课上表现很好，在另一节课上却失去自我控制。为了避免出现纪律问题，教师需要对他们进行不断的监督与控制。

3. 人际纪律阶段

中学生大多处于这一阶段。中学生的行为取向是建立一种相互的人际关系，他们之所以做出某种行为往往是因为有人要求其这样做。中学生比较关心自己在别人心目中的形象，注重同学和教师的态度和评价，为了获得同学和教师的认可和表扬，他们纪律意识较强，能够依据纪律的要求规范自己的行为，基本上不用借助强力来约束自己，但是有时也需要轻微的提示。

4. 自我约束阶段

到了这一阶段，多数学生已经能够明辨是非，理解纪律的作用和意义，因此能够自觉运用纪律约束自己的行为。但是也会有一部分学生的表现不够稳定。如果某些学生迫使教师在课堂上因为处理纪律问题而浪费时间，会引起其他学生的厌烦。

三、课堂问题行为

(一)课堂问题行为概述

1. 课堂问题行为的含义

课堂问题行为是指学生在课堂教学过程中，不能遵守公认的正常行为规范和道德标准，不能与教师和同学正常交往及参与学习的行为。课堂问题行为不仅影响学生自己的学习，而且常常引起课堂纪律问题，影响课堂教学的正常进行，进而影响教学质量和效率。

2. 课堂问题行为的分类

课堂问题行为可以有不同的分类。例如，把破坏课堂秩序、不遵守课堂纪律的行为归纳为扰乱性的问题行为，把退缩、神经过敏等行为归纳为心理问题行为，或者把问题行为分为品行性问题行为、性格性问题行为、情绪上和社会上的不成熟行为三种类型。

3. 产生课堂问题行为的原因

产生课堂问题行为的原因是多方面的，可以概括为：第一，学生因为对学习产生厌倦情绪，寻求其他刺激而违反课堂纪律；第二，学生因为学习过于紧张、困难较多、害怕失败或屡经失败等而产生挫折与焦虑情绪，为了寻求发泄的途径而违反课堂纪律；第三，个别学生因学习成绩较差，希望引起教师与同学的关注、在群体中获得地位，而不择手段违反纪律。

(二)课堂问题行为的预防

1. 制定课堂规则和程序

众所周知，高效的课堂不能没有规则。学生入学前缺少制度、规则意识，进入学校后就应尽快树立规则意识，并贯彻到最基本的课堂活动中来。这就要求教师：

一要使用清晰明确的语言来表达课堂规则的要求。例如，对于“课间休息要举止文明”这种表达，学生就很难领会到“举止文明”到底应该怎么做，而“课间休息时不追逐打闹、不践踏草坪”就能让学生明确应该怎么做。

二要师生共同参与规则的制定与执行。教师和学生是课堂的双主体，课堂规则自然应该体现两个主体的共同意愿。更重要的是，学生的参与还有利于培养其主人翁意识、独立能力，更有利于规则和制度的有效执行。

三要符合班级实际情况。每个班级都有自己不同的特点，制定的课堂规则必须考虑班级自身的实际情况。照抄照搬其他班级的条款不但影响规则制度的落实，还可能引起班级内部的矛盾和不满。

四要不断修正。没有适用百年的规则和制度，随着学生的成长和客观环境的变化，当师生发现现行规则存在问题时，应尽快组织讨论，不断完善。

五要不断强化。规则一经大家共同认可制定完成，必须尽快严格执行。实施初期，应成立监督小组，认真监督学生的行为，并对学生的违纪行为及时予以提醒，强化那些容易忘记的规则。

2. 营造积极的课堂气氛

教师是课堂教学的主导者，如果教师的教学设计、教学方式、教学内容能够将学生的注意力吸引到课堂中来，学生对学习有兴趣，自然会积极参与课堂各项活动，从而减少课堂问题行为的出现，学习效果自然就好。反之，学生在课堂上参与度不够，对学习不感兴趣，就容易在课堂上走神。因此，适当创设课堂活动情境，让学生参与进来，让课堂变得丰富多彩，就可避免问题行为乘虚而入。

(三)课堂问题行为的处置与矫正

1. 课堂问题行为的处置

课堂问题行为的产生，从其根源上看具有必然性，从其产生表现上看具有偶然性。对于课堂问题行为的处置，可以参考班级非常规管理部分相关内容。

2. 课堂问题行为的矫正

在处理课堂问题行为时，除了采用说服教育、行为训练等方法外，还可以采用下列课堂管理技巧，解决暂时性的课堂问题行为。第一，使用信号制止问题行为。教师发现学生的问题行为时，可以使用凝视、摇头、小声咳嗽等信号示意学生以制止其问题行为。第二，临近控制。教师可以走近违反课堂纪律的学生，尝试用站立其身旁、轻敲其课桌等方式给予提醒。第三，激发其学习兴趣。教师可以用富有启发性的问题，让学生思考并回答问题。第四，使用幽默。使用幽默的方法纠正问题行为，没有恶意，不会让学生反感。第五，安排闲余。对反应较快的学生，教师可以给他安排令其感兴趣的作业，不给他在课堂上因无事可干而违反纪律的机会。第六，移除诱因。对分散学生注意力的物品，可以暂时代学生保管，以消除诱因；对上课时爱在一起聊天的学生，可以调换其座位；对注意力容易分散的学生，可安排在与教师临近的位置，以便于监督。第七，提出要求。为了维持课堂纪律，在必要时，可以公开提出要求来统一行动，但不能用讽刺、挖苦、孤立，甚至侮辱性的语言和方式。

本章小结

1. 组织管理是社会组织为了达到组织目标而有意识、有计划地协调组织内部的人力、物力的过程。

2. 组织管理理论的发展经过了古典组织理论、人际关系组织理论、社会系统组织理论、现代权变组织理论四个阶段。

3. 学校的组织机构是按照学校一定工作的任务和目标，将学校成员按照不同的工作性质、职务和岗位组织起来，形成层次恰当、结构合理的有机整体。学校主要的组织机构包括行政组织、业务组织、党群组织、其他组织。行政组织主要有教导处、总务处、校办工厂和农场；业务组织主要是学科教研组、年级组、教育科学研究室；党群组织有党支部、共青团、少先队、学生会、工会；其他组织有爱国卫生运动委员会(小组)、治安保卫委员会(小组)、家长委员会等。

4. 学校的规章制度主要包括教育行政部门制定的相关制度、学校制定的规章制度、学校管理的基本制度。

5. 班级是学校为实现一定的教育目的，将年龄相同、文化程度大体相同的学生按一定的人数规模建立起来的教育组织。

6. 班级管理是教师根据一定的教育目的、培养目标，运用一定的手段和措施，带领全班学生，对班级中的各种资源进行规划、组织、协调、控制，以实现教育目的和培养目标的组织活动过程。班级管理的内容包括班级常规管理和班级非常规管理。班级常规管理包括班级纪律管理、班级环境与卫生管理、班级文档管理、班级工作计划和总结等。

7. 班主任是班集体的组织者、教育者和指导者，是学校领导进行管理工作、完成教学任务的得力助手，是对学生进行思想品德教育的骨干，是教师之间、师生之间相互联系的纽带，是沟通学校、家庭、社会的桥梁。

8. 优秀班集体是以集体主义思想为导向，具有正确的奋斗目标，有较强的核心和骨干力量，具有良好的纪律、舆论、班风，具有良好的人际关系，能够促进班级全体成员各方面素质不断提高的班级群体。班集体的构成要素包括共同的目标，一定的组织结构，共同生活的准则，一定的心理氛围、情感纽带。

9. 班集体的形成一般要经过组建阶段、形成核心阶段、发展阶段、成熟阶段。

10. 培养班集体的过程包括：提出共同的奋斗目标，选择和培养班干部，培养正确的集体舆论和优良的班风，建立班集体的正常秩序，组织多样的教育活动，引导非正式群体成为班集体的积极力量。

11. 课堂管理是指教师通过协调课堂内外各种人际关系而有效地实现预定教学目标的过程。一般而言，影响课堂教学质量、效率的主要是教师、学生和课堂情境等因素的协调程度。

12. 课堂纪律，是指对学生课堂行为进行规范与调控的规则。课堂纪律的类型主要包括：教师促成的纪律、集体促成的纪律、任务促成的纪律和学生个人促成的纪律。

13. 课堂问题行为是指学生在课堂教学过程中，不能遵守公认的正常行为规范和道德标准，不能与教师和同学正常交往及参与学习的行为。课堂问题行为的类型和形成原因是多样的，处理课堂问题行为需要教师具备基本的课堂管理技巧和教育教学智慧。

关键术语

1. 组织管理
2. 学校的组织机构
3. 学校的规章制度
4. 班级
5. 班级管理
6. 班级管理的内容
7. 班主任
8. 班集体
9. 课堂管理
10. 课堂纪律管理
11. 课堂问题行为
12. 课堂气氛

思考题

1. 什么是组织管理？组织管理的主要内容有哪些？
2. 简述组织管理理论的发展阶段。
3. 学校主要有哪些组织机构？
4. 简述学校管理的主要制度。
5. 什么是班级管理？简述班级管理的意义。

6. 班级常规管理的内容有哪些？
7. 处理偶发事件的基本原则有哪些？
8. 简述班主任的职责与任务。
9. 什么是班集体？班集体的构成要素是什么？
10. 结合实际，谈谈如何建立班集体。
11. 如何减少课堂问题行为的产生？

案例分析

材料一：一个平时纪律意识淡薄的学生，在数学课上被教师批评，很不服气。在课间休息时，该生将一把小扫帚悄悄地卡在教室的前门上以求“报复”。恰好这位教师临时与班主任调课，在班主任推开门走进教室的一瞬间，扫帚不偏不斜正砸在了她的肩上。顿时许多人哄笑起来。

材料二：在一次英语课上，由于录音的语速太快，学生跟不上，英语教师便放慢语速领读，并让学生跟读。但几遍下来，有些学生还是有些绕不过来，便产生了畏难情绪、不愿再读了。当英语教师再次让他们模仿跟读时，有的学生干脆说：“我是读不来的。”有些学会了的学生则骄傲起来了，有位学生甚至说：“我学会了还要重复读，真没劲！”

问题：

1. 以上两份材料反映了班级管理中的什么现象？分别属于什么类型？
2. 联系实际谈谈处理的方式。

第十二章　教育研究概论

学习目标▶

1. 了解教育研究的基本过程，掌握选题和文献检索的基本方法，学会研究设计，并能恰当、有效、充分地呈现研究成果。

2. 了解和掌握取样的基本要求和方法。

3. 了解常用的教育研究方法的特点、类型、实施步骤，并能在此基础上选择适宜的教育研究方法。

问题导入 ▶

教育研究促教学

一位音乐教师发现，学生对音乐教学中的抗日战争歌曲不太感兴趣。这位教师认为，学生之所以对这些歌曲不感兴趣，可能是因为现在的学生不了解那个时代，也不了解这些歌曲在那个时代所起的作用。因此，拉近这些歌曲和现代学生的距离，成了他解决问题的一个思路。他后来做了一项研究——“在音乐教学中运用音乐史料的实践研究”。在研究这个课题的过程中，他利用学生收集资料的能力强、运用信息技术的能力强的优势，让学生制作关于抗日战争歌曲的课件。学生被迅速调动起来，他们通过各种途径和方法收集资料、制作课件。有的课件甚至在全国中学生课件制作比赛中得奖。通过自主活动，学生对抗日战争歌曲比较熟悉了，也更加喜爱这些歌曲了。

这个课题产生于实际的教学问题。上述案例是一位一线教师在教学实践中发现问题，然后通过课题研究解决问题，从而促进课堂教学效果、学生能力增强的典型案例。

教育研究就是关于教育的研究。教育研究是科学研究的一种，由客观事实、科学理论和方法技术三个基本因素组成，具有解释、预测和控制的功能。教育研究在推动教育改革、丰富教育理论和教育实践、提升教师素质方面具有重要作用。了解教育研究的基本过程，选择适宜的研究方法进行教育研究，是教育领域工作者和学习者应掌握的基本功。

第一节　教育研究概述

一、教育研究的含义

教育研究由两个核心词组成，即教育和研究。因此，要想了解教育研究的含义，我们首先要清楚教育的含义和研究的含义。

我们很熟悉教育这个词。《辞海》对教育的定义如下：广义指以影响人的身心发展为直接目的的社会活动。狭义指由专职人员和专门机构进行的学校教育。[①] 教育界关于教育含义的观点比较一致，即认为教育是有目的地培养人的活动。

研究这个词在各个领域都较为常用。研究在《辞海》中的第一个意思就是钻研探

---

① 陈至立：《辞海：缩印本》7版，1091页，上海，上海辞书出版社，2022。

求，如调查研究、学术研究等。[①]

教育研究是科学研究的下位概念，因此具备科学研究的共性。人们一般将从事的研究划分为自然科学研究和人文社会科学研究两类。教育研究隶属于人文社会科学研究，专指人们在教育领域所实施的提出问题和寻求问题解决的活动过程。[②] 教育研究通过对教育现象和教育问题进行解释、预测和控制，以促进教育的发展。

二、教育研究的意义

2019年，教育部出台的《关于加强新时代教育科学研究工作的意见》指出："教育科学研究是教育事业的重要组成部分，对教育改革发展具有重要的支撑、驱动和引领作用。"教育研究在教育科学发展中发挥着重要的作用。教育研究是教育事业发展的不竭动力，教育研究有利于不断丰富教育理论和教育实践，同时有利于带动教师素质不断提升。

(一)推动教育改革

教育研究推动教育改革主要体现在两个方面。一方面，教育研究往往集中了当下教育领域处于前沿地带的教育理念。教育研究通过研究的方式将这些先进的教育理念传递出来，让人们从知道、了解到熟悉，从而带动教育行为的改变。另一方面，教育研究涉及教育领域的各种问题，从我国的教育体制、学制、教育目的，到学校的培养目标、教师的教学风格、新的教学模式等等。教育研究通过不断解决这些问题，推动教育事业不断向前发展。同时，教育研究还能为教育行政部门制定教育政策、作出教育决策提供参考依据。

(二)发展教育理论，丰富教育实践

教育研究在不断解决一个又一个新问题的过程中，发展、更新着教育理论，使教育理论不断触及更深层次的教育实践，使教育理论的范围得到不断拓宽，逐渐和心理学、哲学、人类学、社会学、统计学多种学科交叉融合。教育研究通过解决教育问题，归纳出新的教育理论和教育理念指导、改进、丰富教育实践。

(三)促进教育工作者素质的提高

教育工作者，无论是基层教师、学校中层领导干部，还是学校掌舵人校长，善于做教育研究，有助于对遇到的教育问题进行深刻反思，从而找到新的解决办法，总结出新的教育规则。教育研究是教育工作者学习的过程。在这一工作中，教育工作者的知识库得到丰富和更新。教育研究过程使教育工作者的反思能力、学习能力、组织协调能力都得到不断提升，从而提高了教育工作者的综合素质，帮助他们成为立体的学习型教育工作者。

---

① 陈至立：《辞海：缩印本》7版，1091页，上海，上海辞书出版社，2022。

② 陈向明：《教育研究方法》，4页，北京，教育科学出版社，2013。

三、教育研究范式

(一)范式和教育研究范式的含义

要想讨论“教育研究范式”的相关问题，我们首先需要明白“范式”是什么及“教育研究范式”是什么。关于“范式”，教育界大多采用美国科学哲学家托马斯·库恩的观点。1962 年，库恩在他的《科学革命的结构》一书中系统阐释了关于“范式”的概念和理论。库恩认为：“范式”一词有两种意义不同的使用方式。一方面，它代表着一个特定共同体成员所共有的信念、价值、技术等构成的整体；另一方面，它指那个整体的一种元素，即具体的谜题解答，将其当作模型和范例，可以取代明确的规则以作为常规科学中其他谜底解答的基础。① 将库恩的范式具体到教育研究领域，共同体即指教育科学共同体，教育研究范式即指某一时期，教育科学共同体内部的思想信念和实践方法的共同元素。教育研究范式就是教育研究活动中可以作为典范的形式或样式。

(二)教育研究范式的演变

有一点必须引起我们注意——教育研究范式不是一成不变的、永恒的和放之四海而皆准的。人类世界在不断变化，人类对世界的认识也不断深入。教育作为人类世界不可或缺的组成部分，也在发生着变化。因此，教育研究范式也随着外在世界和人类思维的变化而变化。

教育研究范式是影响教育研究质量的关键因素，把握国际教育研究范式的演变趋势对推进我国教育研究具有重要意义。王树涛、顾建民通过文献(2010—2019 年)计量法，对国际教育研究范式的演变趋势进行了分析，结果发现：量化和质性等实证研究方法是被应用最多的方法；教育研究越来越重视调查、访谈等一手资料的收集，纵向资料收集方法越来越受推崇。量化推断统计和质性扎根理论日益受到重视，而哲学思辨的应用比例不断下降。同时，量化研究方法不断更新迭代，呈现出日益多元化、精细化、科学化、去复杂化的趋势，基础研究、跨学科交叉研究是教育科学研究的主要形式。②

我们已经进入大数据时代。大数据以新的方式表征着教育世界，使得传统教育研究面临本体论、认识论和方法论的挑战。大数据时代，教育研究需扩大数据来源，拓展研究空间；深度挖掘数据资源，重视分析相关关系；强化数据文化，推进实证研究。教育研究亦须审慎评估大数据的价值，辩证看待大数据的主观性与客观性，科学评判大数据的量与质，正确处理理论建构与“让数据自己发声”的张力，全面考

---

① [美]托马斯·库恩：《科学革命的结构》，金吾伦、胡新和译，157 页，北京，北京大学出版社，2003。

② 王树涛、顾建民：《国际教育科学研究范式的演变与趋势：基于 2010—2019 年文献计量的分析》，载《教育研究》，2020(9)。

量教育目的与数据伦理。①

四、教育研究中的伦理问题

教育研究中的伦理指所有参与教育研究的人员在研究的各个环节必须遵守的行为规范、道德准则。教育研究是一个系统的过程，从研究主题的选择、研究对象的确定、研究设计，到研究资料的收集、研究过程的控制、研究结果的形成与解释，各环节都涉及研究伦理问题。教育研究的对象主要是人，人是有思想、有情感、有需要的具有主观能动性的高级动物。人的复杂性进一步加强了教育研究的复杂性。研究参与者在研究过程中的一言一行都会涉及研究的伦理问题。在我国教育研究领域，研究伦理缺失的问题还较为严重。研究伦理的长期缺失不仅会使学术风气不正、学术行为失范，而且会造成研究结果的现实转化困境，关系到教育价值的实现。②因此，教育研究的参与者必须在研究的各个环节都高度重视研究的伦理问题，以免给研究参与者造成生理和心理上的伤害。

第一，确保研究参与者的知情同意。在研究开始之前，研究者有义务将研究目的等相关事项告知研究参与者，充分尊重研究参与者的知情权，然后征询研究参与者是否同意参与，即要充分尊重研究参与者的个人意愿。即使研究已经开始，参与者也有终止参与的权利。如果研究参与者是未成年人，研究者还必须征得其监护人的同意，方能让未成年人参与研究。

第二，必须保护研究参与者的隐私。这一条即指教育研究一定要坚持匿名和保密原则，具体做法有：一是不公开能够判断参与者身份的个人信息，二是外界无法获悉某一特定参与者所提供的数据。除非研究参与者同意，否则一切关于他们的信息都应严格保密。③

第三，确保不给研究参与者带来身心伤害，而应使其受益。这是研究者需要遵守的最重要的一条伦理规范。也就是说，研究者在研究实施的过程中，有义务、有责任保护每一位研究参与者不受到身体和心理上的伤害，包括身体受伤、心理不愉快或恐惧等。教育研究的目的是解决教育问题，终极目的便是促进人的全面而自由的发展。因此，研究者在实施研究的过程中，在保护参与者身心不受伤害的基础上，应尽可能地使参与者从中受益，包括使学生、教师、家长等受益。

第四，客观分析和呈现研究结果。上述三点均是为保护研究参与者的权益而提出的。第四条主要针对研究资料的分析与研究结果的呈现两个方面。在研究资料的分析方面，研究者不能为达到研究目的，主观地只选择和分析对自己的研究目的有利的资料，而应该客观全面地分析研究资料，以保证研究结果的全面和客观性。同

---

① 孟志远、王夫艳：《大数据与教育研究的变革：可能与限度》，载《高等教育研究》，2021(2)。

② 罗生全、靳玉乐：《论教育研究的伦理自觉》，载《西南大学学报(社会科学版)》，2013(1)。

③ 宁虹：《教育研究导论》，35页，北京，北京师范大学出版社，2010。

理，研究者在呈现研究结果时，也应该客观呈现研究结果的优势与不足，以保证研究结果的信效度。

为提升我国教育研究的伦理水平，从我国教育研究的现状出发，同时借鉴国外的优秀经验，我们可以尝试从以下几点进行努力。

第一，进一步提升教育研究者的素质。整个教育研究的过程是由教育研究者来实施的，因此，他们的一言一行、他们的素质直接关系教育研究的伦理水平。因此，要想使我国的教育研究越来越符合伦理规范，首先就要不断提升教育研究者的素质。

第二，重视教育研究伦理知识与技能的传授。具体来说，在广大高校，教师在给学生，尤其是给教育学相关专业的学生讲授教育研究的相关课程时，不仅要重视研究方法的讲授，还要重视研究伦理知识与技能的传授，使广大高校学生这些现在和将来的教育研究者能在教育研究生涯的初始阶段，就懂得遵守伦理规范的重要性及如何遵守教育规范。

第三，充分发挥教学科研机构和学会组织在研究伦理审查中的作用。① 例如，英国研究伦理的主要审查机构是各专业学会或各研究机构。英国教育研究学会对研究伦理的基本内容和应用原则有着详细和成熟的规定，研究伦理的实际应用在教育学研究生学术训练和学术研究审查程序中占据重要地位。2004 年，英国教育研究学会颁布了修订的《教育研究伦理指南》，对研究伦理在研究中的实际应用作出了具体规定。我国应借鉴国外的好的做法，在教学科研机构和学会组织层面设立研究伦理的评审机构，完善研究伦理的评审政策。

第四，发挥政府部门在教育研究伦理方面的导向作用。这一点是说，政府有关部门要充分发挥自身在教育研究中的奖优惩劣的作用。政府有关部门要给予体现高尚道德准则的负责任的研究大力支持和高度关注，通过确立奖罚制度和政策引领高尚的研究行为，惩戒有违伦理规范的研究行为，以发挥伦理的标杆作用。

第二节　教育研究过程

一、选题

（一）选题的意义

1. 选题是一切研究工作的起点

选题是一切研究工作的起点，决定着整个研究的方向和发展路径。只有选好了研究主题，开好了头，整个研究工作才能按照研究计划实现研究目的和研究价值。相反，一个差的选题不仅对研究工作起不到引领作用，还会使研究工作事倍功半，

---

① 文雯：《英国教育研究伦理的规范和实践及对我国教育研究的启示》，载《外国教育研究》，2011(8)。

造成人力、物力、财力的浪费。

2. 选好题才能彰显教育研究的价值

教育研究的目的是分析教育现象与教育问题，从中发现并揭示教育规律，从而解决教育问题，促进教育事业的发展。选好题才能达到上述研究目的，才能彰显教育研究的价值。

3. 一名合格的教育研究者首先要能选好题

选题能直接反映教育研究者的研究水平。因此，一名合格的教育研究者首先要做到会选题、选好题。教育研究者如果缺乏选好题的基本功，那其他的研究工作将无从谈起。

(二)好的选题应具有的特点

1. 选题要有价值

教育研究的最终目的是解决教育问题，促进教育事业的发展，所以一个好的选题首先要有价值。其一，一个好的选题要能对相关领域教育理论的发展起到促进、补充、完善的作用。其二，一个好的选题要能对相关领域的教育实践起到促进与丰富的作用。其三，一个好的选题不仅要具有较高的内部价值，能促进教育领域的发展，还要在心理学、社会学、哲学等领域发挥促进和启迪作用。

2. 选题要体现科学性

选题要体现科学性，是说选题要有科学的实践基础和理论基础。要有科学的实践基础是指选题要有一定的事实依据，要从教育实践出发。要有科学的理论基础，是指选题要有科学的教育理论、教育规律作指导。选题如果缺乏理论支撑就会显得苍白空洞。因此，选题要体现科学性。

3. 选题要有可行性

选题要具有可行性，是指研究者选定的课题要具有顺利开展并达成研究目的的各项条件，包括客观条件和主观条件。客观条件主要指研究开展及完成所依赖的人力、物力和财力，包括研究人员及团队、设备、资料，尤其是时间和资金。主观条件主要是指研究者本身具有的知识与学历水平、研究能力等综合素质，以及研究理念与研究兴趣等。

4. 选题要有新颖性

一个选题并非具有价值、科学性、可行性就能称为好的选题，好选题还要具有新颖性。新颖性是指研究者选定的课题有新意，有独创性，较以往的课题有突破。要想选题具有新颖性，就要研究前人未曾解决或尚未完全解决的问题。但是，需要说明的一点是，继承是创新的基础，一个研究者很难在完全脱离前人研究成果的情况下实现创新。教育研究者只有在认真、虚心总结、梳理和分析前人研究成果的基础上，才能发现新的研究视角、新的研究方法、新的研究成果。

5. 选题要具体明确

研究者选定的问题一定要具体、清晰明确，不要太笼统宽泛、缺乏针对性。大而空的研究问题不利于有的放矢，不利于研究计划的执行。只有选题具体明确，才能保证研究走上科学有效的道路。

(三)研究课题的类型和来源

研究者在开始进行科学研究之前，要对课题的类型有所了解，这样才有利于后续工作的开展。根据不同的分类标准，研究课题可以分为不同的类型。

1. 研究课题的类型

(1)基础性研究课题和应用性研究课题

根据研究的性质和目的，研究课题可以分为基础性研究课题和应用性研究课题。在教育研究中，研究课题的这一分类是最常见的。

基础性研究课题：这类课题主要研究教育现象及教育过程的基本规律，揭示青少年身心发展及影响因素间的本质联系，同时探索新的领域。例如，关于教育评价理论的研究，关于我国教育目的、教育功能的研究，等等。

应用性研究课题：这类课题与基础性研究课题相对应，是指将基础理论运用到实践中的各种课题，主要是为了改造或直接改变教育现象和过程。这类课题特别常见。例如，利用各种心理学理论提高学生心理健康水平的研究，利用各种教育理论改进课堂教学模式的研究，等等。

(2)宏观研究课题、中观研究课题和微观研究课题

根据研究的层次和范围，研究课题可以分为如下三种。

宏观研究课题：宏观研究课题是层次最高、范围最广的研究课题，主要是指对整个教育系统的综合性和系统性及其与其他社会系统之间的关系进行研究的课题。由于它层次最高、范围最广，所以它一般具有较强的方向性、指导性和综合性。它既包括对教育系统内部普遍性问题的研究，如对教育体制、教育目标体系、学制的研究，也包括对教育系统和其他社会系统，如教育与经济、教育与人口、教育与文化等的关系的研究。例如，大数据在教育领域的深层应用探析。

中观研究课题：中观研究课题是对教育科学中某一特定范围、某一特定领域或某个部门内的教育问题进行的研究，如教师教育研究、学前教育研究、特殊教育研究和职业教育研究等。

微观研究课题：微观研究课题是对教育科学或教育现象中的某一具体因素进行的具体细致的研究，它往往针对的是个别的教育问题或教育教学实践中的某个具体问题。例如，师生关系对课堂教学效果影响的研究，合作教学法在小学英语教学中的运用，等等。

2. 研究课题的来源

第一，国家行政部门出于社会经济发展的现实需要发布的委托课题。

第二，教育工作者在教育教学实践中发现的问题。

第三，教育研究工作者在学习中发现的问题。

第四，当下教育领域的热点问题。比如，关于学生核心素养的研究、人工智能在教育领域的应用研究。

教育部《关于加强新时代教育科学研究工作的意见》指出，新时代教育科学研究要全面提高服务决策能力。瞄准国家重大战略和区域发展需求，加强基础性、前瞻性、针对性、储备性教育政策研究，创新决策咨询服务方式，不断增强教育服务党和国家事业发展的能力。注重教育立法研究，推动教育法治建设。推动解决教育实践问题。围绕中央关心、社会关注、人民关切的教育热点难点问题开展深入研究，推动重点领域和关键环节取得新突破。深入开展服务全民的终身学习体系和学习型社会建设研究。着力提升国际影响力。加强中外教育科研交流和国际比较研究，吸收世界先进教育教学研究成果，拓展与国外教育科研机构的合作研究，注重加强与“一带一路”沿线国家地区交流合作。

二、文献检索

文献检索是教育研究中至关重要的一个环节，并且贯穿教育研究工作的始终。只有进行了科学充分的文献检索，研究者才能选好题，才能吸取前人在相关领域的经验和教训，才能做好研究。所以每一个教育研究者都应该意识到文献检索的重要意义，掌握文献检索的基本方法。

(一)教育科学文献的含义

在《现代汉语词典》(第 7 版)中，“文献”的释义为“有历史价值或参考价值的图书资料”。依据此定义，教育科学文献是指通过一定的方法和手段，运用一定的意义表达和记录体系记录在一定载体上的有历史价值和研究价值的教育知识。

(二)文献检索在教育研究中的作用

1. 帮助研究者确定研究课题和研究方向

阅读、分析和整理大量文献，能够帮助研究者大致掌握前人在某一领域的研究概况，帮助研究者分析想要研究的领域已有哪些成果，还有哪些问题尚待解决，从而帮助研究者确定研究课题和研究方向。

2. 为教育研究提供论证依据和研究思路

关于研究者想要研究的某一领域或某一问题，前人可能已经拥有较为成熟的研究团队。教育科学文献可以为研究者提供丰富的论证依据和研究思路。

(三)文献的类型

根据加工程度不同，文献可以分为三种类型，即一次文献、二次文献和三次文献。

一次文献，包括专著、期刊论文、调研报告、档案材料等以作者本人的实践为依据而创作的原始文献。一次文献是直接记录事件经过、研究成果的文献，有很高的直接参考和借鉴价值。

二次文献，是指对一次文献进行加工处理，使之条理化、系统化的检索性文献，一般包括书目、索引、文摘和提要等。二次文献是对一次文献的认识，一般简洁明了。

三次文献，是指在二次文献的基础上，对某一范围内的一次文献进行广泛深入的分析研究之后综合概括而成的参考性文献，如数据手册、专题评述及专题报告等。

教育科学文献数量庞大，内容广泛。文献类型以专著、论文和研究报告为主。

(四)文献检索的过程和方法

1. 文献检索的过程

文献检索是一个从大量繁杂的文献中搜索与选择对研究者有用的文献的过程。它不仅是一个搜索与选择的过程，也是一个分析和整理的过程。文献检索一般经历以下几个阶段。

(1)准备阶段

准备阶段大致需要做三方面的工作：一是确定检索的主题，二是确定检索的范围，三是确定检索的工具和途径。与教育研究相关的文献浩如烟海，研究者想要在有限的时间里找到自己想要的资料，必须提前确定好检索的主题、关键词(核心概念)，否则就容易深陷泥淖而无法自拔，造成时间与精力的浪费。确定检索的范围时，要考虑文献的学科范围、时间跨度、权威等级等因素。确定好检索主题和范围之后，还要确定检索工具和信息源(书籍、报刊、教育档案、电子文献等)。

(2)实际检索阶段

利用确定好的检索方法，使用确定好的检索主题和关键词，在信息源中进行实际检索，从中选择研究者想要的、能为研究所用的文献资料，同时做好分类记录和备忘录。

(3)分析整理阶段

搜集到的文献资料很可能并不是全部有用的，所以要对它们进行去伪存真、去粗取精、由浅入深的分析整理。研究者在这个过程中要做的工作包括剔除不真实的资料，去掉重复的、过时的资料及不能确定科学性的资料，最终筛选出全面、正确、完整和深刻的与研究目的相关的资料。

2. 文献检索的方法

文献检索有多种不同的方法，每种方法又有着各自的特点和适用对象。研究者要在了解和熟悉文献检索方法的基础上，根据自己的需要选择检索方法。

(1)顺查法

顺查法，顾名思义，是指研究者按照文献资料形成的时间顺序，由远及近、由旧到新对文献进行检索的方法。顺查法一般能基本反映出研究选题的全貌，具有全面性。一般来说，如果研究者需要系统全面的文献资料作支撑，那么他需要经常使用顺查法。

(2)逆查法

逆查法又称倒查法，是与顺查法相对的方法。逆查法是指研究者按照文献形成的顺序，由近及远、由新到旧地搜索的方法。这种方法适合于搜集新文献，有利于对较近一段时间以来与研究内容相关的文献进行分析整理。

(3)跟踪法

所谓跟踪法，是指研究者以已经掌握的文献资料中的引用文献和参考文献为依据，检索和研究与这些内容有关的文献资料的检索方法。该方法为研究者提供了比较便捷的寻找文献资料的途径，且检索到的文献相对集中，可以为研究者提供便利。但是跟踪法也有不足，即找到的文献资料受原作者主观性及引用文献和参考文献的局限性的制约，从而影响研究者得到的资料的权威性和全面性。因此，研究者在使用这一方法时要注意对获得的文献资料进行有效性筛选。

(4)综合检索法

因为每一种检索方法都有其优点和不足，有时一种检索方法往往达不到检索目的，需要综合使用多种检索方法。综合检索法就是研究者根据检索需要，综合运用多种检索方法的方法。

三、研究设计

教育研究是一项严谨、系统的工作，开展之前需要做好计划。只有预先进行科学严密的研究设计，才能保障研究按部就班进行，才能提高研究效率，从而确保研究预期目的的实现。

(一)确定研究方法

在研究开始之前，研究者应根据研究特点和研究目的选择研究方法。教育研究方法多种多样，常用的有观察法、访谈法、问卷法、实验法、行动研究法等。每种方法都有自己的优点与局限，因此，研究者要根据研究本身的特点、研究目的、研究条件等选用某一种或某几种研究方法进行研究。例如：如果研究者希望对某一研究对象(通常数量较少)进行深度研究，那么可以采用访谈法、叙事法等；如果研究者要在有限的时间内对某一范围内的某些研究对象的某一方面情况进行摸底，那么可以主要采用问卷法，再配以访谈法；如果研究者希望了解某一种新的教育模式的效果，那么可以安排控制组和实验组进行实验研究，以测评新的教育模式对学生发展的作用；等等。

(二)选择研究对象

要想研究实现预期目的，确保研究的可靠性，选取有典型意义的研究对象至关重要。保证研究对象具有典型性，就涉及取样的问题。进行科学取样，是教育研究者应具备的基本功。

1. 取样所涉基本概念[①]

取样涉及的基本概念有总体、样本、取样。

总体，即研究的全体。凡是在某一相同性质上结合起来的许多个别事物的集体，当它成为统一研究对象时，就叫总体。

样本，是从总体中抽取的，对总体具有一定代表性的一部分个体。它是能够代表总体的一定数量的观测单位。样本包含的个体的数量称为样本容量。

取样，是按照一定的原则和方法，从一个总体中抽取一定数量的有代表性的个体进行研究的过程。由于研究时间、研究条件及研究精力等因素的限制，对总体进行研究往往不现实，因此，可以通过研究一个样本去得到总体的相关信息和结论，从样本情况推断整体情况，从而得出相关研究的结论。

2. 取样的基本要求

取样的科学合理程度直接关系到研究的可靠性，因此，为保障取样的科学合理性，研究者在取样时应遵循以下几项要求。

(1)明确总体

研究目的和课题性质决定总体的内涵。例如，关于“高三年级教师心理健康水平的研究”的总体是全国所有的高三年级教师，“关于农村留守儿童的学业状况调查”的总体是全国的农村留守儿童。研究目的还决定总体的外延。研究者希望将研究结论推广到什么范围，就要在此范围内取样。

(2)保证取样的随机性

取样的随机性就是指保证总体中的每一个个体被抽到的机会是均等的。取样不应存在标准，也不应带有任何有意义的色彩。这样做的目的是使样本在结构上尽可能地和总体保持一致。

(3)保证取样的代表性

样本的代表性和典型性程度直接影响研究的效度，关涉研究目的的达成度。因此，研究者应尽可能地保证样本在最大限度上代表总体。只有样本具有代表性，由样本特征推论的总体特征才具有合理性、科学性。取样的时候容易出现偏差，而偏差过大会造成研究无效。因此，研究者必须对取样误差进行正确估计。取样误差指的是样本的指标数值与总体的指标数值之间存在的离差。这个差值越小，样本越能正确地反映整体。[②]

(4)保证合理的样本容量

确定样本的大小，一要考虑统计学意义上的要求，二要考虑研究条件的可行性。从理论上讲，样本越大，越具有代表性，研究结果也越具有推广性。样本容量受到以下几种因素的影响：①研究类型；②研究条件，包括研究者的时间、精力、人力、

① 裴娣娜：《教育研究方法导论》，116页，合肥，安徽教育出版社，1995。
② 裴娣娜：《教育研究方法导论》，118页，合肥，安徽教育出版社，1995。

物力等；③取样的方法；④允许误差的大小；⑤总体的同质性。如果研究者对精确度要求较高，允许的误差较小，同时总体的异质性明显，那就要考虑使用大样本。

3. 取样的基本方法

取样的方法有多种，研究者应根据研究目的和研究条件灵活运用。

（1）简单随机抽样

随机就是要尽可能地保证总体中的每一个个体被抽取的概率是均等的。简单随机抽样有利于保证样本的代表性，而且简单易操作。总体的异质性不是很明显且不需要抽取大量样本时，适合采用这一方法。

（2）系统随机抽样

系统随机抽样，又称为等距抽样、机械抽样，即将总体按某一标准编码排序，并分成数量相等的组，使组数和取样数一样，然后从每组中按照预先确定的机械顺序抽取样本。

抽样比率的计算公式如下：

$K=n/N$（K 为抽样比率，n 为样本数，N 为总体数）。

采用系统随机抽样，有利于在总体范围内系统地抽取样本，比简单随机抽样的误差要小一些。如果将总体按照某种性质排序编码然后进行系统抽样，这种做法很接近分层随机抽样，但系统随机抽样要比分层随机抽样简便易行，所以更常用。不过，研究者在采用系统随机抽样时，一定要考虑研究总体的特点，以免造成较大误差。例如，英语四六级考试成绩，男生单号，女生双号，采用系统随机抽样的方式，就很可能出现只抽出一个性别的严重误差。因此，研究者一定要考虑研究总体的特点，在最大限度上减小误差。

（3）分层随机抽样

分层随机抽样又称类型抽样或配额抽样，即研究者按照一定标准，将研究总体分成若干层次或类型，然后依据预先确定的样本大小及各层次或各类型在总体中所占的比例抽取一定数量的样本。研究总体明显呈现出几种不同的性质时，就可以采用分层随机抽样的方法，使抽取的样本尽量全面客观地反映总体的特征。该方法有利于触及总体的各个层次、各个类型，从而使样本更具有代表性。在研究中，研究者具体如何分层、分多少层，要根据研究总体的特点、研究目的、研究条件等确定。

（4）整群随机抽样

整群随机抽样是指将一个或几个整体编码后，用简单随机抽样、系统随机抽样、分层随机抽样等方法进行抽取。它的特点是从总体中抽取一个或几个整群作为样本，而不是逐个地抽取样本。教育研究最常见的研究对象就是教师和学生。考虑到教师和学生的配合问题及维持正常的教学秩序的问题，教育研究往往不打乱原教学单位，因此常采用此方法。

除上述几种常用的取样方法之外，还有一种比较常用的方法是目的抽样法，也叫有意抽样法。例如，要研究民办高校辅导员的管理风格，就必须以民办高校辅导员作为取样对象。

四、研究成果的表述

在具体执行研究计划，收集、分析和整理完研究资料之后，研究者就要进行最后一项关键工作——表述研究成果。

(一)教育研究成果的主要表述形式

在表述研究成果这一重要环节中，研究者要选择恰当的形式将研究成果明确地、有针对性地、有理有据地表述出来。

下面主要介绍几种常用的研究成果的表述形式。

1. 调查报告

一份比较完整的调查报告一般包括以下几个部分。

(1)题目

调查报告必须有题目。题目要求简单、精练、明了，用一句话反映研究主题，向读者传达研究的主旨要义。题目可以由主、副标题共同组成，副标题一般是对主标题的补充说明。

(2)引言

引言部分主要介绍研究背景、相关文献综述、研究目的、研究重难点及研究意义等。

(3)研究设计

研究设计是教育研究中的核心基础工作。好的研究设计是做好研究的前提。研究设计部分要重点介绍研究方法与途径，具体应交代研究对象的确定，取样方式，问卷、量表及访谈提纲的编制，以及具体的研究计划的拟订等。

(4)研究实施

研究实施部分也是调查报告的一项重要内容，该部分要清晰、明了、真实地呈现研究的具体实施过程，即描述研究者究竟是如何按照研究计划进行研究的。

(5)结论和建议

在该部分，研究者应如实讨论并呈现研究结论，并就研究反映的问题提出相应的解决措施，切实彰显研究的价值。

(6)参考文献

在呈现全部正文之后，研究者应将在整个研究过程中参考的主要文献列在正文之后。参考文献信息包括文献的作者、题名、出版时间、出版单位及页码等，以方便读者查阅。

(7)附录

研究者除了在报告中呈现正文之外，有时还需要向读者呈现研究用到的相关问卷、量表和访谈提纲等，这些资料可以呈现在附录里，供读者参阅，帮助读者更好地理解报告内容。

2. 实验报告

实验报告是对整个实验过程的全面总结。读者可以通过阅读实验报告，了解实验的设计、方法及结论，有利于实验的总结和推广。

一份较为完整的实验报告通常包含以下几个部分，其中有些部分和调查报告有相同之处。

(1)题目

题目要求简单、精练、明了，用一句话反映研究主题，向读者传达研究的主旨要义。题目可以由主、副标题共同组成，副标题一般是对主标题的补充说明。

(2)引言

引言部分主要介绍研究背景、相关文献综述、研究目的、研究重难点及研究意义等。

(3)实验设计

实验设计是实验报告的重要组成部分。该部分需要向读者交代的内容包括如下几个方面：核心概念的界定；研究对象及取样方法的确定；实验组与控制组情况，自变量的实施及控制情况；实验计划，包含实验步骤及实验时间的具体安排；研究资料的收集与处理等。

(4)结论与讨论

该部分也是实验报告的重要组成部分。在该部分，研究者应如实讨论并呈现研究结论，并就研究反映的问题提出相应的解决措施，切实彰显研究的价值。

(5)参考文献

在呈现全部正文之后，研究者应将在整个研究过程中参考的主要文献列在正文之后。参考文献信息包括文献的作者、题名、出版时间、出版单位及页码等，以方便读者查阅。

(6)附录

在正文全部呈现之后，研究者应将读者需要了解的原始资料呈现出来，以帮助读者更好地了解整个实验研究。

3. 学术论文

比较规范的学术论文一般包含以下几个部分。

(1)标题

和报告类研究成果的标题一样，学术论文的标题也应精练、明了，能对论文内容进行高度概括，达到向读者传达论文主旨要义的目的。不过学术论文标题的选取可以是灵活多样的，一般采用陈述方式，也可以采用提出问题的形式。

(2)摘要

摘要一般写在整篇论文之前，是对整个论文内容的高度概括和简要介绍。读者通过阅读论文摘要，可以在很短的时间内了解该研究的主题和主要内容，从而决定是否需要通读整篇论文，为人们检索相关文献提供便利。

(3)绪论

绪论又称为引言、序言、前言等。绪论应在论文正文之前呈现，它的主要内容包括：交代问题提出的背景(研究背景)，对核心概念进行界定，对相关文献进行综述，介绍论文的研究意义和创新之处，介绍研究计划，重点介绍论文采用的研究方法、研究手段和研究思路。

绪论的写作要求开门见山、条理清楚、有理有据，避免大而空、含糊其词。

(4)正文

正文是论文的主体部分，占据最大比重，是整篇论文的重要内容。在正文部分，研究者要详细而有针对性地系统呈现论文的研究过程及研究成果。在写作过程中，研究者应辨别材料的可靠性，使用真实权威的材料作支撑；做到分清主次，抓关键问题，条理清楚，逻辑顺畅。

(5)结论与讨论

这是论文的结语部分。在该部分，研究者对自己的研究成果进行更高层次的深度概括，再一次亮明自己的观点和主张。在该部分，研究者往往对自己的研究进行进一步反思，坦言本次研究的不足之处，表明今后努力和改进的方向。

(6)引文注释与参考文献

做研究不能闭门造车。一项好的研究，一篇好的论文肯定是在借鉴他人研究成果的基础上形成的，包括借鉴他人的观点和主张、研究方法等。因此，研究者要在论文写作过程中列出这些资料的来源。这样做的目的有两个：一是有利于读者对相关文献进行检索；二是表达对他人研究成果的尊重，体现论文写作的严谨性。

(二)对教育研究成果表述的要求

1. 既应借鉴吸收又应独立思考

研究者在做研究时，诚然要借鉴吸收前人的研究成果，但前提是确立自己的观点和主张，处理好借鉴吸收与独立思考的关系。一方面，研究者不能闭门造车、轻视前人的研究成果；另一方面，研究者也不能只是拿来前人的研究成果进行介绍，只述不评也是不可取的。研究者在研究过程中，应首先鲜明地亮出自己的观点和主张，然后合理借鉴前人的研究成果作为自己研究成果的材料支撑，为自己的研究提供理论基础和事实依据。

2. 既要有科学性又要有创新性

一个好的研究的前提是，研究是科学的、准确的，即研究结果要具有科学性、准确性，保证向读者传达无误的信息。但一个研究仅仅具有科学性是远远不够的，它更要具有创新性。也就是说，研究者要在保证研究结果科学准确的前提下，在借鉴吸收前人成果的基础上，提出有别于前人的观点，或者开拓新的研究视角，或者使用新的研究方法。如此才能彰显研究的价值。

3. 语言应简洁精练，表达应准确完整

研究结果的表述要求研究者具有扎实的语言和文字功底。首先，研究报告和学术论文的语言要求准确、精练、简洁。准确，即研究者应严肃、严谨地对待每一句话，甚至每一个字和词，保证研究成果客观地反映事实，切忌胡编乱造、无中生有。精练、简洁，即研究者应条理清楚、简明扼要地介绍研究成果，切忌拖沓冗长、语无伦次。此外，研究者表达研究成果应追求信、达、雅的境界，字斟句酌，精雕细琢，反复推敲。

第三节　教育研究方法

一、教育研究方法概述

(一)教育研究方法的含义

教育界对教育研究方法的定义已十分成熟。总体来说，教育研究方法是指从事教育研究时所采用的方法，即研究教育问题、探索教育现象及其规律时所采用的方法。我国的教育研究方法是指以马克思主义为指导，采用多种具体的方式与手段研究教育问题或解释教育现象的方法。①

(二)教育研究方法的类型

作为研究教育问题及教育现象的方式、手段及途径的总和，教育研究方法根据不同的标准可以分为不同的类型。

1. 按适用范围和概括程度划分

按照适用范围和概括程度，教育研究方法可以分为三个层次，即哲学方法、一般科学方法和具体研究方法。

哲学方法是各种科学研究中处于最上层的、最普遍的、最具概括性的方法，它是人们认识事物一般规律和特性的方法。马克思主义辩证唯物论和历史唯物论就是我们最熟悉的科学的哲学方法，它们为我们认识世界提供了科学的世界观和方法论，为我们认识、分析教育现象，以及发现、运用教育规律提供了指导思想。一般科学方法是人们认识某一类事物或事物的某一方面的规律与特性的方法②，如自然科学的一般方法、社会科学的一般方法、教育科学的一般方法等，具体的如归纳法、演

---

① 徐红：《教育科学研究方法》，5页，武汉，华中科技大学出版社，2013。

② 朱德全：《教育研究方法》，17页，重庆，重庆出版社，2006。

绎法等。具体研究方法是适用于某一特定领域的专门的研究方法。教育研究采用的具体的研究方法主要有观察法、调查法、实验法等。

2. 从收集资料与分析资料的角度划分

从收集资料与分析资料的角度划分，教育研究方法可以分为收集资料的方法和分析资料的方法。其中，收集资料的方法有观察法、访谈法、问卷法、实验法、行动研究法等。分析资料的方法又分为定量分析法和定性分析法。定量分析法主要指统计分析方法，具体操作为运用数学方式，建立数学模型，对收集的各种数据及资料进行数理统计和分析，进而形成定量的结论。定性分析法主要有经验总结法、历史研究法、文献法、比较法、逻辑分析法等。

(三)教育研究方法的发展趋势

1. 注重多元化和综合化

随着生产实践和科学技术的迅猛发展，我国的经济和社会面貌发生了翻天覆地的变化。教育作为社会不可分割的组成部分也发生了深刻变化，教育现象和教育问题随之越来越复杂。在这一背景下，人们很难仅仅依靠一种研究方法去分析教育现象、解决教育问题。人们必须综合运用多种研究方法以进一步分析教育现象，进而解决教育问题。此外，人们从多学科视角研究教育问题的情况越来越多，因此，综合运用多种研究方法从多学科视角研究教育问题就变得越来越有必要。

2. 注重现代化

教育研究方法的现代化主要是指研究技术、设备和手段的现代化。① 我国在科学技术方面的突飞猛进为教育研究的现代化提供了可靠的保障，教育研究方法早已区别于过去单一、传统的时代。在教育研究中，人们已普遍运用计算机、录音笔、录像机、照相机等设备及问卷星等小程序。例如，眼动仪将认知心理学理论与阅读教学相结合，使教学理论的研究趋于实践化。又如，单向玻璃儿童观察室，可以避免对研究参与者的干扰，从而迅速、准确地记录儿童真实复杂的行为。② 同时，在分析研究资料的过程中，SPSS 量化分析软件和 Nvivo 质性软件等，能帮助人们深度、客观地分析研究资料，进而获得客观有效的研究结论。特别是 21 世纪以来，计算机的应用为人们进行教育研究提供了极大便利，包括在检索、储存、分析研究资料及呈现研究成果等方方面面。将来，善于运用现代教育研究方法的人更能做好教育研究。

3. 注重生态化

教育研究注重生态化，就是强调在整个生态系统中观察、记录与解释教育现象，注重人、社会、自然之间的交互作用，脱离人造的环境，走向真实的生活。③ 在过

---

① 程连：《教育科学研究方法发展趋势初探》，载《内蒙古师范大学学报(教育科学版)》，2003(5)。

② 孙泽文：《论教育科学研究方法的历史演进与发展趋势》，载《荆楚理工学院学报》，2016(3)。

③ 孙泽文：《论教育科学研究方法的历史演进与发展趋势》，载《荆楚理工学院学报》，2016(3)。

去，人们往往习惯于在实验室条件下研究教育问题。实验室实验有其自身的优点，如研究者可以操纵自变量，控制无关变量，观察因变量的反应，以探求自变量和因变量的因果关系，进而揭示教育规律。但是，实验室条件毕竟是人造的，而教育研究的对象往往是具有主观能动性的人，人在实验室条件下和在自然条件下的表现往往是不一样的。因此，未来的教育研究方法注重生态化，要从人造的环境走向真实的生活。研究者也一样，要从实验室和书堆里走进真实的教育实践和教育现场，近距离地参与教育活动。这样才能接近教育现实、教育真相，进而高效地解决教育问题。

二、主要的教育研究方法

教育研究方法多种多样，下面介绍几种主要的方法。

(一)观察法

1. 观察法的含义

观察法是指研究者运用自己的感觉器官和借助某些辅助工具，对在自然条件下发生的自然现象和社会现象进行有目的、有计划的系统考察，以获得经验事实的一种研究方法。[①] 观察法强调在自然状态下进行，不干预观察对象。

2. 观察法的类型

根据不同的分类标准，观察法可以分为不同的类型。

根据是否对观察的情境进行控制和改变，观察法可以分为自然情境中的观察和实验室中的观察。

根据观察时是否借助仪器设备，观察法可以分为直接观察和间接观察。

根据观察者是否直接参与观察对象所从事的活动，观察法可以分为参与式观察和非参与式观察。

根据观察者是否对观察活动进行严格的控制，观察法可以分为结构式观察和非结构式观察。

3. 观察法的优点与局限

观察法作为教育研究最常用的一种方法，有其自身的优点，但在使用过程中也有自身的局限性。

(1)观察法的优点

第一，由于观察者主要是直接通过自身感官并借助一定的工具，对观察对象进行有目的、有计划的观察，这样有利于观察者获得关于观察对象的第一手的、客观的、真实的研究资料。

第二，在观察的过程中，观察者根据观察目的，按照事先定好的计划对观察对象进行观察，不对观察对象进行干扰或控制。也就是说，在这个过程中，观察者获

---

① 徐红：《教育科学研究方法》，64页，武汉，华中科技大学出版社，2013。

得的是观察对象在自然状态下的表现，所以说观察的情境具有自然性。

第三，观察法便于实施和使用，一般不需要复杂的工具和设备，只需观察者通过自己的感官即可获得关于观察对象的第一手资料。

(2)观察法的局限

第一，观察法在一定程度上，只能说明“有什么”和“是什么”的问题，而不能解释“为什么”这一类因果关系的问题，也就是说，观察法获得的资料相对表面化。

第二，观察法的样本较小，观察所得的资料比较缺乏系统性，因此观察法所得的研究结果的外部效度较低，可推论性相对较差。

第三，运用观察法一般会耗费较长时间，且对观察情境有一定的要求。所以，当观察对象数量较多且较为分散时应用观察法较为困难。

第四，由于观察者具有主观能动性，加之观察者的成长经历、知识经验、个性品质不同，所以观察者在观察过程中会带有自己的主观性，从而容易使观察结果受到主观因素的影响。

4. 观察法的实施步骤

第一，明确观察的对象与目的。

第二，制订观察计划。

第三，编写观察提纲。

第四，实施观察。

第五，收集观察资料。

第六，分析观察资料，形成结论。

(二)调查法

《关于在全党大兴调查研究的工作方案》指出：“调查研究是我们党的传家宝。党的十八大以来，以习近平同志为核心的党中央高度重视调查研究工作，习近平总书记强调指出：调查研究是谋事之基、成事之道，没有调查就没有发言权，没有调查就没有决策权；正确的决策离不开调查研究，正确的贯彻落实同样也离不开调查研究；调查研究是获得真知灼见的源头活水，是做好工作的基本功；要在全党大兴调查研究之风。习近平总书记这些重要指示，深刻阐明了调查研究的极端重要性，为全党大兴调查研究、做好各项工作提供了根本遵循。”

调查法主要包括访谈法和问卷法。

1. 访谈法

(1)访谈法的含义

访谈法是指以口头形式，通过与被访者交谈从而获取所需研究资料的方法。访谈是一种研究性交谈，它不同于日常生活中的交谈，而是一种具有目的性、计划性的交谈，且通常围绕某一研究主题展开。

(2)访谈法的类型

根据不同的分类标准，访谈法可以分为不同的类型。

根据访谈者对访谈的控制程度，访谈法可以分为结构性访谈、非结构性访谈和半结构性访谈。

根据访谈对象的数量，访谈法可以分为个别访谈和团体访谈。

根据和访谈对象的接触程度，访谈法可以分为面对面访谈、电话访谈和网络访谈。

根据访谈次数，访谈法可以分为一次性访谈和重复性访谈。一次性访谈又称横向访谈，重复性访谈又称纵向访谈。

(3)访谈法的优势与局限

①访谈法的优势。

第一，访谈法实施起来方便、灵活。使用访谈法时，访谈者根据研究的需要，以口头的形式提出问题，通过被访者回复来收集资料。这种方法实施起来比较方便。此外，在访谈的过程中，访谈者可以根据被访者的情况、访谈的实际情境调整问题及访谈进度，对被访者的回答进行补问、追问等，这些都体现出了访谈法的灵活性。

第二，访谈法能够收集比较深入、可靠的资料。在访谈过程中，访谈者和被访者直接交流，有利于探讨比较复杂、深入的问题，从而增加访谈的深度。此外，访谈者在收集被访者语言信息的同时，还可以获得被访者的表情、肢体语言等非言语信息，从而增强资料的丰富性，提高访谈的效度。

第三，访谈不同于问卷调查、测验等，它不受语言文字的限制，因而对识字少、盲人等群体也适用，从而可以增强研究样本的全面性、多样性。

②访谈法的局限。

第一，访谈法耗时、耗力，效率较低。访谈法在单位时间内调查的样本量小，而且往往需要耗费很多的人力、物力、财力和时间。所以，和问卷调查法相比，访谈法效率较低。

第二，访谈易受访谈者和被访者特征及素质的影响。在访谈过程中，访谈容易受到访谈者和被访者双方性别、年龄、受教育程度、性格等的影响。同时，访谈者的访谈经验和能力会明显影响访谈者对访谈的调控程度及所收集资料的深度，从而影响访谈的效度。

第三，访谈不能完全消除被访者的心理顾虑。由于访谈往往是面对面的交流，缺乏匿名性，所以会影响被访者陈述事实的真实性和客观性。

(4)访谈法的实施步骤

第一，明确访谈目的。

第二，确定访谈对象。

第三，制订访谈计划。

第四，编制访谈提纲。

第五，实施访谈。

第六，整理和分析访谈资料。

(5)访谈法的技巧①

第一，在访谈前应制订好访谈计划，避免访谈者和被访者之间无目的、漫无边际的谈话。访谈计划包括提问的方式、措辞，以及必要的备用方案等。

第二，在访谈前，访谈者应尽可能地搜集有关被访者的有价值的资料，事先了解被访者的个性、职业、爱好、教育背景、生活经历等。这样有利于拉近访谈者与被访者的距离，容易使访谈者取得被访者的信任。

第三，访谈者提出的问题应简洁明了，易于回答，并且提问的方式、问题的内容应和被访者的知识水平和经验相符。

第四，访谈者在访谈过程中，应善于洞察被访者的心理变化，善于关注被访者的非言语信息，善于根据访谈的实际情况调整访谈的方式、节奏等。

第五，访谈者应善于营造融洽、民主的访谈氛围。首先，访谈者要注意自己的举止，要热情、真诚、谦虚，努力给被访者留下良好的印象。其次，在访谈过程中，访谈者不要轻易插话或打断被访者的谈话，而应做好倾听者。最后，访谈者不应对被访者的回答作出评价，避免自己的主观意识影响被访者的答复。

第六，访谈者应通过纸笔记录、机器记录等方式做好访谈记录。

2. 问卷法

(1)问卷法的含义

问卷法是研究者通过书面提出问题让研究对象填答的方式收集资料的一种常用的研究方法。研究者将所要研究的问题编制成问卷，以邮寄问卷、当面填答、跟踪访问或网络填答等方式完成问卷，从而了解研究对象对某一问题或现象的看法或意见。②

(2)问卷的类型

问卷是由一个个问题构成的。根据研究者设计问题的不同方式，问卷可以分为结构型、开放型和综合型三类。

结构型问卷也称为封闭式问卷，是指研究者事先将问题的答案进行了限定，研究对象只能在研究者限定的范围内作答。结构型问卷的问题类型可以是是否式、选择式和评判式等。

开放型问卷和结构型问卷相对，也称非结构型问卷。在这类问卷中，研究者不对问题的答案进行限定，而由研究对象自由作答。

综合型问卷是结构型问卷和开放型问卷的综合，兼具结构型问卷和开放型问卷

---

① 裴娣娜：《教育研究方法导论》，180页，合肥，安徽教育出版社，1995。

② 裴娣娜：《教育研究方法导论》，167页，合肥，安徽教育出版社，1995。

的特点。不过，综合型问卷的问题一般以结构型问题为主，然后根据研究需要补充一定的开放型问题。

(3)问卷的信度和效度

问卷的信度指问卷的一致性程度，即用同一测量手段对同一研究对象进行重复测量所得结论的稳定性程度。问卷的信度会受到样本量大小、取样方法和测量工具的影响。

问卷的效度指问卷能够真实、客观地测量和反映研究对象真实属性的程度。问卷的效度直接受到问卷本身内容设计的影响。

问卷的信度和效度直接影响问卷法的有效性，因此，研究者要采取多种方法提高问卷的信度和效度，特别是科学、合理、客观地设计问卷。同时，研究者可以借助量化统计分析软件 SPSS 对问卷的信度和效度进行检验，及时修正调查问卷，减小误差。

(4)问卷法的优势与局限

①问卷法的优势。

第一，问卷法使用统一的标准问卷通过邮寄或者当面填答等方式进行，方便易行，省时、省物、省力，能帮助研究者在单位时间内收集大量信息，效率相对较高。在如今的信息社会，使用问卷星等信息化平台进行问卷调查与分析，更是大大提高了问卷调查与分析的效率。

第二，问卷一般匿名填答，这样就大大减少了研究对象的顾虑，特别是对于一些敏感的和涉及隐私的问题，有利于研究对象较为客观地填答，从而提高问卷法的效度。

第三，问卷法一般使用的是统一标准的问卷，收集的信息一般易于统计和分析，进一步提高了问卷法的效率，并增强了其客观性。

②问卷法的局限。

第一，问卷法应用范围广，并且在问卷调查中，研究者和研究对象一般不进行深入交流，所以问卷法收集的信息一般较为表面化，仅限于研究对象呈现在问卷上的文字信息，无法使研究者深度了解研究对象的内心世界。

第二，问卷法对问卷设计的要求很高。问卷的问题设计得不明确或问卷题量过大，都会影响研究对象的填答，从而影响问卷法的效度。

第三，问卷法的使用对研究对象的阅读理解水平有一定的要求，所以问卷法只适用于有一定文化知识水平的人。

(5)问卷法的实施步骤

第一，确定研究目的。

第二，确定研究对象并取样。

第三，设计问卷。设计问卷是问卷法实施的关键一环，问卷设计得好坏直接关系问卷法的成败。问卷一般由指导语、问题和结语三部分组成。

问卷设计要注意以下几点。

①问题的数量要适中。问题太少，会使研究者无法获得全面的信息，造成人力、物力和财力的浪费；问题太多，容易使研究对象产生厌烦情绪，影响研究对象的填答，从而影响问卷法的效度。

②问题的设计要符合研究对象的年龄、职业、文化水平，尽量不使用专业术语和俗语等，以免影响填答。

③问题的表述要简洁明确，以防研究对象误解或难以理解而影响填答。

④避免一个问题包含两个调查点。一个问题如果包含两个调查点，就会影响研究者对这个问题的统计，使研究者不知道研究对象究竟回答的是哪一个点。

第四，试测并修改问卷。

第五，正式施测。

第六，整理分析数据。

第七，撰写调查报告。

(三)教育实验法

1. 教育实验法概述

(1)教育实验法的含义

教育实验法是用实验的方法来研究教育问题，是研究者按照研究目的，合理地控制或创设一定条件，人为地改变研究对象，并观察、记录、测定相伴随现象的变化从而验证假设、探讨教育现象因果关系、揭示教育工作规律的一种科学研究方法。[①] 从该含义中，我们可以发现教育实验法的几个特点：一是要有科学的假设作为前提，二是教育实验揭示的是教育现象或问题的因果关系，三是教育实验必须人为地控制或创设一定的条件来验证假设。

(2)教育实验的类型

从不同的角度出发，教育实验可以分为不同的类型。

按研究目的，可以分为探索性实验、验证性实验和推广性实验。

按自变量因素的多少，可以分为单因素实验和多因素实验。

按实验的场所，可以分为自然实验和实验室实验。

按实验控制程度，可以分为前实验、准实验和真实验。

按实验组织形式，可以分为单组实验、等组实验和循环实验。

(3)教育实验法的优势与局限

教育实验法有其他研究方法不具有或很难具有的优势。

第一，研究者可以根据研究目的，人为地对变量进行控制，改变或创设一定的实验条件，从而验证假设、揭示变量之间的因果关系。

---

① 徐红：《教育科学研究方法》，145页，武汉，华中科技大学出版社，2013。

第二，教育实验法可以揭示变量之间的因果关系。在各种教育研究方法中，只有教育实验法能够揭示教育现象或问题之间的因果关系。

第三，教育实验法具有可重复性。只要有相同的实验条件，教育实验就可以重复验证。只有经得起反复验证的结论，才能称得上科学的结论。教育实验法为结论的反复验证提供了可能。

当然，教育实验法由于自身的特点也表现出明显的局限性。

第一，实验环境容易失真。研究者在使用教育实验法时，为了验证所研究教育现象之间的因果关系，会人为对实验条件进行控制或创设。然而，教育的主体因素是人，教育现象往往十分复杂，所以经过控制的实验环境往往和真实的教育情境有一定甚至很大差距，导致实验环境失真，使实验结论很难推广到真实的教育实践中。

第二，教育实验的周期一般较长，且研究对象一般是教育群体，所以实施起来比较耗时、耗力，效率不高。

第三，研究样本容易受到限制。教育实验的研究对象往往是教育群体，由于研究目的等因素的影响，教育实验往往只能在特定的班级和学校进行，因此在选择样本时容易受到限制，同时也影响实验结论向更大范围的推广。

第四，实验如若设计不好容易牵涉伦理问题。例如，验证新的教材教法效果的实验研究肯定包含控制组和实验组。实验组的学生使用新的教材教法，控制组学生使用原来的教材教法，这本身就带来了教育资源的不平等。因此，教育实验设计一定要注意让受教育者接受平等的教育。

2. 教育实验的设计

(1)教育实验的效度

教育实验的效度通过内在效度和外在效度来评判。

内在效度指实验的自变量和因变量的因果关系的真实程度，即研究结果可精确解释的程度。内在效度主要受履历效应、研究对象的成熟、测验、工具、统计回归、研究对象选择、研究对象流失等因素的影响。[①]

外在效度指实验结果的概括性和代表性，也就是指实验结果可以推广到其他对象或情境的程度。[②] 外在效度主要受研究对象取样、研究者期望效应、练习效应或疲劳效应等因素的影响。要想提高实验的外在效度，就要科学取样、提高样本的代表性，尽可能地使实验环境和真实的教育情境相接近，尽量减少重复性实验，以免研究对象产生练习效应或疲劳效应。

(2)教育实验的变量

通俗地讲，变量就是可以变化的因素。在教育实验研究中，教材、教学方法、学生努力程度、学生学业成就、教师素质、学校硬件水平、学校管理等都是常见的

---

① 梁永平、张奎明：《教育研究方法》，186～187页，济南，山东人民出版社，2008。

② 梁永平、张奎明：《教育研究方法》，188页，济南，山东人民出版社，2008。

变量。变量依据作用可分为自变量、因变量和无关变量。要想使一项教育实验成功，研究者必须做到操控自变量、观测因变量和控制无关变量。

自变量又叫输入变量、实验变量，即它的变化会引起其他变量的变化。教育实验中常见的自变量有教学方法、新课程、师生关系等。

因变量又叫输出变量、实验结果，就是因为自变量的作用而发生改变的因素，如学生学业成就、教学质量等。

无关变量又叫干扰变量、控制变量，是指教育实验中除了自变量和因变量以外的一切变量。无关变量，顾名思义，是说它与研究目的没有关系，但又可能会干扰实验结果，所以要对它进行严格控制。常用的控制无关变量的方法有消除法、平衡法、抵消法、恒定法和随机法等。

(3)教育实验的实施步骤

第一，确定研究主题和研究目的。

第二，提出假设，确定实验变量。

第三，选择实验对象，设计实验模式。

第四，制订实验计划。

第五，操纵自变量，控制无关变量。

第六，观测因变量变化情况和其他情况，适时调控。

第七，分析实验数据。

第八，撰写实验报告。

(四)历史研究法

任何事物都有自身发展的历史。要想研究某事物，首先就要了解该事物的历史，由此，历史研究法就成为人们进行研究时较早使用的研究方法。

1. 历史研究法的含义

任何教育问题都是在一定的历史背景中发生、发展的。教育领域中的历史研究法，是指通过搜集某种教育现象发生、发展和演变的历史事实，加以系统的分析研究，从而达成梳理、解释或评估、预测任务的一种方法。[①] 从该定义可以看出，历史研究法的研究对象主要是教育现象和教育问题发生、发展和演变的历史。

2. 历史研究法的优势与局限

(1)历史研究法的优势

第一，历史研究法具有历史性。历史研究法的历史性主要表现在研究对象和研究过程上。历史研究法的研究对象是业已发生的历史事实，是不可能发生改变的过去。研究者按照历史的时间和空间顺序，对研究对象的各个发展阶段展开研究，紧跟研究对象发展的历史过程，从而有利于展现研究对象发生、发展及演变的全貌。

第二，历史研究法具有具体性。历史研究必须建立在丰富具体的文献资料的基

---

① 赵伍、李玉峰、鲁定元：《新编教育学教程》，319页，北京，中国计划出版社，2007。

础上，再现研究对象具体的历史发展过程。使用历史研究法时，将文献检索与搜集研究资料、数据合为一件事情，不过搜集的文献资料要广泛和丰富。

第三，和其他研究方法相比，历史研究法具有的一个突出特点就是以逻辑分析为主。不同于观察法、调查法、教育实验法等，历史研究法通过概念、判断、推理等抽象的思维过程，研究事物发生、发展的过程，属于纯粹的抽象理论上的思辨研究。这样有助于深刻地揭示事物演变的历史规律性，帮助人们进一步认识该事物。

(2)历史研究法的局限

任何事物都有两面性。历史研究法的特点决定了它也有局限。

第一，历史研究法对文献的依赖程度高。如果搜集不到较为全面和丰富的文献资料，研究的效度将受到影响。

第二，文献资料是历史研究法主要依托的研究资料。但是这些资料已经经过了加工，其加工过程难免带有加工者的主观性，并且历史研究法的研究者也不可避免地按照自己的主观性去筛选文献资料，这些都会影响研究效度。

第三，历史研究法一个明显的不足之处就是无法进行精确的量的分析，只是通过概念、判断、推理等抽象的思维方法进行思辨研究。

3. 历史研究法的步骤

第一，确定研究主题，明确研究目的。

第二，拟订研究计划，重点确定搜集文献资料的工具、范围、途径和方法。

第三，按照研究计划，具体搜集和研究目的相关的文献资料，在此过程中，一定要对文献资料进行科学合理的筛选，去伪存真。

第四，对搜集到的文献资料进行分析研究，形成研究结论。研究者要遵循历史唯物主义的观点进行研究，深入分析事物演变的内因，进而揭示事物发生、发展的本质规律。

(五)行动研究法

1. 行动研究法的含义

行动研究法起源于20世纪40年代，是由美国社会心理学家库尔特·勒温创立的，20世纪50年代开始进入教育研究领域。行动研究实际上是一种研究活动，综合运用了多种研究方法，目的是改进教育实践。简单来说，教育行动研究就是有目的、有计划地对教育行动中的具体问题进行系统研究，进而提高教育行动有效性的教育研究活动。①

2. 行动研究的类型

以参与者为标准，行动研究可以分为单个教师的行动研究、教师群体协作的行动研究和以学校为单位的行动研究。②

---

① 徐红：《教育科学研究方法》，231页，武汉，华中科技大学出版社，2013。

② 杨晓萍：《教育科学研究方法》，253页，重庆，西南师范大学出版社，2006。

以研究者在研究中的地位和动力为标准，行动研究可以分为技术性行动研究、实践性行动研究、实验性行动研究和独立性行动研究。①

3. 行动研究法的优势与局限

(1)行动研究法的优势

第一，从研究目的来看，行动研究是为行动而研究。不同于一般的教育理论研究，教育行动研究是学校管理者和教师为解决他们在教育教学实践中遇到的真实的教育问题而进行的研究，不是为了验证某种理论假设。教育行动研究法的研究对象是教师的日常教育教学行为，目的是提高行动的效率和有效性。因此，教育行动研究法有利于学校管理者和教师直接解决教育实践中的问题，增强教育行动的有效性。

第二，从研究过程来看，行动研究是在行动中研究。和书本式的教育理论研究不同，行动研究发生在真实的教育教学现场，就是在行动中研究，在研究中行动，使研究和教育教学相互融合、相辅相成，促进教育教学水平的提升。

第三，从研究主体来看，行动研究主要是由行动者来研究。教育行动研究的研究者通常是一线的学校管理者和教师。相对于高校等科研院所的研究者，一线的学校管理者和教师更了解自己的教育实际，更能准确定位和解决教育教学问题，同时还能促进其科学研究能力的提升。

总而言之，教育行动研究法的三个核心要点是为行动而研究、在行动中研究及由行动者来研究。

(2)行动研究法的局限

第一，样本量小，推广性差。和其他研究方法相比，教育行动研究法的样本量较小，推广性较差，而且耗时、费力。

第二，行动研究内部效度差。教育行动研究的研究者一般为一线的学校管理者和教师，且发生在真实的教育教学中，因样本选择受到现实的制约而代表性较差，不利于推广。

4. 行动研究法的实施步骤

行动研究一般经历计划、行动、观察和反思四个步骤。

(1)计划

在正式进行研究之前，研究者要做好研究计划。拟订研究计划一般包含如下内容：确定研究目的，选择研究对象，确定收集资料的方法和工具，思考如何对研究进行监控，思考研究结果的呈现方式，等等。制订科学严密的研究计划是研究顺利开展的基础和保障。

(2)行动

行动是整个研究的核心环节，是对行动计划的实践。因为行动研究是研究中的行动，同时在行动中研究，所以教育行动研究本身就是教师教育教学实践的一部分，

---

① 徐红：《教育科学研究方法》，233 页，武汉，华中科技大学出版社，2013。

是有目的、有计划、系统地被调控着的行动。在该研究过程中，教师既是研究者又是行动者，具有双重角色。在这一过程中，教师一方面要按照计划行动；另一方面要对行动进行监控，同时收集研究资料。

(3)观察

观察在这里有两层意思：第一层意思是监控，即指对行动研究的全过程进行全面监控，包括对行动的背景、过程、结果进行监控，目的是及时发现行动研究各个环节中的问题，然后及时提出解决方案对行动进行修正。第二层意思是以观察为手段收集研究资料，具体操作可参考观察法的相关内容。需要强调的是，研究者在观察过程中，一定要注意保证观察的科学性、客观性、全面性和灵活性。

(4)反思

反思贯穿行动研究的全过程。一方面，教师要在行动过程中进行反思，即对行动过程进行监控，发现问题及时调整行动方案，保证行动研究有效进行；另一方面，教师作为行动者要在行动研究结束之后对整个行动研究过程进行反思，对好的做法继续发扬，同时重点分析出现的问题及其原因，从而改进今后的研究。做好行动反思，有利于对整个行动研究进行升华，提高教师的研究能力，促进研究质量的整体提升。

《关于加强新时代教育科学研究工作的意见》要求，教育研究工作者要切实增强做好新时代教育科研工作的责任感和使命感。要信念坚定，学深悟透习近平新时代中国特色社会主义思想，善于运用马克思主义立场观点方法指导教育科研工作。要学识广博，努力掌握全面系统的教育学科等人文社会科学知识，积极拓展自然科学等跨学科理论支撑，富有全球视野和历史眼光，具备多视角、多领域、多层次研究问题、破解难题的能力。要敢于创新，主动学习新知识，善于运用新技术新方法开展研究，创新教育理论。要求真笃行，坚持理论联系实际，热爱教育、崇尚真理，脚踏实地、潜心研究，遵循科研规律，加强学术自律，力戒浮夸浮躁、投机取巧，杜绝“圈子”文化，自觉防范各种学术不端行为。

本章小结

1. 教育研究隶属于人文社会科学研究，专指人们在教育领域所实施的提出问题和寻求问题解决的活动过程。教育研究推动教育改革；发展教育理论，丰富教育实践；促进教育工作者素质的提高。教育研究范式就是教育研究活动中可以作为典范的形式或样式，随着外在世界和人类思维的变化而变化。研究者在教育研究过程中，应注意教育伦理问题：确保研究参与者的知情同意；必须保护研究参与者的隐私；确保不给研究参与者带来身心伤害，而应使其受益；客观分析和呈现研究结果。

2. 教育研究过程涉及选题、文献检索、研究设计和研究成果的表述几大步骤。选好题在教育研究过程中具有重要意义，好的选题应具有价值、科学性、可行性、新颖性并且具体明确。根据不同的标准，选题可以分为不同的类型。文献检索是教育研究中重要的基础性工作，遵循一定的步骤和方法。教育研究是一项严谨、系统的工作，开始之前需要进行科学严密的研究设计。研究设计包含确定研究方法、选择研究对象等步骤。常用的研究结果表述形式有调查报告、实验报告和学术论文，不同表述形式具有各自规范的格式。

3. 教育研究方法是指从事教育研究时所采用的方法，即研究教育问题、探索教育现象及其规律时所采用的方法。常用的教育研究方法有观察法、调查法、教育实验法、历史研究法和行动研究法。每一种方法都有各自的优势、局限和实施步骤，所以研究者要根据研究目的、研究类型和研究条件等选择适宜的研究方法。

关键术语

1. 教育研究范式
2. 选题
3. 文献检索
4. 观察法
5. 调查法
6. 教育实验法

思考题

1. 简述选题的基本要求和基本方法。
2. 简述取样的基本要求和基本方法。
3. 常用的教育研究方法有哪些？它们各自的优势与不足是什么？

4. 访谈法的技巧有哪些？

案例分析

某小学三年级语文老师王老师执教的两个班，90%的学生是外来务工人员子女。在日常教学中，王老师发现，这些孩子大多握笔姿势不正确，不善于与人交流，知识面窄。为了进一步了解外来务工人员子女在学习上的困难及其原因，王老师对部分学生进行了家访，并就相关问题询问了本年级其他任课教师。结果显示：与本市居民子女相比，外来务工人员子女在学习上存在一定差距。为了探索提高这些外来务工人员子女语文学习成绩的有效策略，王老师计划在这两个班进行以“扩展课外阅读”为自变量的实验研究。但是，学校科研顾问认为采取行动研究方法更恰当。王老师非常困惑，不知应采取何种研究方法。

问题：

1. 案例中王老师在发现和确定研究问题的过程中使用了哪些研究方法？
2. 针对王老师的困惑，请你为其选择一种研究方法，并说明理由。

参 考 文 献

1. 全国十二所重点师范大学联合编写. 教育学基础[M]. 北京：教育科学出版社，2002.
2. 王道俊，郭文安. 教育学[M]. 6版. 北京：人民教育出版社，2009.
3. 袁振国. 当代教育学[M]. 4版. 北京：教育科学出版社，2010.
4. 柳海民. 教育学原理[M]. 北京：高等教育出版社，2011.
5. 扈中平. 现代教育学[M]. 新编本. 北京：高等教育出版社，2000.
6. 石中英. 公共教育学[M]. 北京：北京师范大学出版社，2008.
7. 柳海民. 教育学概论[M]. 北京：北京师范大学出版社，2015.
8. 冯建军. 教育学基础[M]. 北京：中国人民大学出版社，2012.
9. 冯建军. 现代教育学基础[M]. 2版. 南京：南京师范大学出版社，2006.
10. 金一鸣. 教育原理[M]. 2版. 北京：高等教育出版社，2002.
11. 柳海民. 教育原理[M]. 2版. 长春：东北师范大学出版社，2000.
12. 叶澜. 教育概论[M]. 北京：人民教育出版社，2006.
13. 司晓宏，张立昌. 教育学教程[M]. 北京：高等教育出版社，2011.
14. 傅建明，李勇. 教育学基础[M]. 北京：高等教育出版社，2011.
15. 钟启泉，汪霞，王文静. 课程与教学论[M]. 上海：华东师范大学出版社，2008.
16. 杨明全. 课程论[M]. 北京：中国人民大学出版社，2016.
17. 徐继存，徐文彬. 课程与教学论[M]. 北京：高等教育出版社，2009.
18. 李森，陈晓端. 课程与教学论[M]. 北京：北京师范大学出版社，2015.
19. 裴娣娜. 教学论[M]. 北京：教育科学出版社，2007.
20. 闫守轩. 课程与教学论：基础、原理与变革[M]. 北京：北京师范大学出版社，2015.
21. 裴娣娜. 现代教学论基础[M]. 2版. 北京：人民教育出版社，2015.
22. 罗双凤，叶安珊. 教育管理学[M]. 北京：中国人民大学出版社，2010.
23. 陈孝彬，高洪源. 教育管理学[M]. 3版. 北京：北京师范大学出版社，2008.
24. 吴志宏，冯大鸣，魏志春. 新编教育管理学[M]. 2版. 上海：华东师范大学出版社，2008.
25. 裴娣娜．教育研究方法导论[M]. 合肥：安徽教育出版社，1995.
26. 杨小微．教育研究的理论与方法[M]. 北京：北京师范大学出版社，2008.
27. 袁振国．教育研究方法[M]. 北京：高等教育出版社，2000.
28. 朱德全．教育研究方法[M]. 重庆：重庆出版社，2006.